砥砺十年 星火燎原

——国家大学生创新创业训练计划十周年

（管理篇）

国家大学生创新创业
训练计划专家工作组 组编

高等教育出版社·北京

图书在版编目（CIP）数据

砥砺十年　星火燎原：国家大学生创新创业训练计划十周年．管理篇 / 国家大学生创新创业训练计划专家工作组组编．-- 北京：高等教育出版社，2018.9

ISBN 978-7-04-049728-1

Ⅰ．①砥… Ⅱ．①国… Ⅲ．①大学生－创业－研究 Ⅳ．①G647.38

中国版本图书馆CIP数据核字(2018)第107438号

策划编辑　张　龙　　责任编辑　元　方　　封面设计　王　鹏
版式设计　高海钰　　责任印制　尤　静

出版发行	高等教育出版社	网　　址	http://www.hep.edu.cn
社　　址	北京市西城区德外大街4号		http://www.hep.com.cn
邮政编码	100120	网上订购	http://www.hepmall.com.cn
印　　刷	廊坊十环印刷有限公司		http://www.hepmall.com
开　　本	185mm×260mm　1/16		http://www.hepmall.cn
印　　张	34.5		
字　　数	692千字	版　　次	2018 年 9 月第 1 版
购书热线	010-58581118	印　　次	2018 年 9 月第 1 次印刷
咨询电话	400-810-0598	定　　价	78.00元

物 料 号　49728-00

本篇编写组

主　编：刘义伦　许晓东
参　编：张佐刚　景亚萍　张红伟　尹　辉

序　言

创新关系国家命运、关系民族未来，是世界大势所趋、全球发展的动力之源。创新创业教育就是要激发大学生的创造力，为国家创新发展培养源源不断的有理想、有本领、有担当的青春力量。近年来，中国创新创业教育改革呈现出星火燎原之势，大学毕业生创业率已达到 3%，超过发达国家 1.6% 水平近一倍。可以说，创新创业教育已经成为新时期大学生素质教育的新突破，高校人才培养模式的新探索，当代大学生绽放自我、展现风采、服务国家的新平台，中国为国际高等教育改革和发展贡献的新经验。

国家大学生创新创业训练计划（“国创计划”）是深化高校创新创业教育改革的重要载体。十年来，“国创计划”一直坚持“兴趣驱动、自主实践、重在过程”的原则，倡导以学生为主体开展创新性实践，并推动高校深化教育教学改革，形成了校内外结合、创新创业教育与专业教育有机融合、理论与实践紧密结合的创新创业教育模式。目前，1000余所高校参与“国创计划”，累计有18万个国家级项目获得了资助，内容覆盖全部学科门类，参与学生近70万人；各地各高校也开展了省级、校级大学生创新创业训练计划，计划实施的三级管理体系不断完善，累计有近千万大学生直接参与大学生创新创业实践活动。“国创计划”已成为覆盖所有高校和全体大学生的一项创新创业人才基础培育工程，培育了一支敢闯会创的创新创业生力军。

为全面总结“国创计划”取得的成果和经验，教育部高教司组织“国创计划”专家工作组编写了“国创计划”十周年纪念丛书，包括管理篇、回眸篇、改革篇（上下）、创新篇、创业篇和成长篇等7部。专家们为丛书的编写付出了大量辛勤的努力，对十年来“国创计划”的政策制度、改革经验、学生创新创业典型案例进行梳理和汇编，希望能为高校持续深化创新创业教育改革提供参考。

我们要学习贯彻习近平新时代中国特色社会主义思想和党的十九大精神，深入落实习近平总书记给第三届中国“互联网+”大学生创新创业大赛“青年红色筑梦之旅”大学生重要回信精神，持续深化创新创业教育改革，助力打造“双创”升级版，推动高校实现从就业从业教育到创新创业教育的战略转型，最大程度释放我国人才红利，促进新产业蓬勃发展、新动能持续壮大、新人才不断涌现，支撑国家创新发展。希望高校能够承担主责，从课程体系建设、教学方法改革、教师能力提升、管理制度创新等方面下大功夫，把创新创业教育融入人才培养的全过程各环节。希望教师能够成为主力，增强培养创新创业人才的责任感、使命感，挖掘和充实各类课程的创新创业教育资源，努力成为大学生创新创业的引路人。希望行业企业和投资机构能够提供助力，为大学生创新创业教育提供资金、技术支持和实践指导，为青年实践创新、建功立业搭建更广阔的舞台。希望青年学生能够把激昂的青春梦融入伟大的中国梦，勇立时代潮头敢闯会创，扎根中国大地书写人生华章！

吴 岩

2018 年 3 月 12 日

前　言

一、创新创业教育是中国高等教育的必然选择

21世纪之初，虽然我国的科技和经济迅速发展，但是两大不足始终是中国人心中迈不过去的坎，一是当时我们国内还没有人获得诺贝尔奖，以致出现了钱学森有名的“世纪之问”；二是我们的高科技产品竞争力还不强，特别是设备的核心部件制造能力不强，也就是人们常说的产品有“心脏病”，如计算机芯片、飞机发动机、火箭发动机、军舰发动机、制造机床数控系统等关键部件还大量依靠进口。

究其原因，很多人将问题归结于教育，特别是高等教育，提出要以教育创新来实施创新教育，培养学生的创新意识和创新能力，建设创新型国家。

一般认为，虽然教育，特别是高等教育不能解决所有问题，但在提升国家和民族的创新能力上，教育负有特殊的历史使命和责任。教育部积极回应时代呼唤，全面部署创新创业举措，一场由国家主导的高校创新创业教育改革活动迅速展开。

1999年我国实施了高等教育法。高等教育法规定，高等教育的任务是培养有创新精神和实践能力的高级专门人才。

2004年年初，教育部出台了《2003—2007年教育振兴行动计划》，其中提出加大实施“高层次创造性人才计划”力度，提出推进研究生教育创新计划，提出启动“高等学校科技创新计划”，开始在大学建设国家实验室、国家科技创新中心，提出实施“高等学校教学质量与教学改革工程”，采取系列措施促进本科创新人才培养。

2007年教育部发布1号文件指出，实施质量工程，是坚持科学发展观，全面落实党中央、国务院战略决策和部署的重要举措，是落实科教兴国战略和人才强国战略的重要组成部分。质量工程以提高高等学校本科教学质量为目标，以推进改革和实现优质资源共享为手段，按照“分类指

导、鼓励特色、重在改革”的原则，加强内涵建设，提升我国高等教育的质量和整体实力。质量工程是继“211工程”“985工程”和“国家示范性高等职业院校建设计划”之后，我国在高等教育领域实施的又一项重要工程，是新时期深化本科教学改革、提高本科教学质量的重大举措。中央财政仅在“十一五”期间就投入了25亿元实施质量工程。

2011年，教育部、财政部下发了《关于“十二五”期间实施“高等学校本科教学质量与教学改革工程”的意见》（教高〔2011〕6号），提出要在先前教学改革和质量工程取得的重大成果之上，进一步推进综合改革，强化重点突破。提出在质量标准建设、专业综合改革、国家精品开放课程建设与共享、实践创新能力培养、教师教学能力提升上加强改革和建设，进一步提高人才培养水平。

2015年，国务院办公厅下发了《关于深化高等学校创新创业教育改革的实施意见》（国办发〔2015〕36号），指出高校培养创新创业人才，是国家实施经济创新驱动发展战略、促进经济提质增效的迫切需要。提出改革目标是：2015年深化改革；2017年取得重大进展，形成中国特色创新创业教育理念，形成可推广的制度成果，普及创新创业教育；2020年建立健全课堂教学，自主学习，结合实践，指导帮扶，文化引领融为一体的高校创新创业教育体系。同时，该意见还提出了改革创新创业教育的九大任务和措施。在这个文件的推动下，高校的创新创业教育更加蓬勃发展。

二、大学生创新创业训练计划应运而生

在教育部实行的质量工程项目中，有一个直接面向全国高校普通大学生的项目，这就是大学生创新创业训练计划项目。它的最初名称是大学生创新性实验计划，是所有质量工程项目中直接作用面最大、涉及人数最多的项目。国家大学生创新创业训练计划的启动和实施，旨在探索并建立以问题和课题为核心的教学模式，倡导以本科学生为主体的创新创业实践改革，调动学生的主动性、积极性和创造性，激发学生的创新思维和创新创业意识，在校园内形成创新创业教育氛围，建设创新创业教育文化，全面提升学生的创新创业实践能力。

由于该训练项目具有涉及学生面广、持续时间长、联系的机构和人员多等特点，该项目在组织和管理上具有许多特点。

1. 有明确的实施理念。该项目提出的实施理念是：兴趣驱动，自主实验，重在过程。因此在实施过程中形成了如下特点：自主性——自主选题，自主实验；过程性——注重训练过程，不在意是否取得成果；探索性——支持学生进行开创性的探索，不鼓励模仿；协作性——培养团队合作精神；规范性——要求探索过程按科研正规方式管理，例如，经费报销使用正式发票等。10年来，教育部高等教育司和该项目的专家组遵循这些理念，制定了一系列管理规章制度，将项目始终规范在扎扎实实的训练、培养学生的创新创业精神和能力上，摒弃任何功利目的和形式上的东西，项目始终不设立锦标奖项，不追求任何轰动效应，从学生的兴趣出发，从过程上、细节上启发和训练学生。

2. 强调三级支持，形成三级联动。大学生创新创业训练计划为什么对学生有最大的受益面，是因为它设计了三级支持体系，即国家级支持、省级支持和学校支持，希望学生参与面能达到100%。所谓三级联动，首先，教育部对全国大学生创新创业训练实施统一领导，协调和支持各省、校做好大学生创新创业训练的实施工作，并直接组织实施国家级大学生创新创业训练计划。其次，各省、市、自治区教育主管部门负责协调和支持省内高校大学生创新创业训练的实施工作，在教育部的统一领导和部署下开展省属高校的国家级大学生创新创业教育训练的实施工作，并直接组织实施省级大学生创新创业训练计划。最后，各高校落实大学生创新创业教育训练计划实施工作的主体责任，在上级教育主管部门的组织领导下，落实国家级、省级大学生创新创业训练计划各项具体实施工作，并组织实施校级大学生创新创业训练计划。

3. 有一个专门的专家工作组指导计划实施。在开始实施大学生创新性实验计划的2007年，教育部就着手成立该计划的专家工作组。2007年8

月召开了专家工作组的第一次会议。专家工作组组长、副组长由具有丰富人才培养经验的部属大学教学校长担任，成员来自各著名高校的教务处长或院长。随着工作内容的丰富和扩展，2012年，专家工作组成员扩大到校办产业和大学科技园管理人员，更加丰富了专家的领域。2013年，在专家工作组的基础上，成立了专家协作组，成员主要来自地方高校的教学专家。专家工作组和协作组每年召开3~4次会议，研究大学生创新创业训练计划的实施问题。

4. 有完整和规范的训练计划。由于该计划有一个强有力的高水平专家组支持，该计划实施具有系统性和规范性，对计划实施过程中学校、教师、学生的活动都做出了明确的规定。2012年，经过几年的探索和实践，专家工作组推出了《国家级大学生创新创业训练计划工作手册》（东南大学出版社出版）。该手册对创新训练项目、创业训练项目和创业实践项目执行当中的学校工作、教师角色和学生活动都做出了说明，对大学生创新创业训练项目总结要求作了规定，对大学生创新创业年会规程作了规范，是一本充满创新思想和内涵的著作。此外，为加强和规范不同层次和地区高校对项目的管理，从2008年至2014年，专家组每年都要组织教师和管理人员的培训。

5. 有一个全国范围的交流平台——全国大学生创新创业年会。为给参与大学生创新创业计划的学生搭建学术交流和项目展示的平台，从2008年开始，由教育部和科技部共同举办每年一次的大学生创新创业年会。年会在每年10月由参与创新创业计划的高校或地方教育行政主管部门承办。年会的主要内容有创新训练项目的学术交流、创新创业训练项目展示、创业训练项目和实践项目推介、高校指导教师经验交流、省级教育主管人员经验交流、学术大师或社会成功人士报告等。每次年会参加人数在1000人左右。

三、专家组工作及大学生创新创业项目的管理

几乎在设立大学生创新性实验计划项目的同时，教育部成立了大学生创新性实验计划专家工作组。2007年8月，专家工作组第一次会议在兰州

大学召开。根据会议通知，专家工作组的主要任务是：开展提高学生创新能力和实践动手能力的研究；组织工作研讨会和信息交流；完成教育部高等教育司委托的其他任务。而第一次会议的内容是：① 研讨高校开展大学生创新性实验计划的过程管理问题；② 布置大学生创新性实验计划研究项目。第一次会议确定的专家组组长是中南大学副校长陈启元，副组长是东南大学副校长郑家茂，成员是来自清华大学、北京大学、中国人民大学、中国农业大学、北京理工大学、同济大学、南京大学、浙江大学、华中科技大学、中南大学、兰州大学的教务处长或副处长。

2012年，大学生创新性实验计划更名为大学生创新创业训练计划，年会也增加了“创业项目推介”和“创业项目展示”等内容；同时，专家工作组成员扩充了创业方面的专家，北京大学、西安交通大学、北京航空航天大学、山东大学、电子科技大学等高校的创业专家被吸纳进专家工作组。2013年，随着创新创业教育的普及和深入，专家工作组的任务越来越重，为此，教育部高等教育司决定在地方高校挑选专家，成立大学生创新创业训练计划专家协作组，协作组不仅协作完成全国性的大型评审和指导任务，同时负责所在地区省级大学生创新创业工作的协调和指导工作。

2016年，由于人员和工作的变动，大学生创新创业训练计划专家工作组和协作组成员进行了再次调整。组长由沈阳化工大学校长李志义担任，副组长由华中科技大学副校长许晓东、大连理工大学副校长朱泓、中国人民大学副校长洪大用和西北工业大学副校长万小朋担任。专家工作组共34人，协作组专家32人，秘书3人。

大学生创新创业训练计划只是本科教学工程中的一个项目，但是，它是直接作用于学生、受众面最大的项目，它承载着人才培养中难以用单一形式和项目来完成的目标和任务。在我们的人才培养过程中，大家已经发现问题并经常呼吁，要提高学生发现问题的能力、实践能力、创新创业能力、协作能力、管理能力、敬业精神、担当意识等。有哪一门课程能够单独解决这些问题？恐怕没有。但是，大学生创新创业训练计划项目作为培养主渠道中的一个环节，能够将学生的兴趣、能力、精神、意志等融合在一起，全面训练和提高学生的自主、发现、动手、计划、执行、革新、合作等能力，是一个不可或缺的综合培养环节。

要充分发挥大学生创新创业训练计划项目的作用，关键是要对项目的实施有一个过程要求，将项目做实、做到位，不投机取巧，不流于形式，不偷工减料，也就是对项目实施要有严格和科学的管理，这就是专家工作组十年来聚精会神地研究的一件事情。纵观十年发展，大学生创新创业训练计划项目之所以取得成功，就是因为先进的管理理念和科学的管理手段发挥了引领和保障作用。

1. 国家意志明确坚定。虽然大学生创新创业训练计划只是质量工程中的一个项目，但是，这个项目的设计具有远见性，教育部从一开始就非常重视。教育部为这个项目专门发了4个文件，高等教育司为此专门发文30多个，2007年该项目在全国正式启动实施时，高等教育司还组织了启动仪式，对高校的教学副校长和教务处长进行专门培训，体现了国家层面对该项目的期望和重视。

2. 专家组精心构建制度体系。为保证计划沿着正确的轨道向前推进，专家组成员深刻领会国家文件精神，精心构建了计划实施的管理体系。在方向上，始终遵循“兴趣驱动，自主实验，重在过程”的理念；在过程上，建立严格、正规、协作、规范的模式；在目标上，坚持修炼内功，专注成长。不走形式，不唯成果，不搞轰动效应。10年来，专家组每年召开工作会议3~4次；编写出版《国家级大学生创新创业训练计划工作手册（试行）》；组织高校教师和管理人员的专门培训10多次，组织学生、教师、省级管理人员和学校管理人员交流近100场；检查、验收、指导高校工作近500所；表彰奖励省级单位、学校、先进教师、优秀学生和项目800人（个）。

3. 省级行政协作给力。根据计划的设计，该计划最终要求覆盖全部在校大学生，因此，省级教育主管部门在计划的实施中起着非常重要的作用，也可以说这是计划最终能否圆满成功的关键。为此，专家组设计了三级联动体系，激发省级资助和管理计划项目的热情和积极性。各地方教育主管部门工作十分给力，每一个省、市、自治区都建立了本地区的大学生创新创业训练计划管理制度；每一个省、市、自治区每年都拨出经费开展省级大学生创新创业训练计划；每一个省、市、自治区基本上都成立了自己的专家工作组，研究和协调本地区的计划推进工作；每一个省、市、自治区基本上每年都召开本地区大学生创新创业交流年会和教师及管理人员工作研讨会。这些工作有力地助推了该项目在全国高校迅速蓬勃地开展。

4. 高校积极响应。高校是计划实施的主体。多年来，在历史使命和社会责任的驱使下，高校始终迸发出教研、教改的原动力，表现出非常高的积极性。每一所高校都有自己的项目管理规章，每一所高校都投入了项目经费，大部分高校将计划融入人才培养的主渠道。很多高校在贯彻项目指南的基础上，积极探索计划项目与本校人才培养特色相结合，使计划发挥出更大的效果。

10年，在人类历史的长河里只是短暂的一瞬。但是，10年在社会发展中又不算短暂。人们说，一件事情做1年叫工作，做3年叫计划，做10年就形成了文化，大学生创新创业训练计划已经成为人才培养的一种文化。有人说，大学生创新创业训练计划只抓训练和培养，埋头耕耘，不争收获。专家们的回答是：不忘初心，继续前行！10年前，当大家坐下来讨论计划如何实施时，就强调要“重在过程”，特别提出要防止功利主义，防止为竞赛、为获奖而做项目。现在，当计划在有序实施，当成果已水到渠成，无论我们的学生在什么赛事上获奖，这都是对中国教育的奖赏，是对所有教师和参与人员的奖赏。

桃李春风一杯酒，江湖夜雨十年灯。大学生创新创业训练计划涉及数以千万计的人，但是这些人可以简单地分成两类，一类是受益的学生，他们在校园，他们是春风桃李；另一类是帮助学生成长、成才的管理人员和教师，他们在教育的江湖，他们是星星点点的灯火，守护和照亮赶路的人们。这就是我们的教育，它需要几十年甚至上百年的坚守！我们不仅要为取得成就的人喝彩，更要为坚守的人点赞。

四、关于本书

为纪念国家大学生创新创业训练计划实施10周年和国家大学生创新创业训练计划专家工作组成立10周年，总结10年的工作经验，回顾10年的探索历程，专家工作组决定编辑出版一套"国创计划"十周年纪念丛书，丛书由《管理篇》《回眸篇》《改革篇·上》《改革篇·下》《创新篇》《创业篇》《成长篇》等7部组成。其中本书主编为刘义伦、许晓东，参编为张佐刚、景亚萍、张红伟、尹辉。本书的内容主要是国家、省级教育主管部门、专家工作组和高校的管理文件。其中，国家和专家组文件主要由尹辉同志收集，省级教育主管部门文件和高校管理文件通过征集获得，高校管理文件的编排顺序为：10所试点高校、第一批大学生创新性实验计划项目学校、第二批大学生创新性实验计划项目学校、其他学校，每部分均按照学校代码（5位数）顺序排序。希望通过这些文件，使读者看到国家战略的伟大意义，看到专家工作组的良苦用心，看到地方主管部门的努力，看到各高校的探索和付出；使大家看到一种精神，一种平凡低调、默默奉献、奋发向上、追求卓越的精神。

本书由尹辉同志根据出版要求进行初排，由主编审校定稿。感谢各省级教育主管部门和各高校的大力协助！

刘义伦

2017年12月

目　录

一、国家层次

二、专家工作组层次

三、省级层次

四、学校层次

一、国家层次

（一）关于申报“国家大学生创新训练计划”试点高校的通知

教高司函〔2006〕215号

有关高等学校：

为了进一步推动高等教育教学改革，开展以学生为主的创新性实验，使学生在本科阶段得到科学研究的训练，提高大学生的创新能力和实践能力，培养一批拔尖创新人才，根据“高等学校教学质量与教学改革工程”的总体安排，经研究，决定在部分高校开展“国家大学生创新训练计划”的申报工作。现将有关事宜通知如下：

一、计划的内容

1. 计划内容：本计划由大学生创新训练项目和项目奖励组成。大学生创新训练项目是本科学生个人或创新团队，在导师的指导下，自主选题、自主设计实验、组建实验设备、实施实验、进行数据分析处理和撰写总结报告等工作，以培养学生提出、分析和解决问题的兴趣和能力。

2. 试点范围：训练项目限于理科，选取工作基础好，具有较好试点条件的高校进行试点。训练项目申请人为下列高校的理科基地班和教改实验班：北京大学（元培班）、清华大学（姚期智班）、浙江大学（竺可桢班）、华中科技大学（Dian团队）、南京大学（大理科试验班）、同济大学、复旦大学、山东大学、武汉大学、中山大学。

3. 运行方式：以学校为单位申请试点，具体训练项目由学校负责管理，项目申请人为学生个人或团队。我司负责批准试点，资助训练项目，监督试点工作，对优秀训练项目给予奖励。

二、计划管理

1. 我司将组织专家对试点高校申报书进行评审，经批准后启动试点工作，并纳入“高等学校教学质量与教学改革工程”统一管理。我部对试点高校批准的训练项目给予经费资助，每校30万元左右，每项5000~10000元。

2. 训练项目由学校负责管理，运行周期为1~3年。各校要将训练项目报我司上网公示。试点高校要为学生配备导师，负责指导学生进行创新训练；试点高校的示范性实验中心、各类开放实验室和重点实验室要向训练项目免费提供实验场地和实验仪器设备；试点高校要给予训练项目不小于1:1的配套经费支持，经费由试点高校代管，由承担训练项目的学生使用，试点高校不得截留和挪用；试点高校要制定配套扶持政策，为学生参加训练项目创造良好环境。

3. 试点高校每年向我司报告项目进展情况。训练项目结束后，由学校组织项目验收，并将验收结果报我司，验收结果包括：大学生创新训练项目总结报告、论文（设计）以及有关的支撑材料。

4. 项目奖励。由教育部高教司组织专家对各校上报的验收合格项目进行评比，每年评选出 10~20 个创新训练效果显著的优秀项目。

三、申报与评审

1. 申报试点学校应认真填报《国家大学生创新训练计划试点高校申报书》，一式三份，报送我司理工处。邮寄地址：北京市西单大木仓胡同 37 号，教育部高等教育司理工处，邮编 100816。并将电子文档报送至 zhuhongchun@moe.edu.cn。

2. 试点高校申报截止日期：2006 年 11 月 15 日。

3. 请有关高等学校按照要求认真组织做好申报工作，并及时将申报材料报我司。

联系人：江河，朱洪春；电话：010–66096262，010–66097821。

4. 我司定于 11 月 9 日下午，在教育部召开“国家大学生创新训练计划”试点高校工作会议，请试点高校派教务处处长参会。

附件：1. 国家大学生创新训练计划试点高校申报书（略）

2. 国家大学生创新训练计划项目申请表（参考格式）（略）

教育部高等教育司

二〇〇六年十一月六日

（二）“国家大学生创新训练计划”试点高校工作会议纪要

2006年11月9日，教育部高等教育司在教育部南楼H301会议室召开了“国家大学生创新训练计划”试点高校工作会议。这次会议的主要任务是高教司布置“国家大学生创新训练计划”试点工作，试点高校交流本校开展大学生创新训练的经验。开展国家大学生创新训练计划试点工作的北京大学、清华大学、复旦大学、同济大学、华中科技大学、南京大学、浙江大学、武汉大学、山东大学、中山大学10所高校教务处处长参加会议。会议由高等教育司理工处主持。现将会议主要内容纪要如下：

高教司张尧学司长出席会议并做了重要讲话。张司长指出建设创新型国家，实现社会主义和谐社会战略目标，人才是根本，教育是基础，高等教育肩负着培养一大批适应国家建设发展需要的创新性人才的重任。大学生创新意识和创新能力的培养是高校创新性人才培养的关键，国家大学生创新训练计划是“十一五”期间教育部为推动创新性人才培养工作的一项重要改革举措，是“高等学校本科教学质量与教学改革工程的重要内容”，是国家级的直接面向大学生并注重自主性、探索性、过程性、协作性和学科性的创新训练项目，旨在培养大学生从事科学研究和探索未知的兴趣，从而激发大学生的创新思维和创新意识，同时在项目实践中逐渐学会思考问题、解决问题的方法、锻炼其解决问题的能力，培养学生从事科学研究和创造发明的素质。教育部安排1.5亿元专项资金用于资助15000名在校大学生（创新团队）开展研究性学习和创新性实验，每个学生（团队）大约可以获得1万~2万元的经费资助。大学生创新训练计划的实施，创新训练计划应该成为创新人才培养的平台、优秀成果培育的沃土、学生成才的催化剂。

国家大学生创新训练计划由大学生创新训练项目和项目奖励组成。大学生创新训练项目是本科学生个人或创新团队，在导师的指导下，自主进行研究性学习，自主进行实验方法的设计、组织设备和材料、实施实验、数据分析处理、总结报告等工作，以培养学生提出、分析和解决问题的兴趣和能力。教育部高教司组织专家对各校上报的验收合格项目进行评比，每年评选出100个创新训练效果显著的优秀项目。

张司长强调在项目的具体实施中，要特别注意以下几点：

一是创新训练计划更看重的是创新训练实施的过程，即对大学生创新意识和创新能力培养的过程。我们对项目成果要有科学的态度。成果不是大学生创新训练的目标，成果的产生是在大学生实施创新训练过程中的一种自然结果。在项目成果方面，要重视学生对项目实施的总结报告，强调项目实施过程中学生在创新思维和创新实践方面的收获，而不要过分局限于成果的提交。

二是学生的选择。参与项目的学生一定是出于对科学研究或创造发明的浓厚兴趣，即做自己感兴趣的事。在兴趣驱动下，通过导师的指导做出成果。学生的选择不限定年级。但因为项目实施时间为三年，原则上选择低年级学生更合适。

三是每个项目都要配备导师。但导师只是起辅助和辅导作用，在学生需要时导师为学生提供必要的指导和帮助。必须明确学生是项目的主体。

四是选题要适合。学生确定了自己感兴趣的研究领域或问题领域后，要在导师指导下对项目的实施目标、实施方案、预期效果进行详细的设计，并在实施过程中不断调整优化。

五是训练项目由学校负责管理。学校要认真组织项目的申报、评审，严格把关，选择合适的学生和项目。学校要加强对项目的管理和跟踪，要制定相应的规章制度，包括针对学生的一些激励措施，为学生营造宽松的环境、搭建交流的平台。要通过各种形式，使所有参与项目的学生凝聚成为一个富有创新意识的精英团队，并在团队合作中锻炼其组织、管理、合作能力。学校在推动项目的过程中，还要切实加强对实践教学内容的研究与整合，从学生实际情况出发，对于参与项目的学生，经导师论证后可考虑适当减少部分验证性实验教学内容。

试点高校教务处处长在会上分别介绍了学校在创新性实践教学方面取得的成绩和积累的经验，认真学习张司长的讲话。大家一致认为，高教司当前启动“国家大学生创新训练计划”试点工作很有必要，张司长的讲话对试点高校开展大学生创新训练计划具有很强的指导作用，要认真学习，深刻领会。国家大学生创新训练计划为高校探索创新性人才培养模式提供了一个全新的视角，带动更广大的学生在本科阶段得到科学研究的训练，提高大学生的创新能力和实践能力，改变目前高等教育培养过程中学生实践环节薄弱，动手能力不强的现状。改变灌输式单项的教育方法，探索创新型教育的方式，在尊重教师主导作用的同时，更加注重培育学生的主动精神，鼓励学生的创造性思维。

（三）关于启动国家大学生创新训练计划试点工作的通知

教高司函〔2006〕231号

有关高等学校：

根据实施“高等学校教学质量与教学改革工程”的总体安排，我司于2006年11月组织了“国家大学生创新训练计划”（以下简称计划）试点高校的申报工作。经审核，决定在北京大学、清华大学、浙江大学、华中科技大学、南京大学、同济大学、复旦大学、山东大学、武汉大学、中山大学启动国家大学生创新训练计划。现将有关事宜通知如下：

一、该计划纳入“高等学校教学质量与教学改革工程”统一管理，我司提供经费支持、负责项目的检查和验收。

二、为了促进该计划的顺利实施和取得预期成果，试点高校要制订本校的国家大学生创新训练计划管理办法和实施方案，并于2006年12月25日前报我司备案。

三、资助经费由我部财务司会计室拨出，各校要合理使用资助经费，专款专用。

四、请试点高校尽快启动本校的立项工作，并2006年12月25日前将项目名单报我司理工处公示。

该计划要注重学生进行科学研究训练的过程培养，提高他们的创新能力和实践能力，培养拔尖创新人才。希望试点高校高度重视此项工作，加强对项目的统筹管理和监督，落实扶持政策和配套经费，确保该计划取得预期效果。

教育部高等教育司

二〇〇六年十一月二十三日

（四）教育部　财政部关于实施“高等学校本科教学质量与教学改革工程”的意见

教高〔2007〕1号

各省、自治区、直辖市教育厅（教委）、财政厅（局），新疆生产建设兵团教育局、财务局，有关部门（单位）教育、财务司（局），部属各高等学校：

为全面贯彻落实科学发展观，切实把高等教育重点放在提高质量上，经报国务院同意，教育部、财政部决定实施“高等学校本科教学质量与教学改革工程”（以下简称质量工程），现就该工程的实施提出如下意见。

一、实施质量工程的重要意义

（一）高等教育肩负着培养数以千万计的高素质专门人才和一大批拔尖创新人才的重要使命。提高高等教育质量，既是高等教育自身发展规律的需要，也是办好让人民满意的高等教育、提高学生就业能力和创业能力的需要，更是建设创新型国家、构建社会主义和谐社会的需要。党和政府高瞻远瞩，立足于我国高等教育实际，站在实现中华民族伟大复兴的历史高度，做出了把高等教育的重点放在提高质量上的重要决策，这对实现我国经济社会全面协调可持续发展具有重要的历史意义和现实意义。

（二）近年来，高等教育规模快速发展，质量有了较大的提高，为我国经济社会的快速、健康和可持续发展以及高等教育自身的改革发展做出了巨大贡献。但是，高等教育质量还不能完全适应经济社会发展的需要，不少高校的专业设置和结构不尽合理，学生的实践能力和创新精神亟待加强，教师队伍整体素质亟待提高，人才培养模式、教学内容和方法需要进一步转变。因此，迫切需要采取切实有效的措施，进一步深化高等学校教学改革，提高人才培养的能力和水平，更好地满足经济社会发展对高素质创新性人才的需要。

（三）实施质量工程，是坚持科学发展观，全面落实党中央、国务院战略决策和部署的重要举措，是落实科教兴国战略和人才强国战略的重要组成部分。质量工程以提高高等学校本科教学质量为目标，以推进改革和实现优质资源共享为手段，按照“分类指导、鼓励特色、重在改革”的原则，加强内涵建设，提升我国高等教育的质量和整体实力。质量工程充分考虑了提高教学质量的系统性和复杂性，确定了具有基础性、全局性、引导性的项目作为改革的突破口，以调动广大高校的积极性和主动性，引导高等学校教育教学改革的方向。质量工程的实施，对于扩大优质教育资源受益面，形成重视教学、重视质量的良好环境和管理机制，实现高等教育规模、结构、质量和效益协调发展，具有十分重要的意义。

（四）实施质量工程，需要调动政府、学校和社会各方面的力量，把发展高等教育的积极性引导到提高质量上来。各地要加强对高等教育工作的领导，充分利用各方面力量支持高等学校的发展，切实解决高等学校在提高质量方面的实际问题，为高等学校办学创造良好的外部环境。各地教育行政部门和高等学校要强化教学质量的“一把手责任”，把更大精力、更多财力投入到提高教学质量上，要根据当前高等教育改革和发展的新形势、新任务，围绕影响高等学校教学质量的主要方面，明确目标要求，制定具体政策，扎实推进质量工程。

二、指导思想与建设目标

（一）指导思想

坚持以邓小平理论和“三个代表”重要思想为指导，全面落实科学发展观，全面贯彻党的教育方针，全面推进素质教育；坚持“巩固、深化、提高、发展”的方针，遵循高等教育的基本规律，牢固树立人才培养是高校的根本任务、质量是高校的生命线、教学是高校的中心工作的理念；按照分类指导、注重特色的原则，加大教学投入，强化教学管理，深化教学改革，提高人才培养质量。

（二）建设目标

通过质量工程的实施，使高等学校教学质量得到提高，高等教育规模、结构、质量、效益协调发展和可持续发展的机制基本形成；人才培养模式改革取得突破，学生的实践能力和创新精神显著增强；教师队伍整体素质进一步提高，科技创新和人才培养的结合更加紧密；高等学校管理制度更加健全；高等教育在落实科教兴国和人才强国战略，建设创新型国家、构建社会主义和谐社会中的作用得到更好的发挥，基本适应我国经济社会发展的需要。

三、建设内容

（一）专业结构调整与专业认证

根据科学技术发展的特点，紧密结合我国高等教育实际，研究建立适应国家经济与社会发展需要的本科专业设置和调整制度，制定指导性专业规范，构建专业设置预测机制，定期发布各类专业人才的规模变化和供求情况，为高校优化专业布局和调整人才培养结构提供指导。大力加强本科专业建设，按照优势突出、特色鲜明、新兴交叉、社会急需的原则，择优选择和重点建设 3000 个左右特色专业点，引导各级各类高等学校发挥自身优势，努力办出特色。积极探索专业评估制度改革，重点推进工程技术、医学等领域的专业认证试点工作，逐步建立适应职业制度需要的专业认证体系。

（二）课程、教材建设与资源共享

继续推进国家精品课程建设，遴选 3000 门左右课程，进行重点改革和建设，力争在教学内容、教学方法和手段、教学梯队、教材建设、教学效果等方面有较大改善，全面带动我国高等学校的课程建设水平和教学质量。启动“万种新教材建设项目”，加强新教材和立体化教材建设，鼓励教师编写新教材，积极做好高质量教材推广和新教材选用工作。积极推进网络教育资源开发和共享平台建设，建设面向全国高校的精品课程和立体化教材的数字化资源中心，建成一批具有示范作用和服务功能的数字化学习中心，实现精品课程的教案、大纲、习题、实验、教学文件以及参考资料等教学资源上网开放，为广大教师和学生提供免费享用的优质教育资源，完善服务终身学习的支持服务体系。开发网上考试系统，研究制定相关标准，逐步实现大学英语和网络教育全国统考课程的网上考试，创造安全、便捷、高效的考试平台。

（三）实践教学与人才培养模式改革创新

大力加强实验、实践教学改革，重点建设500个左右实验教学示范中心，推进高校实验教学内容、方法、手段、队伍、管理及实验教学模式的改革与创新。开展基于企业的大学生实践基地建设试点，拓宽学生的校外实践渠道。实施大学生创新性实验计划，支持15000个由优秀学生进行的创新性试验，促进学生自主创新兴趣和能力的培养。择优选择500个左右人才培养模式创新实验区，推进高等学校在教学内容、课程体系、实践环节等方面进行人才培养模式的综合改革，以倡导启发式教学和研究性学习为核心，探索教学理念、培养模式和管理机制的全方位创新。继续开展大学生竞赛活动，重点资助在全国具有较大影响和广泛参与面的大学生竞赛活动，激发大学生的兴趣和潜能，培养大学生的团队协作意识和创新精神。

（四）教学团队与高水平教师队伍建设

加强本科教学团队建设，重点遴选和建设一批教学质量高、结构合理的教学团队，建立有效的团队合作的机制，推动教学内容和方法改革和研究，促进教学研讨和教学经验交流，开发教学资源，推进教学工作的老中青相结合，发扬传、帮、带的作用，加强青年教师培养。鼓励和支持校内及聘请国内外著名专家学者和高水平专业人才承担教学任务和开设讲座，推动双语教学课程建设，探索有效的教学方法和模式，切实提高大学生的专业英语水平和直接使用英语从事科研的能力。每年评选100名高等学校教学名师奖获得者，大力表彰在教学和人才培养领域做出突出贡献的教师。

（五）教学评估与教学状态基本数据公布

加强和改进高校本科教学工作评估，以评促建，以评促改，评建结合，重在建设，促进学校强化教学管理、深化教学改革、提高教学质量。研究制定高等学校分类指导、分类评估的政策和制度，引领高等学校合理定位，发挥优势，办出水平，办出特色。建立高等学校教学基本状态数据检测体系，定期采集各类高等学校本科教学基本状态信息和数据，统计和分析高等学校教学基本状态和变化趋势，逐步将教学质量和教学改革的数据向社会公布。

（六）对口支援西部地区高等学校

推进对口支援西部高校工作，促进东部和西部高等教育的协调发展。重点资助受援高校教师到支援高校进行半年以上的进修提高。在对口支援高校中实行干部交流制度，资助一批受援高校教学管理干部到对口支援高校学习锻炼，交流管理经验，提高受援高校的教学管理水平。

四、建设资金与组织管理

（一）质量工程由中央财政专项支持。专项资金按照统一规划、单独核算、专款专用的原则，实行项目管理。财政部、教育部将联合制定《高等学校本科教学质量和教学改革工程专项资金管理办法》（另发）。项目承担学校根据专项资金管理办法，具体负责经费的使用和管理。

（二）鼓励各地方、各部门和高校发挥自身特点，在中央重点支持项目的基础上，积极筹措资金支持质量工程项目的实施。

（三）教育部、财政部成立质量工程领导小组，协商决定质量工程的重大方针政策和总体规划。领导小组下设办公室，具体负责质量工程的日常工作。项目承担学校应指定相关部门作为专门机构，统筹负责本校质量工程项目的规划和实施。

（四）质量工程领导小组办公室根据质量工程建设目标和任务，制定和发布项目指南，确定项目遴选标准和基本条件，聘任评审专家，组织评审立项。项目采用学校先行立项建设、各省（自治区、直辖市）择优推荐、领导小组办公室组织评审立项、后补助建设经费的方式进行。通过这种方式，形成学校、地方和中央三级立项建设的体系，引导和带动学校和地方教育行政部门加强质量建设工作，扩大质量工程的影响。

（五）项目承担学校按照统一部署，根据质量工程的总体目标和任务，依据所承担项目的要求，在充分调查研究论证的基础上，结合学校的特色和办学定位，以改革创新促进发展的思路，确定项目建设实施方案，组织项目实施，并保证项目建设达到预期成效。

（六）质量工程领导小组办公室将加强对质量工程建设项目的检查、审计和绩效评估，并根据检查、审计、评估的结果，对有关高等学校的项目和资金进行调整。建设项目完成后，组织专家会同相关部门组织验收。充分发挥质量工程的示范和带动作用，把教学质量与教学改革作为高校评价的一项重要内容，从而更好地促进全国高校在提高教学质量、深化教学改革方面工作的开展。

二〇〇七年一月二十二日

（五）教育部关于进一步深化本科教学改革全面提高教学质量的若干意见

教高〔2007〕2号

各省、自治区、直辖市教育厅（教委），新疆生产建设兵团教育局，有关部门（单位）教育司（局），部属各高等学校：

为贯彻落实党中央、国务院关于高等教育要全面贯彻科学发展观，切实把重点放在提高质量上的战略部署，现就今后一段时期进一步深化高等教育本科教学改革，全面提高教学质量的工作提出以下意见。

一、全面贯彻落实科学发展观，进一步加强对教学工作的领导和管理

1. 切实加强对教学工作的领导。人才培养是学校的根本任务，质量是学校的生命线，教学是学校的中心工作。教育行政部门和高等学校要高度重视教学工作，加大教学投入，强化教学管理，深化教学改革，采用各种措施确保教学工作的中心地位，把提高教学质量工作落到实处。要把教学质量作为考核学校党政一把手和领导班子的重要指标。要加强高等学校教学管理组织建设，完善由校长负责、教务处牵头、院系为基础、各职能部门协调配合的本科教学管理组织体系。

2. 按照把重点放在提高质量上的要求，进一步加强教学管理制度建设。正确处理规模、结构、质量和效益之间的关系，进一步加强和推动各项教学管理制度建设。通过制度建设，进一步树立全员育人思想和好的教风，规范教师与管理人员教书育人活动和岗位职责，充分调动广大教师和管理人员的积极性；进一步端正学风，调动广大学生的学习积极性和主动性，强化对课堂、实验、社会实践、毕业设计等教学各环节的管理，保证正常教学秩序和教学质量。

3. 进一步加大对教学工作的经费投入，切实保证教学工作所需的各项经费。要按照教育部《关于进一步加强高等学校本科教学工作的若干意见》（教高〔2005〕1号）的有关规定，调整经费支出结构，加大对教学工作的经费投入，切实保证教学工作必需的各项经费。要进一步加强对实验实践、图书资料等教学基本条件的投入，加大对教学改革所需经费的支出力度。

4. 树立科学的质量观，促进学生德智体美全面发展。全面贯彻党的教育方针，坚持育人为本，德育为先，深入实施素质教育，培养适应经济社会发展需要的数以千万计的专门人才和一大批拔尖创新人才。高等学校要根据经济社会发展需要，科学定位，办出水平，办出特色。要切实加强大学生的思想政治教育，把社会主义核心价值体系融入大学教育全过程。要深化教育改革，提高教育质量，着力培养有理想、有道德、有文化、有纪律的大学生，要努力提高大学生的学习能力、创新能力、实践能力、交流能力和社会适应能力。

二、适应国家经济社会发展需要，加强专业结构调整

5. 以社会需求为导向，合理设置学科专业。要从国家经济社会发展对人才的实际需求出发，加大专业结构调整力度，优化人才培养结构。研究建立人才需求的监测预报制度，定期发布高等教育人才培养与经济社会需求状况，引导高等学校及时设置、调整专业和专业方向，密切与社会用人单位的联系，培养满足国家经济社会需要的各种专门人才。要根据国家对各专业建设的要求，在进一步拓宽专业口径的基础上，大力倡导在高年级灵活设置专业方向。要大力培育优势明显、特色鲜明的本科专业，加大建设力度，逐步形成专业品牌和特色。设置新的本科专业，要进行科学论证，严格履行必要程序，充分考虑职业岗位和人才需求，要有成熟的学科支撑，符合学校的办学目标和办学定位，拥有相配套的师资条件、教学条件和图书资料等，并投入必需的开办经费，加强对新设置专业的建设和管理。

6. 密切与产业和行业的联系，加强紧缺人才培养。高等学校要根据我国经济社会发展，尤其是相关产业和行业对专门人才的实际需求，加强紧缺人才培养工作。要加强与产业和行业的结合，充分发挥行业主管部门和企业的作用，加大紧缺人才培养力度，为产业部门提供人才和智力支持。各级教育行政部门要采取政策引导、信息发布、行政规范等多种措施，加强对特殊专业的宏观调控和管理，保护特殊专业、国防急需专业、面向艰苦地区和行业的专业，扶持和培育国家急需的新兴专业。

三、深化教育教学改革，全面加强大学生素质和能力培养

7. 深化教学内容改革，建立与经济社会发展相适应的课程体系。要坚持知识、能力和素质协调发展，继续深化人才培养模式、课程体系、教学内容和教学方法等方面的改革，实现从注重知识传授向更加重视能力和素质培养的转变。要根据经济社会发展和科技进步的需要，及时更新教学内容，将新知识、新理论和新技术充实到教学内容中，为学生提供符合时代需要的课程体系和教学内容。要大力推进教学方法的改革，提倡启发式教学，注重因材施教。要优化课程结构，构建以核心课程和选修课程相结合、有利于学科交叉与融合的课程体系。

8. 推进人才培养模式和机制改革，着力培养学生创新精神和创新能力。要采取各种措施，通过推进学分制、降低必修课比例、加大选修课比例、减少课堂讲授时数等，增加学生自主学习的时间和空间，拓宽学生知识面，增强学生学习兴趣，完善学生的知识结构，促进学生个性发展。创造条件，组织学生积极开展社会调查、社会实践活动，参与科学研究，进行创新性实验和实践，提升学生创新精神和创新能力。全面推广和广泛使用“国家精品课程”，积极鼓励高等学校之间的跨校选修课程机制，加强高等学校之间学分互认等，使学生享受更多的优质教学资源，并逐步实现教学

资源共享机制稳定化、常规化。

9. 高度重视实践环节，提高学生实践能力。要大力加强实验、实习、实践和毕业设计（论文）等实践教学环节，特别要加强专业实习和毕业实习等重要环节。列入教学计划的各实践教学环节累计学分（学时），人文社会科学类专业一般不应少于总学分（学时）的 15%，理工农医类专业一般不应少于总学分（学时）的 25%。推进实验内容和实验模式改革和创新，培养学生的实践动手能力、分析问题和解决问题能力。要加强产学研密切合作，拓宽大学生校外实践渠道，与社会、行业以及企事业单位共同建设实习、实践教学基地。要采取各种有力措施，确保学生专业实习和毕业实习的时间和质量，推进教育教学与生产劳动和社会实践的紧密结合。

10. 进一步推进和实施大学英语教学改革。要全面推广大学英语教学改革成果，充分运用优质教学软件和教学资源，深化大学英语教学内容和教学方法改革，推动高校建立网络环境下的英语教学新模式，切实促进大学生英语综合应用能力，尤其是听说能力的提高。加强大学英语师资培训，造就一批大学英语教学改革的骨干教师。推进大学英语四、六级考试改革，研究建立四、六级网络考试系统。鼓励开展双语教学工作，有条件的高等学校要积极聘请国外学者和专家来华从事专业课程的双语教学工作，鼓励和支持留学回国人员用英语讲授专业课程，提高大学生的专业英语水平和能力。

11. 大力推进文化素质教育，营造良好的育人环境。要把人文教育和科学教育融入人才培养的全过程，把德育、智育、体育、美育有机结合起来，落实到教育教学的各环节，通过文理交叉、学科融合，实现课程的有机结合，促进大学生综合素质的全面提高。寓教育于文化活动之中，积极支持高校学生组织开展丰富多彩、积极向上的学术、科技、体育、艺术和娱乐活动。要在师生中广泛开展践行社会主义荣辱观教育，把高等学校建成引领社会主义新风尚的精神家园。

12. 加强人才培养的国际合作。要不断加大与国外高水平大学合作培养人才的力度，积极探索国内外共同培养高素质创新人才的有效途径。要积极引进国外大学优质的教学资源，研究和借鉴先进的教学方法和手段，为提高我国人才培养质量服务。要大力引进国外优秀专家学者来华授课或开展教学领域的交流和研究活动。要制定学分互认的政策，积极鼓励大学生到国外大学选修课程学分和学习交流，拓宽学生的国际视野。

四、加大教师队伍建设力度，发挥教师提高教学质量的重要作用

13. 坚持教授上讲台，保证为学生提供高质量教学。教书育人是教师的天职，教学是教师的首要工作，教师是提高教学质量的根本保证。要把为本科生授课作为教授、副教授的基本要求。不承担本科教学任务者不得被聘为教授、副教授职务。被聘为教授、副教授后，如连续两年不为本科生授课，不得再聘任其教授、副教授职务。

要发挥教授、副教授在教学改革中的主力军作用，积极鼓励教授、副教授投身教学改革，改进教学内容和教学方法，大力推进启发式教学，不断取得高水平教学改革成果。要重视兼职教师队伍建设，积极聘请国内外著名专家学者和高水平专业人才承担教学任务和开设讲座。

14. 进一步建立和完善青年教师助教制度，不断提升青年教师的教育教学能力。要建立和完善青年教师助教制度，使青年教师通过为教授、副教授的主讲课程进行辅导，学习先进的教学方法，积累教学经验，提升教书育人水平。未被聘为副教授的青年教师，原则上不得作为基础课程和主要专业课程的主讲教师。要加大青年教师培养与培训的工作力度，支持青年教师到企事业单位进行产学研合作、参加国内外进修和学术会议、与其他高等学校教师交流经验等，提高青年教师的素质和水平。新聘任的青年教师要有一定时间从事辅导员、班主任工作，提高他们教书育人的责任感和使命感。

15. 建设教学团队，培养可持续发展的教学队伍。教学是一项系统性很强的工作。要根据教学改革和教学任务需要，建设由教学水平高、学术造诣深的教授领衔，由教授、副教授、讲师、助教及教辅人员组成的教学团队。鼓励高等学校创建跨学科的教学团队。要通过创建教学团队，研究和改革教学内容，开发教学资源，开展启发式教学、讨论式教学和案例教学等教学方法改革，促进教学研讨、教学经验交流。要充分发挥教研室在开展教学讨论、交流教学经验、研究教学改革中的作用。

五、加强教学评估，建立保证提高教学质量的长效机制

16. 进一步加强高等学校教学评估工作。教育部将根据国家对提高高等教育质量的新要求，继续开展并不断完善高等学校教学质量定期评估制度，把教学评估的结果作为衡量高等学校办学水平的重要指标，以评促建、以评促改、重在促进教学工作、重在提高教学质量。建立高等学校教学基本状态数据年度统计和公布制度，并作为教学工作评估的重要依据。积极开展专业评估和工程教育认证、医学教育认证等试点工作，逐步建立高等学校、政府和社会共同参与的中国高等教育质量保障体系。

17. 进一步完善高等学校的内部质量监控和评价体系。各高等学校要进一步加强教学质量监控，建立用人单位、教师、学生共同参与的学校内部质量保障与评价机制，形成社会和企业对课程体系与教学内容的评价制度、课堂教学评估制度、实践教学评估制度、领导和教师听课制度、同行评议制度、学生定期反馈制度及教学督导制度等，加强对人才培养过程的管理。完善教师、院系、学校三级质量保障机制，逐步建立保证教学质量不断提高的长效机制。

六、加强教学基础建设，提高人才培养的能力和水平

18. 加强教学实验室和校内实习基地的建设。要根据培养学生动手和实践能力需要，不断改善实验和实习教学条件，采用多种方法改造和更新实验设备，提高实验

设备的共享程度和使用效率，为教学提供必要的实验和实习条件。要进一步加强科学研究和教学实验的结合，推进实验教学内容、方法、手段及人才培养模式的改革与创新。要加强实验和实习教师队伍建设，通过政策引导，吸引高水平教师从事实验和实习教学工作。

19. 把信息技术作为提高教学质量的重要手段。信息技术正在改变高等教育的人才培养模式。高等学校要在教学活动中广泛采用信息技术，不断推进教学资源的共建共享，逐步实现教学及管理的网络化和数字化。要进一步培养和提高教师制作和使用多媒体课件、运用信息技术开展教学活动的能力，培养和提高本科生通过计算机和多媒体课件学习的能力，以及利用网络资源进行学习的能力。

20. 进一步加强教材建设。要采取有效措施鼓励教师编写国家规划教材和各种创新教材。积极参与“马克思主义理论研究与建设工程”，努力建设以马克思主义为指导的中国特色中国风格中国气派的哲学社会科学教材体系。要加强纸质教材、电子教材和网络教材的有机结合，实现教材建设的立体化和多样化。

各级教育行政部门和高等学校要根据本意见精神，及时制定本地区、本学校的具体措施和办法，加大教学投入，强化教学管理，深化教学改革，提高教学质量。

教育部

二〇〇七年二月十七日

（六）“国家大学生创新性实验计划”试点高校工作研讨会纪要

2007年3月20日，教育部高教司在清华大学甲所会议室召开了“国家大学生创新性实验计划”（以下简称“创新性实验计划”）试点高校工作研讨会。这次会议的主要内容是各试点高校汇报本校“创新性实验计划”工作进展情况，研讨“创新性实验计划”试点工作的有关问题。

会议由高教司理工处主持，高教司张尧学司长出席会议并发表了重要讲话。参与试点工作的北京大学、清华大学、复旦大学、同济大学、华中科技大学、南京大学、浙江大学、武汉大学、山东大学、中山大学10所高校的教务处长或项目负责人参加了本次研讨会。

张尧学司长对试点高校的校领导及教务处对“创新性实验计划”的大量支持及所做的工作给予了充分肯定，对试点高校立项项目的情况做了简要总结。

张司长指出，要通过实施“创新性实验计划”项目来引发大学生参与创新的兴趣，调动学生主动学习的积极性，改变现在的学习氛围，为今后国家的创新创业打下基础。围绕这样的目的，对实施“创新性实验”的学校评审上，要加强以下几个方面的考虑：

一、学校申报项目的目标应在于重点培养学生的科研兴趣和独立做事的过程。

二、实施“创新性实验计划”的效果，是希望达到通过“实验性计划”项目的引导，把学生的兴趣从网络游戏和其他不良爱好上吸引到科学研究中，起到文化的拉动作用。

三、“创新性实验计划”是一个系统的管理工程，学校要重视并有一个系统的协调，制定配套政策，给予相应的设施、经费支持，促进在项目实施过程中形成良好的团队合作氛围。

四、参与项目学生的年级和专业应进一步扩大，建议不再指定专业，可扩大至所有专业。

五、给学生独立做事提供更多机会。

各试点高校的教务处处长或项目负责人在会上分别介绍了本校“创新性实验计划”工作进展情况。按照教育部的要求，各试点高校均制定了严格的项目管理办法，落实配套经费，有针对性地选择专业进行试点，组成学校及院系两级管理机构，并组织专家对学生项目进行评审，强调学生独立完成。

与会代表认真学习了张司长的讲话，结合各试点高校启动“创新性实验计划”的实践，对项目如何规划、如何布局及如何进行项目评审问题，进行了热烈讨论，达成了以下共识：

一、项目的规划和布局

（一）立项高校范围：进入“211 工程”的高校均可申报立项。

（二）由教育部高教司组织专家评审，确定立项学校。评选分 2 年进行，差额评选。

（三）学校的资助要有力度。每个团队人数不能超过 3~4 人，人均经费力争达到 1 万元，教育部给予每个项目 1 万元资助，剩余部分由学校补足。

（四）参与“创新性实验计划”的学生专业及所属学科由立项学校自行确定。

二、项目评审和实施

（一）申报立项学校的前提是首先要在思想上充分认识到“创新性实验计划”对于创新型人才培养的文化构建作用。

（二）学校管理体系要完善，要进行管理系统的优化设计，不但是教务处，团委、学生处、实验设备处等部门都要参与进来。

（三）申报立项学校的工作条件是要有前期工作基础，曾经开展过类似大学生创新训练的实践教学或科研活动。

（四）申报立项学校要有相应的政策措施，要明确配套资助经费的额度、导师工作量的评定、学生学分或成绩认定、实验设备或条件的落实等，在管理办法中对项目成果转让、知识产权的保护、项目调整和撤销的条件等也要有所体现。

（五）“创新性实验计划”项目将从今年 5 月份启动评审，由教育部高教司组织专家先评选出立项高校，再根据学校规模、类型分配各校的项目数量。

（六）立项学校资格的时间：合格入门后，资格具有延续性，在“十一五”期间都有效；学生完成项目的时间：一般为 2~3 年，最晚在毕业前要完成。

（七）项目审核机制：学校负责评审学生项目，并报教育部高教司备案；高教司不对学生项目实施细则进行审查，但每个项目结束后，都要有过程的总结报告；教育部发文公布各高校获选项目，组织阶段性交流。

（八）阶段性交流的三个层面：

1. 管理部门的交流——由高教司组织各立项高校教务处的交流，分类分片进行。

2. 学生的交流——可在网上交流，也可利用每年的寒暑假，分片分学科组织学术会议。

3. 指导教师的交流——由学校组织进行导师间项目交流，也可通过专业学会组织的学术会议交流。

（七）教育部办公厅关于申报国家大学生创新性实验计划的通知

教高厅函〔2007〕20号

有关高等学校：

为了贯彻落实《教育部关于进一步深化本科教学改革全面提高教学质量的若干意见》（教高〔2007〕2号）的精神，根据《教育部　财政部关于实施高等学校本科教学质量与教学改革工程的通知》（教高〔2007〕1号）的总体安排，经研究，决定实施国家大学生创新性实验计划，并启动该计划的申报工作。现就有关事项通知如下：

一、申报范围

本计划主要面向国家重点建设大学和一部分有较强行业背景和特色的地方大学，2007年申报对象为国家“211”重点建设大学。

二、评选方法及名额

采取学校申报、专家评审、教育部批准的方式选定参与学校，分两个年度评审和批准学校，2007年和2008年各批准50所左右参与学校。

三、请申报学校认真研究《国家大学生创新性实验计划指南》（见附件1），并按照指南要求，填写《国家大学生创新性实验计划申报书》（见附件2），做好项目的组织申报工作。

四、请申报学校登录指定网站，在“政策公告”栏中下载《国家大学生创新性实验计划申报书》的电子文档。请申报学校将填写好的申报书书面材料（一式六份，均为原件），于2007年5月15日前报至我部高教司理工处，并将申报书的电子文档（word文件）发送至邮箱：shanye@moe.edu.cn。

邮寄地址：北京市西单大木仓胡同37号，教育部高等教育司理工处，邮编100816。

联系人：江河，单烨；联系电话：010-66096262，传真：010-66096949。

附件：1. 国家大学生创新性实验计划指南

2. 国家大学生创新性实验计划申报书

教育部办公厅

二〇〇七年四月十六日

附件 1:

国家大学生创新性实验计划指南

国家大学生创新性实验计划（以下简称计划）是高等学校本科教学质量与教学改革工程的重要组成部分，其内容主要如下。

一、目的任务

计划的实施，旨在探索并建立以问题和课题为核心的教学模式，倡导以本科学生为主体的创新性实验改革，调动学生的主动性、积极性和创造性，激发学生的创新思维和创新意识，逐渐掌握思考问题、解决问题的方法，提高其创新实践的能力。

通过开展实施计划，带动广大的学生在本科阶段得到科学研究与发明创造的训练，改变目前高等教育培养过程中实践教学环节薄弱，动手能力不强的现状，改变灌输式的教学方法，推广研究性学习和个性化培养的教学方式，形成创新教育的氛围，建设创新文化，进一步推动高等教育教学改革，提高教学质量。

二、实施原则

1. 兴趣驱动。参与计划的学生要对科学研究或创造发明有浓厚兴趣。在兴趣驱动下，在导师指导下完成实验过程。

2. 自主实验。参与计划的学生要自主设计实验、自主完成实验、自主管理实验。

3. 重在过程。注重创新性实验项目的实施过程，强调项目实施过程中学生在创新思维和创新实践方面的收获。

三、计划内容

1. 计划的组成。计划由学生创新性实验项目和学校创新性实验计划组成。其中，学生创新性实验项目是本科学生个人或创新团队，在导师的指导下，自主进行研究性学习，自主进行实验方法的设计、组织设备和材料、实施实验、分析处理数据、撰写总结报告等工作。学校创新性实验计划包括学生创新性实验项目和对其项目的管理。

2. 计划的运行方式。教育部负责批准申报学校，监督学校创新性实验计划，资助学生创新性实验项目。学校申请参与计划，负责组织评审和管理学生创新性实验项目。本科学生以个人或团队向学校申请项目，并接受学校的管理。

3. 计划的资助范围。主要面向国家重点建设大学和一部分有较强行业背景和特色的地方大学。资助这些学校的在校本科学生开展研究性学习和创新性实验，共资助 15000 个学生项目，每个项目资助 1 万元。

四、计划管理

1. 计划采取学校申报、专家评审、教育部批准的方式选定参与学校，分两个年度评审和批准学校，2007 年和 2008 年各批准 50 所左右参与学校。学生项目的名额由我部按照专家评审意见，分 4 个年度分配给参与学校。2007 年和 2008 年，我部每年总共资助 3000 个学生创新性实验项目，2009 年和 2010 年，我部每年总共资助 4500 个学生创新性实验项目。

2. 学校在评审出本年度的学生创新性实验项目后，要将本年度的本校创新性实验工作计划和评审出来的学生项目报我部备查，我部对学生项目进行备案并予以公布。

3. 学生项目执行时间为 1~3 年，学校需每年向我部报告项目进展情况。我部将对项目运行情况进行抽查。项目结束后，由学校组织项目验收，并将验收结果报我部。验收结果中，必需材料为各学生项目的总结报告，补充材料为论文、设计、专利以及相关支撑材料。

五、学校工作

1. 学校要成立校级的组织协调机构，包括教务、科研、设备、财务、学生、团委等职能部门的人员，制定切实可行的管理办法和配套政策，提供支撑条件。

2. 学校要为参与项目的学生配备导师，负责指导学生进行创新性实验，学校要认定指导教师的工作量，制定相关的激励政策。

3. 学校的示范性实验中心、各类开放实验室和重点实验室要向参与项目的学生免费提供实验场地和实验仪器设备。

4. 学校要给予项目总经费不小于 1:1 的配套经费支持，经费由学校代管，由承担项目的学生使用，教师不得使用学生研究经费，学校不得提取管理费，不得截留和挪用。项目团队人数不超过 5 人，人均经费不低于 1 万元。

5. 学校要营造创新文化氛围。搭建项目学生交流平台，利用项目学生俱乐部等形式，定期开展相关活动。

6. 学校要为参加项目学生制定个性化培养方案和采取相关配套措施，包括学分认定、选课、考试、成果认定等。

7. 学校要组织项目学生开展学术交流，参加学术团体组织的学术会议，为学生创新研究提供交流经验、展示成果、共享资源的机会。学校还要定期组织项目指导教师之间的交流。

8. 学校要鼓励学生参加项目，对参与项目表现优秀的学生进行奖励。对项目申报、实施过程中弄虚作假、工作无明显进展的学生要及时终止其项目运行。对更改项目内容、更换项目成员、提前或推迟项目结题等事项要制定规范的管理办法。

六、学生要求

1. 参与项目的学生一定要出于对科学研究或创造发明的浓厚兴趣，发挥学生主动学习的积极性。

2. 学生是项目的主体。每个项目都要配备导师，但导师只是起辅导作用，参与项目的本科学生个人或创新团队，在导师指导下，一定要自主选题设计、自主组织实施、独立撰写总结报告。

3. 学生项目选题要适合。项目选题要求思路新颖、目标明确、具有创新性和探索性，学生要对研究方案及技术路线进行可行性分析，并在实施过程中不断调整优化。

4. 参与项目的学生要合理使用项目经费，要遵守学校财务管理制度。

5. 参与项目的学生要处理好学习基础知识和基本技能与创新性实验和创造发明的关系。

附件 2：

国家大学生创新性实验计划

申报书

学校名称：

学校主管部门：________________

计划负责人：

通讯地址：

邮政编码：

填写日期：

教育部制

二〇〇七年四月

填写说明

一、申报书要按照《国家大学生创新性实验计划指南》的要求，逐项认真填写，填写内容必须实事求是，表达明确严谨。空缺项要填“无”。

二、格式要求：表格中的字体为小四号仿宋体，1.5倍行距；需签字部分由相关人员以黑色钢笔或水笔签名。均用A4纸双面打印，于左侧装订成册。

三、申报书由所在学校领导审查、签署意见并加盖公章后，一式六份（均为原件），报送教育部高等教育司理工处。

<table>
<tr><td colspan="2">学校名称</td><td colspan="3"></td><td colspan="2">开户行</td><td colspan="2"></td></tr>
<tr><td colspan="2">银行账号</td><td colspan="3"></td><td colspan="2">账户名</td><td colspan="2"></td></tr>
<tr><td rowspan="4">计划负责人</td><td>姓 名</td><td></td><td>性 别</td><td></td><td>民族</td><td></td><td>出生年月</td><td></td></tr>
<tr><td>专业技术职称 / 行政职务</td><td colspan="3"></td><td colspan="2">联系电话</td><td colspan="2"></td></tr>
<tr><td>手 机</td><td colspan="3"></td><td colspan="2">传 真</td><td colspan="2"></td></tr>
<tr><td>E-mail</td><td colspan="7"></td></tr>
<tr><td rowspan="4">计划联系人</td><td>姓 名</td><td></td><td>性 别</td><td></td><td>民族</td><td></td><td>出生年月</td><td></td></tr>
<tr><td>专业技术职称 / 行政职务</td><td colspan="3"></td><td colspan="2">联系电话</td><td colspan="2"></td></tr>
<tr><td>手 机</td><td colspan="3"></td><td colspan="2">传 真</td><td colspan="2"></td></tr>
<tr><td>E-mail</td><td colspan="7"></td></tr>
<tr><td rowspan="7">组织机构负责人</td><td>姓 名</td><td>性别</td><td colspan="2">职务 / 职称</td><td colspan="2">工作部门</td><td colspan="2">签字</td></tr>
<tr><td></td><td></td><td colspan="2"></td><td colspan="2"></td><td colspan="2"></td></tr>
<tr><td></td><td></td><td colspan="2"></td><td colspan="2"></td><td colspan="2"></td></tr>
<tr><td></td><td></td><td colspan="2"></td><td colspan="2"></td><td colspan="2"></td></tr>
<tr><td></td><td></td><td colspan="2"></td><td colspan="2"></td><td colspan="2"></td></tr>
<tr><td></td><td></td><td colspan="2"></td><td colspan="2"></td><td colspan="2"></td></tr>
<tr><td></td><td></td><td colspan="2"></td><td colspan="2"></td><td colspan="2"></td></tr>
<tr><td colspan="9">一、前期工作基础（600 字以内）</td></tr>
<tr><td colspan="9">（本校开展大学生科研训练、发明创造、创新性实验等活动的基本情况和具体成果）</td></tr>
</table>

（续表）

二、计划实施思路（500 字以内）
（实施本校创新性实验计划的指导思想、工作思路、预期效果）
三、计划管理机制（1200 字以内）
1. 组织机构及管理体系（机构组成、分工）
2. 项目运行及管理办法（申报、评审、运行、验收、变更）

（续表）

四、计划保障机制（600字以内）
1. 经费保障（配套经费及经费管理办法）
2. 条件保障（学校提供设备、场地、设施等具体情况）
3. 激励机制（对指导教师的工作量认定，优秀学生的奖励措施）

（续表）

五、其他（300 字以内）
（其他需说明事项）
计划负责人（签字） 年　月　日
学校意见（在人员、时间、条件、政策等方面的保证措施和对配套经费的意见） 校长（签字）：　　（公章） 年　月　日
教育部高等教育司意见 年　月　日

（八）教育部　财政部关于批准第一批大学生创新性实验计划项目的通知

教高函〔2007〕15号

有关高等学校：

根据《教育部　财政部关于实施高等学校本科教学质量与教学改革工程的通知》（教高〔2007〕1号）的总体安排，教育部于2007年4月组织了大学生创新性实验计划的申报工作。经专家评审，决定批准北京大学等60所高等学校实施大学生创新性实验计划项目（项目学校名单见附件）。现将有关事宜通知如下：

一、大学生创新性实验计划项目按照《高等学校本科教学质量与教学改革工程项目管理暂行办法》执行。

二、为了促进该项目顺利实施和取得预期成果，请项目学校根据大学生创新性实验计划指南的要求，加强对项目的支持和管理，制订本校的大学生创新性实验计划管理办法和实施方案，于2007年10月20日前将管理办法报教育部备案，项目检查与验收将据此进行。

三、项目学校要根据教育部、财政部的拨款额度，尽快启动本校的立项工作（国家级大学生创新性实验计划项目数按下拨金额除以1万元计算确定）。项目经费请按照《高等学校本科教学质量与教学改革工程经费管理办法》执行，各校要合理使用资助经费，确保配套经费足额到位。请各项目学校将确定的大学生创新性实验计划项目于10月31日前报教育部备案。在项目执行过程中有何问题，请及时反馈教育部高等教育司理工处，联系人：江河，电话：010-66096262。

附件：第一批大学生创新性实验计划项目学校名单

教育部　财政部

二〇〇七年九月二十五日

附件：

第一批大学生创新性实验计划项目学校名单

北京大学	中国人民大学	清华大学
北京科技大学	北京邮电大学	北京化工大学
中国农业大学	北京林业大学	北京师范大学
中央财经大学	中国政法大学	北京理工大学
北京航空航天大学	中国传媒大学	南开大学
天津大学	大连理工大学	东北大学
吉林大学	东北师范大学	哈尔滨工业大学
复旦大学	同济大学	上海交通大学
东华大学	南京大学	东南大学
河海大学	南京农业大学	中国药科大学
苏州大学	浙江大学	中国科学技术大学
厦门大学	南昌大学	山东大学
中国海洋大学	中国石油大学（华东）	武汉大学
华中科技大学	武汉理工大学	中国地质大学（武汉）
华中农业大学	华中师范大学	中南大学
湖南大学	湖南师范大学	中山大学
华南理工大学	广西大学	重庆大学
四川大学	西南交通大学	电子科技大学
西安交通大学	西安电子科技大学	西北农林科技大学
西北工业大学	西北大学	兰州大学

（九）教育部　财政部关于批准第二批大学生创新性实验计划项目的通知

教高函〔2008〕16号

按照教育部2008年度高等学校本科教学质量与教学改革工程项目申报工作的总体安排，教育部于2008年5月组织了第二批大学生创新性实验计划的申报工作。经专家评审，教育部、财政部研究确定北京工业大学等60所高等学校作为第二批实施大学生创新性实验计划项目的高校（名单见附件）。现将有关事宜通知如下：

一、大学生创新性实验计划项目按照《高等学校本科教学质量与教学改革工程项目管理暂行办法》（教高〔2007〕14号）执行。

二、为了促进该项目顺利实施和取得预期成果，请项目学校根据《大学生创新性实验项目介绍》的要求，加强对项目的支持和管理，制订本校的大学生创新性实验计划管理办法和实施方案，于2008年10月20日前将管理办法报教育部备案。项目检查与验收将据此进行。

三、项目学校要根据教育部、财政部的拨款额度，尽快启动本校的立项工作（项目经费按"高等学校本科教学质量与教学改革工程"规划确定的支持额度核定）。项目经费请按照《"高等学校本科教学质量与教学改革工程"专项资金管理暂行办法》（财教〔2007〕376号）执行，各校要合理使用资助经费，确保配套经费足额到位。

四、请各校将确定的大学生创新性实验计划项目于10月31日前报教育部备案。在项目执行过程中有何问题，请及时反馈教育部高等教育司理工处，联系人：江河，电话：010-66096262。

附件：第二批大学生创新性实验计划项目学校名单

教育部　财政部

二〇〇八年七月十六日

附件：

第二批大学生创新性实验计划项目学校名单

北京工业大学	北京交通大学	北京中医药大学
华北电力大学	中国矿业大学（北京）	中央民族大学
首都师范大学	天津理工大学	燕山大学
太原理工大学	山西大学	内蒙古大学
辽宁工程技术大学	北华大学	长春理工大学
东北林业大学	哈尔滨工程大学	哈尔滨理工大学
大庆石油学院	华东理工大学	华东师范大学
上海大学	上海理工大学	江南大学
南京航空航天大学	南京理工大学	中国矿业大学
浙江工业大学	安徽大学	合肥工业大学
福州大学	福建农林大学	江西财经大学
山东农业大学	郑州大学	河南师范大学
中南财经政法大学	长江大学	湘潭大学
长沙理工大学	华南师范大学	暨南大学
桂林电子科技大学	海南师范大学	西南大学
四川美术学院	西南财经大学	四川农业大学
贵州大学	云南大学	昆明理工大学
西藏大学	陕西师范大学	西安建筑科技大学
西安理工大学	兰州理工大学	青海大学
宁夏大学	新疆大学	石河子大学

（十）开展创新性实验计划，促进大学生研究性学习

——教育部、财政部立项资助大学生创新性实验计划项目

2007年，教育部、财政部批准全面启动大学生创新性实验计划。

大学生创新性实验计划（以下简称计划）是“十一五”期间教育部为推动创新性人才培养工作的一项重要改革举措，是教育部、财政部于2007年年初全面启动实施的“高等学校本科教学质量和教学改革工程”的建设项目之一，是教育部第一次在国家层面上实施的直接面向大学生立项，注重自主性、探索性、过程性、协作性和学科性的创新训练项目。

实施该计划目的是探索以问题和课题为核心的教学模式改革，倡导以学生为主体的创新性实验改革，调动学生的主动性、积极性和创造性，激发大学生的创新思维和创新意识，同时在项目实践中逐渐学会思考问题、解决问题的方法，锻炼其解决问题的能力，培养学生从事科学研究和创造发明的素质。计划的建设内容是以项目的形式，资助在校大学生开展研究性学习和创新性实验，共资助15000个创新性实验项目。2007年和2008年，每年分别资助3000个大学生创新性实验项目，2009年和2010年，每年分别资助4500个大学生创新性实验项目。每个项目资助1万元，总资助经费1.5亿元。

计划由学生创新性实验项目和学校创新性实验计划组成。其中，学生创新性实验项目是指本科学生个人或团队，在导师的指导下，自主进行研究性学习，自主地进行科学研究和实验。学校创新性实验计划包括评审学生创新性实验项目和对学生项目的管理。鼓励高等学校从学生进入大学开始，就为学生配备导师，探索建立大学生尽早参与科学研究的制度。

计划主要面向国家重点建设大学和一部分有较强行业背景和特色的地方大学。采取学校申报、专家评审、教育部批准的方式选定参与学校，分两个年度评审和批准学校，2007年和2008年各批准50所左右参与学校。计划的运行方式，采取以学校为单位向教育部申请计划参与资格，本科学生以个人或团队向学校申请项目，并接受学校的管理。教育部负责批准立项学校，资助各校学生创新性实验项目，监督学校创新性实验计划的实施。充分发挥学校的主体作用，在全国高校中形成广泛的创新教育氛围。

计划的实施经过了试点和正式启动两个阶段。2006年，高等教育司开展了“国家大学生创新训练计划”试点工作，在北京大学等10所高校开展试点，当年资助项目549项，资助总经费537.3万元（其中教育部资助金额300万元，各学校配套237.3万元）。

2007年3月，高等教育司对上一年创新训练计划开展情况进行了总结交流，在此基础上，根据质量工程的总体安排，开始正式启动大学生创新性实验计划。经过申报、专家评审等程序，5月份产生了第一批60所计划参与学校，6月20日召开了该60所学校计划负责人和教务处长参加的启动工作会议。9月份印发《教育部 财政部关于批准第一批大学生创新性实验计划项目的通知》（教高函〔2007〕15号），随后各参与高校启动了本校的学生项目申报立项工作，并将本校的管理办法、实施方案以及评选出的学生项目报高等教育司备案。

计划的实施得到了高校师生的热烈响应和积极参与。据统计，2007年产生的60所第一批大学生创新性实验计划参与高校共上报学生项目3095项，其中团队申报2707项，占申报数的87%，个人申报388项，占申报数的13%。项目总计资助经费为8948万元，其中教育部资助金额3000万元，学校配套5948万元，生均项目经费1.0234万元。参与高校普遍认为，通过该计划的实施，将使学生在本科阶段得到科学研究与发明创造的初步训练，提高其创新和实践能力，改变目前高校培养过程中学生实践环节薄弱、动手能力不强的现状，促进高校探索创新性人才培养的新模式。各参与高校在参与计划的过程中，采取各种措施加强对学生创新实验项目的引导和支持，涌现了许多典型学生个人和团队案例，如清华大学的姚期智班、浙江大学的竺可桢班、华中科技大学的Dian团队等。

为加强对计划的理论研究和实践指导，教育部高教司于2007年8月成立了大学生创新性实验计划专家工作组，工作组由数位具有较高高等教育理论水平和丰富教学管理实践经验的专家组成。专家们经过多次研讨和交流，在顺利推动大学生创新性实验计划的开展方面达成了一定共识：

第一，加强创新性实验计划项目的过程管理。各高校要通过制定创新性实验计划手册、搭建网络交流平台、评选优秀项目案例等多种途径，使得创新性实验计划项目的实施过程能够得以生动、全面的展示。高教司将通过备案、抽查、验收等多种形式，及时跟踪创新性实验计划项目的实施过程，扎实推进创新性实验计划项目的深入开展。

第二，以创新性实验计划项目为切入点探索构建切实有效的大学生创新能力训练体系。各高校要抓住推进创新性实验计划项目的契机，积极营造创新文化氛围，深入探索适合本校人才培养目标、具备特色的创新人才培养模式。高教司一方面要发挥大学生创新性实验计划专家工作组专家的作用，积极进行理论探索和研究；另一方面搭建经验交流的多种平台和载体，积极推进大学生创新训练体系的构建，发挥创新性实验计划项目在整个大学生创新能力训练体系构建中的示范作用。

第三，在实施创新性实验计划项目过程中参与学校和师生要确实做到：认识到位，组织到位，保障到位。认识到位，主要是要深刻领会大学生创新性实验计划项目“兴趣驱动，学生为主，注重过程”的内涵；组织到位，就是相关的政策、执行体系要尽快完善起来；保障到位，就是配套资金、指导教师、硬件设备等保障措施要尽快落实。确实保障创新性试验计划项目的顺利实施。

2008年，教育部高教司计划启动第二批大学生创新性实验计划高校的申报工作，此外将通过征集创新实验计划典型案例、组织全国性的大学生创新论坛以及和跨国公司合作开展学生创新实验计划项目等途径来推动计划的进一步开展。

（十一）关于举办首届全国大学生创新论坛的通知

教高司函〔2008〕198号

各省、自治区、直辖市教育厅（教委），新疆生产建设兵团教育局，有关部门（单位）教育司（局），有关高等学校：

为了进一步推动高等学校创新性人才的培养工作，根据实施大学生创新性实验计划的总体安排，经研究，定于2008年10月中下旬举办首届全国大学生创新论坛。现将有关事项通知如下：

一、参加人员

第一批实施大学生创新性实验计划的60所学校，每校不超过5人（参与项目的学生不超过4人、学校有关工作负责人或项目指导教师1人）；第二批实施大学生创新性实验计划的学校、各省（市、区）教育厅有关工作负责人1人；大学生创新性实验计划专家工作组成员。

二、主要内容

1. 院士、校长、知名企业家谈创新教育；
2. 学生进行大学生创新性实验计划项目学术交流；
3. 教师交流大学生创新性实验计划实施经验；
4. 举行大学生创新成果展；
5. 高等教育司部署下一阶段工作。

三、时间及地点

2008年10月中下旬，为期两天，委托中南大学承办，具体日期及地点另行通知。

四、联系人

1. 高等教育司联系人

尹辉（电话：010-66096262，手机：13522633294，传真：010-66096949，邮箱地址：yinhui08@moe.edu.cn）。

2. 中南大学联系人

彭红（电话：0731-8836132，手机：13908480816，传真：0731-8836266，邮箱地址：jgk@mail.csu.edu.cn，或jgkcsu@yahoo.cn，邮编：410083，地址：湖南省长沙市麓山南路932号中南大学教务处教改科）。

陈立章（电话：0731-8836970，手机：13517492008，传真：0731-8836266，邮箱地址：chenliz@mail.edu.cn）。

五、其他

1. 论坛期间的住宿费及往返交通费自理。

2. 请各有关学校按照附件：首届全国大学生创新论坛须知的要求做好相关准备工作。

附件：首届全国大学生创新论坛须知

教育部高等教育司

二〇〇八年九月十二日

附件：

首届全国大学生创新论坛须知

为了更好地推进大学生创新性实验计划项目的实施，交流实施大学生创新性实验计划的经验，展示各高校近两年来在创新教育方面的成果，请出席论坛的有关学校做好以下准备工作：

一、论文征集

1. 论文主题

（1）创新性实验计划与创新教育的关系

（2）创新人才成长的制度建设与措施

（3）基于创新性实验计划为平台的课程改革

（4）大学生创新性实验项目的过程管理模式

（5）大学生创新性实验计划评价指标体系的研究

（6）大学生创新性实验计划的发展机制

2. 论文要求

（1）论文摘要（200 字以内）、关键词（20 字以内）

（2）正文（5000 字左右）

（3）论文需紧扣主题，特色鲜明

（4）作者简介应包括主要作者姓名、性别、职称、职务、专业等

（5）所有文稿请提供电子版（word 格式）

（6）图片需提供可供出版的电子格式

3. 交稿要求

论文截止日期：2008 年 9 月 25 日，请各校在截止日期前将论文的纸质文档（一份）、电子文档（word 格式）寄（发）给中南大学联系人。

4. 征集的论文将编印成册，作为资料在论坛上发放，并请大学生创新性实验计划专家工作组专家评选，入选论文将在教师论坛上交流。

二、创新成果展

1. 内容

第一批大学生创新性实验计划项目参与学校（包括 10 所试点高校）每个学校展示 4 个项目。在各校展区内（约 2.4 米宽），可自带小型实物展览。

2. 方式

每个学校展出 2 块展板（展板宽 1 米 2，高 2 米 4）。每块展板含 2 个项目，每个项目文字介绍 150 字左右、图片（含图表）2~3 张。另附各校的校徽和校名标准字体电子文件。各校在 9 月 25 日前将展板的电子版发至中南大学联系人邮箱，展板可

交中南大学统一制作或按展板尺寸自制。

三、学生学术报告发言稿

1. 内容

第一批大学生创新性实验计划项目参与学校（包括10所试点高校）每校选送2个项目的学术报告发言稿（1500字左右），并在发言稿上注明分组及学科类别。

2. 学生论坛形式

按学科类别分组进行学术交流，论坛由学生主持，按学术会议形式进行。每个分会场18份报告，每份报告15分钟（学生学术汇报8分钟，提问和交流3分钟，专家点评4分钟）。

3. 分组：第一组——理科，第二组——经、管、法、文、史、哲、教，第三组——医学、农、林、跨学科，第四组——工科。

4. 各校在9月25日前将学术报告发言稿电子版（word格式）发至中南大学联系人邮箱，将编印成册，作为资料在论坛上发放，并由大学生创新性实验计划专家工作组评选出90份发言稿在学生论坛上交流。

四、请各校将本校参加论坛筹备工作人员的联系方式（办公电话、手机，传真，电子邮箱，邮编、地址等）及上述有关材料于9月25日前交中南大学联系人。

（十二）首届全国大学生创新论坛工作简报

2008 年 10 月 25—26 日，教育部高教司在中南大学举行了首届全国大学生创新论坛，教育部高教司副司长刘桔、科技部政策法规司邱成利处长、中科院人事教育局局长助理陈晓峰、湖南省政府副秘书长姜儒振、湖南省教育厅副厅长申纪云、17 个省（市、区）教育厅相关部门领导、中南大学校领导以及进入计划的 120 所高校 500 多名师生代表参加了论坛。论坛邀请到中国工程院常务副院长潘云鹤院士、中南大学校长黄伯云院士、比亚迪股份有限公司董事长兼总裁王传福先生、Sun 公司全球副总裁 Richard Zippel 博士作客名家论坛。论坛期间举行了首届中国大学生科学大会、名家论坛、计划立项学校现场交流高级研修班、创新成果展及师生联欢会等一系列活动，给大学生创新性实验计划项目参与学生搭建了进行学术交流的全国性平台，展示了各高校近两年来在创新教育方面取得的成果。

一、搭建了以大学生为主角的舞台

1. 首届中国大学生科学大会。来自 60 所首批参与高校的 240 名项目参与学生参加了大会，大会由学生主持，将征集的 110 份学术报告，按学科分组进行学术交流，每位学生汇报 10 分钟，同学提问和交流 3 分钟，专家点评 2 分钟。从主持人、学术报告人到听众，都是本科学生，主讲学生站在讲台上一边做学术报告，一边展示制作精美的幻灯片或实物，听众不时地向主讲学生提问，有时还激烈争论。点评专家们对科学大会上大学生们所体现出的活跃的创新思维和较高的研究素质做了充分的肯定。

2. 评选“我最喜爱的项目”。由参会学生代表投票评选，北京理工大学的“新型反恐防暴机器人”、哈尔滨工业大学的“四足爬行与轮动机器人”等 10 个项目被评为“我最喜爱的项目”。

3. 评选“我最喜欢的标志”。参会学生代表投票选出了全国大学生创新论坛的标志。中南大学学生设计、由书的抽象图案和舞动的星星构成的标志当选，该标志还将作为大学生创新性实验计划的标志使用。

二、构筑了沟通交流的全国性平台

1. 名家论坛。中国工程院常务副院长潘云鹤院士、中南大学校长黄伯云院士、比亚迪股份有限公司董事长兼总裁王传福先生、Sun 公司全球副总裁 Richard Zippel 博士作客名家论坛，分别做了题为《产品创新——自主创新的主战场》《营造鼓励创新环境 培养造就创新人才》《比亚迪成长发展过程谈创新》《How Innovation Propels the information Technology industry》的演讲，从不同的角度对创新做了精彩的阐述，引导青年学子走创新之路。谈及如何成为创新型科技人才，潘云鹤院士给了青年学子五点建议：勇于创新，在创新的实践中成长；建立根据地，学有所长，成为专家；掌握独特的知识结构，专业交叉；重视技术，设计创新是工科科技创新的关键环节；善于合作，与团队、经营者产学研结合。参会高校学生代表以“感谢·收获·怀念”为题，制作了一份精美的留言簿赠送给了中南大学黄伯云院士，感谢创新论坛为大家搭建了一个展示自我、沟通交流的舞台。

2. 创新成果展。在中南大学科教大楼集中展示了60所首批参与高校（包括10所试点高校）的232个创新性实验项目，各具特色的项目及实物充分展示了项目参与学生的创新能力，引来代表们驻足观看和热烈讨论。

3. 计划立项学校现场交流高级研修班。同期举行的研修班围绕创新性实验计划与创新教育的关系等议题展开讨论，北京大学、南开大学、中国人民大学、同济大学、北京交通大学、吉林大学、河海大学和中南大学8所高校的参会代表作了大会发言；论坛征集到100篇教师论文；高校教师、教育厅有关负责人还就如何组织实施计划分组展开讨论，交流实施计划的经验体会；各组还认真讨论了《关于大学生创新性实验计划实施工作的指导性意见》（征求意见稿），提出了很好的修改意见和建议。

三、提供了学术交流训练的机会

以本科生为主角的首届全国大学生创新论坛不仅构筑了大学生沟通交流的全国性平台，更为大学生提供了一个进行学术交流训练的场所。论坛期间，大学生们不仅进行学术交流，还在专家的指导下进行了严格的学术规范的训练、进行学术报告的训练。学生代表纷纷表示：参加论坛，自己开阔了眼界，拓宽了思路，学到了更多的知识，领略到许多专家学者的风采，从理论到实践，从思想到行动，得到了一次彻底的震撼。

首届全国大学生创新论坛，是国家层面以本科生为主角的学术交流论坛，是培养创新人才的一个重要举措，也是一个标志性的成果。

（十三）大学生创新创业成果展工作简报

根据科学技术部、中宣部、中国科协《关于举办2009年科技活动周的通知》（国科发政〔2009〕114号）及科技部《关于商请共同举办2009年科技活动周开幕式现场相关活动的函》（国科政便字〔2009〕011号），我司应科技活动周组委会的邀请，组织有关高校加了2009年科技活动周开幕式，并成功举办了“2009年大学生创新创业成果展”，现将有关情况总结如下。

2009年科技活动周开幕式于5月16日上午在北京二七轨道交通装备有限责任公司（原二七机车厂）厂区举行，中共中央政治局委员、国务委员刘延东出席了开幕式并发表了重要讲话。开幕式由中宣部副部长翟卫华主持，全国政协副主席、科技部部长万钢，以及19个科技周组委会成员部委的主要领导出席了开幕式。开幕式后，与会领导、现场近800名观众及特邀媒体参观了由我司主办的“2009年大学生创新创业成果展”、由全国总工会主办的“全国企业职工技术创新成果展”及由中国北车主办的“北车集团科技成果展示”等现场活动。

“2009年大学生创新创业成果展”主要展出了“质量工程”中大学生创新性实验计划项目、大学生学科竞赛活动、大学生创业教育三个大类的33件近期优秀学生作品，其中展出实物20余件，作品来自于全国24所高校，共有66名作品完成人及指导教师参加展览（参展作品信息表见附件1），展区面积约400平方米。本次成果展由我司理工科教育处、财经政法与管理教育处及司办公室牵头主办，北京理工大学具体承办，大学生创新性实验计划高校、大学生创业教育试点高校、全国大学生电子设计竞赛组委会、全国大学生机械创新设计大赛组委会、全国大学生智能汽车竞赛组委会、全国大学生节能减排社会实践与科技竞赛组委会、全国大学生物流设计大赛组委会等单位协办。在展览筹备期间，还专门成立了2009年科技活动周开幕式大学生创新创业成果展组委会（名单见附件2），主要负责展出方案设计、作品筛选和内容审议等方面工作。

与会各级领导，现场大、中学生代表，企业职工代表，科技工作者代表，特邀媒体代表等800余名观众兴趣盎然地参观了展览。多种多样的学生创新、创业成果，丰富多彩的展示手段，激发了观众的极大兴趣，现场气氛十分热烈。特别是来自于大学生创新性实验计划项目中的“福娃爬杆清洁除冰智能机器人”（中南大学）、“新型多用途反恐防暴机器人”（北京理工大学）、“智能割草机器人”（浙江大学），来自于学科知识竞赛获奖作品的“用于灭活空气中细菌和病毒的滑动弧放电——臭氧联合装置”（浙江大学）等作品，引起了观众较大的关注，刘延东同志还饶有兴致地向上述作品完成人询问了有关作品功能、技术方案、创新性等方面的问题，中国中央电视台、中国教育电视台、北京电视台、中国教育报等媒体也对部分学生作品进行了深入的采访和报道。

本次创新创业成果展向全社会展示了“质量工程”实施以来的部分大学生创新科技作品和创业成果，展现了当代大学生的风采，体现了当代大学生较强的实践和创新能力、创业和就业能力及综合素质，对“质量工程”的进一步深入实施起到了积极的推动作用。

附件：1. 大学生创新创业成果展参展作品信息表

2. 2009 年科技活动周开幕式大学生创新创业成果展组委会名单

附件 1：

大学生创新创业成果展参展作品信息表

序号	类别	高校名称	项目名称
1	大学生创新性实验计划项目	中南大学	福娃爬杆清洁除冰智能机器人
2		北京理工大学	新型多用途反恐防暴机器人
3		东南大学	移动终端信息安全传输技术
4		大连理工大学	交互式声光电控制系统
5		浙江大学	智能割草机器人
6		上海交通大学	基于投影增强现实的新型游戏
7		同济大学	多高层结构跷动减震技术振动台试验研究
8		华中科技大学	多通道超声波无损检测系统
9		南京大学	自动婴儿摇篮床
10		华南理工大学	嵌入式 RFID 中间件
11		清华大学	具有压雪功能的小型扫雪车
12		中国农业大学	基于无线射频标签（RFID）和 DSP 的人脸识别系统
13	大学生创业教育	北京航空航天大学	数据安全解决方案创业项目
14		黑龙江大学	陶艺铁绘创业项目
15		上海交通大学	农药残留快速检测试剂盒及速测卡创业项目
16		大连理工大学	AdCheck 网络广告后台智能监测技术平台
17		温州大学	依托区域优势的大学生创业教育
18		上海对外贸易学院	引导大学生帮助弱势群体创业
19		浙江万里学院	宁波芭比堂宠物医院
20		武汉理工大学	求学人网及教育经纪人培训认证体系
21		中南大学	智能球团抗压强度测试机
22		清华大学	半导体制冷精确控温技术创业项目
23	大学生学科竞赛活动	华南理工大学	基于视觉跟踪技术的残疾人辅助系统
24		北京理工大学	基于人体动作识别与语音识别的舞蹈机器人
25		国防科学技术大学	程控滤波器
26		中山大学	电动车跷跷板控制系统
27		北京印刷学院	电线除冰器
28		哈尔滨工业大学	智能垃圾桶
29		清华大学	离心泵前置导叶——一种新型节能装置的研究
30		浙江大学	用于灭活空气中细菌和病毒的滑动弧放电——臭氧联合装置
31		北京工商大学	安得物流发展战略与运作规划
32		上海交通大学	基于视觉的智能小车系统
33		北京科技大学	自动识别道路信息的智能模型汽车

附件 2：

2009 年科技活动周开幕式大学生创新创业成果展组委会名单

主任委员	刘　桔	教育部高教司
副主任委员	李和章	北京理工大学
委　　员		
	仲顺安	北京理工大学教务处
	唐子龙	大学生创新性实验计划高校
	张　林	大学生创业教育试点高校
	闫达远	全国大学生电子设计竞赛
	王黎钦	全国大学生机械创新设计大赛
	江永亨	全国大学生智能汽车竞赛
	胡亚才	全国大学生节能减排社会实践与科技竞赛
	任豪祥	全国大学生物流设计大赛
	康　凯	教育部高教司办公室
	吴　燕	教育部高教司财经政法与管理教育处
	武世兴	教育部高教司财经政法与管理教育处
	李茂国	教育部高教司理工科教育处
	吴爱华	教育部高教司理工科教育处
	陈　洋	教育部高教司理工科教育处

（十四）关于对大学生创新性实验计划项目参与学校开展总结评价工作的通知

教高司函〔2010〕53号

各有关高校：

为了促进高校深入开展大学生创新性实验计划，经研究决定，在120所项目参与学校中开展总结评价工作。现将有关事宜通知如下：

一、本次总结评价以学校自查为主，请项目参与学校在接到通知后对照“大学生创新性实验计划实施工作总结评价自查表”（见附件1）所列出的自查指标进行认真的自查，填写自查表，并对本校开展大学生创新性实验计划的工作进行总结。以学校为单位，于2010年10月15日前将自查表随同总结报告（论文格式、8000字内），加盖学校公章后邮寄至“北京西单大木仓胡同教育部高等教育司理工科教育处江河收”，同时将电子文稿提交至：jianghe@moe.edu.cn。

二、项目参与学校要促进大学生创新性实验计划与课程设计、专业实践、毕业论文（设计）的衔接和结合，探索构建学生创新能力训练体系，在此基础上，请项目参与学校总结本校大学生创新能力训练方法，以学校为单位提交总结报告，于2010年4月30日前将创新能力训练方法总结报告（论文格式、5000字之内），加盖学校公章后邮寄至“北京西单大木仓胡同教育部高等教育司理工科教育处孙荣平收”，同时将电子文稿提交至：sunrp@moe.edu.cn。

三、联系人

教育部高等教育司理工处：孙荣平。

电话：010-66096262；传真：010-66096949。

附件：（略）

教育部高等教育司

二〇一〇年三月三十日

（十五）教育部　财政部关于“十二五”期间实施“高等学校本科教学质量与教学改革工程”的意见

教高〔2011〕6号

各省、自治区、直辖市教育厅（教委）、财政厅（局），新疆生产建设兵团教育局、财务局，有关部门（单位）教育司（局）、财务司（局），部属各高等学校：

为了贯彻落实胡锦涛总书记在庆祝清华大学建校100周年大会上的重要讲话精神和教育规划纲要，进一步深化本科教育教学改革，提高本科教育教学质量，大力提升人才培养水平，教育部、财政部决定在“十二五”期间继续实施“高等学校本科教学质量与教学改革工程”（以下简称“本科教学工程”）。现就实施“本科教学工程”提出如下意见。

一、实施“本科教学工程”的重要意义

（一）提高质量是高等教育发展的核心任务，是建设高等教育强国的基本要求，是实现建设人力资源强国和创新型国家战略目标的关键。胡锦涛总书记在庆祝清华大学建校100周年大会上的重要讲话中强调，不断提高质量，是高等教育的生命线，必须大力提升人才培养水平、大力增强科学研究能力、大力服务经济社会发展、大力推进文化传承创新。胡锦涛总书记的重要讲话为我国高等教育在新的历史起点上科学发展指明了方向。实施“本科教学工程”，就是要全面落实胡锦涛总书记的重要讲话精神和教育规划纲要的总体部署，进一步引导高等学校适应国家经济社会发展和人民群众接受良好教育的要求，深化教育教学改革，加大教学投入，全面提高高等教育质量。

（二）全面提高高等教育质量的核心是大力提升人才培养水平。高等教育的根本任务是培养人才。提升人才培养水平必须要注重整体推进，始终坚持育人为本，牢固确立人才培养在学校各项工作中的中心地位和本科教学在大学教育中的基础地位，紧密围绕优化结构布局、改革培养模式、创新体制机制、健全质量保障体系等全面深化教育教学改革，引导各级政府和高等学校把教育资源配置、学校工作着力点集中到强化教学环节、提高教育质量上来。提升人才培养水平必须坚持重点突破，要在影响人才培养质量的关键领域和薄弱环节上，发挥国家级项目在教学改革方向上的引导作用、在教学改革项目建设上的示范作用、在推进教学改革力度上的激励作用和在提高教学质量上的辐射作用，调动地方、高校和广大教师的积极性、主动性，通过重点突破带动整体推进。

（三）近年来，中央财政先后支持实施了“985工程”“211工程”“国家示范

性高等职业院校建设计划”以及支持地方高校发展专项资金等项目，促进了高等学校学科发展、改善了教学科研条件、提升了科研水平，有力地推进了高等教育改革发展。特别是“十一五”期间实施的“高等学校本科教学质量与教学改革工程”建设，紧紧抓住影响本科人才培养的关键，选择具有基础性、全局性、引导性的项目，有效推动了本科教育教学改革和人才培养质量提升，初步形成了国家级、省级、校级三级质量建设体系。实施“本科教学工程”，就是要在“十一五”期间“高等学校本科教学质量与教学改革工程”系统强化教学关键环节、引导教学改革方向、加大教学投入等成功经验的基础上，遵循高等教育教学规律和人才成长规律，进一步整合各项改革成果，加强项目集成与创新，把握重点与核心，提高项目建设对人才培养的综合效益。

（四）实施“本科教学工程”旨在针对高等教育人才培养还不完全适应经济社会发展需要的突出问题，特别是要在高校专业结构不尽合理、办学特色不够鲜明、教师队伍建设与培养培训薄弱、大学生实践能力和创新创业能力不强等关键领域和薄弱环节上，通过一段时间的改革建设，力争取得明显成效，更好地满足经济社会发展对应用型人才、复合型人才和拔尖创新人才的需要。

二、指导思想与建设目标

（一）指导思想

坚持以邓小平理论和“三个代表”重要思想为指导，深入贯彻落实科学发展观，全面贯彻党的教育方针，全面落实教育规划纲要，紧紧围绕人才培养这一根本任务，以全面实施素质教育为战略主题，以提高本科教学质量为核心，着力加强质量标准建设，着力优化专业结构，着力创新人才培养模式，着力提高学生实践创新能力，着力改革体制机制，大力提升人才培养水平，力争在解决影响和制约高等教育教学质量的关键领域和薄弱环节上取得新突破，充分发挥国家级项目在推进教学改革、加强教学建设、提高教学质量上的引领、示范、辐射作用，更好地满足国家经济社会发展对应用型人才、复合型人才和拔尖创新人才的需要。

（二）建设目标

通过实施“本科教学工程”，初步形成中国特色的人才培养质量评价标准；引导高校主动适应国家战略需求和地方经济社会发展需求，优化专业结构，加强内涵建设，改革人才培养模式，形成一批引领改革的示范性专业；建成一批服务国家战略性新兴产业和艰苦行业发展需要的专业点；配合“卓越计划”的实施，形成一批培养高素质人才的支撑专业点；建立与国际实质等效的工程、医学等专业认证体系。引导高校加强课程建设，形成一批满足终身学习需求，具有国际影响力的网络视频课程和一批可供高校师生和社会人员免费使用的优质教育教学资源。整合各类实验实践教学资源，建设开放共享的大学生实验实践教学平台；支持在校大学生开展创新创业训练，提高大学生解决实际问题的实践能力和创新创业能力。创新中青年教师培养培训新模式，形成有利于中青年教师学术发展与教学能力提升的新机制，实现中青年教师培养培训常态化、制度化。

三、建设内容

（一）质量标准建设

组织研究制定覆盖所有专业类的教学质量国家标准，推动省级教育行政部门、行业组织和高校联合制定相应的专业教学质量标准，形成我国高等教育教学质量标准体系。

（二）专业综合改革

支持高校开展专业建设综合改革试点，在人才培养模式、教师队伍、课程教材、教学方式、教学管理等影响本科专业发展的关键环节进行综合改革，强化内涵建设，为本校其他专业建设提供改革示范。支持战略性新兴产业相关专业建设，加强战略性新兴产业发展急需人才培养。支持涉及农林、地矿、石油、水利等艰苦行业和支持少数民族地区、边疆地区、革命老区高校等专业建设，引导这些专业加强教学条件建设和师资队伍建设，提升相关专业人才培养支持力度。支持“卓越工程师教育培养计划”“卓越医生教育培养计划”“卓越农林人才教育培养计划”“卓越法律人才教育培养计划”和“卓越文科人才教育培养计划”相关专业建设。在工程、医学等领域开展专业认证试点，建立与国际实质等效的工程、医学等专业认证体系。

（三）国家精品开放课程建设与共享

利用现代信息技术，发挥高校人才优势和知识文化传承创新作用，组织高校建设一批精品视频公开课程，广泛传播国内外文化科技发展趋势和最新成果，展示我国高校教师先进的教学理念、独特的教学方法、丰硕的教学成果。按照资源共享的技术标准，对已经建设的国家精品课程进行升级改造，更新完善课程内容，建设一批资源共享课。完善和优化课程共享系统，大幅度提高资源共享服务能力；继续建设职能完善、覆盖全国、服务高效的高校教师网络培训系统，积极开展教师网络培训。

（四）实践创新能力培养

整合各类实验实践教学资源，遴选建设一批成效显著、受益面大、影响面宽的实验教学示范中心，重在加强内涵建设、成果共享与示范引领。支持高等学校与科研院所、行业、企业、社会有关部门合作共建，形成一批高等学校共享共用的国家大学生校外实践教育基地。资助大学生开展创新创业训练。

（五）教师教学能力提升

引导高等学校建立适合本校特色的教师教学发展中心，积极开展教师培训、教学改革、研究交流、质量评估、咨询服务等各项工作，提高本校中青年教师教学能力，满足教师个性化专业化发展和人才培养特色的需要。重点建设一批高等学校教师教学发展示范中心，承担教师教学发展中心建设实践研究，组织区域内高等学校教师教学发展中心管理人员培训，开展有关基础课程、教材、教学方法、教学评价等教学改革热点与难点问题研究，开展全国高等学校基础课程教师教学能力培训。继续支持西部受援高校教师和管理干部到支援高校进修锻炼。

四、建设资金与组织管理

（一）“本科教学工程”项目建设经费由中央财政、地方财政和高校自筹经费共同支持。中央部门所属院校的“本科教学工程”建设项目和公共系统建设项目的经费由中央财政专项资金支持；地方所属院校的项目列入国家“本科教学工程”的，建设经费原则上主要由地方财政或高校自筹经费支持。

中央财政专项资金按照统一规划、单独核算、专款专用的原则，实行项目管理。财政部将会商教育部制定《“十二五”期间“高等学校本科教学质量和教学改革工程”专项资金管理办法》（另发）。地方教育、财政主管部门或高等学校应制定相应的专项资金管理办法。项目承担学校和单位根据相应专项资金管理办法，具体负责经费的使用和管理。

（二）鼓励各地方根据区域经济发展特点，在做好“本科教学工程”国家级项目的基础上，积极筹措资金设立省级“本科教学工程”项目，支持本地高等学校提高质量。鼓励各高等学校根据学校特色，积极筹措资金设立校级“本科教学工程”项目。

（三）教育部成立“本科教学工程”领导小组，决定“本科教学工程”的重大方针政策和总体规划。领导小组下设办公室，具体负责“本科教学工程”的日常工作。各地教育主管部门和项目承担学校应指定相关部门作为专门机构，统筹负责本地、本校“本科教学工程”项目的规划和实施。

（四）领导小组办公室根据“本科教学工程”建设目标和任务，制订、发布项目指南和规划方案。学校建设项目的立项主要考虑高校布局、办学特色和改革基础等因素，采取规划布点的方式，减少项目评审，充分体现加强省级教育统筹和高校自主规划的思路。公共系统建设项目主要采用委托的方式审核立项。坚持立项公平公正，规范评审程序，实现阳光评审。加强立项监督，实行全程公示。

（五）项目承担单位按照统一部署，根据“本科教学工程”的总体目标和任务，依据所承担项目的要求，在充分调查研究论证的基础上，确定项目建设实施方案，组织项目实施，并保证项目建设达到预期成效。

（六）成立“本科教学工程”专家组，负责项目审核立项、咨询检查、绩效评估。领导小组办公室根据专家组意见，对有关地区或单位的项目、资金数量进行调整。

（七）项目资金的管理和使用情况应接受教育部及财政、审计等部门的检查、审计。

（八）项目建设完成后，领导小组办公室组织专家会同相关部门分别组织验收。“十一五”期间的“高等学校本科教学质量与教学改革工程”项目，要继续按照立项方案进行建设。教育部将在适当时候，根据项目性质和特点，分别组织检查验收。

中华人民共和国教育部
中华人民共和国财政部
二〇一一年七月一日

（十六）大学生创新性实验计划推进人才培养模式改革

（教育要情——第四届大学生创新年会）

“国家大学生创新性实验计划”是教育部、财政部在2007年开始实施的“高等学校本科教学质量与教学改革工程”（以下简称“质量工程”）中的重要项目之一，是“十一五”期间国家推动创新性人才培养工作的一项重要改革举措，旨在通过直接面向本科生设立创新训练项目，带动广大学生在本科阶段进行科学研究与发明创造的训练，提高创新能力。大学生创新性实验计划是“质量工程”中覆盖面最广、影响最大的项目。五年来，大学生创新性实验计划已在全国120所国家重点建设大学及一部分有较强行业背景和特色的地方大学开展，覆盖了理、工、农、医等11个学科门类，设立了18234个直接面向本科生的创新研究项目，参加大学生总数达53360人。

作为国家大学生创新性实验计划的重要组成部分，自2008年以来，每年举办的大学生创新年会一直是高等学校沟通创新人才培养、展示以大学生为主体的自主创新教育成果的重要平台。2011年10月22—23日，我部联合科技部共同举办了在同济大学的“第四届全国大学生创新年会”，参会交流的师生近500人。本届年会是对“十一五”期间计划实施的全面总结，也为“十二五”期间深化创新创业教育、推进人才培养模式改革提出了新的工作思路。

一、在国家大学生创新性实验计划引领下，初步形成了国家、省、校三级创新人才培养体系。在国家创新性实验计划的引领下，16个省、市陆续设立了面向大学生的省级创新活动计划，地方性高校参与面不断扩大，一大批高校积极自筹经费，开展了形式多种多样、学生踊跃参与、实施效果突出的校级创新活动。国家、省、校三级的大学生创新活动体系已初步形成，营造了重视创新教育的良好氛围。

二、创新性实验计划被纳入高校人才培养体系，创新性人才培养模式逐步构建完善。大批高校建立了较为完善的创新教育体系，不仅开设了系列化的创新思维、创新方法和创新技能课程，更将创新教育的理念融入其他课程教学活动中，积极整合各种实践教学和科研创新训练资源，开展多层次的专业领域创新实践，将创新性实验计划纳入学校人才培养体系，探索创新人才培养的新模式。如清华大学将“国家大学生创新性实验计划”融入创新实践教育体系中，推动第一课堂与第二课堂结合的创新性教学，形成将第一课堂、第二课堂结合起来的科研训练体系。东南大学突破课程壁垒和学科界限，对全校实验课程和项目进行整合，系统重构了从自主开放引导→基础综合训练→项目专题研究→自主研学创新的层次化、模块化、项目化的三层次实验课程体系。

三、教学模式和教学方法的积极改革全面提升学生的创新综合能力。传统的灌输式教学模式在面对创新教育推行中受到全面的挑战。强调知识的深度理解和应用、全面提升学生的创新兴趣、规范表达能力、协作交流能力、批判性思考和发现问题、解决问题的能力等创新综合素质，催生了基于问题、基于项目、合作研究等一大批新的教学模式，有效地提高了学生学习的主动性和积极性，培养了学生的责任意识和责任感，有利于培养学生健全的人格。

四、各高校逐渐形成了校本特色的创新教育管理模式和工作机制。在创新教育推进过程中，各高校也不断探索创新教育管理模式和工作机制的创新，形成了各具特色的多种管理方式和工作机制。如同济大学建立的大学生创新俱乐部，由学生自主管理创新活动，不仅锻炼了学生的科研能力和管理能力，更重要的是使学生真正成为创新的主体。华中科技大学实施的Dian团队模式——基于导师制的本科人才孵化站，以孵化“人才精品”为目标，采取真实科研项目牵引的“干中学”方式，培养队员高尚的道德情操、优秀的工作作风和扎实的专业技能，既培养技术力，又培养领导力。

五、重视创新文化构建，搭建多种创新交流平台，营造广泛的创新活动氛围。营造一种良好的创新文化氛围，有利于激发大学生参与科研和创新活动的兴趣，调动学生主动学习的积极性，培养创新意识。教育部牵头的国家大学生创新性实验计划网站，和各参与计划学校的创新性实验计划项目网站，为高校教师之间、师生之间、学生之间搭建一个交流平台，为学生创新研究提供交流经验、展示成果、共享资源的机会。每年一度的全国大学生创新论坛，为广大项目参与学生搭建了全国性的面对面沟通交流平台，为他们提供展示自我的机会，同时也为学校管理层及指导教师提供创新指导和创新教育管理的交流平台。此外，各高校也开展多种形式的学生交流活动，如组建项目学生俱乐部或沙龙；组织项目学生开展学术交流，参加学术会议；与兄弟院系进行项日互访等。

六、建设了一支热衷于指导大学生创新训练的导师队伍。创新性实验计划项目要求为学生配备导师，在导师指导下，培养学生发现、分析和解决问题的兴趣和能力。各学校非常重视创新训练计划项目指导教师队伍的建设，制定包括荣誉奖励和工作量补贴等激励措施，全国涌现了一大批热心指导学生开展创新训练活动的教师。如北京理工大学的罗庆生教授多年来一直坚持指导创新训练项目，指导的学生团队连续三届获得创新论坛的奖励。

七、良好的配套扶持政策，为学生参加创新性实验项目创造良好的环境。参与计划的高校全部免费向参与项目的学生提供示范性实验中心、各类开放实验室和重点实验室的场地和实验仪器设备；并制定专门的经费管理政策，保障给予创新性实验项目配套经费，保证项目经费完全由学生支配使用，专款专用，同时也及时给予学生监督和指导，避免学生无序或不当使用经费。

教育部党组成员、部长助理林蕙青同志出席了本届创新年会并讲话，她强调指出，培养创新人才，就要积极营造鼓励独立思考、自由探索、勇于创新的良好环境，使学生创新智慧竞相迸发；就要注重学思结合、因材施教，激发学生的好奇心，培养学生的兴趣爱好；就要创新人才培养模式，建立健全创新人才培养的体制机制。蕙青同志还提到，教育部在“十二五”期间将设立“大学生创新创业训练计划”，把创新训练与创业训练相结合，促进创新教育向创新创业教育进一步延伸，构建国家级、省级和校级的三级大学生创新创业训练体系；教育部将联合有关部门继续加大直接面向大学生创新创业训练项目的教育投入，扩大大学生参与创新创业训练计划的覆盖面；同时要将大学生创新创业训练计划纳入高等学校的培养方案中，推进人才培养模式和课程体系的全面改革。

（十七）教育部办公厅关于举办第四届全国大学生创新年会的通知

教高厅函〔2011〕59号

各省、自治区、直辖市教育厅（教委），新疆生产建设兵团教育局，有关部门（单位）教育司（局），部属有关高等学校：

为推动高校创新人才培养工作，我部自2007年起开始实施“大学生创新性实验计划”项目，从2008年开始，我部连续三年主办“全国大学生创新论坛”。创新论坛作为计划的一个重要组成部分，给参与“大学生创新性实验计划”项目的学生搭建了一个进行学术交流训练的全国性平台，促进了“大学生创新性实验计划”学校、教师、学生之间的交流，推进了创新文化建设。

为深化高校创新人才培养工作，我部决定与科技部共同推进大学生创新能力训练，经认真研究，将“全国大学生创新论坛”调整为“全国大学生创新年会”，届数连续计算，并定于2011年10月22—23日在上海同济大学联合举办“第四届全国大学生创新年会”。现将有关事项通知如下：

一、年会主要内容

1. 全国大学生创新学术年会：择优遴选的“国家大学生创新性实验计划”项目学生做学术报告，交流学术论文。

2. 全国大学生创新训练项目展示：择优遴选的“国家大学生创新性实验计划”项目，以展板和实物作品演示的形式，交流项目研究成果。

3. 教育部“本科教学工程”中的“大学生创新创业训练计划”项目研讨会。

4. 全国大学生创新训练教师论坛：研讨和交流创新训练项目的指导和管理经验。

5. 高校大学生创新思维与创新方法类课程建设工作研讨会：研讨课程建设、教材编写和网络教学资源建设等工作。

二、时间和地点

会议时间：2011年10月22—23日（会期2天）。

会议地点：同济大学。

三、参会人员

1. 有关高校学生代表。入选“第四届全国大学生创新年会”的学术论文及参展项目的学生代表（每篇论文或参展项目学生代表限1人），主要参加“全国大学生创新学术年会”的论文交流活动，参加“全国大学生创新训练项目展示”，介绍参展项目和作品。

2. 已实施“国家大学生创新性实验计划”的高校教师代表。已经实施“国家大学生创新性实验计划”的120所高校可选派1位创新训练计划负责人或项目指导教师，主要参加“全国大学生创新训练教师论坛”。有论文或项目入选高校的创新训练计划负责人或项目指导教师，还要带队参加“全国大学生创新学术年会”和“全国大学生创新训练项目展示”。

3. 特邀创新思维和创新方法类课程主讲教师。由高校推荐、我部特邀的开设创新思维与创新方法类课程的主讲教师，主要参加“高校大学生创新思维与创新方法类课程建设工作研讨会”。我部不单独印发邀请通知，请有关高校教务部门负责通知。

4. 中央部委（含教育部）所属高校1位“大学生创新创业训练计划”负责人，主要参加“大学生创新创业训练计划”项目研讨会。

5. 各省（区、市）教育厅（教委）、新疆生产建设兵团教育局高教处1名负责人，主要参加“大学生创新创业训练计划”项目研讨会。

6. 大学生创新性实验计划专家工作组成员，参加年会的各项活动。

四、其他事项

1. 为保证各单位做好参加年会的准备工作，请各单位确定一名联系人员。请各单位将联系人员和参会人员名单（格式见附件）于10月17日前发送至“第四届全国大学生创新年会”专用信箱（sjk@tongji.edu.cn）。

2. 请参会人员于2011年10月21日自行到上海锦江白玉兰宾馆（地点：四平路1251号，总机电话：021-65986888）报到。

3. 有关大学生学术论文和大学生创新性实验计划项目遴选参会方式、有关年会活动的具体日程安排等事项，请咨询同济大学教务处联系人，并可索取《第四届全国大学生创新年会参会准备指南》。

4. 联系人：

同济大学教务处：严骊；电话：021-65983473，13301973728；

传真：021-65983473；邮箱：sjk@tongji.edu.cn。

教育部高教司：胡小平，都昌满；电话：010-66096262；传真：010-66096949；邮箱：xiaoping.hu@moe.edu.cn。

附件：“第四届全国大学生创新年会”参会人员和联系人信息表（略）

教育部办公厅

二○一一年十月十一日

（十八）教育部关于做好“本科教学工程”国家级大学生创新创业训练计划实施工作的通知

教高函〔2012〕5号

各省、自治区、直辖市教育厅（教委），新疆生产建设兵团教育局，有关高等学校：

根据《教育部 财政部关于“十二五”期间实施“高等学校本科教学质量与教学改革工程”的意见》（教高〔2011〕6号）和《教育部关于批准实施“十二五”期间“高等学校本科教学质量与教学改革工程”2012年建设项目的通知》（教高函〔2012〕2号），我部决定在“十二五”期间实施国家级大学生创新创业训练计划。现将有关事项通知如下：

一、计划目标

通过实施国家级大学生创新创业训练计划，促进高等学校转变教育思想观念，改革人才培养模式，强化创新创业能力训练，增强高校学生的创新能力和在创新基础上的创业能力，培养适应创新型国家建设需要的高水平创新人才。

二、计划内容

国家级大学生创新创业训练计划内容包括创新训练项目、创业训练项目和创业实践项目三类。

创新训练项目是本科生个人或团队，在导师指导下，自主完成创新性研究项目设计、研究条件准备和项目实施、研究报告撰写、成果（学术）交流等工作。

创业训练项目是本科生团队，在导师指导下，团队中每个学生在项目实施过程中扮演一个或多个具体的角色，通过编制商业计划书、开展可行性研究、模拟企业运行，参加企业实践、撰写创业报告等工作。

创业实践项目是学生团队，在学校导师和企业导师共同指导下，采用前期创新训练项目（或创新性实验）的成果，提出一项具有市场前景的创新性产品或者服务，以此为基础开展创业实践活动。

三、参与高校与经费支持

国家级大学生创新创业训练计划面向中央部委所属高校和地方所属高校。中央部委所属高校直接参加，地方所属高校由地方教育行政部门推荐参加。

国家级大学生创新创业训练计划由中央财政、地方财政共同支持，参与高校按照不低于1:1的比例，自筹经费配套。中央部委所属高校参与国家级大学生创新创业训练计划，由中央财政按照平均一个项目1万元的资助数额，予以经费支持。地方所属高校参加国家级大学生创新创业训练计划，由地方财政参照中央财政经费支持标准予以支持。各高校可根据申报项目的具体情况适当增减单个项目资助经费。对中央部委所属高校创业实践项目，每个项目经费不少于 10 万元，其中，中央财政经费应资助 5 万元左右。

中央部委所属高校分为 A、B、C 三组（名单见附件）。2012 年，中央财政经费支持 A 组高校各 200 项，B 组高校各 150 项，C 组高校各 70 项。为保持学生项目的连续性，各高校可以将 2012 年的部分项目名额用于支持各校 2011 年已经立项的学生项目。2013 年及以后各年的实际项目数额，将根据上一年的年度评价决定。鼓励各参与高校利用自主科研经费或其他自筹经费，增加立项项目。

四、计划组织实施

中央部委所属高校直接向我部提交工作方案，非教育部直属的中央部委所属高校同时报送其所属部委教育司（局）。地方教育行政部门将推荐的地方所属高校的工作方案汇总后，一并提交给我部。我部组织专家论证，通过论证后即可实施。

各高校制定本校大学生创新创业训练计划学生项目的管理办法。规范项目申请、项目实施、项目变更、项目结题等事项的管理，建立质量监控机制，对项目申报、实施过程中弄虚作假、工作无明显进展的学生要及时终止其项目运行。

各高校在公平、公开、公正的原则下，自行组织学生项目评审，报我部备案并对外公布。项目结束后，由学校组织项目验收，并将验收结果报我部。验收结果中，必需材料为各项目的总结报告，补充材料为论文、设计、专利以及相关支撑材料。我部将在指定网站公布项目的总结报告。

国家级大学生创新创业训练计划项目面向本科生申报，原则上要求项目负责人在毕业前完成项目。创业实践项目负责人毕业后可根据情况更换负责人，或是在能继续履行项目负责人职责的情况下，以大学生自主创业者的身份继续担任项目负责人。创业实践项目结束时，要按照有关法律法规和政策妥善处理各项事务。

各高校根据本校实际情况，适当安排创新训练项目和创业训练项目的比例，并逐步覆盖本校的各个学科门类。A 组和 B 组高校，要设立一定数量的创业实践项目。

中央财政支持国家级大学生创新创业训练计划的资金，按照财政部、教育部《“十二五”期间“高等学校本科教学质量和教学改革工程”专项资金管理办法》（另行制定）进行管理。各高校参照制定相应的专项资金管理办法，负责创新创业训练计划项目经费使用的管理。项目经费由承担项目的学生使用，教师不得使用学生项目经费，学校不得截留和挪用，不得提取管理费。

我部对各高校实施国家级大学生创新创业训练计划进行整体评价。每年组织一次分组评价，根据评价结果，适度增减下一年度的项目数。

五、有关要求

1. 高度重视大学生创新创业训练计划对推动人才培养模式改革的重要意义。参与高校要成立由主管教学的校领导牵头负责，由教务、科研、设备、财务、产业、学工、团委等职能部门参与的校级组织协调机构，制定切实可行的管理办法和配套政策，将大学生创新创业训练计划的日常管理工作纳入本科生教学管理体系。

2. 大学生创新创业训练计划要进入人才培养方案和教学计划。参与计划高校教学管理部门要从课程建设、学生选课、考试、成果认定、学分认定、灵活学籍管理等方面给予政策支持。要把创新创业训练项目作为选修课程开设，同时要组织建设与创新训练有关的创新思维与创新方法等选修课程，以及与创业训练有关的项目管理、企业管理、风险投资等选修课程。

3. 要重视大学生创新创业训练计划导师队伍建设。对参与大学生创新创业训练计划的学生实行导师制。参与计划高校要制定相关的激励措施，鼓励校内教师担任大学生创新创业训练计划的导师，积极聘请企业导师指导学生创业训练和实践。

4. 重视大学生创新创业训练计划实施的条件建设。参与计划高校的示范性实验教学中心、各类开放实验室和各级重点实验室要向参与项目的学生免费提供实验场地和实验仪器设备。参与计划高校的大学科技园要积极承担大学生创新创业训练任务，为参与计划的学生提供技术、场地、政策、管理等支持和创业孵化服务。

5. 参与计划高校要营造创新创业文化氛围。搭建项目学生交流平台，定期开展交流活动。鼓励表现优秀的学生，支持项目学生参加校内外学术会议，为学生创新创业提供交流经验、展示成果、共享资源的机会。学校还要定期组织项目指导教师之间的交流。

6. 参与计划的学生，如发现本校实施该计划时有违反我部要求的情况，可以向我部投诉。投诉的问题要确切，并且署真实姓名。我部将在调查核实之后予以处理。投诉邮箱：gjs.lgc@moe.edu.cn 。

六、时间安排

中央部委所属高校在 2012 年 3 月 23 日之前向我部上报工作方案。地方所属高校由地方教育行政部门于 2012 年 3 月 23 日之前正式行文将推荐学校名单及学校工作方案一并报送我部。我部将组织专家论证，通过论证的高校在 2012 年 4 月 30 日前将本校实施国家级大学生创新创业训练计划的项目管理办法直接报我部备案，并在我部指定网站上公布。

各高校应于每年 5 月 30 日前将本校立项的项目名单报我部备案，我部于 6 月对外公布。我部于每年的 11 月召开年度工作交流会议，并组织年度评价。

各省、自治区、直辖市教育厅（教委），新疆生产建设兵团教育局应实施省级大学生创新创业训练计划，并将有关情况向我部报告。各高等学校应实施校级大学生创新创业训练计划，并向各自主管部门报告有关情况。

材料请寄至我部高等教育司理工处，地址：北京市西单大木仓胡同37号，邮编100816。同时将相关材料的电子文档发送至邮箱：xiaoping.hu@moe.edu.cn。

联系人：胡小平，联系电话：010-66096262，传真：010-66096949。

附件：国家级大学生创新创业训练计划中央部委所属高校分组名单

教育部

二〇一二年二月二十二日

附件：

国家级大学生创新创业训练计划中央部委所属高校分组名单

A组高校（共39所）

北京大学
中国人民大学
清华大学
北京航空航天大学
北京理工大学
中国农业大学
北京师范大学
中央民族大学
南开大学
天津大学
大连理工大学
东北大学
吉林大学
哈尔滨工业大学
复旦大学
上海交通大学
同济大学
华东师范大学
南京大学
东南大学
中国科学技术大学
厦门大学
山东大学
中国海洋大学
武汉大学
华中科技大学
湖南大学
中南大学
国防科学技术大学*
中山大学
华南理工大学
重庆大学
四川大学
电子科技大学
西安交通大学
西北农林科技大学
西北工业大学
兰州大学

B 组高校（47 所）

北京交通大学
北京科技大学
北京化工大学
北京邮电大学
华北电力大学
中国石油大学（北京）
中国矿业大学（北京）
中国地质大学（北京）
北京林业大学
北京中医药大学
北京外国语大学
中国传媒大学
中央财经大学
对外经济贸易大学
中国政法大学
北京体育大学
中央音乐学院
大连海事大学
东北师范大学
哈尔滨工程大学
东北林业大学
华东理工大学
东华大学
上海外国语大学
上海财经大学
江南大学
南京航空航天大学
南京理工大学
中国矿业大学
河海大学
南京农业大学
中国药科大学
合肥工业大学
中国石油大学（华东）
中国地质大学（武汉）
武汉理工大学
华中农业大学
华中师范大学
中南财经政法大学
暨南大学
西南大学
西南交通大学
西南财经大学
西安电子科技大学
长安大学
陕西师范大学
石河子大学

C 组高校（28 所）

北京语言大学
中国人民公安大学
北京电子科技学院
北京协和医学院
外交学院
国际关系学院
中华女子学院
中国青年政治学院
中国劳动关系学院
中央美术学院
中央戏剧学院
中国民航大学
华北科技学院
防灾科技学院
中国人民武装警察部队学院 *
中央司法警官学院 *
中国刑事警察学院
大连民族学院
上海海关学院
南京森林警察学院 *
公安海警学院 *
华侨大学
中南民族大学
中国民用航空飞行学院
西南民族大学
西北民族大学
北方民族大学
塔里木大学

注：带 * 的高校项目经费另行处理。

（十九）关于国家级大学生创新创业训练计划有关工作安排的通知

教高司函〔2012〕85 号

各省、自治区、直辖市教育厅（教委），新疆生产建设兵团教育局，中央部委所属高校：

按照《教育部 财政部关于“十二五”期间实施“高等学校本科教学质量与教学改革工程”的意见》（教高〔2011〕6 号）和《教育部关于做好“本科教学工程”国家级大学生创新创业训练计划实施工作的通知》（教高函〔2012〕5 号）的安排，为了推动高校更好地开展国家级大学生创新创业训练计划，我司组织专家组对高校国家级大学生创新创业训练计划工作方案进行了论证。现将工作方案论证情况和有关工作安排通知如下。

一、中央部委所属高校（含部队院校和新疆生产建设兵团所属高校）的工作方案已通过专家组论证。各高校要认真组织实施国家级大学生创新创业训练计划。

二、地方高校的工作方案经专家组论证，结论分为“方案可行”“基本可行”和“尚需完善”三种，具体见附件 1。各地方高校，应对照专家组论证高校工作方案的总体意见（见附件 2）进一步修改本校工作方案。

各省、自治区、直辖市教育厅（教委）根据地方高校修改完善工作方案的情况，自行确定参加国家级大学生创新创业训练计划的地方高校。今后，各省、自治区、直辖市教育厅（教委）自行组织高校工作方案论证，确定参加国家级大学生创新创业训练计划的高校。

各省、自治区、直辖市教育厅（教委）对确定参加国家级大学生创新创业训练计划的地方高校应正式立项资助。为确保国家级大学生创新创业训练计划实施目标和计划项目水平，各省、自治区、直辖市教育厅（教委）对地方高校的国家级项目应按照平均 1 万元 / 项的标准予以资助。地方高校的项目数由各省、自治区、直辖市教育厅（教委）自行确定。我司根据各省、自治区、直辖市教育厅（教委）资助国家级大学生创新创业训练计划经费总额，按照平均 1 万元 / 项的标准，核定该地区计划项目总数，并按核定总数公布该地区高校项目信息。

各省、自治区、直辖市教育厅（教委）将确定参加国家级大学生创新创业训练计划的高校的项目管理办法和项目信息表（见附件 3）于 9 月 30 日前汇总，并报我司备案。同时将地方财政对国家级大学生创新创业训练计划的资助总额、资助项目数和资助方式等正式行文报我司。项目管理办法以电子文档方式报送。项目信息表以 Excel 形式的电子文档方式报送。

三、每年 11—12 月，对参加计划的高校进行年度评价。中央部委所属高校由我司组织专家组评价。地方高校由各省、自治区、直辖市教育厅（教委）参照我司的评价方案组织评价，评价结果报我司备案。

项目管理办法和项目信息请发送至邮箱：xiaoping.hu@moe.edu.cn。

在项目执行过程中有何问题，请及时反馈教育部高等教育司理工处。联系人：胡小平，侯永峰；电话：010－66096262；电子邮箱：gjs.lgc@moe.edu.cn。

附件：（略）

高等教育司

二〇一二年六月五日

（二十）国务院办公厅关于深化高等学校创新创业教育改革的实施意见

国办发〔2015〕36号

各省、自治区、直辖市人民政府，国务院各部委、各直属机构：

深化高等学校创新创业教育改革，是国家实施创新驱动发展战略、促进经济提质增效升级的迫切需要，是推进高等教育综合改革、促进高校毕业生更高质量创业就业的重要举措。党的十八大对创新创业人才培养做出重要部署，国务院对加强创新创业教育提出明确要求。近年来，高校创新创业教育不断加强，取得了积极进展，对提高高等教育质量、促进学生全面发展、推动毕业生创业就业、服务国家现代化建设发挥了重要作用。但也存在一些不容忽视的突出问题，主要是一些地方和高校重视不够，创新创业教育理念滞后，与专业教育结合不紧，与实践脱节；教师开展创新创业教育的意识和能力欠缺，教学方式方法单一，针对性实效性不强；实践平台短缺，指导帮扶不到位，创新创业教育体系亟待健全。为了进一步推动大众创业、万众创新，经国务院同意，现就深化高校创新创业教育改革提出如下实施意见。

一、总体要求

（一）指导思想。全面贯彻党的教育方针，落实立德树人根本任务，坚持创新引领创业、创业带动就业，主动适应经济发展新常态，以推进素质教育为主题，以提高人才培养质量为核心，以创新人才培养机制为重点，以完善条件和政策保障为支撑，促进高等教育与科技、经济、社会紧密结合，加快培养规模宏大、富有创新精神、勇于投身实践的创新创业人才队伍，不断提高高等教育对稳增长促改革调结构惠民生的贡献度，为建设创新型国家、实现“两个一百年”奋斗目标和中华民族伟大复兴的中国梦提供强大的人才智力支撑。

（二）基本原则。坚持育人为本，提高培养质量。把深化高校创新创业教育改革作为推进高等教育综合改革的突破口，树立先进的创新创业教育理念，面向全体、分类施教、结合专业、强化实践，促进学生全面发展，提升人力资本素质，努力造就大众创业、万众创新的生力军。

坚持问题导向，补齐培养短板。把解决高校创新创业教育存在的突出问题作为深化高校创新创业教育改革的着力点，融入人才培养体系，丰富课程、创新教法、强化师资、改进帮扶，推进教学、科研、实践紧密结合，突破人才培养薄弱环节，增强学生的创新精神、创业意识和创新创业能力。

坚持协同推进，汇聚培养合力。把完善高校创新创业教育体制机制作为深化高校创新创业教育改革的支撑点，集聚创新创业教育要素与资源，统一领导、齐抓共管、开放合作、全员参与，形成全社会关心支持创新创业教育和学生创新创业的良好生态环境。

（三）总体目标。2015 年起全面深化高校创新创业教育改革。2017 年取得重要进展，形成科学先进、广泛认同、具有中国特色的创新创业教育理念，形成一批可复制可推广的制度成果，普及创新创业教育，实现新一轮大学生创业引领计划预期目标。到 2020 年建立健全课堂教学、自主学习、结合实践、指导帮扶、文化引领融为一体的高校创新创业教育体系，人才培养质量显著提升，学生的创新精神、创业意识和创新创业能力明显增强，投身创业实践的学生显著增加。

二、主要任务和措施

（一）完善人才培养质量标准。制定实施本科专业类教学质量国家标准，修订实施高职高专专业教学标准和博士、硕士学位基本要求，明确本科、高职高专、研究生创新创业教育目标要求，使创新精神、创业意识和创新创业能力成为评价人才培养质量的重要指标。相关部门、科研院所、行业、企业要制定、修订专业人才评价标准，细化创新创业素质能力要求。不同层次、类型、区域高校要结合办学定位、服务面向和创新创业教育目标要求，制定专业教学质量标准，修订人才培养方案。

（二）创新人才培养机制。实施高校毕业生就业和重点产业人才供需年度报告制度，完善学科专业预警、退出管理办法，探索建立需求导向的学科专业结构和创业就业导向的人才培养类型结构调整新机制，促进人才培养与经济社会发展、创业就业需求紧密对接。深入实施系列“卓越计划”、科教结合协同育人行动计划等，多形式举办创新创业教育实验班，探索建立校校、校企、校地、校所以及国际合作的协同育人新机制，积极吸引社会资源和国外优质教育资源投入创新创业人才培养。高校要打通一级学科或专业类下相近学科专业的基础课程，开设跨学科专业的交叉课程，探索建立跨院系、跨学科、跨专业交叉培养创新创业人才的新机制，促进人才培养由学科专业单一型向多学科融合型转变。

（三）健全创新创业教育课程体系。各高校要根据人才培养定位和创新创业教育目标要求，促进专业教育与创新创业教育有机融合，调整专业课程设置，挖掘和充实各类专业课程的创新创业教育资源，在传授专业知识过程中加强创新创业教育。面向全体学生开发开设研究方法、学科前沿、创业基础、就业创业指导等方面的必修课和选修课，纳入学分管理，建设依次递进、有机衔接、科学合理的创新创业教育专门课程群。各地区、各高校要加快创新创业教育优质课程信息化建设，推出一批资源共享的慕课、视频公开课等在线开放课程。建立在线开放课程学习认证和学分认定制度。组织学科带头人、行业企业优秀人才，联合编写具有科学性、先进性、适用性的创新创业教育重点教材。

（四）改革教学方法和考核方式。各高校要广泛开展启发式、讨论式、参与式教学，扩大小班化教学覆盖面，推动教师把国际前沿学术发展、最新研究成果和实践经验融入课堂教学，注重培养学生的批判性和创造性思维，激发创新创业灵感。运用大数据技术，掌握不同学生学习需求和规律，为学生自主学习提供更加丰富多样的教育资源。改革考试考核内容和方式，注重考查学生运用知识分析、解决问题的能力，探索非标准答案考试，破除“高分低能”积弊。

（五）强化创新创业实践。各高校要加强专业实验室、虚拟仿真实验室、创业实验室和训练中心建设，促进实验教学平台共享。各地区、各高校科技创新资源原则上向全体在校学生开放，开放情况纳入各类研究基地、重点实验室、科技园评估标准。鼓励各地区、各高校充分利用各种资源建设大学科技园、大学生创业园、创业孵化基地和小微企业创业基地，作为创业教育实践平台，建好一批大学生校外实践教育基地、创业示范基地、科技创业实习基地和职业院校实训基地。完善国家、地方、高校三级创新创业实训教学体系，深入实施大学生创新创业训练计划，扩大覆盖面，促进项目落地转化。举办全国大学生创新创业大赛，办好全国职业院校技能大赛，支持举办各类科技创新、创意设计、创业计划等专题竞赛。支持高校学生成立创新创业协会、创业俱乐部等社团，举办创新创业讲座论坛，开展创新创业实践。

（六）改革教学和学籍管理制度。各高校要设置合理的创新创业学分，建立创新创业学分积累与转换制度，探索将学生开展创新实验、发表论文、获得专利和自主创业等情况折算为学分，将学生参与课题研究、项目实验等活动认定为课堂学习。为有意愿有潜质的学生制订创新创业能力培养计划，建立创新创业档案和成绩单，客观记录并量化评价学生开展创新创业活动情况。优先支持参与创新创业的学生转入相关专业学习。实施弹性学制，放宽学生修业年限，允许调整学业进程、保留学籍休学创新创业。设立创新创业奖学金，并在现有相关评优评先项目中拿出一定比例用于表彰优秀创新创业的学生。

（七）加强教师创新创业教育教学能力建设。各地区、各高校要明确全体教师创新创业教育责任，完善专业技术职务评聘和绩效考核标准，加强创新创业教育的考核评价。配齐配强创新创业教育与创业就业指导专职教师队伍，并建立定期考核、淘汰制度。聘请知名科学家、创业成功者、企业家、风险投资人等各行各业优秀人才，担任专业课、创新创业课授课或指导教师，并制定兼职教师管理规范，形成全国万名优秀创新创业导师人才库。将提高高校教师创新创业教育的意识和能力作为岗前培训、课程轮训、骨干研修的重要内容，建立相关专业教师、创新创业教育专职教师到行业企业挂职锻炼制度。加快完善高校科技成果处置和收益分配机制，支持教师以对外转让、合作转化、作价入股、自主创业等形式将科技成果产业化，并鼓励带领学生创新创业。

（八）改进学生创业指导服务。各地区、各高校要建立健全学生创业指导服务专门机构，做到“机构、人员、场地、经费”四到位，对自主创业学生实行持续帮扶、全程指导、一站式服务。健全持续化信息服务制度，完善全国大学生创业服务网功能，建立地方、高校两级信息服务平台，为学生实时提供国家政策、市场动向等信息，并做好创业项目对接、知识产权交易等服务。各地区、各有关部门要积极落实高校学生创业培训政策，研发适合学生特点的创业培训课程，建设网络培训平台。鼓励高校自主编制专项培训计划，或与有条件的教育培训机构、行业协会、群团组织、企业联合开发创业培训项目。各地区和具备条件的行业协会要针对区域需求、行业发展，发布创业项目指南，引导高校学生识别创业机会、捕捉创业商机。

（九）完善创新创业资金支持和政策保障体系。各地区、各有关部门要整合发展财政和社会资金，支持高校学生创新创业活动。各高校要优化经费支出结构，多渠道统筹安排资金，支持创新创业教育教学，资助学生创新创业项目。部委属高校应按规定使用中央高校基本科研业务费，积极支持品学兼优且具有较强科研潜质的在校学生开展创新科研工作。中国教育发展基金会设立大学生创新创业教育奖励基金，用于奖励对创新创业教育做出贡献的单位。鼓励社会组织、公益团体、企事业单位和个人设立大学生创业风险基金，以多种形式向自主创业大学生提供资金支持，提高扶持资金使用效益。深入实施新一轮大学生创业引领计划，落实各项扶持政策和服务措施，重点支持大学生到新兴产业创业。有关部门要加快制定有利于互联网创业的扶持政策。

三、加强组织领导

（一）健全体制机制。各地区、各高校要把深化高校创新创业教育改革作为“培养什么人，怎样培养人”的重要任务摆在突出位置，加强指导管理与监督评价，统筹推进本地本校创新创业教育工作。各地区要成立创新创业教育专家指导委员会，开展高校创新创业教育的研究、咨询、指导和服务。各高校要落实创新创业教育主体责任，把创新创业教育纳入改革发展重要议事日程，成立由校长任组长、分管校领导任副组长、有关部门负责人参加的创新创业教育工作领导小组，建立教务部门牵头，学生工作、团委等部门齐抓共管的创新创业教育工作机制。

（二）细化实施方案。各地区、各高校要结合实际制定深化本地本校创新创业教育改革的实施方案，明确责任分工。教育部属高校需将实施方案报教育部备案，其他高校需报学校所在地省级教育部门和主管部门备案，备案后向社会公布。

（三）强化督导落实。教育部门要把创新创业教育质量作为衡量办学水平、考核领导班子的重要指标，纳入高校教育教学评估指标体系和学科评估指标体系，引入第三方评估。把创新创业教育相关情况列入本科、高职高专、研究生教学质量年度报告和毕业生就业质量年度报告重点内容，接受社会监督。

（四）加强宣传引导。各地区、各有关部门以及各高校要大力宣传加强高校创新创业教育的必要性、紧迫性、重要性，使创新创业成为管理者办学、教师教学、学生求学的理性认知与行动自觉。及时总结推广各地各高校的好经验好做法，选树学生创新创业成功典型，丰富宣传形式，培育创客文化，努力营造敢为人先、敢冒风险、宽容失败的氛围环境。

国务院办公厅

2015 年 5 月 4 日

（二十一）教育部高等教育司关于召开国家级大学生创新创业训练计划工作会议的通知

有关专家：

为做好2016年国家级大学生创新创业训练计划实施工作，定于2016年7月30—31日召开国家级大学生创新创业训练计划工作会议，会议由厦门大学承办。现将会议有关事项通知如下：

一、会议内容

1. 研讨如何发挥好专家组和省级协作组的作用，深入实施大学生创新创业训练计划；

2. 研讨国家级大学生创新创业训练计划专家组拟重点推进的工作；

3. 研讨国家级大学生创新创业训练计划与中国“互联网+”大学生创新创业大赛的衔接；

4. 研讨第九届全国大学生创新创业年会相关工作；

5. 遴选第九届全国大学生创新创业年会参会论文及项目。

二、参会人员

1. 国家级大学生创新创业训练计划专家工作组成员（名单见附件1）；

2. 国家级大学生创新创业训练计划省级协作组成员（名单见附件2）。

三、会议时间和地点

时间：7月29日下午报到，会期1天半，7月31日12：00后离会。

地点：厦门大学思明校区国际学术交流中心（厦门市思明区思明南路422号）。

四、其他

1. 与会专家住宿和往返交通费自理。

2. 与会专家行程确定后于7月18日前将会议回执（见附件3）发送至厦门大学联系人，以便安排接站。

厦门大学联系人：戴莉华。

电话：0592–2182130，传真：0592–2096192。

手机：13859980701。

邮箱：jwcsdk@xmu.edu.cn。

专家工作组联系人：刘志军。

电话：0411–84708098。

手机：13604242300。

邮箱：liuzj@dlut.edu.cn。

高等教育司联系人：郝杰。

电话：010-66096262，传真：010-66020758。

手机：13811419712。

邮箱：haojie@moe.edu.cn。

附件：1. 国家级大学生创新创业训练计划专家工作组成员名单

2. 国家级大学生创新创业训练计划省级协作组成员名单

3. 参会回执（略）

教育部高等教育司

2016 年 7 月 8 日

附件 1：

国家级大学生创新创业训练计划专家工作组成员名单

专家组组长：

李志义（沈阳化工大学 校长）

专家组副组长（按姓氏拼音排序）：

洪大用（中国人民大学 副校长）

万小朋（西北工业大学 副校长）

许晓东（华中科技大学 副校长）

朱　泓（大连理工大学 副校长）

专家组成员（按姓氏拼音排序）：

陈永利（北京大学）

黄一如（同济大学）

景亚萍（贵州理工学院）

李家华（中国青年政治学院）

李　正（华南理工大学）

刘义伦（中南大学）

陆国栋（浙江大学）

马　丹（湖北工业大学）

邵　进（南京大学）

孙宏斌（清华大学）

王兴元（山东大学）

王　浩（中国教育创新校企联盟）

徐　雷（复旦大学）

张佐刚（辽宁工程技术大学）

赵树宽（吉林大学）

郭　庆（桂林电子科技大学）

江志斌（上海交通大学）

雷　威（东南大学）

李　军（北京航空航天大学）

刘庆昌（中国农业大学）

刘志军（大连理工大学）

吕永康（西安交通大学）

平　力（电子科技大学）

沈　毅（哈尔滨工业大学）

唐子龙（清华大学）

王　蔚（全国大学生创新创业投资服务联盟）

谢火木（厦门大学）

杨　芳（中南大学）

张红伟（四川大学）

专家组秘书长：

刘志军（兼）（大连理工大学）

专家组秘书：

尹　辉（中南大学）

魏立峰（沈阳化工大学）

附件 2：

国家级大学生创新创业训练计划省级协作组成员名单

单位	姓名	代表省份（自治区、直辖市）
北京交通大学	戴胜华	北京
天津商业大学	于义良	天津
燕山大学	傅万堂	河北
太原理工大学	常晓明	山西
内蒙古大学	苏海全	内蒙古
沈阳师范大学	夏 敏	辽宁
北华大学	王继忠	吉林
哈尔滨工业大学	姜明辉	黑龙江
上海电力学院	顾春华	上海
南京师范大学	傅康生	江苏
浙江万里学院	钱国英	浙江
安徽工业大学	冷护基	安徽
福州大学	林瑞全	福建
南昌大学	邹 江	江西
青岛大学	孔伟金	山东
中原工学院	陈金环	河南
武汉大学	赵菊珊	湖北
湖南师范大学	于风江	湖南
华南师范大学	罗一帆	广东
广西师范大学	苏桂发	广西
海南医学院	林英姿	海南
重庆邮电大学	李方伟	重庆
电子科技大学	余 魅	四川
贵州理工学院	徐淑琳	贵州
昆明理工大学	刘增力	云南
西藏民族大学	相理锋	西藏

续表

单位	姓名	代表省份（自治区、直辖市）
西北大学	曹明明	陕西
兰州理工大学	杨新华	甘肃
青海大学	白英卿	青海
宁夏大学	夏雪花	宁夏
新疆财经大学	王佳新	新疆
石河子大学	宋朝晖	新疆生产建设兵团

（二十二）教育部高等教育司国家级大学生创新创业训练计划工作会议纪要

时　间：　2016年7月30—31日

地　点：　厦门大学思明校区国际学术交流中心

主持人：　李志义

出席人：

1. 教育部高等教育司

李彧威　侯永峰　郝　杰

2. 国家级大学生创新创业训练计划专家工作组成员及秘书

李志义　洪大用　万小朋　许晓东　朱　泓　陈永利　郭　庆
江志斌　景亚萍　雷　威　李家华　刘庆昌　刘志军　马　丹
沈　毅　孙宏斌　唐子龙　王兴元　王　蔚　王　浩　谢火木
徐　雷　杨　芳　张佐刚　赵树宽　尹　辉　魏立峰

3. 国家级大学生创新创业训练计划省级协作组成员

戴胜华　于义良　金海龙　常晓明　夏　敏　王继忠　姜明辉
顾春华　冷护基　邹　江　孔伟金　赵菊珊　于风江　罗一帆
余　魅　徐淑琳　刘增力　相理锋　曹明明　杨新华　夏雪花
宋朝晖

4. 厦门大学会议承办相关人员

林伟东　计国君　戴莉华　钟　杰

记录人：　尹　辉　魏立峰

一、厦门大学林伟东副书记代表学校致欢迎辞。教育部高等教育司副司长李彧威同志到会并致辞，李彧威同志首先介绍了国家级大学生创新创业训练计划专家工作组的调整情况。他说，上届专家工作组做了大量工作，取得了很多卓有成效的成绩。由于年龄原因或工作调整等原因，上届专家工作组中有6位专家在新一届专家工作组中不再担任工作组成员。同时，由于大学生创新创业训练计划实施规模和范围的不断发展和扩大，新一届专家工作组补充了19位专家，除高校专家外，增加了来自中国高校创新创业教育联盟、全国大学生创新创业投资服务联盟、中国教育创新校企联盟的专家。李彧威同志希望新一届专家工作组把握好三个关键：一是树立正确的创新创业教育理念；二是发挥好省级教育行政主管部门的作用，进一步解决部分省级教育行政主管部门存在“两头热、中间冷”的“中梗阻”问题；三是进一步深化产学合作。他要求，新一届专家工作组要更好地谋划，做好、做细、做实大学生创新创业训练计划工作，将之融入人才培养的全过程。

二、结合专家工作组秘书处起草的《国家级大学生创新创业训练计划专家组近期工作方案》（讨论稿），会议就大赛组织、三级联动、校企协同和内伸外延四个专题研讨了如何发挥好专家组和省级协作组的作用，深入实施大学生创新创业训练计划；如何与中国“互联网+”大学生创新创业大赛衔接。

（一）大赛组织。会议一致认为大学生创新创业训练计划的实施，对于教育思想观念的转变，学生主体意识和创新意识的提升均发挥了重要作用，得到广大师生的普遍赞誉和欢迎。要继续遵循“兴趣驱动、自主实践、重在过程”的原则，实施高校要将大学生创新创业训练计划纳入人才培养方案、贯穿人才培养全过程，注重大学生创新创业能力训练，增强大学生的创新能力和在创新基础上的创业能力。国家级大学生创新创业训练计划实施十年以来，一直作为“重过程、重训练、重培养”科研训练的教学环节，获得了各级教育行政主管部门、诸多高校和广大师生的一致认可和高度好评，广大教师和教务工作者心无旁骛、淡泊名利、潜心培养大学生的创新创业能力。十年来，随着大学生创新创业训练计划的广泛拓展和深度开展，大学生的创新创业能力不断提升，创新创业的成果不断涌现，也凸显了该项目计划所取得的显著的育人成效。为此，在坚守“兴趣驱动、自主实践、重在过程”原则的初心同时，也需要重视大学生创新创业训练计划所取得的丰硕成果，并把这些成果不断地推向社会，厚植“大众创业、万众创新”的沃土，用大学生的创新创业成果引领全社会广大青年实现创新创业的梦想。教育部主办的中国“互联网+”大学生创新创业大赛实施一年多来，受到社会各界的高度重视和广泛关注，获奖作品显示度高、企业化业绩突出。专家工作组要研究建立国家级大学生创新创业训练计划年会成果与中国“互联网+”大学生创新创业大赛的衔接方案。

（二）三级联动。会议同意建立大学生创新创业训练计划国家、省区市、校三级管理体系，建立国家、省区市、校三级大学生创新创业训练计划评估评价体系。会议建议加强省级联动，成立省级大学生创新创业训练计划专家工作组，分省或分区域举办创新创业年会。

（三）校企协同。会议讨论了建立校企开展大学生创新创业训练计划的新机制，探索建立大学生走出校园创办企业的激励机制。

（四）内伸外延。与会专家一致同意把大学生创新创业训练计划伸展到本科人才培养体系中，延展到创新创业训练项目之外的创业项目选育、孵化和初创环节。

三、会议研讨了第九届全国大学生创新创业年会相关工作，遴选出第九届全国大学生创新创业年会交流论文及展示项目。

本届年会共收到573所高校推荐的学术论文813篇、创新创业展示项目845项、创业推介项目213项，经过分区盲评，按年会交流数量1.3倍的比例初选出进入复选的材料，会议将创新项目复选材料分为工学一组、工学二组、工学三组、工学四组、理学组、农医组、经管法组和哲教文史艺等八组，创业推介项目为一组，分组遴选，共遴选出参加第九届全国大学生创新创业年会交流展示的论文200篇、展板展示项目200项、创业推介项目46项。

在项目复选过程中，专家们发现以下情况：

（一）项目成果。有的项目成果是老师的，如发明专利和论文的第一作者均为老师；有的标志性成果与项目组无关、标志性成果第一完成人不在项目团队中。

（二）学术论文。一是未按照格式要求提交，学校审查和把关不严；二是论文写作不规范，有的论文无参考文献、有的论文未写完整；三是学术论文中标注受到其他项目资金资助，但未标注受到大学生创新创业项目资金资助；四是有的学术论文提交的是项目总结而非学术论文；五是有的学校未提交论文查重意见；六是部分学术论文网络初审的标准把握尺度不一致，掌控不严，有的初审结果不尽人意。

（三）项目展板。一些展板项目缺乏创新性，可展示性不强；个别展板未提交图片；有的项目提交文字内容和图片过多；部分学校对展板项目提交的标准要求把控不严，提交的作品内容详略不一、水平参差不齐，容易给项目评审带来不公平。

（四）其他情况：非国家级大学生创新创业项目能否参加年会交流，需要统一规定。此外，参加年会交流和展示的论文和项目的年限需要统一规定，有的项目是几年前已经完成的，项目负责人和成员已经毕业离校或成为研究生，以研究生身份整理的论文或成果能否参加年会交流和展示，需要制定组织规范、作品规范和评审规范。

四、经研究，各复选专家组组长在三天内将复选过程中发现的问题形成文字材料提交给许晓东副组长，由许晓东副组长牵头，尽快出台学术论文、展示项目及创业推介项目遴选标准，学术论文、展示项目及创业推介项目形式审查标准，国家级大学生创新创业训练计划年会和大赛组织标准等。本次会议提出的有关建议如下：

（一）关于论文的质量与形式。不按照要求提交的论文不能参加年会交流；论文第一作者要求是完成项目的大学生；学校推荐学术论文时要求出具查重证明。

（二）关于交流项目。要求是大学生创新创业项目，校级、省级及国家级均可，与此无关的项目不应参加年会交流。

（三）文科、理科类学术论文比例适当提高，展示项目比例适当降低；工科类学术论文比例适当降低、展示项目比例适当提高。

五、会议确定，第九届全国大学生创新创业年会于2016年11月18—20日在厦门大学召开。11月18日报到，19日上午进行开幕式，20日上午进行闭幕式。

六、专家工作组的近期工作按大赛组织、三级联动、校企协同、内伸外延和培训工作分为五个专题，与会专家自愿报名开展相关问题的研究，11月第九届年会期间拿出具体的工作方案和管理文件，分组情况如下（未到会专家将分别征求其分组意见）：

（一）大赛组织。牵头人：许晓东，成员：陈永利、江志斌、王兴元、王继忠、马丹、唐子龙、王蔚、杨芳、常晓明、赵菊珊。

（二）三级联动。牵头人：洪大用，成员：景亚萍、沈毅、赵树宽、戴胜华、刘增力、夏敏、谢火木、顾春华、孔伟金、于风江、余魅、罗一帆、杨新华、宋朝晖。

（三）校企协同。牵头人：万小朋，成员：王浩、姜明辉、林瑞全、邹江、相理锋，曹明明。

（四）内伸外延。牵头人：朱泓，成员：郭庆、李家华、雷威、刘庆昌、徐雷、孙宏斌、张佐刚、于义良、金海龙、冷护基、徐淑琳、夏雪花。

（五）大学生创新创业训练计划教师培训工作，每年分区分片组织2次专题培训。牵头人：刘志军。

七、会议建议：

（一）专家工作组会议由一年三次改为两次，要求专家尽量克服困难按时参加会议。专家需要在年会上担任点评专家，并给完成项目的大学生更多的指导。

（二）参加年会的论文和项目，可按中央部委所属高校和地方高校分别进行限额推荐。各地方高校推荐的总名额可直接下达到各省区市，由各省区市负责遴选、评审和推荐；中央部委所属高校推荐材料由年会承办高校遴选和评审。

（三）对各省开展大学生创新创业训练计划情况进行调研，成立省级大学生创新创业训练计划专家工作组，实施三级联动，出台《关于进一步推动大学生创新创业训练计划工作的指导意见》。

（二十三）教育部高等教育司关于公布有关企业支持的产学合作协同育人项目申报指南（2017 年第一批）的函

教高司函〔2017〕13 号

各省、自治区、直辖市教育厅（教委），新疆生产建设兵团教育局，有关高等学校，有关企业：

为贯彻落实《国务院办公厅关于深化高等学校创新创业教育改革的实施意见》（国办发〔2015〕36 号）文件精神，深入推进产学合作协同育人，汇聚企业资源，支持高校开展教学内容和课程体系改革、师资培训、实践条件建设、校外实践基地建设、创新创业教育改革和大学生创新创业训练，经与 89 家企业协商，形成了 2017 年第一批产学合作协同育人项目申报指南，并经产学合作协同育人项目专家组审议通过，现予以公布（项目简介见附件，申报指南见相应网址）。

请各省（市、区）教育厅（教委）加强组织和宣传，动员更多高校积极参与产学合作协同育人项目。

有关高校要根据各校情况和产学合作需要，主动与相关企业联系，组织相关专业师生自愿申报，并加强项目实施过程的管理。

有关企业要履行承诺，规范项目管理，保证项目评审的公开公正，及时公布项目评审结果，并于今年 6 月底前向我司报告工作进展情况。我司及时公布 2017 年产学合作协同育人项目立项名单。

附件：2017 年第一批产学合作协同育人项目简介（略）

教育部高等教育司

2017 年 4 月 18 日

二、专家工作组层次

（一）关于大学生创新性实验计划专家工作组成立暨第一次工作会议的函

教高司函〔2007〕127号

有关高等学校：

根据实施高等学校本科教学质量与教学改革工程的总体安排，教育部已经启动第一批大学生创新性实验计划项目。根据工作需要，我司拟成立大学生创新性实验计划专家工作组，其主要任务是：开展提高学生创新能力和实践动手能力的研究；组织工作研讨会和信息交流；完成高教司委托的其他任务。经研究，我司决定成立大学生创新性实验计划专家工作组（具体名单见附件）。

我司定于2007年8月23日在兰州召开专家工作组成立暨第一次工作会议。现将会议有关事项通知如下：

一、会议内容

1. 研讨高校开展大学生创新性实验计划的过程管理问题；
2. 布置大学生创新性实验计划研究项目。

二、会议时间

2007年8月23日、24日（8月22日报到），会期2天。

三、会议地点

会议委托兰州大学承办，报到地点：兰州大学萃英大厦。

四、会议联系人

1. 高教司联系人：单烨

电话：（010）66096262，手机：13439986866，传真：（010）66096949。

邮箱地址：shanye@moe.edu.cn。

2. 兰州大学联系人：王伟国

电话：（0931）8914205，手机：13519618748，传真：（0931）8912229。

邮箱地址：wangwg@lzu.edu.cn。

五、其他

参会人员往返路费及住宿费用自理。

会议报到安排全天接站（机），请与会专家行程确定后于8月21日前告知兰州大学联系人。

附件：大学生创新性实验计划专家工作组成员名单

教育部高等教育司

二〇〇七年八月十五日

附件：

大学生创新性实验计划专家工作组成员名单

姓名	单位	职务	备注
陈启元	中南大学	副校长	组长
郑家茂	东南大学	副校长	副组长
王维民	北京大学医学部	教育处副处长	
邓俊辉	清华大学	教务处副处长	
陈岳	中国人民大学	教务处处长	
吴文良	中国农业大学	教务处处长	
闫达远	北京理工大学	教务处副处长	
廖宗廷	同济大学	教务处副处长	
邵进	南京大学	教务处副处长	
陆国栋	浙江大学	教务处副处长	
许晓东	华中科技大学	教务处处长	
刘文伦	中南大学	教务处处长	
张迎梅	兰州大学	教务处副处长	

（二）大学生创新性实验计划专家工作组成立暨第一次工作会议纪要

2007 年 8 月 23 日，教育部高等教育司在兰州大学召开了大学生创新性实验计划专家工作组成立暨第一次工作会议，聘请中南大学副校长陈启元等 13 名同志组成专家工作组。本次会议的主要任务是研讨高校开展大学生创新性实验计划的过程管理问题；布置大学生创新性实验计划研究项目。

专家组成立会议由高教司理工处江河主持。理工处李茂国处长出席会议并做了讲话。他指出，建设创新型国家，高等教育肩负着培养适应国家建设发展需要的创新性人才的重任，大学生创新意识和创新能力的培养是高校创新性人才培养的关键。教育部将大学生创新性实验计划作为培养大学生创新意识和能力的切入点，大学生创新性实验计划成为质量工程中唯一直接面向本科学生的项目，强调学生创新实践的过程。各校要加强创新方法和知识的传授，从一般的方法到特殊的方法再到实践训练，让学生在本科阶段打下良好的创新基础。成立专家工作组的主要目的是加强对大学生创新性实验计划的理论和实践指导，主要做好以下几个方面的工作：一是对创新训练本身做研究；二是对如何推动创新训练进行研究；三是指导创新性实验计划的开展；四是发挥专家组所在学校的示范作用，率先探索，积累经验。

在陈启元副校长的主持下，专家工作组召开了第一次工作组会议。经过大家认真讨论，明确了近阶段的主要工作任务。

一、开展两个课题研究并申报立项，分别为：由陈启元副校长牵头的“以创新实验为平台的本科生创新教育体系的构建”和郑家茂副校长牵头的“大学生创新性实验计划的组织实施过程管理研究”，其他工作组成员分别参与这两个课题组，承担相应的研究任务。

二、建设并开通大学生创新性实验计划网站。该网站作为大学生创新性实验计划的工作网站和各校交流沟通的平台。由许晓东处长负责，华中科技大学负责网站制作、维护。

三、组织项目参与学校的交流研讨会。分别从管理人员、学生及导师的角度，每年召开一次交流研讨会。拟 2007 年 10 月在华中科技大学举行第一次高校管理人员交流研讨会，2008 年暑期召开项目参与学生的学术交流会议。

四、征集典型学校和学生案例。到 2008 年年初，从 10 所大学生创新性实验计划试点学校中评选出 5 个典型学生创新性实验计划项目案例，从第一批 60 所项目参与学校中评选出 5 个典型学校管理和实施案例，结集成书，将成功经验进行示范推广。案例征集工作由中南大学刘义伦处长负责落实，案例编写要求由东南大学郑家茂副组长负责编写。

最后，会议确定了专家工作组以召开工作组例行会议的形式开展工作交流，每年召开两次工作组会议，每次会议围绕一个主题进行。此外，初步确定 2007 年年底或 2008 年年初，在浙江大学召开第二次工作会议，重点讨论大学生创新性实验计划的考核评估体系问题。

（三）大学生创新性实验计划立项学校骨干教师高级研修班纪要

2007 年 10 月 23 日至 24 日，大学生创新性实验计划立项学校骨干教师高级研修班在华中科技大学举行。这次研修班的主要内容是交流各校实施大学生创新性实验计划的经验，探讨大学生创新训练的途径和方法。教育部高等教育司刘桔副司长出席研修班开幕式并发表讲话。研修班由华中科技大学常务副校长王乘主持。来自第一批 60 所创新性实验计划项目高校及部分其他高校的教务处处长或学校项目负责人 110 余人参加了此次研修班。

刘桔同志指出，大学生创新性实验计划是“质量工程”的重要组成部分，是教育部首次在国家层面直接面对大学生进行立项，其核心和宗旨是以点带面，突出重点，着力提高高等教育人才培养的质量。各高校应坚持“兴趣驱动、学生为主、注重过程”的原则，扎实稳步地把该项工作推向前进。

刘桔同志强调：

第一，要加强创新性实验计划项目的过程管理。各高校要通过制定创新性实验计划手册、搭建网络交流平台、评选优秀项目案例等多种途径，使得创新性实验计划项目的实施过程能够得以生动、全面的展示。高教司也将通过备案、抽查、验收等多种形式，及时跟踪创新性实验计划项目的实施过程，扎实推进创新性实验计划项目的深入开展。

第二，要以创新性实验计划项目为切入点探索构建切实有效的大学生创新能力训练体系。希望各个高校能够抓住推进创新性实验计划项目的契机，积极营造创新文化氛围，深入探索适合本校人才培养目标、具备特色的创新人才培养模式。高教司一方面要发挥大学生创新性实验计划专家工作组专家的作用，积极进行理论探索和研究，另一方面将搭建经验交流的多种平台和载体，积极推进大学生创新训练体系的构建，发挥创新性实验计划项目在整个大学生创新能力训练体系构建中的示范作用。

第三，在实施创新性实验计划项目过程中要确实做到：认识到位，组织到位，保障到位。认识到位，主要是要深刻领会大学生创新性实验计划项目“兴趣驱动，学生为主，注重过程”的内涵；组织到位，就是相关的政策、执行体系要尽快完善起来；保障到位，就是配套资金、指导教师、硬件设备等保障措施要尽快地落实。确实保障创新性试验计划项目的顺利实施。

她在讲话中还介绍了当前“质量工程”各项目实施进展情况。

中南大学副校长陈启元代表国家大学生创新性实验计划专家工作组汇报了工作开展情况。今年 8 月 23 日创新性实验计划专家工作组成立，其主要任务是开展提高学生创新能力和实践动手能力的研究，主要目的是探索用怎样的方法和模式培养创新意识，让学生在过程中体验科研，学会在失败中总结教训。专家工作组围绕四个方面开展工作：第一，对创新性实验计划本身做研究；第二，研究如何推动大学生创新训练；第三，指导创新性实验计划的开展；第四，发挥专家所在学校的示范作用，率先探索，积累经验。

北京大学、浙江大学、南京大学、复旦大学、武汉大学、华中科技大学6所创新性实验计划试点高校的代表分别就如何实现学生在兴趣驱动下自主选题、如何实现有效的过程管理、如何营造创新教育的生态环境等主题，汇报了本校的大学生创新性实验计划进展情况。

与会代表听取了华中科技大学部分师生关于如何开展创新性实验计划项目的汇报后，参观了该校的大学生创新性实验计划成果展，并进行了分组讨论。最后，教育部高教司理工处江河作了本次研修班的总结发言，并布置了大学生创新性实验计划的近期工作：

一、加强创新性实验计划项目的理论指导

1. 成立专家工作组，进行理论研究和实践探索。

2. 加强项目管理人员和指导教师的培训。

3. 启动创新性实验计划理论研究，近期开展两个课题：研究建立一个怎样的本科生创新实践教育的体系和大学生创新实验计划的运转机制、管理模式的研究。

二、加强创新性实验计划项目的过程管理

（一）过程管理的原则

1. 大学生创新性试验计划实施原则

兴趣驱动，学生自主，教师指导。

项目牵引，注重过程，分享经验。

注重示范，探索机制，形成氛围。

2. 大学生创新性试验计划管理原则

三级规划，分级支持，学校管理。

过程呈现，实时抽查，定期展示。

3. 大学生创新性实验计划评价原则

过程评价与结果评价相结合。

自我评价与专家评价相结合。

项目实施情况评价与总体创新训练体系效果评价相结合。

（二）学校工作内容

1. 建立大学生创新性实验计划学生手册。

2. 建立大学生创新性实验计划指导教师手册。

3. 建立大学生创新性实验计划学校管理手册。

（三）教育部高教司工作内容

1. 对学生项目进行备案并予以公布。项目团队人数不超过5人，人均经费不低于1万元。不达标的将不予备案。

2. 联合财政部对各校的项目运行情况进行抽查。学校需每年向我部报告项目进展情况。

3. 统一下达项目验收合格证明。项目结束后，由学校组织项目验收并将验收结果报我部。

三、加强创新性实验计划项目的经验交流

1. 定期举办全国或区域大学生学术论坛，预期目的：实现学校、区域、国家三级联动，经验共享。

2. 建立全国大学生创新性实验计划网站和各校的创新实验计划网站。

3. 推动创新性实验计划经验交流：

会议交流：项目学校每年召开两次工作会议，交流信息、专题研讨。

案例交流：每年出版案例集、论文集，特别是“精典”案例选登。

示范推广：出版“百篇大学生创新性实验优秀报告”。

四、构建大学生创新教育体系

1. 建立创新培养模式

构建以加强大学生工程实践和创新能力为目标的新型实践教学体系，将“教学与科研早期结合—创新性实验—课外科技活动”贯穿整个培养方案。

尽早让学生参加科学研究活动，突出学生创新能力与实践能力的培养，鼓励学生科技创新。

营造良好的创新人才培养环境。

2. 促进教学与科研互动

充分发挥各高校学科群的优势，以国家和省部级学科梯队为龙头，促进教师的科研活动向学生开放，鼓励学生在老师指导下多方位地开展科研训练。

3. 整合教学、科研与服务资源，加强校际交流与合作

加强项目参与高校的联系与合作，搭建多学科工程训练平台，实现不同学科、不同实验室的开放与资源共享。

依托高水平学科群和重点实验室，构建公共实验教学基地和平台，拓展创新实验的空间和时间。

加强校内外教学和生产实习基地建设，建设能满足创新人才培养需要的基地。

通过这次研修班，各创新性实验计划项目高校进一步统一了认识，交流了各自开展大学生创新性实验计划的经验和体会，为高校教学改革和人才培养模式创新进行了有益探索，具有重要意义。

（四）关于成立"本科教学工程"国家级大学生创新创业训练计划专家工作组的通知

教高司函〔2012〕36号

有关高等学校：

根据《教育部 财政部关于"十二五"期间实施"高等学校本科教学质量与教学改革工程"的意见》（教高〔2011〕6号）（以下简称"本科教学工程"），教育部已经开始实施国家级大学生创新创业训练计划。根据工作需要，经研究，我司决定成立"本科教学工程"国家级大学生创新创业训练计划专家工作组（具体名单见附件）。本届专家工作组的专家任期从2012年至2015年。

"本科教学工程"国家级大学生创新创业训练计划专家工作组的主要任务：

一、开展大学生创新创业能力训练的方法研究，指导高校推进创新人才培养模式改革；

二、论证高校实施大学生创新创业训练计划的工作方案，指导高校开展创新创业训练计划的实施；

三、研究大学生创新创业训练计划过程管理，指导高校建立科学高效的创新创业训练计划项目管理机制；

四、评估大学生创新创业训练计划实施效果，指导高校构建大学生创新创业训练计划项目评价体系；

五、开展大学生创新创业训练计划工作研讨，搭建创新创业教育信息和实施成效的交流展示平台；

六、完成高教司委托的其他任务。

专家工作组秘书单位设在中南大学，具体人员由中南大学安排。

请有关高校支持专家工作组的工作，请专家所在高校为本校专家提供必要的工作条件。

附件："本科教学工程"国家级大学生创新创业训练计划专家工作组成员名单

高等教育司

二〇一二年三月十五日

附件：

“本科教学工程”国家级大学生创新创业训练计划
专家工作组成员名单

（按姓氏笔画排序）

组　长：

陈启元	中南大学

副组长：

李志义	大连理工大学
郑家茂	东南大学

成　员：

王兴元	山东大学
平　力	电子科技大学
刘义伦	中南大学
刘志军	大连理工大学
吕永康	西安交通大学
江志斌	上海交通大学
许晓东	华中科技大学
闫达远	北京理工大学
吴文良	中国农业大学
张继文	东南大学
李　正	华南理工大学
李　军	北京航空航天大学
邵　进	南京大学
陆国栋	浙江大学
陈永利	北京大学
洪大用	中国人民大学
唐子龙	清华大学
廖宗廷	同济大学

（五）关于召开国家级大学生创新创业训练计划工作会议的通知

教高司函〔2013〕95号

有关专家：

为做好2013年国家级大学生创新创业训练计划实施工作，定于2013年9月23日在江南大学召开国家级大学生创新创业训练计划工作会议。现将有关事项通知如下：

一、会议内容

1. 交流各省（市、区）2013年国家级大学生创新创业训练计划的工作推进情况；

2. 审议第六届全国大学生创新创业年会参会论文及项目；

3. 研讨第六届全国大学生创新创业年会相关工作。

二、参会人员

1. 国家级大学生创新创业训练计划专家工作组成员（名单见附件1）。

2. 国家级大学生创新创业训练计划协作组成员（名单见附件2）。请就本省（市、区）国家级大学生创新创业训练计划工作推进情况准备书面材料，并提交会议交流。

三、会议时间和地点

时间：9月22日下午报到，会期1天半，9月24日14：00后可离会。

地点：无锡市蠡湖大道1800号长广溪宾馆（江南大学校内西北角），联系电话：（0510）85912777。

四、其他

1. 与会专家交通费用自理，其他费用由会议承办方承担。

2. 与会专家行程确定后于9月5日前将会议回执（附件3）发至江南大学联系人，以便安排接站。

江南大学联系人：张光生。

电话：（0510）85913665，13812525316；

邮箱：wxzhanggs@jiangnan.edu.cn。

专家工作组联系人：尹辉。

电话：（0731）88830562，13975894870；

邮箱：yinhui08@moe.edu.cn。

高教司联系人：焦飞鹏。

电话：（010）66096262，18673116065；

邮箱：jiaofp@moe.edu.cn。

附件：1. 国家级大学生创新创业训练计划专家工作组成员名单

2. 国家级大学生创新创业训练计划协作组成员名单

3. 参会回执（略）

教育部高等教育司

2013 年 8 月 19 日

附件 1：

国家级大学生创新创业训练计划专家工作组成员名单

单位	姓名
中南大学	陈启元
大连理工大学	李志义
东南大学	郑家茂
山东大学	王兴元
电子科技大学	平　力
中南大学	刘文伦
大连理工大学	刘志军
西安交通大学	吕永康
上海交通大学	江志斌
华中科技大学	许晓东
北京理工大学	闫达远
中国农业大学	吴文良
东南大学	张继文
华南理工大学	李　正
北京航空航天大学	李　军
南京大学	邵　进
浙江大学	陆国栋
北京大学	陈永利
中国人民大学	洪大用
清华大学	唐子龙
同济大学	廖宗廷

附件 2：

国家级大学生创新创业训练计划协作组成员名单

单位	姓名	代表省份（自治区、直辖市）
北京交通大学	李长春	北京
天津商业大学	于义良	天津
燕山大学	傅万堂	河北
太原理工大学	常晓明	山西
内蒙古大学	苏海全	内蒙古
辽宁工程技术大学	张佐刚	辽宁
北华大学	王继忠	吉林
哈尔滨工业大学	姜明辉	黑龙江
上海电力学院	姚秀平	上海
南京师范大学	傅康生	江苏
浙江万里学院	钱国英	浙江
安徽工业大学	冷护基	安徽
福州大学	王　武	福建
南昌大学	邹　江	江西
青岛大学	孔伟金	山东
河南师范大学	张顺利	河南
武汉大学	黄本笑	湖北
湖南师范大学	于风江	湖南
华南师范大学	罗一帆	广东
桂林电子科技大学	郭　庆	广西
海南医学院	林英姿	海南
重庆邮电大学	王汝言	重庆
电子科技大学	余　魅	四川
贵州理工学院	景亚萍	贵州
昆明理工大学	刘增力	云南
西藏民族学院	王　浩	西藏
西安工程大学	王俊勃	陕西

续表

单位	姓名	代表省份（自治区、直辖市）
兰州理工大学	杨新华	甘肃
青海大学	白英卿	青海
宁夏大学	贺立峰	宁夏
新疆大学	王春耀	新疆
石河子大学	宋朝晖	新疆生产建设兵团

（六）国家级大学生创新创业训练计划专家工作组2012年第二次工作会议纪要

6月11日，由教育部高等教育司主办、西安交通大学承办的“国家级大学生创新创业训练计划专家工作组2012年第二次工作会议”在西安南洋大酒店召开。这次会议的主要内容是探讨有关大学生创业训练项目和创业实践项目的立项与管理、高校实施国家级大学生创新创业训练计划的评价机制及标准等问题，以及研究地方高校参加该计划的管理模式、大学生创新创业训练计划项目工作手册的制定等。

与“十一五”期间实施的国家级大学生创新训练计划相比，“十二五”期间实施的“计划”内容在原有的创新训练项目之外，增加了创业训练项目和创业实践项目两类，参与学校由120所高校调整为中央部委所属高校和地方所属高校两类，其中中央部委所属高校直接参加，地方所属高校由地方教育行政部门推荐参加。

来自中南大学、大连理工大学、东南大学、山东大学、电子科技大学、西安交通大学、上海交通大学、北京理工大学、华南理工大学、北京航空航天大学、南京大学、浙江大学、清华大学、同济大学14所高校的专家参加了本次研讨会。

一、高等教育司理工处李茂国处长出席会议并做重要讲话

李处长指出：

第一，要给每个学生机会。创新创业体系应该是面向全体学生的，人人皆可成才、人人皆可创新、人人皆可创业。对于参与项目的地方院校，不能沿用以前的评审模式管理，而是要探讨新的管理模式，更好地为每个学生提供创新创业的机会，也就是说不同类型学校的学生，只要足够优秀、有创新兴趣的，都要让其有机会进入国家级的计划。

第二，给计划提出“创新、创业与创富”的理念支撑。其中“创富”主要指创造、发现的知识要能够转化为社会财富，为社会创造价值。我们要培养和训练大学生利用知识进行成果转化的观念、鼓励学生为社会创造财富。

第三，训练计划存在一个创意链条。这个链条需要将学生的创意、创新训练项目、创业实践项目这几个环节衔接起来，而目前这个创意链条还缺乏一个重要的集成环节，来把学生分散的、初步的创意进行再创意、进行集成，这是我们当前需要思考和解决的问题。此外，李处长还建议大学可以通过建立创新训练中心这一载体来解决对学生的训练问题。

最后，在项目具体管理方面，李处长提出了分级管理模式，即通过校级、省级、国家级三级管理，层层筛选，以切实保证项目和训练的质量。

二、与会专家针对会议的主要研讨内容分别做主题发言

（一）创业项目的立项与管理问题

北京航空航天大学的李军教授、中南大学刘义伦教授、浙江大学陆国栋教授、西安交通大学吕永康教授、电子科技大学平力教授、上海交通大学江志斌教授、山东大学王兴元教授、南京大学邵进教授、大连理工大学李志义教授、大连理工大学刘志军教授、中南大学陈启元教授等分别发言。

李军教授认为，大学生创新训练计划实施的原则是兴趣驱动、重在过程、自主实验。浓厚的兴趣是参与项目研究的前提条件，项目参与过程中要注重学生的自主性作用，学生不仅要自主设计实验、自主完成实验，还要自主管理实验，而导师起到的是指导作用。项目实施中应重视对学生的训练过程，强调学生在过程中在创新思维和创新实践方面的收获。大学生创新创业计划项目分为创新训练项目、创业训练项目和创业实践项目三类，这三类项目在申报条件和申报程序方面存在一些具体的特点。李教授还分析了目前大学生创新创业项目存在的主要问题，如风险意识没有得到充分体现、获得财政支持的项目较少、项目与正常教学活动的时间分配存在一些矛盾以及项目规划受到学制影响等。此外，李教授还就项目选题、团队建设、实施路径与方法等方面提出了建议。

刘义伦教授对实施创业计划项目提出了以下建议：在实施方式方面，要坚持兴趣驱动、学分选修与项目支持相结合，将学生自主选择的课题与创业活动作为培养环节和培养内容的一部分，计入课程学分，学校还可以开设必要的选修课程。在申报条件方面，学校要对学生的成绩、创新设想、项目计划及可行性分析、项目团队、经济效益和社会效益等因素进行评估。项目管理方面，创业项目拟为创新项目数的 15% 左右，其中训练项目为 10% 左右、实践项目为 5% 左右。项目团队每半年左右要有一次阶段性报告。结题时，要对项目成功或者失败的原因进行分析。项目的评定不以是否成功为主要依据，而要重视项目实施工作是否做到位以及原因分析是否正确。

陆国栋教授提出了创业训练项目的基本准则“意识启蒙，观念转变，注重团队”和创业实践项目的基本准则“创新先导，多方协同，注重实践”。他还将创新训练计划与大学生“挑战杯”竞赛进行了比较，创业训练项目、“挑战杯”创业计划竞赛与创业实践项目三者的共同点均是围绕“创业”展开，创业训练项目与大学生“挑战杯”创业计划竞赛的不同之处在于创业训练项目少了一些“竞赛”的特征，更加关注项目的“教育”意义、创业意识的启蒙、就业观念的转变、团队精神的培养等，即弱“竞赛”重“教育”；创业实践项目与大学生“挑战杯”创业计划竞赛的不同之处在于创业实践项目不在于关注“竞赛”的结果，而在于关注创业的实战过程，且往往是在创新训练计划基础之上的创业实践，需要学校、企业、科技园、政府等多方协同，即弱“成果”重“过程”。此外，陆教授还对浙江大学科技园开展创业教育、扶持大学生自主创业的工作思路向大家进行了介绍。

吕永康教授发言指出，大学生创业的优势是有激情、有想法、思路开阔、敢于冒险，同时也存在市场意识淡薄、资金缺乏、实务管理技能薄弱等劣势。大学生创业有利于推动大学生从被动就业到主动创业到创造就业的转变，促进国家产业格局从“中国制造”到“中国创造”的升级。开展创业项目的关键点，从国家层面来说要把“创业训练”纳入高校常规教育，规范创业项目的经费考核和验收；从高校层面来看，要开设有实际操作意义的训练课程，鼓励高校设立仿真训练平台、完善创业辅导服务体系。吕教授还介绍了西安交通大学的大学生创业基地，同时强调了大学科技园在大学生创新创业教育中的独特作用。

平力教授在大学生创业能力提升要素方面阐述了创新与创业的关系：创业是实现创新的过程，创新是创业的本质与手段。他认为创业能力提升工作思路方面包括创新创业文化建设、创新能力培养、产业机制建立等环节，每一个环节都要能够相互配套。创业项目的立项既要符合创新，又要适合创业。创业项目的管理要依托管理机构，包括领导组织、服务机构和支撑机构。

江志斌教授发言的主题是“关于创业教育的一些思考”，他引用中外学者的观点介绍了创业教育的内涵，认为创业教育内容包含创业知识的传授、创业能力的培养和创业品质的塑造三个方面。他着重介绍了美国大学创新创业教育的课程教学以及社会参与。得出的结论包括开展创业教育应明确其理念、目标、内容及意义；创业教育应根据不同学校、不同学科、不同需求的学生进行分类指导；创业教育与第一课堂的通识教育、专业教育应互相融合；整合社会各类创业资源，提高企业参与程度等。

王兴元教授认为大学生创业训练的实施可以采用设置创业项目比赛的方式，学生参赛过程中有专家进行辅导，最终进行项目评比，挑选出优秀项目。创业项目立项途径包括转化现有研究成果、发明、专利，重新整合配置已有资源获得更高效率，进行创业构思、建立新商业模式等。他还就创业训练计划的设立目的、如何推动高校建立创新创业教育体系、计划组织的程序等多个方面提出了建议。

邵进教授发言指出，创新与创业的关系应该是以创新引领创业，以创业推动创新。由于创新训练项目和创业训练项目有着各自的特点，应有针对性地开展训练计划。他认为创业训练计划的开展要点包括，建立政府、企业、高校三方紧密合作的学生创业平台，建立一整套创业训练计划管理体系，将创业训练列入人才培养方案以及建立分层分类管理模式。创业训练计划的难点在于经费管理、如何吸引优秀企业参与、导师团队建设、创业园的开放与协调问题等，这些都是需要解决的问题。

李志义教授、刘志军教授认为，创业计划项目的主要内容有项目管理、配套课程、导师队伍、实施环境和创业文化。他们还介绍了大连 SOVO 大学生创业实践基地，“SOVO”已经在国家工商总局注册，该创业实践基地的管理运作模式经验值得借鉴。

陈启元教授发言指出，大学生创新创业教育一是要以创新为基础、以训练（而非赚钱）为目标、坚持以学生为主体；二是要分清创业项目的三个层次，即创业课程与研习、创业训练（实战训练）和创业实践（实际运作）。他认为，创新项目中的成熟成果（包括有形成果和无形成果）是创业的基础，国家级大学生创业项目不应该包括小买卖、“提篮子”之类不需要专业知识的项目，也不支持违反国家政策和道德准则的项目。在项目模式方面，创业训练项目由学校建立创业支持平台，提供咨询、财务、工商、税务、物流等支持，以工作室形式运行；创业实践项目属于学校支持下按正规程序成立的真实公司，独立运作，自负盈亏。在经费来源方面，创业训练项目由创业计划提供全部或部分经费，由学校平台进行管理；创业实践项目由学校按经费和知识产权比例占有股份，按股份公司规范运作。至于创业项目与学校培养的关系，创业训练项目可以作为选修课程，建立学分考核机制；创业实践项目可以参照毕业实习予以考核，合格者按规定给予学分。

（二）创新创业训练计划的评价机制和评价标准问题

包括同济大学廖宗廷教授、北京理工大学闫达远教授、清华大学唐子龙教授、华南理工大学李正教授、中国人民大学洪大用教授、东南大学郑家茂教授等在内的多名专家进行了发言。

廖宗廷教授建议，创新创业教育评价的对象应该是评价学校，评价内容包括创新创业教育理念、创新创业的文化构建以及创新创业的条件。评价的办法有：学校提交年度总结、专家抽查、综合评价以及制定配套政策等。他还向大家介绍了作为一名项目导师的创新创业教育实践经验，他认为他的学生在创新创业方面表现优良得益于以下经验：一是要创新学生的选拔方式，学生创业团队里面需要文理搭配；二是培养模式的创新，强调学科交叉与综合；三是教学方式要创新，注重学生的能力、素质和实用品质；四是人才培养、科学研究和社会服务相结合。

闫达远教授认为对大学生创新创业训练计划的监管是一个亟待解决的问题，也是一个全国性存在的问题，这个问题在将来学校规模和经费支持力度扩大的背景下显得愈发重要。大学生创新创业训练计划与计划内课堂教学如何统一也值得我们思考。另外，他建议新一轮大学生创新创业训练计划可以结合卓越工程师计划在加强校企合作上有一些新的进展。

唐子龙教授建议在创新创业项目评价上，可以采取对985高校免检（备案）、抽检，对试运行高校必检、实地考察后专家组汇总评价等方式。考察内容涵盖管理模式及体系、运行模式及情况、资源配置、具体项目随机抽检和组织参加学术年会情况等多项指标。

李正教授向与会专家介绍了美国本科生科研评估机制，并重点指出了可供国内高校学习借鉴的经验，如科研项目评价的师生双向评估机制和对学生科研效能的评估，这些经验对于提高我国本科生科研活动水平和质量具有重要的参考与借鉴意义。

洪大用教授认为我们要解决的有为何评价、评价什么、如何评价、评价后的处理四个问题。对创新创业训练计划项目进行评价，不仅是投入与产出比例的评估，也能够对项目实施过程中的偏差进行修正，从而起到激励与约束作用；评价的要素包括项目目标定位、项目实施过程、实施效果和组织特色；而评价方式则以学校自评为主，结合专家组随机抽评和教育部组织评价等方式。评价后的处理涉及评价结果的公布、撤销或减少不合格学校的立项、表彰优秀学校等。

郑家茂教授详细分析了创新创业训练项目的评价过程，认为项目评价应包含项目目标、评价定位、评价主体、评价原则、评价机制与标准、评价实施等要素。他指出，对创新训练项目、创业训练项目和创业实践项目要分类评价、分类管理。评价主体应该是多元的，教育行政部门，相关企业、科协、创协、基金会等社会团体，高校、项目组的导师和学生都应当是评价主体，要强调学生、教师的体验，特别关注师生对项目的欢迎度、满意度和师生从项目中获得的受益度。评价应坚持客观、公正、公开、透明原则，自评与互评结合、定性与定量结合原则，注重训练过程和实践体验的原则。评价的环节主要包括立项过程实施评价、中期检查过程实施评价和结题验收过程实施评价，其中每一类项目的具体评价指标存在一定的共同性和差异性，要区别对待。

三、分组讨论

专家发言结束后，大会进行分组讨论。专家们各抒己见、畅所欲言，提出了许多富有建设性的新建议，并就大学生创新创业训练计划的多种问题达成一致意见。

首先，创新创业是可以教育的，应进一步扩大创新创业训练计划的参与范围，为更多的具有创新意识和创新能力的学生提供机会和平台。对创新创业教育应遵循兴趣驱动、自主实验、重在过程的基本原则。在项目参与主体的地位上，学生是主体，要注重学生的自主性作用，导师是辅助者，学校和教育行政部门则应该提供相应的服务和资源支持。

其次，在项目立项与管理方面，应针对不同种类项目的不同特点进行分类管理、分类评估。高校应建立更广阔的资源辅助平台为大学生创新创业提供更好的条件。项目的实施应更加注重过程中学生的实践和体验，强调对学生创新创业素质的培养，而不是只关注项目的成败和狭义上成果的大小。创新创业训练计划可以与高校课堂及现有学分评价体系有机结合。

最后，在创新创业训练计划项目的评价机制方面，要重视评价和监管对于项目质量提高的作用。评价过程注重参与学生和导师的体会与体验。评价的过程是为了对项目实施进行更好的分析和修正，用于指导整个创新创业过程。

此外，在项目实施过程中，还有一些值得注意的问题。例如，大学生创新创业团队建设问题，怎样提高企业对大学生创新创业训练计划的支持和参与程度，以及如何做到课堂教学要求与大学生创新创业计划更好的统一，等等。这些具体问题值得专家们继续思考和探讨。

（七）国家级大学生创新创业训练计划专家工作组组长会议纪要

时　　间：2013年3月10日上午8:30—11:45

地　　点：东南大学九龙湖宾馆至平厅

参会人员：吴爱华　陈启元　郑家茂

请　　假：李志义（天气原因，航班取消）

列　　席：张继文　邱秧琼

记　　录：尹　辉

一、《国家级大学生创新创业训练计划工作手册（试行）》修改、出版工作

陈启元组长向会议作了关于《国家级大学生创新创业训练计划工作手册（试行）》编写工作的汇报，讨论了有关高校、省教育厅对工作手册提出的修改意见。经讨论决定采纳以下三条意见：首先，创业训练项目教师工作指南增加关于指导教师的更替机制“（10）导师因身体状况、岗位调动等原因，无法继续对创业训练项目开展指导的，应及时向所在高校提出《导师变更申请》，由所在高校国家级大学生创新创业训练计划工作小组审批通过后，创业训练项目可重新选择导师”；其次，《创业实践计划项目申请书》中“企业导师担任的职务和科研情况”为“企业导师担任的职务和创业资历”；最后，适当控制学生参与创新、创业项目数，“原则上在研主持项目不超过一项”。

经讨论，会议决定由东南大学出版社出版工作手册，于近日将工作手册清样交理工处审定。出版社在不盈利的前提下收取基本费用，做到收支相抵。如果能联系到赞助费（如10万元）则出版10000册，将工作手册发送给项目参与高校；如果赞助费无法落实，则由东南大学出版社出版5000册，交秘书处发行，用作相关培训用书等。工作手册出版发行的工作在今年年底前完成，并结清出版费用。

二、进一步推动国家级创新创业训练计划工作

陈启元组长简要介绍了2012年专家工作组工作情况，提出了2013年工作的初步构想。会议建议2013年召开三到四次专家工作组会议：3月底召开2013年专家工作组工作布置、年会方案讨论会；7月底召开年会论文、展示项目审稿会；10月份召开全国创新创业年会；如果今年开展评价工作，再组织召开一次评价工作会。

三、实施国家级大学生创新创业训练计划高校的评价工作

会议经讨论决定，今年要求中央部委所属院校提交2012年国家级大学生创新创

业训练计划的年度工作报告，地方所属院校报送2012年信息报表。工作报告撰写要求及信息报表样表由郑家茂副组长牵头完成，在下周内交理工处。建议高教司于3月底前发文，于5月底前中央部委所属高校报送年度总结报告、地方所属院校报送2012年信息报表；下年度该项工作建议调整为12月底前发通知，1月底提交工作报告。

四、编写《2012年大学生创新创业训练计划年度进展报告蓝皮书》

会议经讨论决定编写《2012年大学生创新创业训练计划年度进展报告蓝皮书》。该蓝皮书内容主要包括相关文件、领导讲话、全国大学生创新创业训练计划工作整体情况、实际工作中涌现的典型案例、大学生创新创业方面的重要活动、会议纪要、由训练计划衍生的学生及老师的相关论文和学生收获体会等。陈启元组长任主编，刘桔副司长任副主编，以曾在理工处借调并分工负责大学生创新创业训练计划工作的同志为主组成编写组。

五、进一步完善大学生创新创业训练计划工作的组织机构

经讨论，会议建议进一步完善大学生创新创业训练计划工作的组织机构。首先，进一步建立健全创新创业项目校、省、国家三级训练体系，不断加强省级训练体系。其次，成立“大学生创新创业训练计划协作组”，由各地方教育行政部门推荐1名项目参与高校的代表，在国家级大学生创新创业训练计划专家工作组的指导下，参加每年第一次的专家工作组会，和年会论文、项目评审会、参与审阅高校年度工作报告；此外，该同志还需协助各地方教育行政部门贯彻执行好有关决策、组织开展好相关活动。

六、大创年会的规模及经费筹措措施

会议经讨论，建议下届年会在保留现有论文及项目遴选办法的前提下，可由地方教育行政部门直接推荐2~3篇论文（项目）参加年会，为各地大学生创新创业训练计划项目的顺利实施起引领、示范作用。会议建议由年会组织机构主动联系赞助，在此基础上向会议代表适当收取会议费、以会养会，使年会保持可持续发展、规范有序的良好态势。

另外，会议审读并讨论了陈启元组长牵头完成的“国家级大学生创新创业训练计划网”创建方案，会议对进一步完善该方案、使网站尽早投入使用提出了合理化建议。

（八）大学生创新创业训练计划工作指南

（摘自《国家级大学生创新创业训练计划工作手册（试行）》）

大学生创新创业训练计划项目包括创新训练项目、创业训练项目和创业实践项目三种。

创新训练项目是本科生个人或团队，在导师指导下，自主完成创新性研究项目设计、研究条件准备和项目实施、研究报告撰写、成果（学术）交流等工作。

创业训练项目是本科生团队，在导师指导下，团队中每个学生在项目实施过程中扮演一个或多个具体的角色，通过编制商业计划书、开展可行性研究、模拟企业运行，参加企业实践、撰写创业报告等工作。

创业实践项目是学生团队，在学校导师和企业导师共同指导下，采用前期创新训练项目（或创新性实验）的成果，提出一项具有市场前景的创新性产品或者服务，以此为基础开展创业实践活动。

（一）创新创业训练项目学校工作指南

1. 体系建设

（1）项目实施高校要高度重视大学生创新训练计划对推动人才培养模式改革的重要意义，建设大学生创新训练计划的实施载体和保障制度，构建创新能力训练体系，将大学生创新训练计划纳入人才培养方案和教学计划，探索建立适合本校人才培养目标、具有特色的创新人才培养体系。

（2）项目实施高校要切实加强创业教育工作，推动创业教育科学化、制度化、规范化建设，把创业教育融入人才培养体系，贯穿于人才培养全过程，培养学生善于思考、敏于发现、敢为人先的创新意识，挑战自我、承受挫折、坚持不懈的意志品质，遵纪守法、诚实守信、善于合作的职业操守，以及创造价值、服务国家、服务人民的社会责任感。

（3）项目实施高校应以国家级大学生创新创业训练和实践项目为突破口，本着“兴趣驱动，自主实践、注重过程”的理念，进一步深化高等教育教学改革，提高人才培养质量，促进大学生全面发展。实施高校应注重学生创新思维的培养和动手能力的提高，构建大学生创新教育体系，强调项目实施过程中学生的创新思维和创新能力得到系统训练；要把大学生创业训练计划和创业实践项目作为创业教育的重要载体，进一步采取以创业带动就业的措施，促进大学生充分就业。

（4）项目实施高校教学管理部门要从课程建设、学生选课、考试、成果认定、学分认定、灵活学籍管理等方面给予政策支持，把创新创业训练项目作为选修课程开设，同时要组织建设与创新创业训练相关的创新思维、创新方法、创业基础、项目管理、企业管理、风险投资等系列课程体系。

2. 模式改革

（5）项目实施高校应以创新训练项目实施为切入点，促进教学与科研整合、学习与实践结合、研究与创新融合，促进“做中学、学中思、思中创”的教学模式改革，促进将项目成果转化为教学案例，将研究训练融入教学过程，大力开设新生研讨课、创新活动课、学科交叉课、问题讨论课等研究型课程。

（6）项目实施高校应以国家级大学生创业训练项目为突破口，提升创业教育质量，使学生“具备创业意识，创造就业机会”；应以创业训练项目实施为切入点，加大实践教学比重，丰富实践教学内容，改进实践教学方法，激励学生参加创业训练和实践，增强创业教育教学的开放性、互动性和实效性。

（7）项目实施高校应充分利用学校科研优势和对口的行业特色，建立“教学与科研互促、教师与学生互动、课内与课外渗透、自主与引导结合”的创新教育模式，推进以学生为主体的创新教育教学改革；建立健全创业教育与专业教育紧密结合的多样化教学内容，在专业教学中注重培养学生勇于创新、善于发现创业机会、敢于进行创业实践的能力。

3. 文化建设

（8）创新训练项目鼓励本科生进行创新性研究，开发创新性思维。项目实施高校应重点资助选题适当、思路新颖、具有创新和探索性、研究方案及技术路线可行、实施条件有保障的项目。

（9）创业训练项目鼓励本科生团队进行创业训练，提升学生的综合素质，增强学生的就业与创业能力。项目实施高校应重点资助选题范围适当，目标内容清晰明确，技术或商业模式有所创新，具有一定技术含量、商业价值和市场前景、实施条件有保障的项目。

（10）创业实践项目鼓励少部分学生在大学阶段有机会进行创业实践，对创业教育起到引领示范作用。

（11）项目实施高校应建立与本计划相适应的管理体制和运行机制。通过开展创新创业训练计划，引导广大学生在本科阶段进行科学研究与发明创造的训练，引导学生正确理解创业与国家经济社会发展的关系，理解创业与职业生涯发展的关系，提高学生的社会责任感、创新精神和创业能力，实现学业、就业、创业、事业的有机结合，建立勇担风险、开拓创新、承担责任、团结协作、诚实守信、容忍失败的创新创业文化氛围。

（12）项目实施高校要营造创新文化氛围。建设大学生创新创业训练计划网站，搭建学生交流平台，利用创新创业俱乐部或沙龙等形式，组织学生开展学术交流、经验交流或成果交流等活动，鼓励学生参加各种学术会议或创新创业相关会议，为学生提供交流经验、展示成果、共享资源的机会。学校也应定期组织项目指导教师之间的交流，开展师生调查，了解学生和教师对项目的欢迎度、满意度和受益度，鼓励建立教师和学生之间相互合作、相互学习和相互评估的和谐氛围。

4. 组织管理

（13）项目实施高校须成立“大学生创新创业训练计划项目”领导小组，领导小组负责组织、领导和协调大学生创新训练计划项目的开展，制定切实可行的管理办法和配套政策，正确把握工作方向，高效协调相关部门工作，保障相关工作顺利进行，并将大学生创新训练计划的日常管理工作纳入本科生教学管理体系。领导小组可由主管教学的校领导及教务、科研、设备、财务、产业、学工、团委等职能部门主要负责人组成，下设项目管理办公室，挂靠在教学主管部门，具体负责创新创业训练项目的管理工作。

（14）项目实施高校需成立“国家级大学生创新创业训练计划”项目专家组，对国家级创新创业训练项目进行评审、检查和验收，专家组成员由领导小组聘任。学校下设的二级教学单位也可成立相应的机构，负责本单位创新创业训练项目的申报、评审、运行和验收工作，并向学校推荐国家级大学生创新创业训练备选项目，协助做好有关项目实施工作。

（15）项目实施高校组织项目申报时，需建立健全项目管理办法。项目申报人限定为全日制本科在读学生，四年制一般应以 2~3 年级学生为主，五年制一般应以 2~4 年级学生为主，5 年以上长学制一般以 2~5 年级学生为主。其他年级的学生也可作为项目组成员参加。申报项目的学生应学有余力，并对创新创业项目具有浓厚兴趣和较好素质；指导教师应具备相应的指导能力；所在院系能提供良好的资源平台和条件。创业实践项目结束时，学校项目管理办公室应按有关法律法规和政策妥善处理各项事务。

（16）项目申请人需填写“大学生创新训练项目申请书”（范本参见附件 1）、“大学生创业训练项目申请书”（范本参见附件 2）或“大学生创业实践项目申请书”（范本参见附件 3）一式两份，提交至所在院系。院系专家组对学生申请的项目进行答辩和初评，提出评审意见和改进建议，并将初评通过的项目申请书签署意见后报送学校项目管理办公室。

（17）学校创新创业训练专家组对院系推荐的项目进行复评，确定入围国家级、省级和校级项目名单，由学校领导小组对项目进行审批，确定资助项目和资金额度，并在学校范围内进行公示。

（18）学校项目管理办公室汇总专家组的评审意见、领导小组的审查意见和公示反馈意见，把最终确定的国家级、省级和校级项目分别报送教育部、省教育行政主管部门和学校分别备案。

（19）学校应制定创新创业训练计划项目文档管理细则并有效贯彻执行。项目文档包括学生阅读相关文献综述报告、参加学术会议论坛报告、立项申请、可行性分析；项目组的会议记录、项目日志、验收报告等；创业实践项目注册成立公司的相关法律证书、创业实践项目的落地程度、项目所获投资情况、项目市场盈利情况、项目市场拓展能力、项目市场反应、项目整体实践成果、公司财务报表等。学校实施文档应包括每届学生参与训练计划的情况总结、调查报告、创新案例、创业案例、管理文件等。

5. 条件支持

（20）国家级大学生创新创业训练计划由中央财政、地方财政共同支持，项目实施高校应设立“大学生创新创业训练计划项目”专项基金，按照不低于1:1的比例自筹经费配套，保证每个国家级创新和创业训练项目经费在1万元左右，每个国家级创业实践项目经费在10万元左右。项目实施高校可根据申报项目的具体情况适当增减单个项目资助经费。

（21）项目经费由承担项目的学生使用，教师应指导学生合理使用项目经费，学校不得截留和挪用，不得提取管理费。

（22）学校、学生和指导教师需签订相关项目合同书和承诺书（范本参见附件4、5）后，学校下拨50%的项目经费。经费主要用于资助与项目相关的资料费、调研费、耗材费、论文版面费、会议费、差旅费等项目经费支出，不得挪作他用。对于创业实践项目的经费，学校项目办公室可根据各校的实际情况，由隶属学校的大学科技园、创业投资公司、科技开发中心或类似机构参与学生的创业实践和实训活动，通过实习实训费等方式转移支付学生部分创业注册资金。

（23）项目实施高校要重视大学生创新创业训练计划实施的条件建设。学校的各类学科、科研和教学实验室都应作为本科生的创新创业训练实践基地，需制定政策向参与项目的学生免费提供场地、仪器和设备；学校也应充分利用校内外教育资源，组织开展灵活多样的创业讲座、创业训练、创业模拟、创业大赛等活动，积极创造条件支持学生创办并参加创业协会、创业俱乐部等社团活动。学校的相关部门也应积极为大学生创新创业训练项目的实施提供完善的保障、服务和支持。

6. 考核验收

（24）项目实施高校需组织项目中期检查工作。项目负责人根据项目进展程度，在学校规定的中期检查期限内自主申请验收时间，或按学校统一公布的验收时间进行中期检查。中期检查合格者，学校继续投入50%的余额经费，项目完成特别优秀者可追加经费投入；中期检查不合格者，终止经费投入；不能按期完成项目者，可适当申请延期，延期时间不能超过项目负责人的毕业年限，否则应取消项目负责人资格。

（25）项目实施高校应建立项目变更管理办法。项目进行过程中，确有必要变更研究内容、变动参加人员、变动结题时间的项目，项目负责人应提前1个月向学校管理办公室提出书面报告，批准后方可变更。创业实践项目负责人毕业后可根据情况更换负责人，或是在能继续履行项目负责人职责的情况下，以大学生自主创业者的身份继续担任项目负责人。

（26）项目实施高校需组织创新项目的结题验收工作。项目负责人需认真填写“项目结题报告书”（范本参见附件6），对项目情况进行总结。项目专家组应对国家级、省级和校级项目进行结题答辩，并对结题报告进行评审。结果汇总后，由项目管理办公室汇总后，分别报送教育部和省教育行政主管部门。

7. 激励政策

（27）项目实施高校应制定政策，鼓励学生参加创新创业训练计划项目、科技创新或创业活动，支持学生参加校内外学术会议，对积极参与项目的学生颁发荣誉证书，给予学分认定；在评优、评奖、对外交流等方面给予优先考虑；对在执行项目中表现突出的学生，可优先推荐或免试推荐攻读硕士、博士学位研究生。

（28）项目实施高校要重视大学生创新创业训练计划导师队伍建设。对参与大学生创新创业训练计划的学生实行导师制。学校应制定政策，鼓励指导教师积极参加项目指导工作，依据指导教师所指导的项目数和学生数计算一定的教学工作量；学生为第1作者、指导教师作为第2作者或通讯作者发表学术论文、申请专利或进行项目鉴定时，指导教师在评职和考核时可视为并列第1作者；指导教师所指导的项目参加高水平的竞赛并获奖时，学校应给予指导教师一定的配套奖励；学校应定期评选项目优秀组织单位和优秀指导教师，并给予相应的奖励。

8. 其他

（29）本指南提供了创新创业训练项目学校的工作管理规程样例，各高校可根据本校实际情况适当进行修订。

（30）创新创业训练项目学校工作未尽事项，由教育部高等教育司理工处、教育部大学生创新创业训练计划专家工作组负责说明和解释。

（二）创新训练项目学生工作指南

1. 原则目的

（1）创新训练项目以本科生为主体，旨在探索并实施以问题和课题为核心的研究性教学模式改革。通过创新训练项目，本科生在读期间可获得科学研究、发明创造、工程实训、社会实践的训练机会，达到“转变学习方式、增强实践能力、发挥个性潜质”的训练目的。

（2）大学生创新训练计划的实施原则：兴趣驱动、自主实践、重在过程。

兴趣驱动——参加项目的学生需对科学研究或创造发明有浓厚兴趣，发挥主动学习、主动探索、主动实践的积极性，在自身兴趣的驱动和导师的有力指导下完成创新训练项目。

自主实践——参加项目的学生需自主设计方案、自主开展研究、自主管理项目。

重在过程——参加项目的学生需注重项目的实施过程，着重强调学生在项目实施过程中在创新思维、创新实践、创新方法等方面的收获。

（3）参加创新训练的学生应充分发挥自身的主动性、积极性和创造性，培养创新思维和创新意识，逐渐掌握发现问题、思考问题、解决问题的方法，提高创新实践能力。

2. 能力培养

（4）通过创新训练项目，学生应重点训练问题确认与解决能力，批判性思维和有效表达能力，其中包括：确认并分析所要研究的问题，构建、验证并修改研究假设，分析其他解决问题的方法，选择、设计并完善研究方案，有效控制项目研究进程，拓展解决方案的应用范围。学生应注重培养训练系统性与综合性思维、抽象性与形象性思维、批判性思维、创造性思维、正向与反向性思维、演绎与归纳性思维、收敛与发散性思维等能力。

（5）通过创新训练项目，学生应注重沟通交流能力的培养，尤其是培养跨专业交流沟通能力，训练口头交流、书面交流、电子和多媒体交流的能力，强化学生的表达和理解能力。

（6）通过创新训练项目，学生应培养项目管理能力，其中包括：项目流程管理、资金管理和控制等，合理规划并使用项目经费，遵守国家和学校的财务管理制度。

（7）通过创新训练项目，学生应注重个体与团队工作能力的有效提升，明确创新团体中个人角色的定位，组织协调在共同研究目标下的分工、协作与配合的关系，并在团队内部懂得相互理解和尊重。

（8）通过创新训练项目，学生应了解并掌握科研的基本知识、创新方法、技术手段等，增强观察、收集、分析、解读数据的能力；增强文献检索、阅读、表达和写作能力。

（9）通过创新训练项目，学生应注重锻炼科学态度和承受能力，具备努力克服困难和积极承担责任的态度，具备评估方案和决策的能力，具备处理风险与不确定性的能力，具备心理承受力和抗压力，具有首创精神。

3. 项目选题

（10）创新训练项目选题范围要适当，要求研究内容新颖、研究目标明确、具有创新性和探索性。学生需对研究方案及技术路线进行可行性分析，并在实施过程中适时进行调整、优化和改进。

（11）项目选题需协调处理好学习基础知识和技能与创新实验和创造发明的关系，注重知识学习、能力培养和创新训练三者的密切结合。

4. 项目申请

（12）创新训练项目面向本科生个人或创新团队。学生可根据自己感兴趣的研究主题和内容，由个人或创新团队向相关导师提出申请。项目获批后，学生需在导师的指导下，自主进行研究性学习，自主进行实验方案设计，自主进行设备材料购置，自主进行实验数据处理，自主进行研究结果分析，自主进行研究报告撰写等工作。

（13）本科创新团队参加创新训练项目时，团队成员数量一般不多于5人。鼓励不同专业、不同年级、不同背景的本科生组成创新团队，创新团队需确定1名项目负责人，并明确每名成员在项目中的具体分工。

5. 过程管理

（14）参加创新训练项目的学生，在立题、开题、检查、考核、结题、延期等过程环节应遵守相关管理规程，管理规程的内容包括："大学生创新训练项目申请书"（范本参见附件1）、"大学生创新训练项目合同书"（范本参见附件4）、"大学生创新训练项目结题报告书"（范本参见附件6）、"大学生创新创业训练项目过程记录册"（范本参见附件7）、"大学生创新创业训练项目中期检查书"（范本参见附件8）、"大学生创新创业训练项目延期结题申请书"（范本参见附件9）等。

6. 其他

（15）国家级大学生创新训练项目的过程管理本着"目标须明确、要素应全面、过程可审核"的原则，可参照此范式进行，各高校也可根据本校实际情况进行适当修订。

（16）创新训练项目学生工作未尽事项，由教育部高等教育司理工处、教育部大学生创新创业训练计划专家工作组负责说明和解释。

（三）创新训练项目教师工作指南

1. 项目要求

（1）大学生创新训练项目由本科生个人或创新团队，在导师的指导下进行自主选题、自主学习、自主实践、自主研究。强调以"研究过程"为主，强化创新实践能力和个性潜质培养。

（2）创新训练项目的实施主体是本科生，教师起指导和辅助作用，在创新训练项目中为学生提供必要的指导、引导和帮助。

（3）每个项目至少需配备1名相关学科的指导教师，主要负责项目的指导、监督和管理，指导学生进行研究性学习、明确研究选题和研究内容、确立研究重点和分析方法、设计实验方案和技术路线、安全进行实验操作、有效分析处理数据、撰写研究总结报告等。

2. 导师要求

（4）指导教师在所研究领域有创新性的研究成果，学术造诣高；应有相对稳定、独立的研究方向，并有一定的项目来源。

（5）指导教师应具有较强的工作责任心、认真负责的工作态度，教风严谨，为人师表，对学生要求严格，始终坚持把对学生创新能力的培养放在第一位，保证投入足够的精力指导学生完成创新训练项目。

（6）指导教师应注重培养学生严谨的科学态度、求实的科学精神和务实的科学作风，能为学生创造宽松的学术环境，充分调动学生的主动性、积极性和创造性，启发学生的创新思维和创新意识，注重培养学生的综合能力，尤其是发现、分析和解决问题的能力，独立思考和学习的能力，获取知识和运用知识的能力，信息加工和聚焦思维的能力，动手实践和科学研究的能力。

（7）指导教师应根据学生的个性特点，引导学生学习与项目相关的基础理论，指导学生制订周密细致的研究计划，帮助学生做好具体的研究工作。根据每个学生的具体情况，循序渐进地安排学生的学习和工作，使学生在创新训练项目的实践中，根据项目的进度安排，在项目的不同阶段均能实现与之相应的能力培养和创新训练，全面系统地提高学生的创新能力。

（8）指导教师应关心爱护学生，引导学生转变被动接受知识的学习方式，培养学生批判性思维意识，帮助学生克服心理压抑和自卑，让学生充分感觉到“心理安全”和“学术自由”，助燃学生的创新欲望，提升认知水平，增强参与意识，指导学生顺利完成项目的研究内容。

3. 指导要求

（9）在选题阶段，指导教师能够结合学生的兴趣，指导学生选择具有重要理论和应用价值，或富有创新性和市场前景的题目。指导教师应对学生提出的选题进行审查和指导，也可与学生共同拟定研究课题和研究内容，或提出适合本科生进行研究的课题供学生选择。选题范围可包括：结合学校有关重大研究项目或与行业结合紧密的项目；开放实验室或创新教育基地中的综合性、设计性、创新性实验项目；学生自主设计和开发的相关项目；从课程学习和学科竞赛中引申出的研究项目；社会科学研究课题；其他研究价值较高项目，或具有挑战性的实践项目。

（10）在申报阶段，指导教师应指导学生规范地填写申报表格，帮助制订实施计划和经费预算。

（11）项目批准立项后，由项目负责人和指导教师一起提交“大学生创新训练项目承诺书”（范本参见附件5），保证在项目实施过程中，实施项目的学生和指导教师各司其职，履行承诺，保证学生和指导教师一道按计划完成项目规定的各项内容。

（12）在实施阶段，指导教师应指导学生按批准的经费制定项目执行计划书，并根据学生特点制订分工计划，及时掌握学生的项目进展情况，帮助学生解决项目执行中所遇到的各种难题，重视对学生独立工作能力、分析和解决问题能力、创新能力的培养。

（13）项目执行过程中，指导老师应定期与学生进行交流和研讨，定期审阅“大学生创新创业训练项目过程记录册”（范本参见附件7）。

（14）指导教师负责监管学生合理使用项目经费，项目经费主要用于与项目有关的资料费、调研费、实验耗材等必要开支，由承担项目的学生负责使用，指导教师负责审核。指导教师不得以任何方式挪用学生的项目经费。

（15）发生项目负责人变更、研究内容有重大调整、申请延期、终止项目运行等情形时，须经指导教师同意。

（16）在中期检查时，指导教师负责指导并督促项目负责人按时提交中期进度报告，帮助学生总结经验，为下一步工作提出建设性意见。

（17）在结题阶段，指导教师应指导学生总结、整理和撰写项目结题报告书，对“大学生创新创业训练项目过程记录册”及相关材料进行检查，对该项目的实施情况写出评语，并给出具体的意见或建议。

（18）在项目评价时，指导教师应注重过程性评价和诊断性评价相结合，避免总结性和水平性评价。具体评价内容包括：科学态度、精神与作风；创新心理素质、创新思维、创新意识和创新实践的能力提升；综合研究能力和创新能力；处理基础知识学习、基本技能训练、创新实践和创造发明之间关系的有效程度；独立人格与团队合作精神。

（19）在项目验收时，指导教师应协助学生认真准备答辩材料，指导学生答辩时做到重点突出、针对性强、内容连贯、条理清楚、逻辑性强。

4. 其他

（20）指导教师应定期总结指导工作的特色、方法和成效，形成好的经验和做法，便于进行推广和交流。

（21）本指南提供了创新训练项目教师的工作管理规程，各高校可根据本校实际情况适当进行修订。

（22）创新训练项目教师工作未尽事项，由教育部高等教育司理工处、教育部大学生创新创业训练计划专家工作组负责说明和解释。

（四）创业训练项目学生工作指南

1. 原则目的

（1）通过创业训练项目，本科生在读期间可掌握创业的基础知识和基本理论，熟悉创业的基本流程和基本方法，了解创业的法律法规和相关政策，达到“激发创业意识，增强社会责任，提高创业能力”的训练目的。

（2）大学生创业训练计划项目的实施原则：兴趣驱动、自主实践、重在过程。

兴趣驱动——参加项目的学生需对与创业训练有关的项目管理、企业管理、风险投资有浓厚兴趣，对大学生创新创业有强烈的欲望，在自身兴趣的驱动下完成创业训练项目。

自主实践——参加项目的学生需自主进行项目研究，自主管理项目进度，自主进行创业训练。

重在过程——参加项目的学生需注重项目的实施过程，在项目实施过程中理解并掌握创业基础和理论、创业流程和方法、创业法规和政策，培养创业精神、提高创业能力。

（3）参加创业训练的学生应正确理解创业与国家经济社会发展的关系，正确理解创业与职业生涯发展的关系。在创业训练项目实施过程中，勤于创新、善于发现、勇于实践。

2. 能力培养

（4）通过创业训练项目，学生应重点训练创业所必需的领导力、全球化的眼光、敏锐的市场意识、务实踏实的作风、锲而不舍的精神、组织运作能力和为人处事的技巧，以及商业谈判技巧、市场评估与预测、启动资金募集方式等，了解金融、财务、人事、市场、法规等方面的基本知识。

（5）通过创业训练项目，学生应注重个体与团队工作能力的有效提升，明确创业团体中个人角色的定位，组织协调在共同创业目标下的分工、协作与配合的关系，并在团队内部懂得相互理解和尊重。

（6）通过创新训练项目，学生应注重自主、自信、勤奋、坚毅、果敢、诚信等品格与创业精神的培养和锻炼，了解未来创业者与领导者的成就动机，掌握科技开发及市场开拓的方法和手段，提高分析问题与解决问题的能力。

（7）通过创业训练项目，学生需注重锻炼务实作风和承受能力，具备努力克服困难和积极承担责任的态度，具备市场预测和决策的能力，具备处理风险与不确定性的能力，具备心理承受力和抗压力。

（8）通过创业实训课程的学习，全面模拟真实企业的创业运营管理过程，在虚拟商业社会中完成企业从注册、创建、运营、管理等所有决策，提升综合素质，增强就业与创业能力。

3. 项目选题

（9）项目选题范围要适当，目标内容要清晰明确，技术或商业模式要有所创新，保证团队每一位成员均能从中获得不同方面的创业训练。

（10）项目选题应保证在不影响本专业学习的前提下，充分规划和管理项目的执行时间，注重理论学习、能力培养和创业训练三者的密切结合，避免把创业训练项目变成纯粹以营利为唯一目的的商业活动。

4. 项目申请

（11）创业训练项目面向本科生团队，原则上要求项目负责人在毕业前完成。团队成员数量一般在5人左右。鼓励不同专业、不同年级、不同背景的学生组成创业训练团队，创新训练团队应确定1名项目负责人。创业训练团队视其规模的发展情况，可以有计划地吸纳不同层次、不同背景的学生参加创业训练项目，但需明确每名成员在项目中的具体分工。

（12）创业训练项目团队可根据所从事的创新训练项目进行拓展和延伸，也可在所学专业基础上进行技术研发，或对学校某些技术项目进行市场调研和开发，由创新团队向相关导师提出申请。项目获批后，团队学生需在导师的指导下，自主进行创业训练，完成编制商业计划书、开展可行性研究、模拟企业运行等工作。

5. 过程管理

（13）参加创业训练项目的学生，参加创新训练项目的学生，在立题、开题、检查、考核、结题、延期等过程环节应遵守相关管理规程，管理规程的内容包括："大学生创业训练项目申请书"（范本参见附件2）、"大学生创业训练项目合同书"（范本参见附件4）、"大学生创业训练项目结题报告书"（范本参见附件6）、"大学生创新创业训练项目过程记录册"（范本参见附件7）、"大学生创新创业训练项目中期检查书"（范本参见附件8）、"大学生创新创业训练项目延期结题申请书"（范本参见附件9）等。

6. 其他

（14）国家级大学生创业训练项目的过程管理本着"目标须明确、要素应全面、过程可审核"的原则，参照此范式进行，各高校也可根据本校实际情况进行适当修订。

（15）创业训练项目学生工作未尽事项，由教育部高等教育司理工处、教育部大学生创新创业训练计划专家工作组负责说明和解释。

（五）创业训练项目教师工作指南

1. 项目要求

（1）大学生创业训练项目由本科生创业训练团队，在导师的指导下进行自主选题、自主学习、自主实践。强调以"创业训练"为主，强化就业与创业能力的培养。创业训练项目的实施主体是本科生，教师起指导和辅助作用，在创业训练项目中为学生提供必要的指导、引导和帮助。

（2）每个项目至少需配备2名指导教师，其中，1名为具有科技开发实力、创业教育经历或创业实践阅历的校内导师，1名为具有创业实战经历的企业指导教师。

（3）指导教师主要负责项目的指导、监督和管理等工作。指导教师应指导学生选修创业课程，传授创业知识，培训创业能力，引导学生像企业家一样去思考问题，培养学生具备未来创业者的素质，具有战略眼光、良好的沟通协调能力、营销能力和决策能力，并具备较高的情商。

2. 导师要求

（4）校内指导教师在相关专业技术领域应具有相对稳定、独立的研究方向，拥有科技开发创新成果，并有结合企业需求的项目来源。保证投入足够的精力指导学生完成创业训练项目。

（5）指导教师应注重培养学生的创业技能与开拓精神，以应对全球化和知识经济时代的挑战，引导学生转变就业观念，将创业作为未来职业的一种选择，注重培养学生作为未来创业者与领导者的成就动机、开拓精神、分析问题与解决问题的能力。

（6）指导教师应帮助学生分析创业训练项目的难度，把握所选项目在学生能力和风险范围之内可控。需对学生创业训练项目所需的基本理论和方法、创业训练计划方案以及创业成功的原则和技巧进行指导，保证学生能够结合严密而精心设计的商业模拟管理模型和企业决策博弈理论，全面模拟真实企业的创业运营管理过程，使学生在虚拟商业社会中完成企业从注册、创建、运营、管理等所有决策的训练过程。

（7）指导教师应注重指导学生了解创业团队的内涵和重要性，把握高效团队的基本要素，帮助创业训练团队建立基本的组织架构，善于发现创业潜质优秀的学生，从日常的项目指导中挖掘学生的创业特长，从而进行有针对性的个性培养。

（8）指导教师应关心爱护学生，引导学生主动识别并把握创业机会，培养学生作为未来创业者的决断能力、识人用人能力、积极应变能力、敢于创新能力、社会交往能力，指导学生全面了解创业计划、创业管理、企业申办、创业融资、创业风险等过程要素。

（9）指导教师应指导学生合理规划和管理项目的执行时间，合理制订项目经费的使用计划，确保项目经费预算和开支与项目进度和进程相匹配。

3. 指导要求

（10）在选题阶段，指导教师能够结合创业训练团队把握的创业机会，结合团队的实际情况，指导学生选择具有一定技术含量、具有一定商业价值、具有一定市场前景的题目。指导教师应对学生提出的项目进行审查和指导，也可与学生共同拟定创业训练项目，或结合自己的科技开发项目和企业合作课题提出适合本科生进行创业训练的项目供学生选择。

（11）在申报阶段，指导教师应指导学生规范地填写申报表格，帮助制订实施计划和经费预算。

（12）项目批准立项后，由项目负责人和指导教师一起提交“大学生创业训练项目承诺书”（范本参见附件 5），保证在项目实施过程中，实施项目的学生和指导教师各司其职，履行承诺，保证学生和指导教师一道按计划完成项目规定的各项内容。

（13）在实施阶段，指导教师应指导学生按批准的经费制定项目执行计划书，并根据学生特点制订分工计划，及时掌握学生的项目进展情况，帮助学生解决项目执行中所遇到的各种难题。

（14）项目执行过程中，指导老师应定期与学生进行交流和研讨，定期审阅“大学生创新创业训练项目过程记录册”（范本参见附件 7）。

（15）指导教师负责监管学生合理使用项目经费，项目经费主要用于与项目有关的资料费、调研费、耗材等必要开支，由承担项目的学生负责使用，指导教师负责审核，指导教师不得以任何方式挪用学生的项目经费。

（16）发生项目负责人变更、成员调整、研究内容有重大调整、申请延期、终止项目运行等情形时，须经指导教师同意。

（17）在中期检查时，指导教师负责指导并督促项目负责人按时提交中期进度报告，帮助学生总结经验，为下一步工作提出建设性意见。

（18）在结题阶段，指导教师应指导学生总结、整理和撰写项目结题报告书，对“大学生创新创业训练项目过程记录册”及相关材料进行检查，对该项目的实施情况写出评语，并给出具体的意见或建议。

（19）在项目评价时，指导教师应注重过程评价与诊断评价相结合，具体评价内容包括：工作态度；自主、自信、勤奋、坚毅、果敢、诚信等品格与开拓精神的评价；学术训练和知识准备评价；在混乱无序、变化和不确定的环境中寻求与把握机会的能力；整合与利用资源能力；沟通协调能力；营销能力；决策能力；创造性地解决问题能力；创造价值的能力；创业心理素质；独立人格与团队合作精神。

（20）在项目验收时，指导教师应协助学生认真准备答辩材料，指导学生答辩时做到重点突出、针对性强、内容连贯、条理清楚、逻辑性强。

（21）指导教师应鼓励并指导学生参加各种创业经验交流、创业类竞赛，或模拟创业沙盘学习和对抗竞赛活动，挖掘并推荐优秀的创业项目进驻学校的创业中心、大学科技园或类似的创业机构，为参与创业训练项目的学生提供技术、场地、政策、管理等支持和创业孵化服务。

4. 其他

（22）指导教师应定期总结指导工作的特色、方法和成效，形成好的经验和做法，便于进行推广和交流。

（23）本指南提供了创新训练项目教师的工作管理规程，各高校可根据本校实际情况适当进行修订。

（24）创业训练项目教师工作未尽事项，由教育部高等教育司理工处、教育部大学生创新创业训练计划专家工作组负责说明和解释。

（六）创业实践项目学生工作指南

1. 原则目的

（1）通过创业实践项目，本科生在读期间可就一项具有市场前景的创新性产品或者服务进行创业实践，真实创办企业并实现有效运行。

（2）大学生创业实践计划项目的实施原则：兴趣驱动、自主实践、重在过程。

兴趣驱动——参加项目的学生需对项目管理、企业管理、风险投资有浓厚兴趣，对大学生创办企业有强烈的欲望，在自身兴趣的驱动下完成创业实践项目。

自主实践——参加项目的学生需自主寻求并把握机会，自主整合并利用资源，自主决策、自主创办企业，自主组建团队，自主管理企业。

重在过程——参加项目的学生需注重项目的实施过程，着重强调学生在项目实施过程中真实体会创业从注册、创建、融资、运营、风险、管理等所有过程，掌握创业理论、创业方法、创业法规等。

（3）参加创业实践的学生应正确理解创业与国家经济社会发展的关系，正确理解创业与职业生涯发展的关系。在创业实践项目实施过程中，勤于创新、善于发现、勇于实践。

2. 能力培养

（4）通过创业实践项目，学生应初步具备创业所必需的领导力、全球化的眼光、敏锐的市场意识、务实踏实的作风、锲而不舍的精神、组织运作能力和为人处事的技巧，以及商业谈判技巧、市场评估与预测能力、启动资金募集能力等。

（5）通过创业实践项目，学生应注重个体与团队工作能力的有效提升，明确创业团体中个人角色的定位，组织协调在共同创业目标下的分工、协作与配合的关系，并在团队内部懂得相互理解和尊重。

（6）通过创新实践项目，学生应注重自主、自信、勤奋、坚毅、果敢、诚信等品格与创业精神的培养和锻炼，掌握科技开发及市场开拓的方法和手段，提高分析问题与解决问题的能力。

（7）通过创业实践项目，学生应注重锻炼务实作风和承受能力，具备努力克服困难和积极承担责任的态度，具备市场预测和决策的能力，具备处理风险与不确定性的能力，具备心理承受力和抗压力。

（8）通过创业实践项目，学生应充分发挥自身的主动性、积极性和创造性，激发创业意识，提高社会责任感、创新精神和创业能力，促进创业就业水平提升和全面素质发展。

3. 项目选题

（9）创业实践项目选题要适当，目标内容要清晰明确，技术或商业模式要有所创新，团队中每一位成员均能在其中充当重要角色并发挥作用。

（10）项目选题应保证在不影响本专业学习的前提下，充分规划和管理项目的执行时间，确因创业需要而与学业时间冲突时，学生可申请办理休学手续，全力投入创业实践。

（11）项目选题不鼓励纯粹以营利为唯一目的、在技术或商业模式上没有任何创新的项目。

4. 项目申请

（12）创业实践项目面向本科生团队，团队成员数量不限，鼓励不同专业、不同年级、不同背景的学生组成创业实践团队，创新实践团队应确定 1 名项目负责人。创业实践按团队视其规模的发展情况，可以有计划地吸纳不同层次、不同背景的学生参加创业实践项目，但需明确每名成员在项目中的具体分工。

（13）项目负责人毕业后可根据情况更换负责人，或是在能继续履行项目负责人职责的情况下（例如，项目负责人继续攻读本校研究生），以大学生自主创业者的身份继续担任项目负责人。

（14）创业实践项目团队可采用所从事的创新训练项目的成果，也可利用所学专业的技术研发成果，或采用学校某些具有市场前景的创新性产品或服务，由项目团队向相关导师提出申请。

5. 过程管理

（15）参加创业实践项目的学生，在立题、开题、检查、考核、结题、延期等过程环节应遵守相关管理规程，管理规程的内容可包括："大学生创业实践项目申请书"（范本参见附件3）、"大学生创业实践项目合同书"（范本参见附件4）、"大学生创业实践项目结题报告书"（范本参见附件6）、"大学生创新创业训练项目过程记录册"（范本参见附件7）、"大学生创新创业训练项目中期检查书"（范本参见附件8）、"大学生创新创业训练项目延期结题申请书"（范本参见附件9）等。

（16）项目获批后，团队学生需在导师的指导下，实践真实企业的创业运营管理过程，在社会、学校的大学科技园、科技开发中心或类似的创业机构中完成注册、创建、运营、管理等，自主进行创业实践，完成创业过程分析、创业机会与商业模式分析、创业计划撰写、创业团队组建、创业融资、创业企业管理、创业企业成长等任务，学习创业相关的金融、财务、人事、市场、法规等方面的知识和实际运用。

6. 其他

（17）国家级大学生创业实践项目的过程管理本着"目标须明确、要素应全面、过程可审核"的原则，参照此范式进行，各高校也可根据本校实际情况进行适当修订。

（18）创业实践项目学生工作未尽事项，由教育部高等教育司理工处、教育部大学生创新创业训练计划专家工作组负责说明和解释。

（七）创业实践项目教师工作指南

1. 项目要求

（1）大学生创业实践项目由本科生创业实践团队，在导师的指导下进行自主立项、真实创办企业的实践过程，强化就业与创业能力的培养。创业实践项目的实施主体是本科生，教师在创业实践项目中为学生提供必要的指导、引导和帮助。

（2）每个项目至少需配备2名指导教师，其中，1名为具有科技开发实力、创业教育经历或创业实践阅历的校内导师，1名为具有创业实战经历的企业指导教师。

（3）指导教师主要负责项目的指导、监督和管理等工作。指导教师应指导学生选修创业课程，引导学生像企业家一样去思考问题，培养学生具备创业者的素质，具有战略眼光、良好的沟通协调能力、营销能力和决策能力，并具备较高的情商。

2. 导师要求

（4）校内指导教师在相关专业技术领域应具有相对稳定、独立的研究方向，拥有科技开发创新成果，并有结合企业需求的项目来源，同时懂得创业的基本概念、基本原理、基本方法和相关理论，了解创业者、创业团队、创业机会、创业资源、创业计划、政策法规、新企业开办与管理，以及社会创业的理论和方法。保证投入足够的精力指导学生完成创业实践项目，帮助学生分析创业实践项目的难度。

（5）指导教师应注重培养学生的创业技能与开拓精神，以应对全球化和知识经济时代的挑战，引导学生转变就业观念，将创业作为未来职业的一种选择。

（6）指导教师需对学生创业实践项目所需的基本理论和方法、创业实践计划方案及创业成功的原则和技巧进行指导，保证学生严密而精心设计商业管理模型和企业决策博弈理论，有效实践真实企业的创业运营管理过程。

（7）指导教师应注重指导学生了解创业团队的内涵和重要性，把握高效团队的基本要素，帮助创业实践团队建立基本的组织架构。

（8）指导教师应关心爱护学生，培养学生作为创业者的决断能力、识人用人能力、积极应变能力、敢于创新能力、社会交往能力，指导学生全面了解创业计划、创业管理、企业申办、创业融资、创业风险等过程要素。

（9）指导教师应帮助学生分析并规划项目的执行时间，合理制订经费使用计划，帮助学生进行资金风险分析，指导学生建立企业投融资渠道。

（10）指导教师应鼓励并指导学生参加各种创业经验交流、创业类竞赛等活动。

3. 指导要求

（11）在选题阶段，指导教师应结合团队的实际情况，指导学生选择具有一定技术含量、具有一定商业价值、具有一定市场前景的题目。指导教师应对学生提出的项目进行审查和指导，也可与学生共同拟定创业实践项目，或结合自己的科技开发项目和企业合作课题提出适合本科生进行创业实践的项目供学生选择。

（12）在申报阶段，指导教师应指导学生规范地填写申报表格，帮助制订实施计划和经费规划。

（13）项目批准立项后，由项目负责人和指导教师一起提交“大学生创业实践项目承诺书”（范本参见附件 5），保证在项目实施过程中，实施项目的学生和指导教师各司其职，履行承诺，保证学生按计划完成项目规定的各项内容。

（14）在实施阶段，指导教师应及时掌握学生的项目进展情况，帮助学生解决项目执行中所遇到的各种难题。

（15）项目执行过程中，指导老师应定期与学生进行交流和研讨，定期审阅“大学生创新创业训练项目过程记录册”（范本参见附件 7）。

（16）指导教师负责监管学生合理使用项目经费，项目经费主要用于学生真实创业所需的各项支出，由承担项目的学生负责使用，指导教师负责审核。指导教师不得以任何方式挪用学生的项目经费。

（17）发生项目负责人变更、成员调整、研究内容有重大调整、申请延期、终止项目运行等情形时，须经指导教师同意。

（18）在中期检查时，指导教师负责指导并督促项目负责人按时提交中期进度报告，帮助学生总结经验，为下一步工作提出建设性意见。

（19）在结题阶段，指导教师应指导学生总结、整理和撰写项目结题报告书，对“大学生创新创业训练项目过程记录册”及相关材料进行检查，对该项目的实施情况写出评语，并给出具体的意见或建议。

（20）在项目评价时，指导教师应注重过程评价与诊断评价相结合，具体评价内容包括：学生了解和掌握创业基础知识、方法与手段的程度；创业精神；创业领导能力；创业知识储备；创业品质；创业环境掌控力；整合与利用资源能力；沟通协调能力；营销能力；决策能力；创造性地解决问题能力；创造价值的能力；创业心理素质；独立人格与团队合作精神；等等。

（21）在项目验收时，指导教师应协助学生认真准备答辩材料，指导学生答辩时做到重点突出、针对性强、内容连贯、条理清楚、逻辑性强。

4. 其他

（22）指导教师应定期总结指导工作的特色、方法和成效，形成好的经验和做法，便于进行推广和交流。

（23）本指南提供了创新实践项目教师的工作管理规程，各高校可根据本校实际情况适当进行修订。

（24）创业训练项目教师工作未尽事项，由教育部高等教育司理工处、教育部大学生创新创业训练计划专家工作组负责说明和解释。

附件：（略）

（九）国家级大学生创新创业训练计划专家工作组2014年第一次工作会议纪要

时　间： 2014年4月26日8:30—12:00，13:30—16:30

地　点： 重庆大学主教学楼506会议厅

主持人： 陈启元

出席人： 吴爱华　陈启元　李志义　郑家茂　平　力　刘义伦　刘志军　吕永康　许晓东　闫达远　李　正　陆国栋　唐子龙　廖宗廷

列席人： 易树平　吴　涓　沙严君　魏　来　张俊斌　陈立斌　王佳伟　蒋宝芳

记录人： 尹　辉

会议讨论了国家级大学生创新创业训练计划（以下简称“国创计划”）2014年工作计划，决定从完善三级体系、规范项目管理、加强与企业及学科竞赛合作、加强培训交流与宣传、举办年会等方面推进“国创计划”的实施，并对专家工作组近期工作进行了安排与分工。

一、完善三级体系。2014年，要不断完善国家、地方、高校三级计划组织管理体系，重点推进省级大学生创新创业训练计划的实施。实施过程中要坚持“兴趣驱动、自主实践、重在过程”的原则，通过实施省级大学生创新创业训练计划，促进高等学校转变教育思想观念，改革人才培养模式，强化创新创业能力训练，增强高校学生的创新能力和在创新基础上的创业能力，培养适应创新型国家建设需要的高水平创新人才。李志义牵头负责制定《推进省级大学生创新创业训练计划实施的建议》，成员有廖宗廷、刘志军，完成时间为5月12日前。由专家工作组发文、高等教育司转发。

二、规范项目管理。会议同意：

第一，从2014年开始，每年由专家工作组组织开展国家级大学生创新创业训练计划实施工作“先进单位”的评选（含高校和省级地方教育主管部门）。制定《国家级大学生创新创业训练计划实施工作先进单位评选办法》。

第二，制定《关于规范国家级大学生创新创业训练计划资助项目标注的规定》。进一步规范高等学校“国创计划”的实施，强化大学生的科研能力训练，加强对“国创计划”资助项目的研究成果进行统计和管理。

第三，对各高校实施“国创计划”进行年度总结与检查。各实施高校对本单位“国创计划”实施情况进行年度总结，提交书面材料。

由陈启元牵头负责制定《国家级大学生创新创业训练计划实施工作“先进单位”评选办法》《关于规范国家级大学生创新创业训练计划资助项目标注的规定》《国家级大学生创新创业训练计划实施高校年度总结与检查办法》，成员有李正、江志斌、唐子龙、平力、刘义伦、邵进，完成时间为5月26日前。

三、加强与企业合作。会议听取了国际商业机器（中国）有限公司大学合作部校园关系经理沙严君关于校企合作情况的介绍。会议就如何广泛争取企业，特别是全球性大型企业的资金支持“国创计划”进行了研讨，会议初步建议对创新训练项目采用联合基金的模式，每年出资资助20个以上项目（每个项目1万元）的企业，可拥有冠名权、参与拟定项目指南和项目管理。相关工作由平力负责，成员有闫达远、吕永康、李军，方案完成时间为5月26日前。

四、加强与学科竞赛合作。拟邀请获得“国创计划”项目资助的大型学科竞赛获奖项目参加全国大学生创新创业年会，在年会上开辟专题展示该获奖项目。相关工作由郑家茂负责，成员有陆国栋、江志斌、吴涓，完成时间为5月26日前。

五、举办第七届全国大学生创新创业年会。拟于2014年10月17—19日在西安交通大学召开第七届全国创新创业年会。相关工作由吕康永负责，刘义伦协助，参照年会工作推进计划时间完成相关工作。

六、加大宣传力度。会议听取了中国教育电视台高校创意总部基地事业部部长魏来关于“全国大学生创新创业训练计划”的合作方案，会议建议由中国教育电视台策划，以一个个引人入胜的小故事的形式介绍“国创计划”项目，由相关高校提供素材并在人、财、物方面积极进行配合拍摄；会议建议将“嘉年华”活动与全国大学生创新创业年会合作，亦可分地区进行或与高校相关科技活动合作，从小到大，做成品牌；会议也基本认可基地投融资平台和“国创计划”创业实践项目对接、基地参与“国创计划”并与IBM等企业争取成立联合基金会、高校积极宣传“国创计划”相关节目等工作思路。相关工作由洪大用负责，成员有吴文良、陈永利、闫达远，工作方案完成时间为5月15日前。

七、加强培训与交流。加强“十一五”以来一直实施“国创计划”高校间的交流，对“十二五”期间新参加高校的相关人员进行培训。相关工作由刘志军负责，成员有许晓东、李正，工作方案完成时间为5月15日前。

（十）关于举办 2014 年高等学校大学生创新创业训练计划项目教师研修班的通知

各有关高校：

根据“国家级大学生创新创业训练计划”（以下简称“国创计划”）2014 年工作安排，教育部高等教育司委托“国创计划”专家工作组分区域、分类型组织举办创新创业训练计划项目指导教师和项目管理人员研修班。现将有关事项通知如下：

一、培训地点

2014 年“国创计划”指导教师和项目管理人员培训将分别委托大连理工大学、华南理工大学和华中科技大学三所高校承办。

二、培训时间

1. 2014 年 8 月 30 日—9 月 1 日，大连理工大学（东北地区、华北地区高校）。

2. 2014 年 11 月 7—9 日，华南理工大学（华南地区、西南地区高校）。

3. 2014 年 11 月 11—13 日，华中科技大学（华东地区、华中地区高校）。

研修班为期三天，请提前一天报到。西北地区高校可根据实际情况，自行选择地点参加培训。

三、培训对象

实施“国创计划”高校每校不超过 3 名指导教师（含 1 名创业指导教师）和 1 名管理人员，相关省级教育行政部门 1 名管理人员。

四、培训内容

指导教师和管理人员分班进行培训。培训研讨内容分别为：

指导教师培训研讨内容：教育部相关文件解读；大学生创新创业基本理论；大学生创新训练项目、大学生创业训练项目、大学生创业实践项目教师和学生工作指南；大学生创新创业训练计划项目检查评价办法；优秀指导案例分析；指导教师经验研讨交流。

管理人员培训研讨内容：教育部相关文件解读；大学生创新创业基本理论；大学生创新训练项目、大学生创业训练项目、大学生创业实践项目学校和学生工作指南；大学生创新创业训练计划项目检查评价办法；项目总结和数据汇总；年度报告和调查问卷；创新创业年会组织及管理；优秀学校案例分析，管理经验研讨交流。

培训教材：国家级大学生创新创业训练计划专家工作组著，国家级大学生创新创业训练计划工作手册（试行），东南大学出版社 2013 年版。

五、培训方式

专家授课；优秀指导教师和实施高校案例教学；大学生创新创业训练计划优秀项目案例剖析；指导和管理经验交流研讨、现场观摩教学等。

六、培训经费

培训收取会务费：1200 元 / 人。培训对象的往返交通费、食宿费自理，其他费用由各承办高校承担。

七、联系方式

1. 大连理工大学联系人：袁风，任立春；联系电话：0411－84709857；传真：0411－84708590；邮箱：ctfd@dlut.edu.cn。

2. 华南理工大学联系人：张皓，许瀚朗；联系电话：020－87110726，020－87111436；传真：020－87110726；邮箱：haozhang@scut.edu.cn，hlxu@scut.edu.cn。

3. 华中科技大学联系人：张冰，王舟；联系电话：13971598083，13871013559；传真：027－83692784；邮箱：cwhzhb@hust.edu.cn, wangzhou@hust.edu.cn。

附件：教师研修班参加人员信息表（略）

国家级大学生创新创业训练计划专家工作组

（承办高校　代章）

2014 年 7 月 1 日

（十一）国家级大学生创新创业训练计划工作会议纪要

时　间：　2014年8月17—18日

地　点：　西安交通大学学术交流中心二层多功能会议室

主持人：　李志义

出席人：　侯永峰　李志义　郑家茂　王兴元　平　力　刘义伦
刘志军　吕永康　许晓东　吴文良　李　军　陆国栋
洪大用　李长春　于义良　傅万堂　常晓明　张佐刚
王继忠　姚秀平　冷护基　王　武　邹　江　孔伟金
张顺利　黄本笑　罗一帆　郭　庆　余　魅　刘增力
王俊勃　杨新华　王源远　付奋奎　李方伟　杨　芳
吴　涓　沈孝兵

列席人：　张俊斌　陈立斌

记录人：　尹　辉　吴　昭

会议审议了年会实施方案、研讨了第七届全国大学生创新创业年会相关工作，遴选出第七届全国大学生创新创业年会交流论文及项目，评选出国家级大学生创新创业训练计划（以下简称“国创计划”）项目实施工作“先进单位”，并对2014年高等学校大学生创新创业训练计划项目教师研修班相关工作、征集2015年“国创计划”联合基金工作、“国创计划”电视宣传方案进行了讨论。

一、西安交通大学教务处副处长陈俊斌汇报了第七届全国大学生创新创业年会实施方案。会议充分肯定了年会实施方案，并对举办年会提出以下建议：一是主动与知名企业、风投机构联系。提前给他们寄送《创业实践项目案例集》，吸引他们关注、投资大学生创业项目；邀请企业、风投专家担任创业项目展示交流推介会的点评专家；邀请企业专家进行大会报告，最好是白手起家、创业经验丰富的人士，为参会学生带来一场印象深刻的报告；搭建与企业联系的平台、主动向社会推介创业项目。二是加强年会宣传，首先是加强校内宣传，其次是加强对西安市高校的宣传，让对创新创业感兴趣的同学更多地了解年会、前来观摩学习；还要加强与省内媒体、中央媒体的联系，拟定新闻通稿，加大对年会的宣传力度。另外，专家们还建议学习国外创业项目交流经验，在展板展示的基础上增加路演；年会第一次在西部地区召开，增强年会的西部特色；有针对性地邀请相关学科领域的点评专家进行学术报告的点评；事先做好年会志愿者、主持人、联络员等年会工作人员培训；制作历届年会视频集锦，在开幕式正式开始前播放等。

二、本届年会共收到来自404所高校的672篇论文、592块展板、138个创业推介项目，经过分区盲评，按年会交流数量 1.5 倍的比例初选出进入复选的材料，会议将复选材料中创新项目分工学一组、工学二组、理学组、农医组、经管法组和哲教文史艺六组，创业推介项目为一组，分组遴选，共遴选出参加第七届全国大学生创新创业年会交流展示的论文 90 篇、展板展示项目 120 项、创业推介项目 30 项。

三、会议对 165 所高校报送的“国创计划”工作进展报告、29 个地方教育行政部门报送的本年度省级大学生创新创业训练计划实施的整体情况和地方财政对国家级计划项目的资助情况进行评审，评选工作遵循公平、公开、公正的原则，适当考虑被评单位所在地高等教育规模和经济发展水平，充分发挥评选工作的示范作用和激励作用。地方教育行政部门实施“国创计划”工作先进单位评审的主要观测点是工作体系、运行及管理办法、经费投入、实施时间和工作实绩；高校实施“国创计划”工作先进单位评审分中央部委所属高校组和地方所属高校组两组，重点从以下三个方面进行考查。

1. 组织管理体系完善，制定切实可行的项目运行及管理办法，将大学生创新创业训练计划纳入教学管理体系、进入人才培养方案和教学计划。

2. 实施国家级大学生创新创业训练计划工作三年以上，国家级、省级和校级三级训练体系完整，近三年项目数量多，学生参与面广。

3. 积极参加各种交流和培训，如向全国大学生创新创业年会提交了交流展示项目、参加创新创业训练计划项目教师研修班等。

会议评选出辽宁、江苏、湖南、四川和北京 5 省市的地方教育行政部门、34 所中央部委所属高校和 22 所地方所属高校（名单见附件）为 2012—2014 年“国创计划”工作先进单位。

四、会议研讨了 2014 年高等学校大学生创新创业训练计划项目教师研修班相关工作，专家们一致认为，从各地、各校提交的年会交流材料、先进单位评审材料来看，“国创计划”在各地、各校实施情况差异较大，有的学校（如“国创计划”中央部委所属高校中的 C 组高校）和地方教育行政部门对“国创计划”的目的、意义和实施原则理解不到位、工作相对薄弱，加上各单位具体负责“国创计划”工作的人员变更较频繁，为了更好地推进“国创工作”，建议每年举办教师研修班，主要内容是：教育部相关文件解读、大学生创新创业基本理论、项目检查评价办法、优秀指导案例分析、指导教师经验交流、管理经验交流、创新创业年会组织及管理。研修方式有专家授课、优秀指导教师和实施高校案例教学、大学生创新创业训练计划优秀项目案例剖析、指导和管理经验交流研讨和现场观摩教学等。当务之急要做好两项工作：一是动员“国创计划”指导教师和管理人员参加研修班，建议地方教育行政部门转发研修班通知（随着政府职能部门管理方式的改变，今后类似培训班、交流会、研讨会的组织工作将由“国创计划”专家工作组完成）；二是各复选小组推荐本组优秀案例作为培训素材、各与会专家推荐主讲教师。今后争取将“国创计划”项目教师研修班纳入高教司教师培训体系，同时鼓励地方教育行政部门组织举办相关研修班。

五、会议研讨了征集2015年“国创计划”联合基金工作，结合浙江大学、中国人民大学、太原理工大学等学校开展“国创计划”校企合作的经验，会议建议“国创计划”联合基金工作参照“国创计划”项目实施，方式主要有两种，一是拟定创业项目指南、提供项目资金、派出企业导师、参与项目运行管理如项目评审等，这种方式主要面向大型企业；二是创业只提供项目资金，这种方式主要面向中小企业。近期的重点工作是联系国内外知名企业、搭建企业参与高校人才培养的平台。

六、为了加强对大学生创新创业训练计划的宣传，营造更好的大学生创新创业氛围，经过多次专题研讨、到相关高校调研，中国教育电视台提出包括新闻报道、制作专题片等形式宣传大学生创新创业训练计划项目。中国教育电视台向本次与会代表提供了“老师来了”栏目基本情况及联系方式，会议希望感兴趣的学校与之联系，将本校大学生创新创业训练计划的开展情况进行电视宣传。

附件：2012—2014年国家级大学生创新创业训练计划实施工作先进单位名单

附件：

2012—2014 年国家级大学生创新创业训练计划
实施工作先进单位名单

北京大学	浙江大学	中国人民大学	中国科学技术大学
清华大学	厦门大学	北京航空航天大学	山东大学
中国农业大学	北京师范大学	华中科技大学	湖南大学
南开大学	中南大学	天津大学	大连理工大学
华南理工大学	吉林大学	重庆大学	哈尔滨工业大学
四川大学	复旦大学	电子科技大学	上海交通大学
西安交通大学	同济大学	南京大学	兰州大学
东南大学	北京交通大学	北京邮电大学	江南大学
哈尔滨工程大学	西安电子科技大学	河北联合大学	太原理工大学
辽宁工程技术大学	北华大学	黑龙江大学	南京邮电大学
杭州工商大学	安徽大学	福建农林大学	青岛大学
郑州大学	长江大学	湖南师范大学	华南师范大学
昆明理工大学	西安科技大学	北京工业大学	天津工业大学
上海海洋大学	重庆邮电大学	桂林电子科技大学	西藏大学
辽宁省教育厅	江苏省教育厅	湖南省教育厅	四川省教育厅
北京市教育委员会			

三、省级层次

（一）江苏省高等学校大学生创新创业训练计划实施管理办法（试行）

第一章　总　　则

第一条　为贯彻落实《国务院办公厅关于深化高等学校创新创业教育改革的实施意见》，国家、省教育中长期教育规划纲要和《江苏省深化高等学校创新创业教育改革实施方案》精神，进一步推进我省大学生创新创业训练计划（以下简称“创新创业训练计划”）向纵深发展，增强大学生的创新精神、创业意识和创新创业能力，保障“创新创业训练计划”顺利实施和取得预期效果，特制定本办法。

第二条　实施“创新创业训练计划”的目的是进一步推动高校深化创新创业教育教学改革，促进创新创业教育与专业教育有机融合，创新产学研合作育人机制，探索以问题发现为牵引、寓教于研的教学模式，促进人才培养模式和教学方法的创新，鼓励和支持大学生尽早参与科学研究、技术开发和创业模拟、创业实践等创新创业活动，强化创新创业能力养成训练，增强大学生的创新精神、创造思维、创业意识，提高大学生的创新能力和在创新基础上的创业能力，培养适应行业企业和产业需求的高素质创新创业人才，以创新引领创业，以创业促进高质量就业。

第三条　“创新创业训练计划”的实施与管理，坚持面向全体学生，以推进素质教育为主题，以提高人才培养质量为核心，以增强学生创新精神、创业意识和创新创业能力为重点，增加项目立项数量、扩大项目覆盖范围，健全立项机制、规范项目管理，重点支持思路新颖、目标明确、具有创新性和探索性、与产业需求和企业生产实际问题结合、研究方案及技术路线可行、实施条件可靠的项目。注重项目实施过程以及学生在创新创业思维训练和创新创业实践方面的收获。

第四条　推动形成“创新创业训练计划”四级实施体系，建立校级项目从院（系）级项目中培育，省级项目从校级项目中遴选产生，国家级项目从省级项目中择优推荐的制度，形成以国家级大学生创新创业训练计划为龙头、省级大学生创新创业训练计划为主干、校级大学生创新创业训练计划为基础、院（系）级大学生创新创业训练计划为补充，衔接紧密、结构完善的国家、省、校和院（系）四级大学生创新创业训练计划实施体系。

第二章　立　　项

第五条　“创新创业训练计划”遵循“注重兴趣驱动、注重切实可行、注重过程参与、注重实践创新、注重内伸外延”的原则，按照“自主选题、自主设计、自主实验、自主管理”的要求，通过“自由申请、公开立项、择优资助、全程指导、规范管理”的程序，以项目研究为载体，引导学生在导师指导下，自主设计实验、自主完成实验、自主总结实验、自主创新创业，体验创新创业实践过程，提升创新创业的素养和能力。

第六条 “创新创业训练计划”内容包括创新训练项目、创业训练项目和创业实践项目，同时还有校企合作基金项目作为补充。

创新训练项目是学生团队或个人，在导师指导下，自主完成创新性研究项目设计、研究条件准备和项目实施、研究报告撰写、成果（学术）交流等工作，强调从科研基本功入手对学生进行实际培训和锻炼，培养学生的科研基本素质。创新训练项目分为三类：重点项目、一般项目和指导项目。

创业训练项目是学生团队在导师指导下，团队中每个学生在项目实施过程中扮演一个或多个具体的角色，完成编制商业计划书、开展可行性研究、模拟企业运行、参加企业实践、撰写创业报告等工作，强调从商业基本素质入手对学生进行实际培训和锻炼，培养学生的经营管理基本技能，积累创业经验。创业训练项目分为重点项目和一般项目。

创业实践项目是学生团队，在学校导师和企业导师共同指导下，借鉴利用前期创新训练项目和创业训练项目的成果，提出具有市场前景的创新性产品或者服务，以此为基础开展创业实践活动。创业实践项目强调促进学生与市场需求接轨，进行产品经营技能训练，锻炼学生面对复杂市场变化的能力和企业经营管理的基本技能，培养创新创业意识，锻炼创业实践能力。创业实践项目分为重点项目和一般项目。

校企合作基金项目鼓励高校创新产学研合作育人机制，与企业合作设立创新创业训练项目，鼓励企业自主立项并资助高校开展大学生创新创业训练项目，将产业最新需求和企业生产实际问题分解细化为具体项目或企业设置的开放性课题供学生进行创新创业训练与实践，为产业发展培养创新创业人才。校企合作基金项目是对创新创业项目的有益补充，可以是创新训练项目、创业训练项目，也可以是创业实践项目。

第七条 创新创业训练项目不限学科专业，选题要求思路新颖、目标明确，具有创新性和探索性，方案切实可行，预期成果具有可考核性。学生可根据兴趣在一定范围内自主选题，选题范围为：有关教师科研与技术开发（服务）课题中的子项目；开放实验室、实训或实习基地中的综合性、设计性、创新性实验与训练项目；发明、创作、设计等制作项目；产业最新需求和企业生产实际问题分解细化的具体项目或企业设置的开放性课题；校内外创业园中的大学生创业孵化项目；结合科技创新的一切有待于创业实践的项目；专业性研究及创新项目，创业计划与职业规划创新项目；社会调查项目；其他有研究与实践价值的项目等。

第八条 “创新创业训练计划”中创新训练项目申请人为全省普通高等学校的

本、专科学生个人或创新团队，创业训练项目或创业实践项目申请人为全省普通高等学校的本、专科学生个人或创业团队，鼓励学生跨学校、跨院系、跨专业、跨年级组建团队申报项目。创新创业团队人数应控制在5人以内，项目主持人不超过2人，项目组成员必须有明确的分工。每名学生在校期间只能负责一项“创新创业训练计划”项目，不得一次同时在不同项目之间交叉申报。严禁学生弄虚作假和抄录指导教师的研究成果，一旦发现将取消该项目，该项目参与学生今后不得再次参与申请省级创新创业训练项目。

第九条 每个项目至多2名指导教师，每名指导教师同时指导的“创新创业训练计划”项目总数不得超过2项（包括未结项）。第一项目指导教师原则上应具有高级职称或博士学位（省级重点项目指导教师必须具有），本科院校35周岁（含35周岁）以内的指导教师和高职院校的指导教师职称要求可放宽到中级职称（比例应控制在25%以内）。指导教师负责全程指导学生进行创新创业训练与实践，组织学生讨论交流及审阅学生的研究结果等。鼓励聘请行业、企业一线专家担任指导教师。有学术不端行为记录的教师不得担任指导教师，严禁指导教师代学生申报和完成项目研究，一旦发现将取消该教师今后的指导教师资格。

第三章 管　理

第十条 省教育厅高等教育处、高校学生处负责省级“创新创业训练计划”的宏观管理，负责研究、制定有关政策及实施方案，审定项目立项、督促落实项目资助经费、组织项目总结交流等工作，对项目实施过程中重大问题进行决策。各高校应成立由主管教学校领导负责的大学生“创新创业训练计划”领导小组，组成由教务部门牵头，学工、团委、科研、财务、设备等相关职能部门参与的校级组织协调机构，具体负责组织项目立项评审、阶段检查、结题验收等日常管理工作。

第十一条 项目申报以学校为单位，由学校先行立项建设，再从校级大学生创新创业训练计划项目中择优推荐申报省级“创新创业训练计划”和国家级“创新创业训练计划”项目。推荐申报省级、国家级（即重点项目）“创新创业训练计划”的项目总数不得超过校级立项项目总数的1/3。

第十二条 “创新创业训练计划”项目应通过“江苏省大学生创新创业训练计划平台”进行申报。省教育厅在学校申报、公示监督的基础上，正式确立省级立项项目。省属本科院校申报的创新训练项目、创业训练项目和创业实践项目中的重点项目经公示后推荐参加“国家级大学生创新创业训练计划”遴选。

第十三条 项目实施周期为1~2年，个别团队项目实施周期可适当延长1年。对不符合结题条件或有特殊原因在规定年度不能结题的项目，项目主持人应实事求是地写出书面报告，经学校教务部门审查同意，并报省教育厅高教处备案，经同意后可适当延长，最长不超过3年（原则上要求在项目负责人毕业前完成项目）。超过以上规定时间未鉴定结题的项目，一律予以撤项处理。

第十四条 在项目进行过程中，项目负责人应通过网络平台及时提交季度报告、中期检查和结题申请。涉及减少、变更研究内容、研究人员，提前或推迟结题等事项，项目负责人应通过网络平台提交申请，经学校教务处审核同意后，报省教育厅高等教育处备案。

第十五条 项目实施期满后，创新训练项目中的一般项目和指导项目由省教育厅委托学校自行组织验收，创新训练项目中的重点项目、创业训练项目和创业实践项目结题需提前报省教育厅审核后，由省教育厅组织专家鉴定结题或委托学校组织验收。各学校每年 6 月底前将本校创新创业训练计划实施进展、验收结果和“创新创业训练计划”项目成果精粹上传至“江苏省大学生创新创业训练计划平台”。

第四章 保 障

第十六条 学校应统筹资金设立“创新创业训练计划”专项账户和划拨专项经费用于支持实施“创新创业训练计划”，并按照教育部和省教育厅相关文件规定给予经费资助与配套。各高校应制定创新创业训练计划项目经费管理办法，明确经费申请流程和使用范围。资助经费应专款专用，各管理环节不得以任何名义收取管理费用。经费主要用于项目调研差旅费、实验费、材料费、元器件费、资料费、论文版面费、专利申请费及与项目实施相关的其他费用。学校应积极和企业联合设立创新创业基金，吸引更多企业投入资金设立校企合作基金项目，校企合作基金项目经费原则上不低于 5000 元 / 项。

第十七条 学校应在完善创新创业训练计划四级实施体系基础上，着力构建学校和院系两级创新训练体系，包括面向校内全体学生的创新创业教育，面向部分学生的院系创新创业训练项目，面向兴趣生、特长生的各类竞赛，面向优秀学生的国家级、省级创新创业训练计划重点项目。

第十八条 学校要为学生提供创新创业训练所需的实验实训场地、设备等方面支持，各类实验教学中心、实训基地、大学创业园、大学科技园等向学生免费开放，为创业大学生提供创业经营场所，确保项目顺利实施。学校还应充分利用社会资源，加强校企合作，建设一批大学生创新创业实践基地。

第十九条 对通过验收的“创新创业训练计划”项目的参与学生，可根据学校有关规定折算成学分；对优秀成果和作品，优先推荐参加省级以上学科竞赛；对符合学校相关规定的本科生，在同等条件下优先获得免试推荐攻读硕士研究生资格。

第二十条 学校应根据“创新创业训练计划”项目任务量和完成质量，对指导教师予以相应的教学工作量，并在职务晋升、评优评先时向优秀的指导教师倾斜。

第二十一条 省教育厅建立“江苏省大学生创新创业训练计划平台”，适时监督项目实施情况，加强各学校间学生创新创业成果的展示与交流。各校应在“江苏省大学生创新创业训练计划平台”基础上积极搭建校级及院（系）级创新创业项目学生交流平台，定期开展相关学术活动，营造创新创业文化氛围。

第五章 附　则

第二十二条 “创新创业训练计划”取得成果、发表论著时应标注“江苏省大学生创新创业训练计划”资助，可注明项目编号。项目编号规则：年度 + 学校编码（5 位数字）+3 位流水号 + 项目类型标识码（创新训练项目中重点项目用 Z 表示，一般项目用 Y 表示，指导项目用 X 表示；校企合作项目用 H 表示；创业类项目中创业训练重点项目用 E 表示，创业训练项目用 T 表示；创业实践重点项目用 K 表示，创业实践项目用 P 表示）。

第二十三条 本办法由江苏省教育厅高等教育处负责解释。

第二十四条 本办法自发布之日起施行，原《江苏省高等学校大学生实践创新训练计划实施办法（试行）》废止。

（二）关于举办第三届山东省大学生科技创新大赛的通知

鲁教高字〔2016〕5 号

各高等学校：

为贯彻落实《中共中央国务院关于深化体制机制改革加快实施创新驱动发展战略的若干意见》（中发〔2015〕8 号）和《山东省人民政府办公厅关于贯彻国办发〔2015〕36 号文件全面深化高等学校创新创业教育改革的实施意见》（鲁政办发〔2016〕13 号），深化高校创新创业教育改革，培养大学生的创新意识和能力，展示大学生的科技创新成果，引导、支持、鼓励大学生积极开展科技创新活动，我厅拟于2016年7月至11月组织开展第三届山东省大学生科技创新大赛(以下简称大赛)。现将有关事项通知如下：

一、大赛目的

大赛秉承“崇尚科学、锐意进取、开拓创新、面向未来”理念，旨在培养大学生的创新精神、探索意识和实践能力，发现、培育、扶持一批有创新潜质和研究能力的优秀人才，引导大学生科技创新活动蓬勃开展，推动大众创业、万众创新。

二、组织机构

本届大赛由山东省教育厅主办。设立第三届山东省大学生科技创新大赛组织委员会（简称大赛组委会），负责大赛的组织、协调与实施工作。大赛组委会构成如下：

主　任：左　敏　山东省教育厅厅长

副主任：徐曙光　山东省教育厅巡视员

委　员：高　磊　山东省教育厅高等教育处处长

梁斌言　山东省教育厅职业教育处处长

刘永波　山东省教育厅科学技术处处长

司金贵　山东省教育厅学生处处长

祝令华　山东省教育厅教师工作处处长

吴建华　山东省教育厅财务处处长

李　霞　山东省学生就业创业教育咨询中心主任

三、参赛对象

参赛对象为我省高校 2016 年 7 月 1 日前在校的、具有正式学籍的全日制普通本专科学生（不含研究生和成人教育学生），鼓励跨专业、跨院系、跨学校组建团队。

四、作品说明

（一）作品类型。

申报作品不限科类，所有专业的学生均可申报。作品类型分为四类：实物产品创新、创意产品创新、实验过程创新、生产过程创新。参赛团队可根据作品实际情况自主选择参赛类型。

实物产品创新：是指大学生以独特的思维模式提出有别于常规或常人思路，利用现有的知识和条件，对已有产品进行改造升级或创造性地设计并制造出新的产品。实物产品创新需以实物或模型形式呈现。

创意产品创新：是指大学生基于独特的思维、新颖的构思和创造性的想法，以现有的知识和能力为基础，设计出满足公众需求愿望的、具有较高附加值的物品。创意产品创新需以多张二维或三维设计图形式呈现。

实验过程创新：是指大学生在参与教学实验过程中，通过对实验内容、实验方法和实验过程的理解，产生有价值的创意和创新想法，提出自己的创新思路和方法，改变或优化传统实验过程，达到降低成本、节约能耗、缩短时间、提高效率等目的。实验过程创新必须基于真实课程教学中的仪器教学实验，且通过实际验证已经取得成功。

生产过程创新：是指大学生在参与生产实习的过程中，通过对生产任务、生产方式、生产过程的理解，产生有价值的创意和创新想法，提出自己的创新思路和方法，改变或优化传统生产方式，达到降低成本、节约能耗、缩短时间、提高效率等目的。生产过程创新必须基于真实的企业生产过程，且通过实际验证已经取得成功。

（二）作品要求。

1. 参赛作品必须是学生在校期间的研究创新成果，有一定的科学价值、创新价值和实际应用价值。

2. 参赛作品可以是个人作品，也可以是团队作品。团队作品的主要作者不超过5人，且所有作者均须对作品有实际贡献。

3. 参赛作品可以有指导教师（也可以没有），每件作品的指导教师不超过2人。

4. 参赛作品内容须健康、合法，无任何不良信息。作品所涉及的发明创造、专利技术、资源等必须拥有清晰合法的知识产权或物权，报名时需提交完整的具有法律效力的所有人书面授权许可书、项目鉴定证书、专利证书等。抄袭、盗用、提供虚假材料或违反相关法律法规的，一经发现，即取消其参赛资格，相关法律责任由作品申报者承担。

五、赛程安排

（一）参赛报名。所有参赛作品均需通过大赛报名系统进行报名。参赛作品可通过大赛官网进行注册报名，报名系统开放时间为2016年8月15日，截止时间为

2016 年 9 月 28 日。

（二）校级初赛（2016 年 9 月 28 日前）。校级初赛的比赛环节、评审方式等由各高校自行确定。入围参加省赛的作品数量，根据各高校 9 月 28 日 24 时在大赛官网正式报名参赛的作品总数以及前两届大赛的参赛、获奖情况，由省教育厅统筹确定。

（三）省级大赛（2016 年 11 月 30 日前）。分为网上初评和现场决赛两轮进行。

第一轮：网上初评。专家通过评审系统网上评阅作品申报书、一分钟展示视频及其他佐证材料，依据评审标准，择优评选出 400 项左右作品入围现场决赛。

第二轮：现场决赛。专家组审阅作品申报书、一分钟展示视频、实物及其他佐证材料，并对参赛作品团队成员现场答辩 10 分钟。专家组依据评审标准对参赛作品逐一评审，并拟定一、二、三等奖获奖作品名单。

优秀组织奖名单由省教育厅确定。

（四）结果公布。获奖名单经我厅审定后进行公示，公示无异议后，以省教育厅文件正式公布。

六、奖励设置

根据省教育厅、省财政厅《关于印发山东省大学生科技创新大赛奖励办法的通知》（鲁教科发〔2015〕2 号）规定，大赛设优秀作品奖、优秀指导教师团队奖和优秀组织奖。其中优秀作品奖获奖数量为：一等奖 30 项、二等奖 70 项、三等奖 100 项；一等奖获奖作品的指导教师团队为优秀指导教师团队；大赛设优秀组织奖 20 个。

对获奖作品和优秀指导教师团队颁发证书。同时，对获得一等奖作品的学生团队奖励 1 万元、指导教师团队奖励 5000 元；对获得二等奖作品的学生团队奖励 8000 元、指导教师团队奖励 4000 元；对获得三等奖作品的学生团队奖励 5000 元、指导教师团队奖励 3000 元。

对获得优秀组织奖的高校颁发奖杯并奖励 5 万元，主要用于支持大学生开展科技创新活动、研发科技创新作品等。

奖励资金于 2017 年 5 月底前拨付到各有关高校。奖励资金实行单独核算、专款专用，任何单位和个人不得截留、挤占、挪用。

七、材料填报

（一）有关高校负责组织申报作品的作者于 2016 年 8 月 15 日以后登录大赛官网，填写《山东省大学生科技创新大赛作品申报书》，并上传一分钟展示视频及其他佐证材料。材料填报工作务必于 9 月 28 日前完成。

（二）有关高校审核确认所有申报作品材料网上填报无误后，通过系统自动生成《第三届山东省大学生科技创新大赛推荐作品汇总表》（附件 2）。高校根据作品质量优劣确定推荐顺序。我厅将根据统筹确定的分学校入围参加省赛的作品数量和高校作品推荐顺序，遴选具有省赛参赛资格的作品。

八、工作要求

（一）加强组织领导。我厅高度重视大学生科技创新大赛工作，把大赛的举办作为推进高校创新创业教育实践的重要举措，把大赛成绩作为衡量高校创新教育成果的重要标志。各高校要充分认识大赛的重要意义，把组织参加大赛作为深化学校创新创业教育改革，提高学生创新精神、探索意识和实践能力的重要抓手与实践平台，努力营造有利于创新人才成长的育人环境。要成立由校领导牵头，团委、学生、教务、科技等相关部门组成的专门组织机构，明确职责分工，统筹做好申报作品的遴选推荐工作。

（二）做好宣传指导。各高校要广泛宣传、全员动员、强化指导，形成参赛学生梯队，努力培养科技创新人才。通过开展以科技创新为主题的学术讲座、学术论坛、学术沙龙等活动，推动学生跨专业组队、跨界学习。坚持以赛促学、以赛促练，推进科技创新训练和实践。引导学生关注社会需求，提升参赛项目的应用价值和市场价值。我厅将不断创新宣传形式，加强正面宣传和舆论引导，积极联系省内主流媒体，充分发挥省教育厅门户网站、山东教育电视台等作用，为大赛的开展营造良好的舆论氛围。

（三）完善服务保障。各高校要组建指导教师团队，认真做好参赛作品的前期培育，帮助大学生组建科技创新团队。为参赛团队提供政策法规、赛事动态等信息，做好知识产权保护等服务。力争多方支持，为参赛团队提供必要的条件支持、政策扶持和经费保障。对参赛团队的学生根据参赛情况给予奖励，认定创新创业学分，并在评奖评优等方面予以倾斜；对成绩优异参赛团队的指导教师进行奖励，并在工作量认定、个人晋升等方面予以倾斜，有效激发广大教师和学生投身创新创业教育与实践的热情和激情。

九、其他事项

（一）申报“实物产品创新”的参赛作品实物或模型，只在进行第二轮现场决赛时进行展示，由作者按规定时间自行带到决赛现场。

（二）大赛动态还将通过“山东省教育厅创新创业大赛”微信公众号进行发布，各高校和参赛师生可通过扫描二维码关注。

附件：（略）

（三）省政府办公厅关于贯彻国办发［2015］36号文件全面深化高等学校创新创业教育改革的实施意见

鲁政办发〔2016〕13号

各市人民政府，各县（市、区）人民政府，省政府各部门、各直属机构，各大企业，各高等院校：

为贯彻落实《国务院办公厅关于深化高等学校创新创业教育改革的实施意见》(国办发〔2015〕36号)，服务全省创新驱动发展战略和经济提质增效升级，经省政府同意，现就全面深化高等学校创新创业教育改革提出以下实施意见。

一、总体要求

（一）指导思想。全面贯彻党的教育方针，落实立德树人根本任务，坚持创新引领创业、创业带动就业，主动适应经济发展新常态，牢固树立创新创业教育理念，将深化高等学校创新创业教育改革作为大众创业、万众创新的重要环节，作为高等教育综合改革的有效突破口，作为大学生实现更高质量创业就业的有力保障，政府、高校、行业、企业及科研院所多方联动，师生员工全员参与，全面促进高等教育与科技、经济、社会深度融合，加快培养规模宏大、富有创新精神、勇于投身实践的创新创业人才队伍，进一步提升高等教育对经济社会发展贡献度，为建设经济文化强省提供强大人力资源支撑。

（二）基本原则。坚持问题导向、重点突破，分类施策、精准实施，凝聚力量、协同推进。面向全体，着力增强学生的创新精神、创业意识和创新创业能力，努力促进学生全面发展；面向全程，补齐培养短板，将创新创业教育融入人才培养全过程，融入教师的教育教学中，实现全员育人、全程育人；面向未来，将服务当前需求与培育未来生产力相结合，促进学生当前发展与终身发展相结合，构建有利于学生可持续发展的创新创业教育长效机制。

（三）任务目标。紧紧围绕高等教育综合改革、现代职业教育体系建设等重大教育战略，到2017年，形成一批可复制、可借鉴、可推广的制度成果，创新创业教育基本普及，实现新一轮大学生创业引领计划预期目标；到2020年，人才培养质量显著提升，学生创新创业能力明显增强，投身创业实践学生显著增加，基本形成科学先进、广泛认同、具有山东特色、走在全国前列的高校创新创业教育体系。

二、深化人才培养模式改革

（一）完善人才培养质量标准。2017年年底前，完成高职专业教学指导方案的制订工作。各高校要结合自身办学定位、服务面向和人才培养目标，依据本科专业类教学质量国家标准、高职高专专业教学标准和博士、硕士学位基本要求，参照相关部门、科研院所、行业企业制定、修订的专业人才评价标准和创新创业素质能力要求，制定本校本专科、研究生专业教学质量标准和课程标准，明确创新创业教育目标要求，将创新精神、创业意识和创新创业能力纳入人才培养质量标准。

（二）健全学科专业调整机制。从 2016 年起，建立高校毕业生就业和重点产业人才供需年度报告制度。根据经济社会发展变化和创新创业产业调整状况，完善学科专业预警、退出管理办法，定期公布全省高校专业限制性目录和预警目录，开展专业办学水平诊断与评价，并将诊断评价结果与招生计划、生均拨款等挂钩，支持优势、特色学科专业发展，限制饱和学科专业。尽快建立需求导向的学科专业结构和创业就业导向的人才培养类型结构调整新机制。

（三）构建协同育人机制。支持建立校企、校地、校校、校所及国际合作的协同育人机制，鼓励共同制定人才培养方案、开展学科专业建设、开发开设课程。各单位要积极主动承担大学生参观学习、社会实践、毕业（顶岗）实习等，政府机关、国有企事业单位要率先履行责任，对符合条件的大学生可给予适当补助。推动高校尽快打通一级学科或专业类下相近学科专业的基础课程，开设跨学科专业的交叉课程，建立跨学校、跨院系、跨学科、跨专业，联合行业企业交叉培养创新创业人才的机制。

（四）健全创新创业教育课程体系。各高校要建立人才培养方案定期修订制度，科学合理设置创新创业必修课和选修课，纳入学分管理。从 2016 年起，各高校均要设置创新创业教育课程，面向全体学生分层分类开设研究方法、学科专业前沿等通识课程，开设体现行业特点、融入创新创业思维和方法的专业课程；对有创业意愿的学生开设创业指导及实训类课程；对已经开始创业实践的学生开展企业经营管理类职场指导与帮助。从2016年起，每年遴选认定创新创业方面的省级精品资源共享课。到 2017 年，全省基本建立起依次递进、有机衔接、科学合理、应对实战的创新创业教育专门课程群。

（五）改革教学方式和考核方式。广泛开展启发式、讨论式、参与式和项目化教学，培养学生的思辨性和创造性思维，激发创新创业灵感。教师要把最新学术发展、技术研发成果和创新实践经验融入课堂教学，实行线上线下相结合的混合式教学。高校要着力为学生量身定做个性化教学模式，积极采用面试、实践操作、论文、作品等多元化考核方式，试行非标准答案考试，注重考查学生学习过程和运用知识分析、解决问题的能力，促进结果考核向过程考核、知识考核向能力考核、单一考核方式向多元考核方式转变。

（六）加快推进学分制改革。2020 年前，所有普通本科高校和大部分高职院校实行学分制教学管理。实施弹性学制，放宽学生修业年限至基本修业年限的 2 倍，允许学生根据需要与学校协商调整学业进程，保留学籍休学创新创业。对参与创新创业的学生，学校要支持其跨学科专业修读课程或转入相关专业学习。2016年年底前，各高校要建立创新创业学分积累与转换制度，将学生的创新实验、技术研发、发表论文、获得专利、竞赛成绩和自主创业等折算为创新创业学分，将学生参与课题研究、项目实验及研发等活动认定为课堂学习，建立创新创业档案和成绩单，客观记录并科学评价学生创新创业情况。

（七）完善创新创业竞赛机制。2016年，制定山东省高等学校创新创业竞赛项目实施办法，支持省级教学指导委员会、行业企业和高校多种形式举办各类专题竞赛，鼓励高校参加各类创新创业竞赛，并将参赛情况纳入高校评估体系。对优秀竞赛项目和获奖选手、指导教师等按规定给予奖励。深入实施大学生创新创业训练计划，进一步扩大项目覆盖面。实施“齐鲁创新创业雏鹰计划”，每年立项支持500个优秀大学生创新创业项目。

三、加强创新创业教育基础能力建设

（一）建设校内大学生创新创业教育基地。高校要充分整合校内场地资源，依托现有实验实训场所、科技园、孵化基地、学生活动中心等，盘活改造其他闲置场所，加强专业实验室、虚拟仿真实验室、创业实验室和训练中心建设，建设一批低成本、便利化、全要素、开放式的高校众创空间，全天候免费向师生开放，实现创新与创业相结合、线上与线下相结合、孵化与投资相结合。从2016年起，允许学校资本、设备参与创投，除以资产盈利为主要目的的合作项目外，以校企合作育人为主要目的的学校资产利用，可不经过政府公共资源交易平台，直接采取议标形式确定合作对象和合同条款。“十三五”期间，在全省高校重点支持建设20个左右省级开放式资源共享的大型实验教学中心、100个左右省级大学生创新创业教育示范中心。

（二）建立综合性大学生创新创业实践平台。从2016年起，各地各有关部门要充分利用大学科技园、科技企业孵化器、高新技术产业开发区、经济技术开发区、工业园、城市配套商业设施、闲置办公及厂房等资源，建设大学生创业孵化基地和创新创业园，同时鼓励社会资本参与或独立投资建设大学生创新创业园。鼓励高校新建、改建、与地方共建或吸引社会资本参与投资建设综合性大学生创新创业平台，对省级大学生创业孵化示范基地和示范园区给予一次性奖补。支持在校大学生、应届毕业和毕业未满5年的毕业生入驻大学生创新创业园，对符合条件的学生给予经营场所租金补贴。支持符合市场经营主体登记条件的在校大学生，依法申请办理营业执照注册登记手续，并对其享受相关优惠政策给予指导。支持各地各有关部门将科技创新资源向在校大学生免费开放，并将开放情况纳入各类研究基地、重点实验室、科技园评估标准。

（三）配齐配强创新创业教育教师队伍。重点加强校外兼职教师队伍建设，落实高等学校兼职教师招聘及经费补助政策，以及科研人员在企业与高校之间、高校与高校之间流动的社会保险关系转移接续办法，支持高校自主选聘知名专家、创业成功者、企业家、风险投资人、技能大师等各行各业优秀人才到高校兼任创新创业导师，兼职教师不纳入编制实名制管理。2016年，组建全省高校创新创业导师库。各高校要细化新进教师公开招聘岗位资格条件，将行业企业任职或兼职经历作为招聘相关专业教师和创业导师的必要条件。完善高校教师培训体系，从2016年起，每年培训300名以上创新创业教育骨干教师；高校要建立面向全体教师的创新创业教育全员培训制度，并积极选派教师参加行业企业培训。建立校内创业导师到行业企业挂职制度，所有校内专兼职创业导师均应具有1年以上行业企业工作经验或自主创业经验。

（四）建立健全教师创新创业激励机制。2016年，各高校要出台指导意见，建立健全高校创新创业教育和就业指导专职教师专业技术职务晋升机制。加强教师创新创业执教能力考核，以学生创新创业能力提升为主要标志，将创新创业教育业绩纳入教师专业技术职务评聘和绩效考核，对业绩突出的教师，学校可单定政策、单设指标、单列经费，重点激励支持。完善教师工作成果认定办法，将教学成果与科研成果同等对待，将创新创业教育成果与专业领域业绩成果同等对待。落实高校科技成果“三权”下放及成果转化收益比例、股权激励、绩效激励等政策，鼓励教师带领学生在职创新创业。从2016年起，每年选拔认定创新创业教育教学名师。

四、完善创新创业教育政策保障及服务体系

（一）建立健全工作机制。发挥山东省教育发展和体制改革领导小组的统筹协调作用，共同做好高校创新创业教育改革工作，省教育行政部门联合有关部门成立高校创新创业教育专家指导委员会，开展研究、咨询、指导、服务等工作。发挥山东省高校毕业生就业工作联席会议作用，省人力资源社会保障部门联合有关部门定期分析大学毕业生就业创业形势，加强对毕业生的就业创业指导服务，推动更多大学生实现更高质量就业创业。各高校要落实主体责任，成立由校长任组长、分管校领导任副组长、有关部门负责人参加的领导小组，并明确创新创业教育具体管理机构。具备条件的高校可成立创新创业学院，创新创业学院采取灵活的组织制度和运行模式，一般由分管校领导兼任院长，相关部门主要负责人及利益相关方参与，可依托学校行政部门、二级学院、大学科技园（创业园）、大学生创业孵化基地、大学生创业园等设置，学校在制度、人员、经费、场地等方面予以保障。2018年前，在全省支持建设30所左右省级示范性创新创业教育高等学校。各高校要制定创新创业教育改革实施方案，一校一策，并于2016年5月底前报省教育厅及行业主管部门备案后向社会公布，同时抄送省人力资源社会保障厅。

（二）拓宽资金支持渠道。各级、各有关部门要整合财政和社会资金，支持大学生创新创业活动。省财政安排资金，支持实施“山东高校创新创业教育能力提升

行动计划”，继续统筹实施“大学生创业引领计划”。各高校要优化经费支出结构，多渠道统筹并安排资金，支持创新创业教育改革，并设立创新创业奖学金。从2016年起，山东省教育基金会通过向社会各界募集资金，支持设立山东省大学生创新创业教育奖励基金。鼓励社会组织、公益团体、企事业单位和个人设立大学生创业风险投资基金，以多种形式向自主创业大学生提供资金支持，优先支持风投资金进入大学生创新创业领域，或为大学生建设创新创业项目库。完善小微企业名录系统，将大学生创业形成的市场主体纳入小微企业名录，推进小微企业优惠政策及扶持资金落到实处。

（三）优化服务指导体系。相关部门及高校要梳理并汇编有利于大学生创新创业的工商、融资、税收等方面优惠政策，通过在各种媒体开设专栏、政策宣讲、微信推送、举办论坛沙龙、发放明白纸等途径和方式，立体化、全方位向高校师生发布、解读相关政策。各级公共就业（人才）服务机构、就业创业指导中心、法律援助中心（工作站）等社会服务机构，将创业大学生的人事代理、档案保管、职称评定、社会保险办理和接续、权益保障和法律咨询等纳入服务范围。研发适合学生的创新创业网络教育课程。建立在校和离校学生就业创业信息跟踪系统。2016年，建立全省创新创业教育服务网络信息平台。

（四）营造良好工作氛围。要将创新创业教育质量作为衡量高校办学水平、考核领导班子的重要内容，纳入高校教育教学评估和学科专业评估指标体系，列入本专科、研究生教学质量年度报告和毕业生就业质量年度报告，逐步引入第三方评估。要大力宣传加强高校创新创业教育的必要性、紧迫性、重要性，及时总结、推广、宣传高校创新创业教育改革先进典型和经验，在相关评优评先活动中加大对创新创业优秀师生的倾斜力度，营造敢为人先、敢冒风险、宽容失败、重奖成功的良好氛围和环境，使创新创业成为管理者办学、教师教学、学生求学的理性认知与行动自觉。

山东省人民政府办公厅

2016年4月5日

（四）省委办公厅　省政府办公厅关于推进高等教育综合改革的意见

鲁办发〔2016〕19号

为贯彻落实党的十八大和十八届三中、四中、五中全会精神，深入贯彻习近平总书记系列重要讲话和视察山东重要讲话、重要批示精神，全面实施国家及山东省中长期教育改革和发展规划纲要，推动我省高校特色发展、争创一流，提高人才培养质量，提升智力支撑能力，服务经济社会发展，经省委、省政府同意，现就推进我省高等教育综合改革提出如下意见。

一、以完善治理结构为抓手，推进现代大学制度建设

1. 加强高校党的建设。坚持和完善党委领导下的校长负责制。高校党委要充分发挥领导核心作用，支持校长依法独立行使职权，建立健全党委统一领导、党政分工合作、协调运行的工作机制，实行集体领导与个人分工负责相结合，按照集体领导、民主集中、个别酝酿、会议决定的原则，集体讨论决定学校重大问题和重要事项，凡属学校重大决策、重大人事任免、重大项目安排、大额度资金使用事项必须由党委集体研究做出决定，讨论决定前必须充分论证，广泛听取意见。完善党委（常委）会、校长办公会例会制度，党委（常委）会原则上每月不少于2次，校长办公会每周不少于1次，会议必须有书面记录，实行定期报告和检查制度。加强院、系等基层党组织建设，配齐配强党务工作力量，加强组织员队伍建设，做好发展党员和党员教育、管理、服务工作。发展党内基层民主，充分发挥基层党组织战斗堡垒作用和党员先锋模范作用，汇聚起推动高校综合改革的强大合力。高校改革过程中出现的新组织，应同步建立健全党的基层组织。建立健全民办高校党组织，设立党的基层委员会，推动建立向民办高校委派党委书记制度。民办高校党委作为学校的政治核心，要加强对学校的政治领导和思想领导，落实社会主义核心价值观和社会主义民主法制教育，对学校的发展规划、人事安排、财务预算、基本建设、招生收费等重大事项，参与研究讨论，提出意见建议，保证学校坚持正确的办学方向。

2. 健全学术委员会制度。依法设立学术委员会，健全以学术委员会为核心的学术管理体系与组织架构，统筹行使学术事务的决策、审议、评定和咨询等职权；完善学术管理的体制、制度，探索教授治学的有效途径，充分发挥学术委员会在学科建设、专业设置、学术评价、职称评聘、学术发展和学风建设等事项上的重要作用。学术委员会委员一般应由学校不同学科、专业的教授及具有正高级以上专业技术职务的人员组成，并有一定比例的青年教师，总数一般为不低于15人的单数。其中，担任学校及职能部门党政领导职务的委员，不超过委员总人数的1/4；不担任党政领导职务及院系主要负责人的专任教授，不少于委员总人数的1/2；校党委书记和校长一般不担任学术委员会负责人，不担任科研项目主要负责人。建立完善对违反学术规范、学术道德行为的认定程序和办法，形成良好的学术氛围。

3. 建立完善学校理事会。依据教育部《普通高等学校理事会规程（试行）》及学校章程设立理事会，充分发挥理事会对学校改革发展的咨询、协商、审议、监督等功能。理事会组成人员一般不少于21人，校外理事不低于总人数的50%，各方面代表在理事会所占的比例应当相对均衡。高校应建立健全理事会制度，制定理事会章程，健全与理事会成员之间的协商、合作机制，充分发挥理事会的作用。理事会每年至少召开1次全体会议；也可召开专题会议，或者设立若干专门小组负责相关具体事务。

4. 加强民主管理。健全党建带团建机制，完善高校群团组织，充分发挥群团组织参与民主管理作用。切实保障教职工参与学校民主管理和监督，学校章程建设、发展规划、年度工作、财务工作、教职工队伍建设、教育教学改革、校园建设等重大事项，须经教职工代表大会审议通过。积极拓展学生参与学校民主管理的渠道，进一步完善学生代表大会制度，推进学生自主管理。完善多元参与的校内治理体系，加强议事协商，拓展师生代表参与学校决策的渠道。

5. 强化监督机制。加强学校财经管理与监督，建立高校总会计师制度，总会计师岗位设置由机构编制部门按程序审批，实行交流任职。建立年度预算审查和决算审签制度，开展学校党委书记、校长同步审计，建立任前告知和任中审计制度，严格离任审计。完善校务公开制度，坚持公开为常态、不公开为例外，重点加大高校在招生考试、财务资产及收费管理等方面的信息公开力度，保障教职工、学生、社会公众对学校重大事项、重要制度的知情权，接受各方监督。

6. 严格回避制度。严格执行国家有关法律法规和《党政领导干部任职回避暂行规定》。学校领导干部本人或近亲属及来往密切的个人参与干部选拔任用、人事考核奖惩、职称评聘、项目评审、奖助学金评定等活动时，领导干部要事先声明并主动回避，不得以任何形式施加影响；不得以委托、承包、租赁等形式，经营管理其任职学校校办产业等国有资产；不得参与其任职学校基建修缮工程和教材图书、仪器设备、大宗物资采购等工作。学校吸纳社会资源开展合作、共建等项目，必须与领导干部近亲属及来往密切的个人发生利益关系或经济往来时，领导干部应主动回避；确因工作职责等特殊原因难以回避的，领导干部个人要主动说明、报告、备案，相关事项须经学校领导班子集体研究决定。组织部门要定期检查、核对领导干部回避制度执行情况，对违反规定者，严肃问责。

7. 完善学校章程。2016年年底前，各高校要根据本意见，全面完成学校章程修改制定工作。学校章程应载明学校内部治理结构组织框架、运行机制和决策程序，把加强党的领导和党的建设作为章程的重要内容，完善以章程为核心的制度体系，健全决策机制，规范执行程序，完善党建工作规章制度，使学校运行有章可循、有据可依，形成自主办学、自我约束、社会监督的长效机制。

二、以改革用人制度为重点，扩大高校办学自主权

8. 实行人员控制总量备案制。全面实行人员控制总量备案管理，高校根据办学定位、类型特点、学生数等自主拟定校内教学、科研、教辅机构设置方案，确定人员控制总量，向相关部门报备。原编制内人员事业身份记录在案，控制总量内人员享受同等待遇。

9. 创新用人机制。高校在人员控制总量内按规定自主制定岗位设置方案；自主安排、执行用人计划，并建立动态调整机制；自主公开招聘各类人才。可采取考察方式直接招聘学校紧缺的专业人才、高层次人才。岗位设置、公开招聘方案及招聘结果向相关部门报备。人事行政主管部门按国家规定对招聘条件和程序进行合规性审查，办理时间不超过5个工作日。适当提高高校高级专业技术岗位结构比例，从事实验技术教学的教师，可根据岗位资格条件、本人工作能力和业绩，参与正高级专业技术岗位的竞聘上岗。高校可统筹使用中初级专业技术岗位。全面推进职称制度改革，由学校根据教师能力和业绩，自主组织评价、竞聘上岗、按岗聘用，并颁发聘书。

10. 完善绩效工资制度。完善以业绩贡献和能力水平为导向、以目标管理和目标考核为重点，符合高等教育特点的绩效工资制度，将教职工的工资收入与岗位职责、工作业绩、实际贡献及知识、技术、成果等直接挂钩，多劳多得、优绩优酬、同工同薪。在国家政策指导下，高校在绩效工资控制总量内自主决定校内收入分配，并建立动态调整机制，重点向教学一线、关键岗位、业务骨干和突出贡献人员倾斜。

11. 改革专业设置管理。实施专业设置负面清单制度，定期公布本科专业限制性目录和预警目录，允许高校在限制性目录和预警目录外自主设置专业，有条件的高校可根据需要，自行设置经济社会发展急需的专业方向，向相关部门报备。

12. 开展二级学院取消行政级别改革试点。创新二级学院管理体制，2016年选择5所左右省属高校试点取消二级学院行政级别，实行职员制，进一步理顺校院两级管理体制，提高二级学院管理的专业化水平。参照同类别同等级人员任职年限和条件，建立有利于相关人员职业发展的职级晋升、交流任职、薪酬分配等制度体系。鼓励高校在二级学院开辟试验区，扩大其人、财、物等方面的管理权，形成局部优势，打造学术高地，突显办学特色。2016年6月底前，制定省属高校取消二级学院行政级别试点方案。

三、以转变发展模式为着力点，提高办学质量和水平

13. 稳定办学规模。建立办学规模定期核定机制，根据培养周期，从学科基础、师资结构、专业设置、研创能力、培养水平等方面全面评估学校办学能力，以办学能力、

社会需求等为依据，综合考虑办学类型、专业特色等因素，动态调控办学规模。2016年，逐校核定办学规模，确定规模上限，对超过上限的学校，逐渐调减招生计划。

14. 优化专业布局。建立人才需求预测分析机制，优化专业宏观布局。根据社会需求和产业发展布局，增加工学、农学类专业，鼓励新兴学科专业发展。提升医学、教育学类专业办学层次，2016年起，实施师范生免费教育，提高职业吸引力和人才培养专业化水平。稳定法学、经济学、管理学类专业，突出办学特色，培养复合型人才，实现差异化发展。整合理学、文学、历史学、哲学、艺术学等科类专业，强化学科，淡化专业，提升办学层次。实施专业同城跨校整合，将重复布点多、不符合学校发展定位和办学特色的专业，整合到专业优势突出的学校。

15. 启动“双一流”建设计划。积极支持驻鲁部属高校建设世界一流和国际知名高水平大学。“十三五”期间，重点扶持6所左右省属高校和20个左右优势学科，争创国内一流。重点建设10所左右应用型高校进入国内先进行列，继续实施优势特色专业发展支持计划，强化应用型人才培养。按照学科分类，整合省属科研院所和高校教育科研资源，集聚资源优势，形成发展合力，促进高水平大学建设，2016年选择2所学科特点突出、基础条件较好的科研院所先行试点，积累经验，逐步推开。2016年4月底前，制定统筹推进一流大学和一流学科建设总体方案，6月底前制定科研院所与高等学校资源整合试点方案。

16. 加快完善高校科技创新体系。建立以需求为导向、创新为核心、协同为纽带、服务为目的的高校科技创新体系，增强高校知识创新能力、人才培养质量提升能力和服务经济社会发展能力。加强科研立项管理，改革完善科研选题和评价体系，确定专业、开放、透明、公平的资源配置方式，最大限度减少行政影响和干预。创新科研组织方式，构建人才团队、科研项目、基地平台、成果转化一体化协同推动的高校科技创新模式，搭建校企产学研合作平台，强化学科与行业产业对接，积极推进与科研院所、企业开展多层面、广角度的协同创新。优化科研管理环境，在国家政策制度框架下，扩大高校在科研立项、人财物管理、科研方向选择、国际科技交流等方面的自主权，建立支持高校大型科研仪器设备开放共享政策，提高科研仪器设备的使用效率。设立专职岗位，建立高校科技成果转化和知识产权运营机制，加快高校知识产权成果的转移、转化。完善高校科研经费管理办法，优化投入结构，突出导向引领、坚持扶优扶特、强化跟踪问效，提高科研经费的使用效益。继续实施高校协同创新计划，加强新型高校智库建设，重点建设一批解决区域发展重大需求的重点实验室、工程技术研究中心、协同创新中心和人文社科研究基地。2016年6月底前，制定改革高校科研体制服务创新驱动发展战略实施方案。

四、以立德树人为根本，深化教育教学改革

17. 构建“四位一体”的德育体系。以社会主义核心价值观为主线，构建思政育

人、文化育人、专业育人、实践育人“四位一体”的德育体系。完善高校思想政治理论课特聘教授制度，优化思想政治课程，制定建设规划，以项目形式推进思想政治理论课改革，提高思想政治课的思想性、针对性和感染力。融合优秀传统文化、区域文化、大学文化，突出齐鲁文化品牌，形成山东德育特色。挖掘专业课的德育元素，在传授专业知识的同时，强化科学精神、职业道德教育。通过社会实践活动，增强学生对社会的认知感和责任感。2016 年 6 月底前，研究制定高校德育综合改革指导纲要，出台相关课程标准和基本规范。

18. 改进教学内容和方式。注重厚基础、宽领域、广适应、强能力，强化对学生科学思维、创新能力的训练，激发学生学术探究和实践历练的热情，扩大学生知识面，提高综合素质和适应能力。更新教学内容、凝练核心课程、提高课程质量，形成通识教育和专业教育相互衔接、相互支撑的课程体系。改革体育和艺术教育，增强学生体质和文化素养，促进学生全面发展、个性发展。创新教学方式、方法，构建自主学习、多元学习模式，鼓励小班教学，开展启发式、讨论式、探究式、参与式教学，大力提倡案例教学。完善学习方式，发挥在线课程作用，加强慕课、微课和混合式课程建设和教育信息化建设，增强学生运用网络资源学习的能力。深化学分制改革，形成学生自主选择专业、课程、学习进程和任课教师的机制，建立与学分制相配套的学生管理、教师评价等制度体系。扩大学分制改革范围，每年增加试点学校 10 所左右，到 2020 年，全省本科高校全面推行学分制。

19. 建立多元育人模式。探索本科综合评价录取等招生制度改革，扩大高校招生自主权，促进高校科学选才，为学生提供多样化选择，2016 年 6 月底前出台深化考试招生制度改革实施方案。深化贯通培养模式改革，完善高职与本科、中职与本科贯通分段培养模式，制定专业目录，优化专业布局，实施动态管理，2016 年委托第三方对 2013 年试点的学校和专业进行质量评估，淘汰管理水平低、达不到培养标准的学校和专业。实施研究生教育质量提升计划，着力培养创新型、实践型、复合型高层次人才。争取在法学和教师教育领域试点本科教育与专业硕士贯通培养。建立校际合作育人模式，支持高校建立校际联盟、专业联盟，互派教师、互换学生、互认学分，鼓励学生跨学校、跨学科、跨专业选修课程，满足多样化学习需求。增强高校科研育人功能，实施学科专业、教学、科研一体化建设，支持教师依托科研项目开设研究性、创新性课程，鼓励教师把科研成果转化为教学资源。完善重点实验室、研究基地等向本科生开放制度，鼓励学生参与教师科研项目，提高创新能力。

20. 强化创新创业教育。围绕创新创业人才培养要求，完善人才培养方案，开发创新创业类课程，使课程体系、课程标准、课程内容与学科发展前沿、行业标准对接，促进专业教育与创新创业教育有机融合。提高实践课比重，工农医类专业实践学分比例逐渐达到 30% 以上，人文社科类专业达到 20% 以上。加强实践教学平台建设，“十三五”期间，重点建设一批开放式综合实验教学中心和创新创业教育示范中心。强化大学生创新创业实践训练，每年择优支持100项大学生创新创业训练项目。鼓励企业接纳学生开展顶岗实习，政府按政策规定对符合条件的企业给予财政补贴，落实税收减免政策。深入实施系列卓越人才教育培养计划，培养造就一大批创新创业能力强、适应经济社会发展需要的各类型高质量专业技术人才。实施弹性学制，允许学生休学创业，修业年限最长可延至8年，对完成规定学业的学生及时核发学业证书，按学期审核学位授予资格、办理就业报到手续。

五、以师德学养为核心，加强教师队伍建设

21. 完善师德建设体系。开展以社会主义核心价值观教育、理想信念教育、法制教育和职业道德教育为重点的师德专题教育。完善教育引导、制度规范、监督约束、查处警示的师德建设长效机制，建立新教师入职宣誓制度，强化其责任感、使命感和职业荣誉感。引导广大教师恪守职业道德规范，树立良好教风和诚信学风，以道德追求、学术素养和人格魅力教育感染学生。强化高校师德建设主体责任，建立健全师德考核、年度评议等制度和师德投诉举报平台，构建高校、教师、学生、家长和社会多方参与的师德监督体系，有效防止师德失范行为。建立重大问题报告和舆情快速反应机制，严肃查处违背教师职业道德的行为。

22. 加强教师培养培训。继续实施高校青年教师成长计划，选派优秀青年骨干教师赴海内外高水平大学访学研修，培育一批具有国际视野、创新活力、发展潜力的高素质青年后备人才。加强实践教学能力建设，完善教师到企业和基层一线实践锻炼制度，并将其作为职称评聘的重要依据；扩大高等学校与行业、企事业单位人员互聘（“双百计划”）工作实施范围。创新方式方法，推进教师培训、教学咨询、学术交流、质量评估等工作的常态化、制度化。

23. 加快引进海内外高层次人才。深化实施泰山学者工程，加大引进力度，集聚海内外高端人才来我省高校从事教学科研工作。围绕一流大学和一流学科建设，实施泰山学者优势特色学科人才团队支持计划和高校优势特色学科人才团队培育计划，加快引进一批活跃在国际学术前沿、满足国家和省重大战略需求、具有国际一流水平的学科领军人物和创新团队。完善人才配套政策，加强集成支持，根据引进人才类别层次，按有关规定给予创业启动资金、科研启动资金、科研经费、安家补贴、子女入学等支持，积极吸纳、培养、用好、留住各类人才，特别是高层次领军人才及其团队。

24. 健全教师考核评价体系。以有理想信念、有道德情操、有扎实学识、有仁爱之心为标准，立足教学科研规律和人才特质，根据不同类型的岗位，建立重师德、重能力、重业绩、重贡献的分类考核指标体系，实施按岗分类考核。建立多元主体评价机制，以学生评教为基础，综合教学督导人员、同行专家和管理人员评教结果，形成对教师师德和教学质量的考核评价结果，与岗位聘任、年度考核、评优评奖等

挂钩；考核评价不合格者，在教师岗位聘任、年度考核、评优评奖等工作中实行一票否决。

六、以扩大开放为切入点，拓展丰富教育资源

25. 加强国内外合作办学。借力国家“一带一路”战略，支持高校海外办学、开展专业教育国际认证，鼓励我省驻外企业设立留学生奖励基金，吸引国外学生来鲁留学、就业，提高国内毕业生海外就业创业竞争力。充分利用我省历史文化资源优势，支持高校与国外高校合作建立孔子学院，与教育援外、对外投资等领域的省重大战略项目相结合，推动齐鲁优秀文化走向世界。加强与国外友好省州高校、国内985高水平大学的合作，积极引进国际知名高校来鲁开展合作办学，大力支持985高校来鲁建立分校、研究生院。

26. 推进市校合作共赢。鼓励设区市政府与学校主管部门建立合作共建机制，与高校开展合作，参与学校专业建设、人才引进与培养、科技研创等工作，支持驻地高校发展，提高高校办学水平。高校要充分发挥自身优势和特色，主动对接地方经济社会发展和产业需求，优化学科专业结构，提高服务地方经济社会发展的能力。

27. 支持社会力量办学。放宽社会资本准入条件，支持企业、社会团体和个人等社会力量通过独资、合资、合作等形式举办高等教育，探索发展国有民办、民办公助、混合股份等多元化办学模式。将民办高校纳入同级教育专项、科技专项扶持范围，重点支持学科专业建设、师资培训、科学研究等。开展公办高校对口帮扶民办高校，鼓励资源共享。切实落实民办高等教育机构教师在资格认定、职称评聘、进修培训、评先选优、课题申请、国际交流等方面与公办教师享受同等待遇。推进非营利性民办高校教师养老保险与公办高校教师同等待遇试点工作。

28. 鼓励校企合作办学。支持高校深化产教融合，促进人才培养、科研创新、学科专业建设与产业发展相融合，全面增强教育服务经济社会发展能力。鼓励高校与行业企业共同建设专业，共同制定人才培养方案，共同开发课程，共建实习实训基地。支持高校与行业企业组建教育集团、专业联盟，建立校企合作协调推进机制。支持企业在高校建立研发中心，合作开展重大课题攻关和重大项目研创。畅通高校教师与行业企业人才双向交流渠道，提升校企合作创新和人才培养水平。

七、以加大财政投入为重点，完善高等教育综合改革保障机制

29. 探索开放多元的质量监控与评价体系。建立分类和综合相结合的高校评价体系，组织实施年度专业评估、本科教学工作审核评估和高校科研水平评价，探索实施以人才培养、科学研究、社会服务和文化传承为主要指标的大学综合评价。改革评价方式，按照学校不同的发展定位和人才培养目标，实施分类评价，探索开展同行评价、用户评价、社会评价和第三方评价，提高评价的科学性、客观性和开放性。加强评价结果应用，把评价结果作为绩效奖补、资源配置的重要依据。实施高校办

学质量报告制度，向社会公开发布教学质量年度报告、专业人才培养状况年度报告和毕业生就业质量年度报告，加强社会监督，促进高校不断自我完善，提高办学水平。

30. 加大财政经费投入。建立生均拨款正常增长机制，逐步提高生均定额标准。优化项目设置，加大支持力度，强化项目引导。“十三五”期间，设立专项经费，实施一流大学和一流学科建设工程，支持高校争创高水平大学和学科；实施应用型高水平高校建设工程和优势特色专业发展支持计划，支持高校向应用型转型发展，提升应用型人才培养能力；实施创新创业教育示范中心、开放式大型实验教学中心建设工程和大学生创新创业训练计划，支持高校强化创新创业教育；实施泰山学者优势特色学科人才团队支持计划、高校青年教师成长计划、高校优势特色学科人才团队培育计划，支持高校加强人才队伍建设；实施高等学校协同创新计划，支持高校提高科技研创水平和服务经济社会发展能力。

31. 优化资源配置。完善高校预算拨款制度改革，探索按生均定额、专项拨款、绩效奖补相结合的方式确定高校财政拨款，构建科学规范、公平公正、导向清晰、讲求绩效的预算拨款制度。突出教学质量、学科专业水平、办学特色等因素，制定科学合理的绩效评价指标和考评机制，根据考评结果，实行以奖代补，传递更加清晰的政策导向。充分发挥财政拨款的杠杆作用，在省属本科高校全面实施拨款定额改革，对鼓励发展的专业和限制发展的专业，逐步扩大上、下浮动比例，引导高校转变办学模式，突出办学特色、争创一流。建立招生计划优化调整机制，制定普通高等学校招生计划优化调整实施方案，每年统筹10%的招生计划，综合考虑专业办学条件、高考专业志愿内录取情况、新生入学报到情况和就业情况等因素，调剂用于特色明显、优势突出、社会急需以及适应新兴产业的专业，在全省教育事业计划中统一下达。

32. 丰富筹资渠道。完善成本分担机制，合理确定学费标准并动态调整，进一步推进高校学分制收费改革，逐步形成科学规范、富有活力的高校收费机制。积极探索通过地方政府债券、争取国家政策性银行低息专项贷款等多种方式筹集经费，不断拓宽高校建设资金来源渠道。鼓励商业银行探索拓宽抵质押物范围，有针对性地创新金融产品，为高校发展提供融资支持。

33. 建立有效推动机制。高等教育综合改革是一项系统工程，必须加强组织领导，省教育厅要牵头建立统筹协调机制，研究解决改革中的突出问题。省直各有关部门要制定和完善配套政策措施，精心组织实施。高校所在市党委、政府要研究制定支持高校深化改革的政策措施，形成良好区域环境。各高校党委要把综合改革摆在突出位置，根据改革的总体部署，制定本校改革实施方案，明确时间表、路线图并报省教育厅备案。要进一步加大宣传力度，充分调动各方面的积极性和创造性，营造良好改革环境。

（五）关于进一步推进学分制改革的通知

鲁教高处函〔2016〕24号

有关省属公办本科高校教务处：

为贯彻落实省委办公厅、省政府办公厅《关于推进高等教育综合改革的意见》（鲁办发〔2016〕19号），进一步创新人才培养模式，提高人才培养质量，推动我省高校特色发展、争创一流，更好地服务经济社会发展，现就进一步推进学分制改革有关工作通知如下：

1. 严格按照省教育厅等四部门《关于印发〈山东省普通高等学校学分制管理规定〉的通知》（鲁教高字〔2013〕14号），省物价局等三部门《关于山东省高等教育收费改革试点的意见》（鲁价费发〔2013〕93号）和《关于优化普通高校学费结构有关事宜的通知》（鲁价费发〔2013〕136号）等文件要求开展学分制改革。

2. 拟到2017年年底，全省公办本科高校基本实行或试点实行学分制管理。尚未开展学分制管理改革（试点）的高校，应结合本校具体条件和实际情况，积极稳妥、统筹规划、体现特色、全面推进，尽快报送本校实行学分制改革的请示报告，加快实施学分制改革。

3. 高校开展学分制改革，要制定改革实施方案，明确改革目标和改革路径；全面修订人才培养方案，逐步完善人才培养模式；建立和完善以教学计划管理、学籍成绩管理、教学资源管理、排课选课管理、信息检索查询等为主要内容的学分制综合管理信息系统；制定与学分制管理相适应的教学管理、收费管理、教师管理、学生管理、学籍管理、选课管理、成绩管理等规章制度；建立起科学有效的教学质量监控体系。

4. 在学校按学分制管理试运行后，省教育厅、省物价局、省财政厅将联合对试点高校适时进行检查验收，通过后学校可正式实施按学分收费。

有关高校要把学分制改革作为推进高等教育综合改革的突破口，充分贯彻因材施教的原则，不断改进教学内容和教学方式，丰富和完善教育教学资源，提高人才培养质量，推动学校各项教育教学改革深入开展。

山东省教育厅高教处

2016年8月31日

（六）山东省教育厅关于开展创新创业教育改革政策系列宣讲活动的通知

各高等学校：

根据国家和我省关于“大众创业万众创新活动周”的部署要求，我厅决定于10月17日至28日组织开展山东省高等学校创新创业教育改革政策系列宣讲活动。现将有关事宜通知如下。

一、活动目的

通过宣讲，进一步统一对创新创业教育改革的认识，明确目标任务，分析存在的问题，研究改进措施，全面提升创新创业教育水平，增强大学生创新创业能力。

二、活动内容

（一）系统解读《山东省人民政府办公厅关于贯彻国办发〔2015〕36号文件全面深化高等学校创新创业教育改革的实施意见》（鲁政办发〔2016〕13号）精神。

（二）深入阐述创新创业教育内涵，进一步明确我省高校创新创业教育改革的目标和任务。

（三）开展交流互动，对创新创业教育相关问题答疑解惑。

三、参加人员

各高校创新创业教育改革领导小组成员，教学、学生、人事、就业、团委、创新创业学院等相关部门负责同志，二级学院分管负责同志及创新创业教育指导教师代表等，每校限20人左右。

四、宣讲人员

本次系列宣讲活动由山东省学生就业创业教育咨询中心组织实施。宣讲人员：

李　霞，山东省学生就业创业教育咨询中心主任。

冯天晓，山东省学生就业创业教育咨询中心副主任。

五、宣讲日程

宣讲时间为10月17—28日，共组织7场，具体日程安排见附件1。

滨州学院、潍坊学院、烟台大学、青岛大学、曲阜师范大学、山东商业职业技术学院和山东中医药大学为召集学校，设宣讲会场，周边高校就近参加，实现省内高校全覆盖。

六、其他事项

（一）本次宣讲既是对创新创业教育改革政策的全面解读，也是对创新创业教育改革工作的动员部署。各高校要高度重视，认真做好参会人员的组织召集工作。

（二）请各参会学校确定宣讲活动联络员1名，于10月9日前将姓名、单位、职务、联系方式等报送召集学校联系人邮箱。联络员负责本校参会人员的组织召集工作，汇总填写参会报名表，并于规定日期前（见附件）报送召集学校联系人邮箱。

（三）已经听取宣讲的山东交通学院等12所高校，可不再参加本次活动。

（四）本次活动不收取任何费用，参会人员食宿自理。

联 系 人：冯天晓。

联系电话：0531－81916506。

电子邮箱：13605310812@163.com。

附件：宣讲日程安排（略）

山东省教育厅

2016年9月

（七）关于加强普通本科高校实践教学工作的通知

鲁教高函〔2016〕14 号

各普通本科高等学校：

为贯彻落实国务院办公厅《关于深化高等学校创新创业教育改革的实施意见》（国办发〔2015〕36 号）和《省委办公厅省政府办公厅关于推进高等教育综合改革的意见》（鲁办发〔2016〕19 号）等文件精神，增强学生的实践能力与创新创业能力，提高学生综合素质，现就加强省属普通本科高校实践教学工作的有关要求通知如下。

一、加强实践教学体系建设

1. 制定实践教学标准。高校要参照教学质量国家标准、专业认证标准或行业标准等，明确实践教学的基本要求，结合自身办学定位、人才培养目标、学科专业特点，分类制定专业实践教学标准，制定完善实施计划、实习手册、评价标准等工作规范。

2. 提高实践教学比重。高校要结合专业特点和人才培养要求，科学设置与规范各专业的实践教学学时学分比例，把实践教学环节贯穿学生培养全过程。理工农医类专业实践学分比例逐渐达到 30% 以上，人文社科类专业达到 20% 以上，师范生教育实践累计不少于 1 个学期。

3. 强化实践教学改革与研究。设立专项资金，重点支持实践教学体系重组、实验课程结构优化、实验教学内容更新、实践教学方法和手段改革、实践教学管理机制创新等方面的研究和改革。积极采用先进的实验教学技术与方法，推进现代信息技术在实验教学中的应用。鼓励教师将科研成果应用于实践教学，促进实践教学理论与方法的不断提高与更新。

4. 加强实践教材建设。将实践教材（讲义）建设规划、编写和选用统一纳入学校教材建设与管理，优先选用高水平实践教学教材；鼓励高校教师和企业技术人员共同编写内容新颖、体系科学、特色鲜明的实践教学教材；在优秀教材评审、规划教材建设等方面，向实践教学倾斜。

二、加强实践教学条件与师资保障

5. 加强实验室与实习实训基地建设。根据教育部办学条件标准和实验教学需要，增加实验室面积和教学仪器设备台套数，更新实验教学仪器设备，改善实验教学条件与环境；结合我省高水平应用型大学建设工程，建设一批省级以上开放式综合实验教学示范中心、虚拟仿真实验教学中心和创新创业教育示范中心。积极推进产学研结合，推动高校与行业企业共建实习实训基地，完善合作育人机制。每个专业需建立专业对口、数量充足、长期稳定的校内外实习实训基地。

6. 健全实验室开放机制。完善实验室建设、管理、运行、评价统筹机制，整合实验教学资源，推进实验教学资源共享，提高实验室使用效率。增加实验室开放时间，配套相应的人事和实验室管理制度；完善重点实验室、研究基地等科研平台服务实践教学的制度措施。设立本科生实验开放项目，鼓励学生参与教师科研项目，把实验室开放情况纳入相关单位和教师业绩考核。

7. 强化实践教学队伍建设。高校要配齐配强实验教学专职教师队伍，优化年龄、职称、学历结构，适当提高实验系列高级专业技术岗位结构比例。扩大高校与企事业单位人员互聘工作（“双百计划”）实施范围，积极引进或聘用具有丰富实践经验和高水平业务能力的企业家、专业技术人才、技能大师等优秀校外人员，充实学校实践教学队伍。鼓励高校和实践教学基地安排责任心强、实践教学经验丰富的人员共同指导学生实习实训，推进实践教学“双导师制”。完善教师到企业和基层一线实践锻炼制度，激励教师承担实验、实习（实训）教学任务，参与实验室和实习实践基地建设，并将其作为职称评聘、岗位考核的重要依据。

三、强化创新创业实践和社会实践

8. 强化大学生创新创业实践训练。各高校要积极设立大学生创新创业训练项目，加大支持力度，保证本科生有更好的条件参与科学研究实践活动；积极申报和组织实施国家“大学生创新创业训练计划”项目，充分发挥此类项目的示范和带动作用，省教育厅每年择优遴选100项给予重点资助。实施弹性学制，允许学生休学创业实践。完善创新创业竞赛机制，支持省级教学指导委员会、行业企业和高校整合优化各类学科专业竞赛，鼓励高校引导学生积极参赛，并将参赛情况纳入高校评估体系。

9. 系统开展社会实践活动。高校要不断拓展大学生社会实践的新领域、新载体、新形式，把组织开展社会实践活动与专业学习、就业创业等结合起来，系统制订学生参加社会实践活动的年度计划。鼓励和支持学生在学期间积极参加社会实践活动，把社会实践纳入人才培养计划，规定学时学分。倡导和支持学生发挥专业特长，参加生产劳动、志愿服务和公益活动，鼓励学生在完成学业的同时参加勤工助学，支持学生开展科技发明活动。积极开展特色鲜明的主题实践活动，提高学生的组织协调和社会适应能力。

四、完善实践教学管理与监督机制

10. 加强实践教学组织管理。不断完善实践教学的各项规章制度，建立完善实验室与实习基地管理、实验人员管理与考核及实践教学质量评价等实践教学管理制度；采取有力措施，落实好实践教学目标任务、过程管理、考核评价等实践教学环节；采用“校友邦大学生实习实践平台”，建立学校实践教学信息化管理平台，形成互动有序、高效运行的实践组织体系，实现对实践教学的全程管理与监控；要进一步完善学生实践成绩的考核评定办法，激发学生转变学习方式，形成自主学习、主动实践的良好氛围。

11. 完善实践教学质量监控体系。进一步完善实验、实训、实习、社会实践、课程设计、毕业论文（设计）等实践教学环节的质量监控体系及质量标准；进一步充实实践教学督导力量，实行实验实习教学的听课指导及抽查制度，加强对实践教学质量的监控和对指导教师教学质量的考评，完善评价信息反馈与改进机制，促进实践教学质量的全面提高。

五、强化实践教学保障措施

12. 加大实践教学经费投入。高校要统筹安排教学、科研等方面的经费，确保实践教学经费落实到位；逐步加大实践教学经费在学校经费支出中所占比例，加强实践教学经费使用的绩效评估。积极争取社会力量支持，多渠道增加实践教学经费投入，建立健全实践教学经费保障机制。

13. 加强实践教学政策保障。省直有关部门协调行业企业落实相关政策规定，积极接纳学生实习实训。

山东省教育厅

2016 年 10 月 16 日

（八）山东省教育厅关于做好本科专业人才培养方案编制工作的通知

各省属本科高校：

为贯彻落实《省委办公厅省政府办公厅关于推进高等教育综合改革的意见》（鲁办发〔2016〕19号）、《山东省人民政府办公厅关于贯彻国办发〔2015〕36号文件全面深化高等学校创新创业教育改革的实施意见》（鲁政办发〔2016〕13号）等文件精神，进一步深化教育教学改革，创新人才培养模式，提高人才培养质量，现就做好本科专业人才培养方案编制工作有关事项通知如下。

一、高度重视人才培养方案编制工作

人才培养方案是组织教学活动的基本依据。编制好本科专业人才培养方案，是适应经济社会发展需求特别是产业优化升级对人才培养的要求，创新人才培养方式，增强学生的社会责任感、创新精神和实践能力的一项基础性工作。各高校要切实提高对编制本科专业人才培养方案重要性的认识，努力做好人才培养方案的修订工作。要落实学校及院（系）一把手的责任，加强统筹协调，更新教育理念，制定符合经济社会发展需要、符合学生全面发展和个性化发展需要的人才培养方案。

二、正确把握方案制定的基本原则

（一）坚持需求导向。各专业要主动对接经济社会发展需求、岗位需求和学生全面发展需求，充分认识和把握未来经济社会和行业发展对专业人才知识、能力、素质等方面的新要求，充分考虑人才的社会适应性。要面向市场，紧扣行业准入要求，充分吸收借鉴国内外知名高水平大学先进经验，紧密结合学校办学定位，科学合理地确定专业人才培养定位与目标。

（二）坚持德育为先。遵循高等教育教学规律和人才成长规律，坚持育人为本，德育为先，全面推进素质教育。以社会主义核心价值观为主线，构建思政育人、文化育人、专业育人、实践育人“四位一体”的德育体系。推进思想政治理论课改革，提高思想政治课的思想性、针对性和感染力。融合优秀传统文化、区域文化、大学文化，形成学校自身德育特色。挖掘专业课的德育元素，在传授专业知识的同时，强化科学精神和职业道德教育。通过社会实践活动，增强学生对社会的认知感和责任感。

（三）坚持个性发展。根据学分制管理改革的要求，压缩或控制必修课程学分，增加选修课程比例，科学设置模块化选修课程。在保证专门人才基本规格和普遍要求的基础上，为学生根据自身特点制订个性化学习计划和目标创造条件，提供多样化的培养形式和成才途径。积极拓展学生专业自主选择空间，完善主辅修制度，促进跨学科复合型人才成长，为学有余力的学生创造更加有利的发展环境。

三、认真体现方案制定的有关要求

（一）明确课程计划与培养标准的对应关系。各高校要以社会需求和学生终身发展需要为导向，依据教育部颁布的本科专业类教学质量国家标准，结合学校办学定位，科学确立各专业人才培养目标与要求，明晰培养的人才类型和服务面向，明确各专业学生在知识、能力、素质等各领域的培养规格。要按照知识、能力、素质结构的内在联系和教育教学规律，构建由通识教育课程、专业基础课程、专业核心课程、专业拓展课程等组成，必修与选修课程、理论与实践课程结构合理，课程之间、课程模块之间有机衔接的课程体系。要对应培养规格，科学设置课程，明确课程内容、规范课程名称，明晰课程功能，建立课程与培养要求的对应关系矩阵。

（二）强化实践教学。加强对实验、实习（实训）、课程设计、社会实践、毕业设计（论文）和课外科技活动等实践性教学环节的整体优化和系统设计，引导学生开展自主性实践教学活动。增加实践教学的学时，提高实践教学的学分要求，工农医类专业实践学分比例要逐渐达到30%以上，人文社科类专业要逐渐达到20%以上，师范生教育实践累计不少于1个学期。要推进实验内容和实验模式的改革和创新，提高综合性、设计性实验比例，增加开放实验、自选实验比例。

（三）融入创新创业教育。要注重学生创新思维和创业意识与能力的培养，明确创新创业教育目标要求，将创新精神、创业意识和创新创业能力纳入人才培养质量标准。要构建有机统一贯穿始终的创新创业教育体系，在课程体系中科学设置创新创业必修课、选修课以及实践环节，纳入学分管理。各高校要建立创新创业学分积累与转换制度，把第二课堂创新创业教育实践活动整合纳入人才培养体系，构建两大课堂创新创业教育实践成果的共享和转化机制，实现两大课堂互动互融，形成完善的创新创业教育体系。

（四）加强调研论证。各高校要广泛深入开展调查研究，准确把握专业发展前沿动态和同行业、同类别高校的建设状况，充分学习借鉴国内外高水平大学的人才培养和教育教学经验；要深入行业企业一线，积极开展毕业生就业状况跟踪调查和用人单位满意度调查，全面了解社会对专业人才的岗位需求和知识能力结构需求；要认真听取任课教师和学生对人才培养方案的意见和建议。要以多种形式，邀请教师和学生代表及相关行业企业专家学者，对新修订的人才培养方案进行科学论证，切实在新版人才培养方案中解决专业人才培养过程中存在的突出问题。

（五）提高方案编制工作的参与度。在编制人才培养方案工作中，各高校要统筹协调校内各院（系）及教务、学生、人事、实验与设备管理、团委等相关职能部门的力量，充分调动广大教师尤其是学科带头人、专业负责人及核心课程主讲教师的积极性和主动性，广泛吸纳校外专家学者、毕业生、用人单位深度参与。

（六）加强规范管理。人才培养方案修订工作以教育部《普通高等学校本科专业目录和专业介绍（2012 年）》为基本依据。各专业人才培养方案要符合专业教学质量国家标准和专业评估要求，对已出台专业认证标准的专业，要参考借鉴认证标准中的相关要求；要强化过程管理，不得随意变更或调整，确保严格执行到位。

各高校应于 2017 年 8 月底前完成人才培养方案修订工作，报教育厅高教处备案。我厅将适时对各高校专业人才培养方案进行评议。各高校应根据经济社会发展和行业企业对技术人才知识结构更新的需求，适时对人才培养方案进行调整；各专业人才培养方案应全面公开，接受社会监督。

附件：本科专业人才培养方案主要内容要求

山东省教育厅

2016 年 11 月 29 日

附件：

本科专业人才培养方案主要内容要求

各本科专业人才培养方案应包括以下主要内容：

一、培养目标

应包含培养的人才类型和服务面向等。

二、培养要求

（一）包括总体表述该专业需要学习的基本知识和理论基础，需要具备的专业实践工作方法与技能，以及需要掌握的专业基本技能；分项表述毕业生应获得的具体知识和能力。

（二）开设课程与培养要求的对应关系矩阵。

三、课程设置

（一）主干学科。

（二）核心课程及主要实践性教学环节。

（三）各环节学时学分比例。

四、修读要求

（一）修业年限与授予学位。

（二）毕业标准与要求。

五、指导性教学计划进程安排

六、课程介绍及修读指导建议

注：以上内容仅为基本要求，各学校可结合本校实际，自主确定各专业人才培养方案框架格式，并调整或增加其他内容。

（九）关于举办“建行杯”第三届山东省“互联网 +”大学生创新创业大赛暨第三届中国“互联网 +”大学生创新创业大赛山东省选拔赛的通知

鲁教高字〔2017〕9 号

各高等学校：

为深化创新创业教育改革，培养学生的创新创业意识和能力，根据教育部《关于举办中国第三届“互联网 +”大学生创新创业大赛的通知》（教高函〔2017〕4 号）要求，决定近期举办第三届山东省“互联网 +”大学生创新创业大赛暨第三届中国“互联网 +”大学生创新创业大赛山东省选拔赛（以下简称大赛）。现将有关事项通知如下。

一、赛事组织

本届大赛以“搏击‘互联网 +’新时代 壮大创新创业生力军”为主题，由山东省教育厅、山东省财政厅主办，中国建设银行股份有限公司山东省分行协办。参赛项目分为创意组、初创组、成长组和就业型创业组四个组别。大赛采用校级初赛、片区海选赛、省级决赛三级赛制。参加校级初赛的团队通过全国大赛报名系统进行报名，7 月 5 日前结束，7 月 10 日前完成省赛项目推荐；片区海选赛设济南、青岛两个片区，两个片区分别按一定比例推荐参加决赛项目；省级决赛 7 月中旬至 8 月初进行，决赛分复活赛、金银铜奖决赛、冠亚季军决赛三轮。大赛设金、银、铜三个奖励级别，同时设最佳创意奖、最具商业价值奖、最佳带动就业奖、最具人气奖、省赛高校优秀组织奖、优秀指导教师团队奖等奖项（具体赛事组织见附件 1）。

二、工作要求

（一）加强组织领导。高校应成立由校领导牵头，教务、学生、就业、团委等部门组成的办赛机构，负责校赛组织和省赛项目遴选推荐。要加大宣传力度，扩大参与面，原则上各校参赛学生数应不低于本校在校生人数的 2%，同时组织开展以“互联网 +”为主题的学术讲座、论坛、沙龙等活动，营造浓厚创新创业教育氛围。

（二）强化服务保障。高校要组建指导教师团队，为大学生组建创新创业团队提供政策法规咨询、赛事动态信息、项目对接、知识产权交易及保护等方面的帮助和服务。要邀请行业企业、风投创投机构、创业园区或创业孵化基地等专家参与项目评审，提供针对性指导，争取多方支持，为创业团队提供必要的经费等保障。对参赛团队和学生给予奖励，在创新创业学分认定、评奖评优等方面赋予一定权重；对成绩优秀的参赛团队指导教师给予奖励，在工作量认定、个人晋升等方面赋予一定权重。

（三）促进成果转化。高校要根据《促进高等学校科技成果转移转化行动计划》相关要求，建立完善促进赛事成果转移转化的制度机制。本届大赛鼓励师生共创，允许参赛项目将拥有科研成果的教师股权与学生股权合并计算。高校要鼓励和支持高校教师带领学生开展赛事科技成果转化，努力让参赛项目产生应用价值和市场价值，推动项目孵化落地、投产入市。

附件：第三届山东省“互联网 +”大学生创新创业大赛活动方案

山东省教育厅

山东省财政厅

2017 年 6 月 8 日

附件：

第三届山东省“互联网 +”大学生创新创业大赛活动方案

一、大赛主题

搏击“互联网 +”新时代 壮大创新创业生力军。

二、组织机构

本次大赛由山东省教育厅、山东省财政厅主办，中国建设银行股份有限公司山东省分行协办。

大赛设组织委员会（简称大赛组委会）。大赛组委会负责竞赛方案的制定、大赛的组织实施、专家委员会的评审指导和监督。省委高校工委书记、省教育厅厅长左敏为组委会主任，省教育厅副厅长郭建磊、省财政厅副厅长陈祥志、中国建设银行股份有限公司山东省分行副行长朱治昌为副主任，相关单位主要负责人为成员。

大赛设专家委员会。专家委员会由行业企业、创投风投机构、大学科技园、高校和科研院所专家组成，负责参赛项目的评审、大学生创新创业指导和全国总决赛候选项目培训等。

三、参赛项目要求

参赛项目须能够将移动互联网、云计算、大数据、人工智能、物联网等新一代信息技术与经济社会领域紧密结合，培育基于互联网新时代的新产品、新服务、新业态、新模式；发挥互联网在促进产业升级以及信息化和工业化深度融合中的作用，促进制造业、农业、能源、环保等产业转型升级；发挥互联网在社会服务中的作用，创新网络化服务模式，促进互联网与教育、医疗、交通、金融、消费生活等深度融合。

参赛项目主要包括以下类型：

1.“互联网 +”现代农业，包括农、林、牧、渔等；

2.“互联网 +”制造业，包括智能硬件、先进制造、工业自动化、生物医药、节能环保、新材料、军工等；

3.“互联网 +”信息技术服务，包括工具软件、社交网络、媒体门户、企业服务等；

4.“互联网 +”文化创意服务，包括广播影视、设计服务、文化艺术、旅游休闲、艺术品交易、广告会展、动漫娱乐、体育竞技等；

5.“互联网 +”商务服务，包括电子商务、消费生活、金融、财经法务、房产家居、高效物流等；

6.“互联网 +”公共服务，包括教育培训、医疗健康、交通、人力资源服务等；

7.“互联网 +”公益创业，以社会价值为导向的非营利性创业。

参赛项目须真实、健康、合法，无任何不良信息，项目立意应弘扬正能量，践行社会主义核心价值观。参赛项目不得侵犯他人知识产权；所涉及发明创造、专利技术、资源等须有清晰合法的知识产权或物权。对抄袭、盗用、提供虚假材料或违反相关法律法规的，一经发现即丧失参赛相关权利并自负一切法律责任。

参赛项目涉及他人知识产权的，报名时需提交完整的具有法律效力的所有人书面授权许可书、专利证书等；已完成工商登记注册的创业项目，报名时需提交单位概况、法定代表人情况、股权结构、组织机构代码复印件等相关证明材料。

四、参赛对象

根据参赛项目所处的创业阶段、已获投资情况和项目特点，大赛分为创意组、初创组、成长组和就业型创业组。具体参赛条件如下：

（一）创意组。参赛项目具有较好的创意和较为成型的产品原型或服务模式，在 2017 年 5 月 31 日前尚未完成工商登记注册。参赛申报人须为团队负责人，须为普通高等学校在校生（可为本专科生、研究生，不含在职生）。

（二）初创组。参赛项目工商登记注册未满 3 年（2014 年 3 月 1 日后注册），且获机构或个人股权投资不超过 1 轮次。参赛申报人须为初创企业法人代表，须为普通高等学校在校生（可为本专科生、研究生，不含在职生），或毕业 5 年以内的毕业生（2012 之后毕业的本专科生、研究生，不含在职生）。企业法人在大赛通知发布之日后进行变更的不予认可。

（三）成长组。参赛项目工商登记注册 3 年以上（2014 年 3 月 1 日前注册）；或工商登记注册未满 3 年（2014 年 3 月 1 日后注册），且获机构或个人股权投资 2 轮次以上（含 2 轮次）。参赛申报人须为企业法人代表，须为普通高等学校在校生（可为本专科生、研究生，不含在职生），或毕业 5 年以内的毕业生（2012 年之后毕业的本专科生、研究生，不含在职生）。企业法人在大赛通知发布之日后进行变更的不予认可。

（四）就业型创业组。参赛项目有效提升大学生就业数量与就业质量，主要面向高职高专院校的创新创业项目（高职高专院校也可申报其他符合条件的组别），其他高校也可申报本组。若参赛项目在 2017 年 5 月 31 日前尚未完成工商登记注册，参赛申报人须为团队负责人，须为普通高等学校在校生（可为本专科生、研究生，不含在职生）。若参赛项目在 2017 年 5 月 31 日前已完成工商登记注册，参赛申报人须为企业法人代表，须为普通高等学校在校生（可为本专科生、研究生，不含在职生），或毕业 5 年以内的毕业生（2012 年之后毕业的本专科生、研究生，不含在职生）。企业法人在大赛通知发布之日后进行变更的不予认可。

初创组、成长组和就业型创业组中已完成工商登记注册参赛项目的股权结构中，参赛成员合计不得少于 1/3。对于高校科技成果转化的项目，允许将拥有科研成果的教师的股权合并计算，合并计算的股权不得少于 50%（其中参赛成员合计不得少于 15%）。

以团队为单位报名参赛。允许跨校组建团队。每个团队的参赛成员不少于 3 人，须为项目实际成员。参赛团队所报参赛创业项目，须为本团队策划或经营的项目，不可借用他人项目参赛。已获往届中国“互联网+”大学生创新创业大赛全国总决赛金奖和银奖的项目，不再报名参赛。已获往届山东省“互联网+”大学生创新创业大赛金奖的项目，可以报名参赛，但不重复授予金奖。

五、比赛赛制

大赛采用校级初赛、片区海选赛、省级决赛三级赛制。校级初赛由各高校负责组织，按照大赛组委会确定的配额择优遴选推荐项目进入片区海选赛。

六、赛程安排

（一）参赛报名（各高校校级初赛前）。所有参赛团队均需通过全国大赛报名系统进行报名。参赛团队可通过登录“全国大学生创业服务网”报名或关注微信公众号（中国“互联网+”大学生创新创业大赛）/微信订阅号（中国“互联网+”大学生创新创业大赛）进行注册、申请报名。报名时间截止到各高校校级初赛前。

（二）校级初赛（2017年7月5日前）。校级初赛的比赛时间、比赛流程、遴选方式等由各高校自行确定。学校推荐参加省赛的项目名额，将以各高校7月5日24时前在“全国大学生创业服务网”正式报名参赛的团队总数为基础，并参照上届大赛获奖情况进行分配，各高校具体推荐限额将于7月8日正式通知。各高校务必于7月10日前在“全国大学生创业服务网”上完成省赛项目推荐工作。

（三）片区海选赛。设济南和青岛两个海选片区，每个海选片区按一定比例推荐参加决赛项目。

海选方式：专家组审阅项目计划书、项目演示文档、一分钟展示视频及其他佐证材料，对项目团队成员现场答辩10分钟。根据专家评价结果，将参赛项目分为A、B、C、D四类，其中A类项目（50项）直接进入金奖银奖决赛，B类项目（60项）进入决赛复活赛，C类项目（110项）直接确定为铜奖，D类项目淘汰。

（四）省级决赛（2017年8月2日前）。省级决赛分复活赛、金银铜奖决赛、冠亚季军决赛三轮进行。

第一轮：复活赛

对60项B类项目进行复活赛。专家组审阅项目计划书、项目演示文档、一分钟展示视频及其他佐证材料，对项目团队成员现场答辩10分钟，遴选出30个项目进入金奖银奖决赛。

第二轮：金奖银奖决赛

评审专家组根据参赛团队的现场展示（15分钟）和回答评委提问（5分钟）情况，将进入金奖银奖决赛的80个项目分别确定为金奖和银奖，其中金奖30项，银奖50项。

第三轮：冠亚季军决赛

获得金奖的项目团队通过与投资人面谈、现场创业项目展示（5分钟）及答辩（5分钟）、项目互换互评（20分钟）三个环节的竞赛，争夺冠亚季军。

大赛组委会根据教育部分配我省的名额推荐优秀项目进入全国总决赛，并根据项目实际情况，请大赛专家委员会对入选项目进行专项指导与培训。

七、奖励设置

省级大赛设金、银、铜三个奖励等级，获奖项目均颁发获奖证书，金奖项目每项奖励 5 万元。

设最佳创意奖、最具商业价值奖、最佳带动就业奖、最具人气奖各 1 个，颁发奖牌。

设省赛高校优秀组织奖 10 个，按照学校竞赛组织情况和获奖情况综合认定，颁发奖牌和奖金，每项奖励 5 万元。

设优秀指导教师团队奖，对获得省赛金奖的项目指导教师团队颁发获奖证书。

对参加全国总决赛成绩优异的项目进行额外奖励，其中全国金奖每项奖励 10 万元，全国银奖每项奖励 5 万元。

八、省赛材料报送及相关要求

（一）项目计划书。内容主要包括产品 / 服务介绍、市场分析及定位、商业模式、营销策略、财务分析、风险控制、团队介绍及其他说明。创意组根据团队创意设计撰写项目计划书，初创组、成长组根据公司实际经营情况撰写创业项目计划书。初创组、成长组和就业型创业组中完成工商登记注册的参赛团队还需将组织结构代码证、营业执照复印件、法定代表人情况、股权结构及其他佐证材料（专利、著作、政府批文、鉴定材料等）附在项目计划书中。项目计划书以“项目组别 + 项目名称 + 学校名称 .pdf”格式命名（例如，创意组 + 智能快递 + 山东大学 .pdf），大小不超过 20MB。

（二）项目演示文档。专家评审和项目团队答辩时需 PPT 格式的演示文档，以“项目组别 + 项目名称 + 学校名称 .ppt”格式命名。

（三）展示视频。申报项目需提供一分钟展示视频。展示视频要求画面清晰流畅，声音清楚，大小不超过 50MB。生成视频时，建议视频编码为 H.264，音频编码为 AAC，分辨率为 800 × 600，以“项目组别 + 项目名称 + 学校名称 .mp4”格式命名。

推荐进入省赛的项目需将以上材料报送到大赛专用邮箱 sdhlwds@163.com，所有文件压缩生成一个文件，以学校名称命名。各高校务必于 7 月 5 号 24 时前完成项目审核工作，之后将进入省赛环节，不再受理材料报送。

省赛报名阶段，在“全国大学生创业服务网”进行项目报名操作时只能上传项目计划书。经推荐进入国赛的项目，需上传项目演示文档和展示视频。

九、其他事项

（一）请各高校确定 1~2 名工作人员作为大赛联系人，同时作为“互联网 +”大学生创新创业大赛网络申报平台管理员，填报《第三届山东省“互联网 +”大学生创新创业大赛联系人登记表》（见附件 2），于 6 月 15 日前发送到第三届山东省“互联网 +”大学生创新创业大赛专用邮箱 sdhlwds@163.com，已填报登记表的不需重复报送。

（二）大赛有关通知、赛事信息等将通过“山东省教育厅创新创业大赛”微信公众号进行推送，请各高校及相关参赛人员及时关注大赛微信公众号。

为方便大赛沟通交流和信息发布，请各高校大赛联系人加入“第三届山东互联网大赛”QQ 工作群，群号为：625213727。

大赛联系人及联系方式：大赛由山东省学生就业创业教育咨询中心具体组织承办，联系人：李浩、马跃，0531–81916708、0531–81676814；通讯地址：济南市青年东路 1 号，邮编：250011。

四、学校层次

（一）北京大学本科生“研究课程”相关管理规定（试行）

一、对“基金”资助选修“研究课程”本科生的管理规定

学校鼓励学有余力的本科生参加科学研究活动，由校方组织资助本科生开展科学研究的“基金”目前共有五项：（1）1998 年李政道先生及其亲属设立的“箬政中国大学生见习进修基金”（简称“箬政基金”）；（2）2002 年北京大学设立的“北京大学资助本科生科研的校长基金”（简称“校长基金”）；（3）2006 年 7 月李蕴玉女士设立的“北京大学毛玉刚科学研究基金”（简称“毛玉刚基金”）；（4）2012 年 4 月钟赐贤夫妇设立的“钟夏校际科研资助基金”；（5）2015 年 6 月北京大学基金会设立的“华宝学生科研协同创新发展基金”（简称“华宝基金”）。此外，还有教育部组织的“国家级大学生创新创业训练计划”中的创新训练项目，以及北京市教委组织的“北京市大学生创新计划”。

为了更好地培养本科生的创造能力，为优秀人才的脱颖而出创造条件，同时保证以上各项 “基金”的有效实施并规范对其管理，经教务部研究决定在我校本科课程中增加“教师指导下的独立研究”（supervised independent study）课程和“教师指导下的小组研究”（directed group study）课程（以下均简称“研究课程”），将参加以上各项“基金”资助项目的学生确定为选修“研究课程”。

根据以上各项“基金”设立的宗旨和要求并参考我校具体情况，特制定“研究课程”的管理规定如下：

1. 申请人的基本条件

大二本科生，必修课（限选课）无不及格，GPA ≥ 3.3（或院系 GPA 排名在前 30%）。资助项目不可以重复申请。

2. 申请的基本程序

学校于每年春季学期开学后开始“基金”资助项目（即本科生“研究课程”）的遴选工作。首先由学生向指导教师所在院系提出申请。院系对学生申请项目审核汇总后统一报送学校教务部，学校教务部审核备案后公布选修“研究课程”的学生名单。学校将按各“基金”管理办法的规定给以经费支持。在研究过程中，少数学生发现自己兴趣转移需要改变研究计划时，应于选课当年秋季学期开学后第 3 周（即 9 月底）前将经导师签署意见后的退出 / 变更研究题目的申请送交导师所在院系批准并备案，院系在中期审核时将变更退出情况一并报送教务部。

3. 课程的分类

“研究课程”为“任选”课程。“基金”资助的学生为 1 人时，“研究课程”登录为“教师指导下的独立研究”；“基金”资助的学生为 2~3 人（不得超过 3 人）时，“研究课程”登录为“教师指导下的小组研究”，小组成员要有明确分工。

4. 课程的基本要求

为了保证研究计划的完成，选修“研究课程”的学生要有较充裕的时间投入，修读“研究课程”的时间为大三及其前后两个暑假，对研究课题投入时间约为 600~800 小时，并实事求是地统计投入研究计划的时间。选修“研究课程”的学生要在两个暑假留校，在导师的指导下参加科研工作，时间初步安排如下：

两个暑假 ＋ 两个学期，即 2×8 小时 / 天 ×30 天＋ 2×10 小时 / 周 ×15 周＝ 780 小时

5. 中期检查

（1）选修“研究课程”的学生要听从导师的安排和指导，合理地安排好课程学习和本“研究课程”的研究工作，处理好时间、精力的关系。如果学生在选修“研究课程”期间受到学术警告或考试课程出现不及格，学校将取消其“基金”资助项目。

（2）选修“研究课程”的第二年 3—4 月，学校将对“基金”资助选修“研究课程”的同学进行中期检查。少数因特殊原因无法进行“研究课程”研究内容的学生，在中期检查期结束前可以申请退出“研究课程”；中期检查不合格者，学校将取消其“基金”资助项目，对于上述情况，学校将酌情收回已资助的经费。

6. 结题要求

（1）选修“研究课程”的第二年 9 月底，受“基金”资助选修“研究课程”的学生要向学校教务部提交结题材料。结题材料包括结题论文（或结题报告）、指导教师对学生结题论文（或结题报告）和科研工作的评价。

（2）未通过“基金”结题验收工作的学生，其“研究课程”的成绩将登录为“0”分。

7. 学分 / 成绩的认定

（1）“研究课程”学分初步认定为 4 学分。如果院系认为学生“研究课程”的内容达不到 4 学分，可以认定为 3 学分或 2 学分。

（2）修读“研究课程”期间（或毕业前），学生以第一作者发表科研论文，院系可以适当提高“研究课程”成绩。在被院系认可的有影响的核心期刊上发表高质量的论文，建议可给予 90~100 分成绩，奖励 1~2 学分（“研究课程”最高为 6 学分）。

（3）“研究课程”论文的内容及学分，不能与学年论文 / 毕业论文（设计）的内容、学分重复使用。

8. 奖励

（1）“箬政基金”论文答辩通过者，可获得由李政道教授签发的“箬政学者”

荣誉证书及两个暑假的生活补助费（每个项目补助 1000 元）。

（2）评选“校长基金”优秀论文，每年不多于 30 项，每项奖金 1000 元。

（3）评选“毛玉刚基金”优秀论文 4 项，每项奖金 1000 元。

（4）评选“华宝基金”优秀论文 4~5 项，每项奖金 1000 元。

（5）评选“钟夏校际科研资助基金”优秀论文不超过 4 项，每项奖金 1000 元。

9. 学生在“基金”资助下公开发表的学术论文，需注明“× × 基金资助项目……”字样

二、对未受“基金”资助拟申请获得“研究课程”学分的本科生的管理规定

为了鼓励更多学有余力的学生参与学术研究、社会实践及相关学术竞赛，培养学生的创新能力和实践能力，教务部对未受“基金”资助（即未选修“研究课程”）而参加科研活动并拟申请“研究课程”学分的本科生做如下规定：

1. 申请的时间

每年秋季学期开学后至 10 月底结束。

2. 申请者的基本条件

未受“基金”资助（即未选修“研究课程”）的大四本科生，且已进行科研活动（即进入科研实验室工作或从事学术研究）一年以上（含一年），对研究课题投入的时间不低于 600 小时，经过指导教师推荐，符合以下条件之一者，可以向指导教师所在院系申请“研究课程”的学分。

（1）有突出的研究成绩，如在院系认可的有影响的核心期刊上公开发表论文。

（2）在“挑战杯”大学生课外学术科技作品竞赛中获得北京市二等奖及以上奖励。

（3）经过院系组织的专家组对申请者资格和科研水平的认定，认为该生所提交的研究论文不低于同年级受“基金”资助选修“研究课程”本科生所提交论文的水平。

3. 申请者的学分 / 成绩认定

（1）学生应向指导教师所在院系提交申请材料并提交学校教务部备案，申请材料包括科研论文及导师推荐信（含导师对学生论文的评价）。

（2）各院系申请“研究课程”学分的学生与选修“研究课程”的学生一同进行“研究课程”学分 / 成绩认定。“研究课程”的成绩由指导教师所在院系的教务办公室登录。

（3）申请“研究课程”学分所提交论文的内容及所申请学分，不能与学年论文 / 毕业论文（设计）的内容、学分重复使用。

本规定解释权在教务部。

（二）清华大学国家大学生创新创业训练计划管理办法

一、项目申报

（一）项目简介

“国家级大学生创新创业训练计划”（以下简称“国创”）项目面向本科生申报，旨在鼓励本科生个人或团队在导师的指导下，自主完成创新训练、创业训练和创业实践过程。

“国创”包括创新训练、创业训练及创业实践三类项目。立项项目将获得教育部的经费支持。原则上创新训练、创业训练理工类项目每项资助 1 万元左右，文科、艺术、经管类项目每项资助 0.5 万元左右。创业实践项目每项 3 万元左右。项目由学生自主立项，学生自行寻找相关院系教师担任指导教师。鼓励跨院系、跨学科学生组成团队。

校内外各项创新创业大赛（“挑战杯”“校长杯”创新挑战赛、中美青年创客大赛、“互联网 +”大学生创新创业大赛等）的入围队伍优先资助。

（二）学生申报条件

1. 在校非毕业班本科生；

2. 每个立项年度（当年 6 月到次年 6 月），每位学生只能作为“立项人”承担 1 个项目，参加不多于 2 个项目（含立项人），最多只能获得 3 学分；

3. 创新训练项目的学生可个人或团队参与立项，团队成员数量不多于 5 人；

4. 创业训练或创业实践项目面向团队申报，团队成员数量可多于 5 人，少于 8 人；

5. 截至申报日，上一年度立项但未结题的“国创”及“北创”计划项目参与学生不得申报。

（三）项目来源

1. 学生自主立项；

2. SRT 延伸项目；

3. 科技竞赛；

4. 课程实验的研究课题、大作业的延伸课题、企业给出的研究课题；

5. “星火班”的研究训练项目、“启创班”的创业训练项目；

6. 其他（“挑战杯”“校长杯”创新挑战赛、中美青年创客大赛、“互联网 +”大学生创新创业大赛）等。

（四）申报流程

1. 创新训练项目由各院系组织申报。

4 月 20 日前，申请学生填写清华大学“国创”及“北创”创新训练项目申报书和项目信息表（请见附件 1 和附件 2），将申报书和项目信息表电子版、申报书纸版提交至指导教师所在院系教学办公室。

4 月 24 日前，院系初审遴选并汇总项目信息（请见附件 2），将学生申报书［电子版 + 纸质版（院系签字盖章）］、项目信息汇总表（电子版）报教务处实践教学科。

2. 创业训练及创业实践项目由校团委创业中心、清华 iCenter 和清华 x-lab 分别组织相关创业团队申报。

4 月 20 日前，申请学生填写清华大学“国创”及“北创”创业训练项目申报书和项目信息表（请见附件 3 和附件 2），将申报书和项目信息表电子版、申报书纸版提交至上述 3 个申报组织单位的联系地址。

4 月 24 日前，3 个申报组织单位遴选并汇总项目信息（请见附件 2），并对创新实践类项目给出前 3 名排序，将学生申报书［电子版 + 纸质版（单位签字盖章）］、项目信息汇总表（电子版）报教务处实践教学科。

3. 教务处组织最终评审，通过评审的项目分别上报教育部和北京市教委，同时在 info 信息教务公告上公布立项名单。

（五）其他要求

在开展过程中，要求学生能做到“以我为主”，充分发挥学习的主动性和积极性，在创新创业训练中勇于承担工作重担，锻炼实践才干，培养创新、创业意识和能力。

每个项目结题时，必须提交完整的书面结题报告，同时提交一定形式的成果，如调查报告、仪器装置、开发的软件或系统、研究论文、研制报告等，最好能附有应用前景评价。

每位参与并完成项目的学生可获得 3 学分，一年度不超过 3 学分。

参与学生不得无故中途退出。若因故退出，需经指导教师、院系和学校批准并提交工作总结及个人体会等，方可办理退出手续。

二、项目结题

项目结题采用答辩形式，由各院系及“三创”平台组织开展申报项目的结题答辩。各评议组根据项目的结题报告及项目组成员的答辩情况，给出“国家级大学生创新创业训练计划”课程成绩及评审意见，并向学校分别推荐 1~2 项优秀项目（推优），作为我校参加“全国大学生创新创业年会”等活动的备选项目。

（三）复旦大学“国家大学生创新性实验计划”管理办法（试行）

根据“高等学校教学质量与教学改革工程”的总体安排，2006年起教育部在我校开展“国家大学生创新性实验计划”（以下简称“计划”）试点工作，旨在进一步推动教学改革，开展以学生为主的创新性研究，使学生在本科阶段得到科学研究的训练，提高大学生的创新能力。为此，我校制定本管理办法。

一、宗旨

充分发挥我校研究性大学的师资力量强、学术气氛浓的优势，依托各教学和科研实验室，进一步拓展本科生学术研究资助平台，为本科生创造更多进入实验室，体验学术研究的机会，从而加快创新人才的培养。

二、组织机构

学校成立“复旦大学大学生学术研究管理委员会”，主管校长作为负责人，由教务处、资产管理处、财务处、对外联络处、外事处、团委、学工部的负责人、部分院系的教学院长、系主任组成。该机构的主要职能是为“计划”提出切实可行的管理原则办法和配套政策。教务处作为该组织协调机构秘书处，负责处理日常事务。

学校成立专家委员会，由学校各个学科领域学术造诣较高且热心指导本科生参与学术研究的专家教授组成，在学生参加研究过程中提供指导意见，并对项目的入选、中期、结题等进行审核。

三、项目要求

1. 项目研究范围不限，但必须有创新思想，研究过程符合学术规范，并能在一年内完成（特殊项目可申请延长）；

2. 项目可以由学生或教师提出，但必须由学生相对独立完成；

3. 每个项目可有1~4位学生参加；

4. 每个项目必须有一位指导教师；

5. 鼓励交叉学科的项目。

四、指导教师要求

1. 指导教师应具有副高级以上职称或博士学位，并能保证对学生进行科研指导的时间；

2. 为保证指导质量，一位教师一次只能指导一个项目。

五、申请者要求

1. 应为本校本科一、二、三年级学生，非四年制的本科学生，申请资格截至四年级时。

2. 一位学生一次只能参加一个项目，参加其他任何学术资助项目而未结题者不能申请参加。

六、项目申报与评审

1. 符合上述要求的学生按规定向教务处提交书面申请报告。

2. 教务处组织相关专家对申请报告进行匿名评审，最后根据评审专家意见，确定入选项目。

七、项目中期考核

1. 学校对项目进展进行跟踪管理，实施中期考核。中期考核实行口头答辩形式。

2. 当学生完成文献综述，明确了课题进展的思路，并已取得初步成果时，可以申请参加中期答辩。

3. 中期考核通过后，学校方下发下一步研究经费。中期考核不合格者，须重新参加中期答辩，否则不予以结题。

八、项目结题

1. 每个项目原则上应在一年内（含寒暑假）完成。项目通过中期考核后，可申请结题。

2. 结题时须提交项目结题报告（形式可为报告、论文或专利）、经费使用记录、结题感言，以及实验数据等相关结题材料。

3. 教务处组织相关领域专家对结题报告进行评审。

九、项目变更

1. 项目运行过程中出现项目参与人员变动或研究方向调整，必须向教务处提交相关说明，教务处组织专家审核同意后，方可开展下一步研究。

2. 入选项目如不能在一年内按期结题，可向教务处提交延期申请，经批准后可继续开展研究，并在申请延期时间内按期结题。否则视为项目中止。每个项目研究周期最长为二年。

十、项目经费

1. 学校给予每个入选项目不低于1:1的配套经费支持，经费由学校教务处代管。

2. 项目经费专款专用，项目负责人按照预算使用经费。在使用每笔经费前，须经指导教师的审核批准。

3. 项目经费主要用于实验仪器的使用、实验消耗品的购置等实验室的相关开支、图书资料、相关调研，以及参加学术会议等开支。经费使用按批准申请书中的预算和学校财务管理规定执行。

（四）同济大学“国家大学生创新性实验计划”项目经费使用管理办法

（二〇〇七年三月三十日经主管校长批准）

第一条 学校对所有立项项目提供1:1经费配套。项目在研究过程中，一些体现明显创新性，而且值得进一步支持的项目，学校将从筹集经费中给予进一步资助。

第二条 创新性实验计划基金可以接受社会的资助，包括企业、投资机构、社会团体及个人的捐助。各种来源的基金均由创新性实验计划基金管理小组统一管理。

第三条 项目立项后，项目负责人、负责人所在学院和学校教务处三方签订项目责任书。

第四条 学校根据《同济大学国家大学生创新性实验计划基金章程》和项目责任书的要求下达项目经费。项目经费直接下达给学生本人，但需按本管理办法规定使用。

第五条 资助经费一次核定，分三次拨付。立项后拨付经费总额的40%，中期检查合格后拨付经费总额的40%，项目研究任务完成并提交后拨付剩余的20%。

第六条 学校将对项目经费使用实行经常性的监督管理，保证经费使用科学、合理、规范。

第七条 学校明确规定指导教师不得使用学生项目研究经费。

第八条 在发放阶段经费时，学生必须提交课题研究进展情况及前期课题研究报告，并对上一阶段的经费办理结账、清账手续。

第九条 基金管理小组将组织对资助项目进行中期检查，并公布检查情况。如发现不具备继续进行研究资格的，将取消项目后续基金支持，如发现资金使用不当，视情节轻重做出处理。

第十条 项目完不成计划或出现无法继续进行的情况，如研究项目计划与方案有重大修改、执行过程中有重大的人员变动等，应写出书面申请，说明理由，报教务处核准后方可做出调整或终止项目的决定。无正当理由且未经批准擅自终止项目者，将视具体情节做出处理。

第十一条 经费使用范围。经费使用需经指导教师同意，报销时需经指导教师签字。使用范围大致如下：

1. 完成项目所需要的资料费、书籍费。

2. 大型仪器设备使用费。

3. 校、院实验室短缺的原材料、耗材购置费（按学校规定须作固定资产的，使用完毕后归还项目学生负责人所在学院保管）。

4. 经指导教师和学院审核，确须外出调研的差旅费。

5. 项目完成时，使用本经费所购而未用尽的原材料、耗材，一般应交回学校，或交学生所在院（系）的实验室、资料室。

第十二条　成果鉴定

1. 学生完成科研课题后，必须及时向教务处提交科研成果原件、复印件及专家鉴定意见，同时办理最后结账手续。

2. 成果鉴定由学科平台统一组织，按学校相关规定执行。

3. 凡使用本基金资助的学生，无论是否取得预期成果，均由各院系实事求是地记入学生学习档案。

第十三条　奖惩办法

1. 按照《同济大学免试直升研究生与创新科研活动挂钩的实施办法》，对参加创新性实验计划学生在同等条件下给予优先考虑。

2. 实行创新学分制。按照《同济大学关于对本科生开展创新实践活动成果认定学分的暂行办法》，对取得明显创新性成果的学生给予学分认定。

3. 学校将创造机会和条件展示大学生创新性实验计划中所获得的研究成果，对于具有明显创新的成果推广，学校将给予政策扶持和经费支持，并推荐作为上海市各类大学毕业生创业科技资助计划。

4. 如提供假成果（抄袭、剽窃他人成果等），或成果与原课题严重不符，或逾期不能完成创新性实验计划任务，或使用经费中弄虚作假甚至严重违反本经费使用规定的，则视情节追回全部或部分资助经费，直至给予纪律处分。

5. 各院系应加强对此项工作的管理和对学生创新性实验的指导，凡管理不善或指导不力的院系，学校将减少以至停止对该院系学生的创新性实验计划基金资助。

第十四条　知识产权管理

由同济大学国家大学生创新性实验计划基金资助的学生科研项目所取得的项目知识产权归同济大学，项目成果转让按国家及有关部门的法令、条例和学校有关规定办理。

第十五条　本规定解释权归教务处所有。

（五）南京大学大学生创新创业训练计划管理办法

南字发〔2012〕149 号

为深入贯彻落实《教育部　财政部关于“十二五”期间实施“高等学校本科教学质量与教学改革工程”的意见》（教高〔2011〕6 号）精神，激发学生学习、研究和实践的主动性、积极性和创造性，增强学生的创新能力和实践能力，为培养一批创新创业人才提供实践平台，确保南京大学大学生创新创业训练计划项目有效地顺利开展，特制定本管理办法。

一、计划目标和原则

1. 通过实施大学生创新创业训练计划，促进教育思想观念转变，改革人才培养模式，强化创新创业能力训练，增强大学生的创新能力和在创新基础上的创业能力，培养适应创新型国家建设需要的高水平创新人才。

2. 大学生创新创业训练计划的实施注重“研究过程”而非“研究成果”，计划旨在通过组织本科生参加“创新创业训练计划”，使其体验和了解科学研究整体过程或创业历程，感知“作为科研工作者的顶峰体验”或“作为企业创办者的成功体验”，从而激发学生对科学研究或创业的兴趣，实现个性化培养目标。

3. 大学生创新创业训练计划遵循“强调兴趣、突出重点、鼓励创新、注重过程”的原则，按照“公开立项、自由申报、择优资助、规范管理”的程序，重点资助思路新颖、目标明确、具有创新性和探索性、研究方案及技术路线可行、实施条件可靠的项目。

二、计划内容

大学生创新创业训练计划内容包括创新训练项目、创业训练项目和创业实践项目三类。

1. 创新训练项目是本科生个人或团队在导师指导下，自主完成创新性研究项目设计、研究条件准备和项目实施、研究报告撰写、成果（学术）交流等工作。

2. 创业训练项目是本科生团队在导师指导下，团队中每个学生在项目实施过程中扮演一个或多个具体的角色，通过编制商业计划书、开展可行性研究、模拟企业运行，参加企业实践、撰写创业报告等工作。

3. 创业实践项目是学生团队在学校导师和企业导师共同指导下，采用前期创新训练项目（或创新性实验）的成果，提出一项具有市场前景的创新性产品或者服务，以此为基础开展创业实践活动。

三、计划组织领导机构

1. 成立南京大学大学生创新创业训练顾问委员会，聘请中科院院士、资深学者和企事业人士担任创新创业训练的顾问，对大学生创新训练创业计划进行宏观指导。

2. 成立南京大学大学生创新创业训练指导中心。指导中心由分管教学副校长、有关部处和院系负责人组成，组织、领导和协调创新训练项目的开展，并制定有关规章制度。

3. 南京大学大学生创新创业训练指导中心下设管理办公室，由教务处、学生工作处、就业创业指导中心、国有资产管理处、科技处、人力资源处、财务处和团委等单位有关人员组成，其职能是：

（1）负责项目宣传、申报、评审、运行、验收和经费管理等具体的组织管理工作。

（2）建立大学生创新创业训练交流网站，为学生创新研究提供交流研究经验、展示和分享研究成果、共享各类资源的平台。

（3）组织定期和不定期的创新创业研究交流活动，为学生在创新创业研究的过程交流各种信息，结识研究伙伴，组成跨学科创新创业团队提供机会。

4. 成立南京大学大学生创新创业训练专家委员会。由南京大学大学生创新创业训练指导中心聘请相关学科专家和企事业人士组成，负责创新创业训练项目的立项评审、中期检查、结题验收和提出奖励建议。

5. 设立学生创新创业训练指导分中心。各院系成立由教学副院长（副系主任）领导的创新创业训练指导分中心，具体负责聘请由专职和兼职教师、企事业人士组成的导师团队，组织学生项目的选题、申报和开展，组织和安排相关院系有关实验室开放为学生创新课题提供器材、场地和服务，建立相对固定的创新研究基地和就业创业实践基地。

四、项目申报

1. 申请创新创业训练项目的同学必须品学兼优，学有余力，有较强的创新意识和钻研精神，善于独立思考，不怕吃苦，具备从事科学研究或创业研究的基本素质和能力。申请者可以是个人，也可以是创新团队（一般2~4人），但申请创业训练和创业实践项目的同学必须是团队（一般3~6人）。鼓励学科交叉融合，鼓励跨院系、跨专业的同学联合申报。创业实践项目一般从创新训练项目（创新性实验）或创业训练项目中择优推荐开展。

2. 由南京大学大学生创新创业训练指导中心负责计划的宣传和动员工作。

3. 创新创业训练指导分中心对学生的申报课题进行初选，并向专家委员会提交通过名单。

五、项目评审

1. 由专家委员会组织通过初选的学生和团队进行课题申请答辩和评审，对通过评审的项目提出评审意见和改进建议。

2. 学生和团队根据专家委员会的评审意见和改进建议，填写和提交项目计划执行书，并签订合同书。

3. 管理办公室汇总专家委员会的评审意见，确定创新创业训练计划资助项目与资助经费额度。国家级大学生创新创业训练项目每项资助经费 10000~30000 元，校级项目每项资助 3000~8000 元，具体经费根据年度经费总额分配。

六、项目运行

1. 管理办公室会同财务处设立大学生创新创业训练计划项目专门账户，做到专款专用。

2. 管理办公室根据项目计划执行书，下拨 50% 的课题研究经费，学生在导师指导下自主使用研究经费。经费主要用于资助项目的调研差旅费、实验费、材料费、论文版面费等研究费用，不得用于招待费、购置生活用品等与研究内容无关的开支，不得挪作他用。

3. 各创新创业训练指导分中心负责安排实验室和研究场地。管理办公室负责建立研究进展记录机制，通过创新创业训练交流网站，举行定期或不定期的交流活动。

4. 在导师的指导下，学生根据研究计划开展研究和实验，并提交中期研究报告。

5. 专家委员会组织对中期研究报告进行评估，提出改进建议，评估合格的项目下拨后续 50% 研究经费。

6. 学生根据专家委员会的建议，继续研究和实验工作。

7. 在研究工作中，涉及减少、变更研究内容，提前或推迟结题，项目负责人应提出书面报告报管理办公室申请批准。对项目申报、实施过程中弄虚作假、工作无明显进展的学生，管理办公室要及时终止其项目运行。

七、项目验收

1. 项目结束后，学生对课题研究情况进行总结，由学校组织项目验收，并将验收结果报教育部。验收结果中，必需材料为项目的总结报告，补充材料为论文、设计、专利及相关支撑材料。

2. 学校举行结题汇报会，学生进行答辩，专家委员会对总结报告进行评审，并提出建议奖励的项目名单。

3. 创新创业训练指导中心组织成果展示，汇集材料进行上报。

4. 创业实践项目负责人毕业后可根据情况更换负责人，或是在能继续履行项目负责人职责的情况下，以大学生自主创业者的身份继续担任项目负责人。创业实践项目结束时，按照有关法律法规和政策妥善处理各项事务。

八、保障和奖励

1. 学校各种层次的科研和教学实验室、研究中心、实验示范中心等将为本科生的创新创业训练提供良好的学习和工作空间。

2. 学校有关部门积极为学生创新创业训练提供完善的后勤服务保障。

3. 聘请具有良好科研基础并热心培养学生参加创新创业训练工作的专兼职教师、企事业人士组成导师团队，指导学生的研究，并计以一定的教学工作量和报酬。校内指导教师，每指导 1 个项目（最多不超过 2 项）按指导 1 名本科生毕业论文（设计）计算指导教师的教学工作量，项目有多个指导教师的不重复计算。

4. 鼓励学生参加创新创业训练计划项目。对参加国家级大学生创新创业训练表现突出的学生，经学校组织专家评审，在免试保送研究生排名时给予适当加分。

5. 每年评选优秀项目进行表彰，颁发获奖证书。

九、本实施细则自颁布之日起实行，适用于国家级、省级和校级大学生创新创业训练计划。

（六）浙江大学大学生创新创业训练计划项目管理办法

为贯彻落实《教育部关于做好“本科教学工程”国家级大学生创新创业训练计划实施工作的通知》（教高函〔2012〕5号），浙江省教育厅、共青团浙江省委等单位《关于印发〈浙江省大学生科技创新活动计划（新苗人才计划）实施办法（试行）〉的通知》（团浙联〔2010〕13号）精神，充分利用校内外资源，为广大学生提供广阔的创新创业训练平台，进一步推进我校四级大学生创新创业训练计划项目，即国家级大学生创新创业训练计划项目（以下简称“国创”）、浙江省大学生科技创新活动计划（新苗人才计划）项目（以下简称“省创”）、浙江大学大学生科研训练计划项目（student research training program，以下简称“校SRTP”）、浙江大学学院大学生科研训练计划项目（以下简称“院SRTP”），提高学生科研素养和实践创新创业能力，培养适应创新型国家建设需要的高水平创新创业人才，特制定本办法。

第一章 管理机构

第一条 学校成立大学生创新创业训练计划项目和学科竞赛指导委员会（以下简称“校指导委员会”）。校指导委员会由本科生院常务副院长担任主任，由本科生院、计划财务处、实验室与设备管理处、发展规划处、科学技术研究院、社会科学研究院、研究生院、就业指导与服务中心、校团委、国家大学科技园管委会等单位负责人、由各学院（系）分管教学的副院长（主任）和相关专家组成，主要负责各级各类创新创业训练计划项目和学科竞赛有关重要事项的决定，以及政策制定、项目规划、组织协调、验收评估等工作，指导院（系）和有关部门创新创业训练计划项目和学科竞赛工作。

第二条 各学院（系）和有关部门成立大学生创新创业训练计划工作指导小组（以下简称“院指导小组”），负责本单位政策制定、项目规划、项目评审、中期检查、结题验收和总结等工作。

第三条 本科生院教务处、研究生工作部和校团委为项目主管和执行部门，各相关学院（系）本科教育管理部门、研究生教育管理部门负责项目的具体实施。

第二章 项目管理

第四条 国家级大学生创新创业训练计划项目分创新训练项目、创业训练项目和创业实践项目三类。

（一）创新训练项目是本科生个人或团队，在导师指导下，自主完成创新性研究项目设计、研究条件准备和项目实施、研究报告撰写、成果（学术）交流等工作。

（二）创业训练项目是本科生团队，在导师指导下，团队中每个学生在项目实施过程中扮演一个或多个具体的角色，通过编制商业计划书、开展可行性研究、模拟企业运行，参加企业实践、撰写创业报告等工作。

（三）创业实践项目是学生团队，在学校导师和企业导师共同指导下，采用前期创新训练项目（或创新性实验）的成果，提出一项具有市场前景的创新性产品或者服务，以此为基础开展创业实践活动。

第五条 浙江省大学生科技创新活动计划（新苗人才计划）项目分科技创新项目、科技成果推广项目、创新创业孵化项目三类。

（一）大学生科技创新项目面向本科生个人或其团队，旨在培育一批大学生创新创业研究成果。

（二）大学生科技成果推广项目面向本科生、研究生及其团队，旨在培育一批具有一定应用价值和商业潜力的科技成果推广项目。

（三）大学生创新创业孵化项目面向研究生及其团队，旨在搭建大学生创新创业实践的指导、服务、交流平台，为研究生创业提供良好的场地环境、创业指导和培训等相关服务，培育、发现和转化优质的科技经济项目，造就高素质的创新人才。

第六条 浙江大学校级和院级大学生科研训练计划项目均为创新训练项目。“院SRTP”由各学院自行组织与管理。

第七条 项目申报及条件

（一）项目申报人为全日制在校大学生（本科一年级新生除外），项目可采取个人或团队形式申报。创新训练项目每个团队人数一般不超过 3 人，创业训练和创业实践项目每个团队人数一般不超过 6 人。项目负责人 1 人，团队成员应分工明确，团结协作。

（二）项目采用学生自主申报和指导教师推荐申报相结合的方式，可以是同专业学生组合，也可以是跨学科、跨专业、跨年级、跨学院（系）学生组合。

（三）项目申报实行网上申报制。本科生可以申报不同级别的项目，但一学年内只能申报1个项目，不得同时在不同项目之间交叉申报。往年已经获得“省创”或“国创”立项的本科生学生不得再次申报项目。

（四）创新训练和创业训练项目实施年限原则上为 1 年，且必须在项目申报人毕业离校前完成。创业孵化项目期限一般为两年，创业实践项目实施年限依据项目进展情况而定，原则上不少于 2 年。创业实践项目负责人毕业后可根据情况更换负责人，或是在能继续履行项目负责人职责的情况下，以大学生自主创业者的身份继续担任项目负责人。创业实践项目结束时，应按照有关法律法规和政策妥善处理各项事务。

第八条 项目审批

（一）学生申报的项目，学院（系）和有关部门进行初审。

1. “国创”“省创”“校 SRTP”限额申报，名额根据项目主管部门下达经费和学校配套经费确定。

2. 每个项目均应有指导教师，指导教师为学校教师及企事业专家，团队指导教师由 1~3 人组成，须由具有副高级以上职称教师领衔，企事业指导教师由学校统一聘任。

3. 学院（系）和有关部门组织专家对本单位大学生创新创业训练计划项目进行初审。

（二）学院（系）和有关部门上报，校指导委员会审定。

申报人须提交项目申报书及相关辅助证明材料，申报材料经学院（系）和有关部门签署意见后报本科生院教务处，通过校指导委员会审查，确定学校年度立项项目和资助金额。

（三）公示、公布及上报

经校指导委员会审查通过的项目在学校办公网上公示，公示期内无异议的项目，由本科生院正式发文公布，并上报项目主管部备案。

第九条 立项与管理

（一）项目负责人对研究项目负全责，组织协调项目组全体成员认真执行学校的有关管理规定，按期保质保量完成项目的各项任务。

（二）项目名称、项目内容、项目实施时间、项目组成员及项目指导教师原则上不得变更，如确需变更，需在项目实施后三个月内提交书面变更申请书，经学院（系）和有关部门审核后报学校审批。

（三）批准立项的项目须进行开题报告，项目负责人根据项目任务书组织项目实施，要求详细记录项目的实施过程，不定期组织项目专题讨论，提交季度进展报告等。

（四）批准立项的创业训练项目在学校和企业导师指导下，项目负责人根据项目方案，带领团队成员参加“蒲公英”青年创业学院或大学生创业训练营的相关培训，扮演不同角色模拟企业运行，参加企业实践。

（五）批准立项的创业实践项目，在学校和企业导师的指导下，根据项目产品的市场前景，项目负责人带领团队进行创业实践活动。

（六）由于不可抗拒的原因而终止研究的项目，应由项目负责人提交项目终止报告，经学院（系）和有关部门审核后报学校审批。对无正当理由自行中断的项目，学校将取消该项目计划。无论是主动中止还是学校取消的项目，均追回已下拨项目专项经费，取消其今后申请大学生创新创业训练计划项目的资格，情节严重者给予通报批评。

第十条 中期检查

学院（系）和有关部门组织专家对项目实施内容、进度、阶段性成果及存在问题进行检查，及时提出整改意见和措施，并不定期向学校汇报项目的进展情况，学校组织专家进行抽查。

第十一条 结题验收

（一）根据项目研究期限，学院（系）和有关部门组织项目结题验收。学院（系）和有关部门组织专家对项目实施情况、取得成效和存在问题等进行检查验收，撰写项目验收意见提交学校管理部门。

（二）项目结题验收成绩分优秀、良好、合格和不合格四个等级。验收成果中，必需材料为各项目的总结报告，补充材料为论文、设计、专利及相关支撑材料。学校组织专家对结题项目进行抽查，抽查结果将作为下一期计划安排的重要依据。对项目管理不力的学院（系）和部门，学校将酌情减少该单位下一期申报指标。

（三）学院（系）和有关部门在每期项目结题验收后，及时进行工作总结与交流，撰写并提交总结报告，填报相关数据统计表。要及时跟踪和收集项目的研究成果。

第三章 经费管理

第十二条 学校根据学生立项情况将项目经费下达到各相关学院（系）或本科教育管理部门，由相关学院（系）本科教育管理部门负责管理，承担项目的学生使用，指导教师负责监管，教师不得使用学生科研经费，学院（系）和部门不得提取管理费。

第十三条 经批准立项的项目经费先下拨项目经费的 50%，通过中期检查后下拨余下经费。创业实践项目，凭注册公司相关证件分期下达项目经费。

第十四条 学院（系）和有关部门要加强对大学生创新创业训练计划经费的管理，项目经费主要开支包括实验材料费、测试加工费、资料费、复印费、调研差旅费、交通费、项目评审费等，实行专款专用，专户核算。学校对资助经费使用情况进行监督。

第四章 鼓励政策

第十五条 大学生创新创业训练计划是学校人才培养的重要内容，学校从课程建设、学生选课、考试、成果认定、学分认定、灵活学籍管理等方面给予支持。学校积极组织建设与创新训练有关的创新思维与创新方法等通识课程和选修课程，以及与创业训练有关的项目管理、企业管理、风险投资等选修课程。

第十六条 学校加强大学生创新创业训练计划实施的条件建设。学校各级实验教学中心、重点实验室、公共服务平台和各类开放实验室要向参与项目的学生免费提供实验场地和实验仪器设备，大学科技园要积极参与大学生创新创业训练任务，为参与计划的学生提供政策、咨询等支持和创业孵化服务。

第十七条 验收优秀的项目，学校将给予精神或物质奖励，可作为学生评优、推荐就业的重要依据，并适时组织成果展或成果交流会。

第十八条 项目通过验收的本科生，可记第二课堂相应学分，具体参照《浙江大学本科生第二、三、四课堂学分管理办法（试行）》（浙大发本〔2017〕61 号）；

鼓励项目与学科竞赛、实验创新项目或毕业论文（设计）等结合，由项目申报人申请，经学院（系）和学校教学管理部门审核，可替代部分与专业教学相近的实验或实践课程，获得相应学分；项目通过相关学院（系）专家组审核，可将项目转化为毕业设计（论文），并记相应学分；对验收特别优秀或立项项目取得重大成果的项目负责人，在学业合格的前提下，经学校专家组审核，报本科生院批准，可申请推荐免试研究生资格。

第十九条 学校鼓励项目研究成果转化，如发表论文、申请专利、申请技术成果鉴定、研制产品、推广软件等。

第二十条 为鼓励教师积极参与指导学生创新创业训练计划，对立项项目的指导教师给予一定的教学津贴，对项目验收评为优秀项目的指导教师给予一定的奖励，对承担项目单位管理有成效的管理人员给予相应的奖励，对在项目实施中表现突出的学院（系）在本科生教学质量考核中予以奖励。

第五章　附　则

第二十一条 本办法由本科生院、研究生工作部、校团委负责解释。

第二十二条 本办法自公布之日起试行，《浙江大学“国家大学生创新训练计划”项目管理办法》（浙大发教〔2007〕8号）、《浙江大学关于印发〈浙江大学“浙江省大学生科技创新活动计划（新苗人才计划）”项目实施细则〉的通知》（浙大发本〔2010〕101号）、《浙江大学大学生科研训练计划（SRTP）项目管理办法》（浙大本发〔2008〕24号）同时废止。

（七）山东大学“国家大学生创新性实验计划”管理办法

山大教字〔2007〕34号

第一章 总 则

第一条 为进一步提高大学生的人文素养和科学素质，培养大学生的创新精神、创业精神和实践能力，鼓励和支持大学生尽早地参与科学研究、技术开发和社会实践等创新活动，培养拔尖创新人才，根据教育部“高等学校教学质量与教学改革工程”的总体安排（教高〔2007〕1号、教高〔2007〕2号）及高等教育司关于“国家大学生创新性实验计划”的有关文件精神（教高司函〔2006〕215号），为保证我校“国家大学生创新性实验计划”的顺利开展，特制定本管理办法。

第二条 “国家大学生创新性实验计划”（简称“实验计划”）遵循的原则是：“鼓励创新、培养能力、突出重点、注重实效”。参与本计划的学生要对科学研究或创造发明有浓厚兴趣；在兴趣驱动、导师指导下完成实验过程；要自主设计实验、自主完成实验、自主管理实验；要注重创新性实验项目的实施过程，强调项目实施过程中大学生在创新思维和创新实践方面的收获。

第二章 组织机构

第三条 “国家大学生创新性实验计划”组织机构包括“山东大学国家大学生创新性实验计划管理委员会”及各学院“国家大学生创新性实验计划指导组”。

第四条 “山东大学国家大学生创新性实验计划管理委员会”（简称“创新管委会”）由学校分管教学副校长任主任，成员包括教务处、学生工作部、团委、实验室与设备管理处、科技处、计划财务处及各相关专业所在学院主要负责人。创新管委会在学校教学指导委员会的指导下，负责研究、制定有关政策，组织专家组评审、验收实验计划项目并指导全校国家大学生创新性实验计划的相关工作；负责监督实验计划项目的经费使用情况，定期向校教学指导委员会报告工作。

第五条 各学院“国家大学生创新性实验计划指导组”（简称“创新指导组”）由分管教学副院长任组长，分管学生的副书记任副组长，成员包括教务和学生管理人员、指导教师等。创新指导组在院学术委员会指导下，负责全面规划本院的实验计划项目及本院的立项申报工作，审查本院申报项目的可行性，对本院立项项目的资助经费进行统一管理，并对有关政策提出意见和建议。

第六条 创新管委会秘书处设在教务处，负责实验计划的日常管理工作。

第三章　计划内容

第七条　国家大学生创新性实验计划项目是本科学生以个人或团队（不超过 5 人），在导师的指导下，自主选题、自主设计实验、制订实验设备使用计划、实施实验、进行数据分析处理和撰写总结报告等工作，以培养学生提出、分析和解决问题的兴趣和能力。

第八条　参与项目的学生必须对科学研究或创造发明有浓厚兴趣，通过计划实施培养自己的创新意识和创新能力；项目导师起指导作用；参与项目的本科学生个人或创新团队，在导师指导下，学会自主选题设计、自主组织实施、独立撰写总结报告；项目选题要求思路新颖、目标明确、具有创新性和探索性；申请者及其团队要对研究方案及技术路线进行可行性分析，并在实施过程中不断调整优化；参与项目的学生要学会合理分配和使用项目经费，要遵守学校财务管理制度；参与项目的学生要处理好学习基础知识和基本技能与创新性实验和创造发明的关系。

第四章　申请资格

第九条　凡我校全日制本科学生均可申请，原则上以一至三年级学生为主。申请者要品学兼优、学有余力，有较强的独立思考能力和创新意识，对科学研究、科技活动或社会实践有浓厚的兴趣，学年学分绩点应在专业的前 50%，或高中阶段学习成绩好并有一定创新经历与成绩。对确有特长的学生，经专家组考核，可适当放宽申报条件。鼓励项目组成员学科交叉和年级交叉。

第十条　指导教师应具有相当于副教授及以上职称，主持过省级及以上课题，能为项目提供配套经费，并保证指导时间。

第五章　计划管理

第十一条　实验计划项目运行周期为 1~3 年。

第十二条　每年在 4—5 月进行立项申报评审，具体时间依照教育部及学校通知为准。

第十三条　申请人不得一次同时在不同项目之间交叉申报。

第十四条　项目申请人需对研究课题方案查新后方可申报。

第十五条　实验计划项目遵循的程序是：自由申请、公平立项、择优资助、规范管理；项目申报及评审程序实行三级立项、三级申报；项目评审的原则是：优中选优，即优秀项目、优秀人选（项目负责人）、有基础和创新的项目、有经费保障的项目等。

学院根据要求，发动学生参与科技创新项目的申报，评选出优秀项目予以立项，并给予经费支持；学院再从立项项目中选出部分项目申报学校科技创新基金，由学校组织专家评审出科技创新基金立项项目，并给予经费支持；最后，专家组再从学校科技创新基金立项项目中评选出最优秀的一批项目，经公示，报主管校长批准后，上报教育部作为国家大学生创新性实验计划资助项目。

第十六条 申请人在接到批准项目立项的通知后，应在 15 天内与创新管委会秘书处签订《山东大学国家大学生创新性实验计划管理合同书》，不按时签订合同者按自动放弃处理。

第十七条 学校有关部门应为立项学生进行创新性实验提供必要的条件，使参与训练的学生优先使用示范性实验中心、各类开放实验室和重点实验室。

第十八条 项目启动后，项目组每月须向秘书处提交《山东大学国家大学生创新性实验计划进度报告》，汇报项目开展情况。秘书处及时向管理委员会汇报项目开展情况。对不按时递交进度报告者或无明显进展的项目，创新管委会依据专家意见要求其限期整改直至停止项目运行。

第十九条 所有项目组成员须参加创新实验计划活动俱乐部，定期或不定期组织项目组成员进行交流等活动。

第二十条 项目完成后，项目负责人应按合同规定时间向秘书处提交《山东大学国家大学生创新性实验计划结题报告书》及相关论文、设计、专利和研究日志等有关支撑材料。结题报告书必须经过学院指导组审定。

第二十一条 “创新管委会”负责组织专家组对已完成的创新实验计划项目进行检查、奖励评定等，并根据《山东大学大学生科技创新学分管理办法》，给学生记相应的创新学分。

第二十二条 参与项目的学生可以根据项目开展状况及个人实际情况向学校申请个性化培养方案。

第二十三条 对实验计划取得阶段性成果的项目，经学生（限第一主持人）提出申请，征得指导教师同意后，经学院学术委员会审查，可作为毕业论文（设计）课题继续进行。

第二十四条 对参加实验计划项目并取得一定成果的学生，达到《山东大学应届本科生推荐免试硕士研究生工作实施办法》规定基本条件，可优先推免研究生。

第二十五条 每一个项目，每年学校给指导教师记一定的工作量。

第六章 经费管理

第二十六条 每人经费保证一万元以上，由学院、学校专项基金和国家拨款组成，并充分调动、利用各种社会资源以适当形式对项目给予资助，设立创新性实验计划专项基金。

第二十七条 项目经费专款专用，学生在预算框架下自主使用，教师不得使用学生研究经费。经费使用自主权在项目负责人，但需经指导教师的审核批准。秘书处对项目经费实行监督管理，保证使用科学、合理、高效。

第二十八条 项目经费主要用于购买相关图书资料、调研、印刷相关材料、试验材料等的开支。项目经费的使用和管理严格遵守国家有关财经法规和学校关于专项资金的立项、使用、结余、考评等方面的规定，严格执行规定的开支范围和开支标准。

第七章 项目变更

第二十九条 项目变更。在项目实施过程中，若项目组提出变更课题研究内容或项目组成员，须由负责人提出书面申请报告，经指导教师同意、学院指导组批准后报学校管理委员会批准、备案。报告要详细阐明变更的缘由、新项目开展的计划、项目运行措施、保持项目运行连续性的措施等。

第三十条 项目中止运行。在项目实施过程中，若项目组提出终止项目运行，须由负责人提出书面申请报告，经指导教师同意、学院指导组批准后报学校创新管委会批准、备案。报告要详细阐明终止的缘由，学校将按照学校已经开展的情况酌情考虑收回部分或全部经费。同时，该项目组成员将不能再申请新的项目。

第三十一条 项目延期。在项目实施过程中，若项目组提出延期，须在合同规定的截止日期前 1 个月向教务处提出书面申请报告，详细阐明延期的缘由，经指导教师同意、学院指导组批准后报学校创新管委会审核、备案。原则上每个项目只能申请一次延期。

第八章 附 则

第三十二条 本办法自颁布之日起施行。《山东大学“国家大学生创新训练计划”管理办法（试行）》（山大教字〔2006〕62 号）同时废止。

第三十三条 本办法由山东大学国家大学生创新性实验计划管理委员会秘书处负责解释。

（八）山东大学大学生科技创新基金管理办法

山大教字〔2012〕36 号

第一章　总　　则

第一条　为进一步提高大学生的人文素养和科学素质，培养大学生的创新精神、创业能力和实践能力，鼓励和支持大学生尽早参与科学研究、技术开发和社会实践等创新活动，培养拔尖创新人才，特设立山东大学大学生科技创新基金（简称大学生创新基金），资助创新项目。为保证我校大学生创新基金项目的圆满实施，特制定本管理办法。

第二条　学校成立创新教育工作委员会，办公室设在教务处，负责大学生创新基金工作的统筹规划和组织实施。

第三条　大学生创新基金项目坚持“自由申请、公平立项、择优资助、规范管理”的原则。

第二章　经费来源

第四条　大学生创新基金的经费来源：

1. 学校从事业费中划拨专项经费；

2. 从大学生科技成果转让及其他科技、社会活动收入中提取的部分经费；

3. 政府机关、社会团体、企事业单位、校董会、校友会及个人等捐赠或资助的经费。

第三章　资助范围及申报条件

第五条　我校全日制本科生均可申报大学生创新基金项目。

第六条　申请者应品学兼优、学有余力，有较强的创新意识，对科学研究、科技活动、社会实践有浓厚的兴趣。申请者可以是个人，也可以是项目小组（一般不超过 5 人）。但个人不得在同一批次不同项目中同时申报。

第七条　按时完成项目的人员在项目完成后并能在毕业前完成新项目的可以再次申请。

第八条　申请资助的项目一般要求在 1~2 年内完成。

第四章　立项及评审

第九条　项目申报及评审时间：每年 4—5 月。

第十条　项目申报及评审程序：

1. 申请者须填写《山东大学大学生科技创新基金项目申请书》。

2. 学院组织专家对申请项目按本办法要求进行初步评审筛选，对拟推荐的项目提出具体的推荐意见，并加盖公章上报教务处。

3. 对跨学院的项目，经有关学院主管领导会签后，由第一申请者所在学院申报；学院对拟推荐项目登记备案，并报教务处。

4. 学校组织专家根据项目选题意义及新颖性、立论根据、研究方案、技术路线、实施条件、创新性和探索性等方面对学院报送的申请项目进行评审，经公示后报主管校长批准，由学校公布立项项目，并下发立项通知。

第五章　经费分配及使用

第十一条　对于立项的大学生科技创新基金项目的资助额度为：理科、工科、医科类项目一般每项资助2000~3000元，人文社科类项目一般资助1000~1500元。经专家审核特别突出的项目可以适当提高资助额度。指导教师从科研经费中给予经费匹配的项目优先资助。

第十二条　项目经费专款专用，教师不得使用学生研究经费。学生在预算框架下自主使用，但需经指导教师的审核批准，保证经费使用科学、合理、高效。

第十三条　项目经费主要用于购买相关图书资料及试验材料、调研、印刷相关材料、分析测试等。项目经费的使用和管理应严格遵守国家有关财经法规和学校关于专项资金的使用规定。

第六章　实施及管理

第十四条　申请人在接到批准项目立项的通知后，应在10天内与教务处签订《山东大学大学生科技创新基金项目管理合同书》。不按时签订合同者按自动放弃处理。

第十五条　项目经学校批准立项后，项目负责人应按项目申请书规定的时间和内容启动研究工作，确保项目按期完成。

第十六条　大学生科技创新基金项目指导教师原则上应由副高级以上职称或具有博士学位的教师担任。

第十七条　各项目应在启动研究后的6个月内向教务处递交《山东大学大学生科技创新基金项目中期进度报告表》，对不按时递交中期进度报告表者或无明显进展的项目，将停止资助。

第十八条　项目完成后，项目负责人应按合同规定时间提交《山东大学大学生科技创新基金项目结题报告书》、论文或成果实物等，由学院组织专家审定，并报教务处验收。

第十九条　学校负责组织专家对已完成的科技创新项目进行检查、验收，并根据《山东大学大学生创新学分认定办法》，给学生记相应的创新学分。

第七章　附　　则

第二十条　大学生创新基金项目取得的成果按山东大学科技成果管理有关规定

执行。

第二十一条 本条例自公布之日起施行。原《山东大学大学生科技创新基金管理条例（试行）》（山大教字〔2003〕75号）同时废止。

第二十二条 鼓励各学院设立院级创新基金并制定相应办法。

第二十三条 本办法由教务处负责解释。

（九）山东大学大学生创新学分认定办法

山大教字〔2008〕85号

第一章　总　　则

第一条　为鼓励大学生积极参加课外创新活动和社会实践活动，增强学生的创新意识，提高学生的实践能力和创新能力，培养高素质人才，学校实行创新学分奖励制度，并制定本办法。

第二条　创新学分是指全日制本科生在校期间，在学校认定的各类竞赛、科学研究、发明创造、技术开发、社会实践、发表论文及文学作品、国际交流等方面取得成果，通过申请和认定后所获得的相应学分。

第二章　认定内容与标准

第三条　学生参加国际、国家、教育部、山东省以及国内外权威机构组织的、经过学校认定的正式竞赛获奖的：

1. 国际级：一等奖8学分，二等奖6学分；
2. 国家级：一等奖5学分，二等奖3学分；
3. 省部级：一等奖2学分，二等奖1学分。

认定竞赛包括："挑战杯"业余科技作品竞赛、"挑战杯"创业设计大赛、国际和全国大学生数学建模竞赛、全国大学生电子设计竞赛、全国大学生机器人电视大赛、全国大学生智能车竞赛、全国大学生机械设计创新大赛、山东省大学生机电产品创新设计竞赛。其他高层次竞赛由申报者提出申请，学校单独认定。

第四条　学生参加国家级、校级大学生科研创新计划，完成项目计划内容并通过评审或答辩的.

1. 国家级：一等奖组长2学分，组员1学分；二等奖组长1.5学分，组员0.8学分。
2. 校级：一等奖组长1学分，组员0.6学分；二等奖组长0.8学分，组员0.4学分。

第五条　学生为第一作者、山东大学为第一作者单位发表的论文、报刊文章或者著作：

1. SCI，EI，SSCI收录论文每篇6学分；SCI影响因子大于2的，每篇8学分。
2. 国内核心期刊论文：特类4学分，A类3学分，B类2学分，C类1.5学分。
3. 一般期刊（不含增刊）及省级以上正式出版物论文：每篇1学分。
4. 省级及以上报刊发表文章或报道，注明作者单位为山东大学的：字数5000字以上，每篇2学分；2000字以上，每篇1学分；1000字以上，每篇0.5学分。
5. 在国家级出版社正式出版专著、译著和文学作品，注明作者为山东大学的：字数40万字以上，每部4学分；20万字以上，每部3学分；10万字以上，每部2学分；

省市级出版社出版的，每部分别记3、2和1学分。

第六条 学生为第一完成人、山东大学为第一完成单位的成果鉴定、科技获奖和科技成果转让：

1. 通过教育或科技主管部门组织的成果鉴定并提交成果鉴定证书：国际领先4学分，国际先进3学分；国内领先2学分，国内先进1学分。

2. 获各级政府主管部门组织的科技成果奖励（指自然科学奖、科技进步奖、技术发明奖）的：

（1）国家级：一等奖30学分，二等奖20学分；

（2）省部级：一等奖15学分，二等奖8学分；

（3）厅局级：一等奖4学分，二等奖2学分。

3. 签订成果转让协议且转让费到账的：每项成果4学分。

第七条 学生为第一专利权人，通过山东大学申请专利和进行专利转让的：

1. 发明专利每项5学分。

2. 实用新型专利每项1学分；与专业结合，经专家评审为优秀的每项2学分。

3. 外观设计专利每项0.5学分。

4. 签订专利转让协议且专利转让费到账的：每项3学分。

第八条 参加国际学术会议或学术交流活动：

1. 在国际学术会议做大会报告4学分；做墙报展示并获奖2学分。

2. 参加海外学习经历，获得优秀成绩的1学分。

第九条 参加社会实践活动：

1. 获评省级社会实践优秀个人的每项1学分；

2. 获评省级社会实践优秀论文奖的每项1学分。

第三章 记分原则

第十条 按项记分，多项创新成果的学分可以累计。

第十一条 多人完成的项目，由项目负责人根据每位成员的贡献分配所得学分。项目负责人所获学分一般不少于总获得学分的40%；其他人员取前3名，分别按30%、20%和10%的比例计算。个人贡献相同时也可平均分配学分。

第十二条 同一项目多次获奖或集体奖与个人奖重复时，只按最高奖项计分。

第四章 认定程序

第十三条 创新学分申请在每年春季学期进行，由教务处发布申请通知。

第十四条 学生填写《山东大学大学生创新学分申请表》（见附件1），并附相关支撑材料，提交所在学院。

第十五条 学生所在学院的学术委员会负责审核和认定学生申报的创新学分，公示7天，由学术委员会主任填写认定意见。学院填写汇总表（见附件2）并加盖学院公章后，连同申报材料和支撑材料统一上报教务处实践教学科。

第十六条 教务处实践教学科对全校申报情况进行审核、汇总，在教务处网站公示7天。必要时，教务处将组织专家对学生发表的论文、文章和著作进行答辩。

第十七条 公示没有异议的，经主管校领导签字后发布正式文件，学生即获得创新学分。

第五章 争议处理办法

第十八条 创新学分申请和认定出现争议时，由学院学术委员会负责解决。必要时教务处组织专家认定。此认定为最终认定。

第十九条 学生在创新学分申请认定过程中违反学术规范的，取消其创新学分申请资格，并依据《山东大学大学生学术规范》的相关规定给予严肃处理。

第六章 创新学分的记载与使用

第二十条 创新学分可置换教学计划中全校性素质教育通选课学分，但置换总学分不得超过6个；创新学分用于置换课程学分时，由学生提出申请（见附件3），经学院教学院长签字确认后报教务处备案。

第二十一条 超出部分的创新学分可作为超修学分记入学生成绩档案，课程名称记载为“创新学分”，成绩一律记为“优秀”。

第二十二条 对于创新能力突出、取得较多创新学分的学生，在评选优秀学生、评定奖学金、推荐参与“三种经历”时，在同等条件下优先考虑。

第二十三条 学校每年单列部分计划用于获得创新学分较多学生的免试推荐研究生。推荐时由学生提出申请，教务处组织认定，经公示后由学校批准。

第七章 附 则

第二十四条 本办法由教务处负责解释。

第二十五条 本办法自公布之日起施行。原《山东大学大学生科技创新学分管理办法（试行）》同时停止执行。

（十）山东大学关于加强大学生创新教育的意见

山大字〔2009〕18号

支持学院建设具有专业特色、面向全校学生开放的创新教育平台和教育体系。充分发挥和利用现有各类实验室对学生开放，对成效显著的学院，学校在各级创新实验立项、竞赛经费支持和实验耗材分配等方面给予倾斜。

创新教育委员会办公室根据本意见尽快制订详细的实施计划和相关管理办法，保证我校大学生创新教育活动的顺利开展。各相关部门也应制定相应的落实办法，保证有关政策和条件落到实处。

《山东大学学术振兴行动计划》明确提出“大力推进本科生研究型教学，建立学科综合、开放和研究环境下的创新人才培养体系，提高学生的科研参与度，增强学生的自主创新能力。使本科生整体的学习能力、学术创新能力和社会适应能力明显提升”，并指出要“以新的工程训练中心大楼启用为契机，整合建设校级大学生创新平台，完善学生创新的激励机制和指导机制，进一步提升大学生创新参与比例和总体水平”。为了贯彻落实行动计划提出的要求，加速推进我校大学生创新教育，使大学生创新教育成为我校建设研究型大学的重要组成部分，为国家和社会培养更多高素质创新型人才，特制定本意见。

一、建设目标

以兴隆山校区新工程训练中心大楼和综合实验楼启用、新一轮人才培养计划修订和兴隆山校区定位调整等为契机，坚持创新教育活动普及和提高、训练和竞赛相结合的原则，以统筹规划我校创新教育、整合各类平台和资源为主要内容，建设符合我校实际、体现我校特色的创新教育体系，全面推进我校大学生创新教育，提高学生创新意识和技能，提升参与比例和总体水平，培养更多创新人才。具体目标是：

1. 统筹规划，形成体系。建设集课程平台、训练平台、竞赛平台和管理平台等多位一体的大学生创新教育体系。

2. 扩大参与面和受益面。面向所有学生进行创新意识和创新方法教育；使30%~50%的学生能够参与科研和创新活动，受到比较系统完整的科研训练；使15%~20%的学生成为创新意识好、创新能力强、拥有较高水平创新成果的优秀学生。

3. 提升水平，取得成效。在全面推进创新教育的基础上，使我校学生更加关注社会，创新能力和整体就业能力明显提高，服务社会的能力明显增强；在国家级大学生科技创新竞赛中，获奖数量和层次进入全国前15名，在体现大学生科技创新综合能力的主要竞赛（如“挑战杯”课外学术科技作品竞赛和创业计划竞赛、电子设计和智能车竞赛）中，进入全国前10名，在数学建模、机器人、机器鱼等特色优势项目中，保持全国前5名；大学生参与发表的SCI、EI、CSSCI收录论文的数量有显著增加；大学生申请专利的数量稳步增长，每年保持100项左右，发明专利申请数量有明显的增加。

二、具体措施

1. 加强组织领导，建立健全机构

大学生创新教育是一项系统工程，必须从全校层面进行顶层设计，统筹规划、全面落实。决定设立“山东大学创新教育工作委员会”，统筹全校大学生创新教育。该委员会隶属于山东大学教学指导委员会，在校教学指导委员会和学生工作委员会的指导下开展工作。成员由分管校领导、相关职能部门和学院负责人、校级创新平台负责人和教师等组成。委员会不定期举行会议，对学校大学生创新教育工作进行规划、指导、咨询、审议和监督。主要职责包括：（1）制定学校大学生创新教育体系建设方案和校级大学生创新平台建设规划；（2）负责大学生创新教育相关规章制度建设以及监督检查；（3）指导相关课程建设和评估；（4）协调解决平台建设、运行和管理过程中的重大问题，监督和检查各平台的建设和运行情况；（5）负责校级项目立项组织和验收、成果评审、竞赛组织、项目推荐等工作；（6）制订年度工作计划、总结及经费预算、决算。

委员会下设办公室，办公室设在教务处，由教务处、团委指派专人合署办公，负责全校大学生创新教育具体组织协调及日常工作等。

2. 加强队伍建设，形成教学团队

通过指导本科生科研训练、毕业论文（设计）等，吸引一批教授担任本科生指导教师。制定相应政策，采取多种措施，调动教师参与创新教育的积极性，形成一支从事本科生科研指导的学历层次高、创新意识强、实践经验丰富、年龄结构合理的创新教育教师团队。通过课程和创新实践平台建设，形成一批从事创新教育课程的骨干教师队伍；通过训练项目和竞赛，形成多个专业教学团队，如数学建模教学团队、电子设计教学团队、机器人竞赛教学团队等。

3. 加强课程建设，构建课程体系

加强创新教育，课程改革是先导。要适当压缩课堂教学学时，增加学生自主发展的时间空间；要改革教学理念，在强调基本知识、基本理论和基本技能教学的同时，更加注重创新意识、创新方法和创新能力的培养；要进一步推动课堂与实践教学体系、内容、方法及考试方法等方面的改革；要加强创新教育素质通选课体系和内容的规划，强化基础课程、专业课程在创新教育和创新人才培养中的主体和主导作用，把创新教育贯穿到整个人才培养过程；要建设有利于创新人才培养，有利于分类指导、个性发展的本科人才培养计划。

创新教育应从素质教育抓起，不能以竞赛代替教育。计划建立三个层面，覆盖各个年级、包括课内与课外、理论与实践相结合的课程体系，纳入新的培养方案，并记入相应学分。

第一层面是面向全部一年级学生开设的创新教育素质通选课，以课堂教学为主。课程名称和内容、教学方式、考核方式等在新的培养方案中体现。

第二层面的课程是结合专业培养、科技创新立项、毕业论文（设计）等的相关课程或实验，主要由学院组织，教学方式和考核方式灵活多样，争取参与学生达到30%~50%。

第三层面的课程是面向本科二、三年级学生，带有较强专业性的课外兴趣课程和竞赛培训课程等。这些课程由相关平台或者课题组根据专业特色、竞赛要求等设计，形式灵活多样，争取参与学生达到15%~20%。力争通过3~5年的建设，形成一批具有我校特色和优势的课程和训练、竞赛项目。

4. 加强资源整合，建设各类平台

构建校级、院级相结合，系统完整、功能多样的大学生创新训练和竞赛平台体系。

依托工程训练中心、临床技能培训中心及相关学院建设面向全校或学科大类的校级大学生创新训练和竞赛平台，承担训练、竞赛、课程等任务。在国家级、校级大学生科技创新项目申请和竞赛项目推荐、运行经费等方面将向科技创新平台倾斜。

依托学院，通过科研和教学实验室开放、设立院级大学生科技创新立项等建设院级平台，使之成为学校大学生创新教育体系的重要组成部分，使更多学生有机会参与创新活动。

5. 加强教育引导，构建管理体系

建立和完善各项规章制度，积极营造校园的创新文化氛围，加强对大学生创新工作的引导和激励。

从新生入学教育入手，加强专业和创新教育介绍，引导学生以积极的态度参与创新教育，使新生从入校开始就接受良好的创新意识和创新方法教育。将创新教育贯穿到教学工作的各个方面，一方面加大实验、实习和社会实践等实践教学的工作力度，增加设计性、创新性实验的比例，使部分学生从大二开始进入教师的科研实验室接触科研工作；另一方面积极推进科研型教学，增加讨论式、PBL、案例教学的比例，使学生有更多的机会参与教学过程、进行积极的思考，培养学生敢于和善于质疑的精神，培养学生具有科学的思维方法，启发学生的创新意识、培养学生的创新能力。

采用学生社团、兴趣小组等形式组织学生参加创新训练，形成在一年级学生中纳新，参加特定课题组的活动，二年级学生进入相关创新平台训练等方式，吸引更多学生参与创新活动。学生参加相关课程和训练经考查合格，可以获得相应的学分。

各类竞赛在山东大学大学生创新教育工作委员会的统一领导和部署下由办公室

具体负责。根据不同情况采取委托制或申报制。办公室与相关中心、学院签订合同，委托中心、学院具体组织竞赛工作并提供经费支持。

三、政策与条件保障

1. 激励措施

所有学生必须取得规定的创新教育学分。对在各级各类竞赛活动获得成绩和发表论文等的，采取记创新学分、发放奖学金、优先保送研究生、评选科技之星等鼓励措施进行表彰奖励。

对参与大学生创新教育的指导教师按课程和项目核算工作量；对成绩优异的指导教师在职称和岗位聘任及各类评比中给予政策倾斜和充分体现；对在大学生创新教育活动中做出突出贡献的指导教师及管理人员给予奖励；鼓励形成学历、年龄结构合理的创新教育教学团队，在学校教学团队评比时单列指标。

2. 经费支持

学校在质量工程专项经费中增设创新教育专项，专门用于支持创新教育课程建设、平台建设、学生创新立项及各类竞赛等所需经费。每年年底由委员会委托办公室提出预算，计划财务处审核、下达。创新训练耗材费由实验室与设备管理处和教务处纳入实验、实践教学经费给予倾斜支持。

3. 条件保障

学校根据现有条件，对校级创新平台所需空间经充分论证后优先考虑、重点支持。

各平台根据所承担的训练和竞赛任务及承担学生的数量，制订平台建设计划，由学校组织专家评审，按照重点支持、逐步建设的原则尽快安排各平台仪器的购置和更新。

（十一）山东大学创新创业教育行动方案

山大教字〔2015〕56号

为贯彻落实党的十八大以来国家对创新创业人才培养的系列重要部署，按照《国务院办公厅关于深化高等学校创新创业教育改革的实施意见》（国办发〔2015〕36号）精神，全面推进学校教育教学综合改革，建立健全创新创业教育体系，加强学生创新创业能力培养，促进学生高质量创业就业，特制定本行动方案。

一、指导思想

全面贯彻党的教育方针，落实立德树人根本任务。以创新创业教育为切入点，以创新创业精神和能力培养为导向，转变人才培养理念，全面深化人才培养模式和教育教学方法改革；促进学校教育与科技、经济、社会紧密结合，主动适应引领经济发展新常态；提升人才培养的现代化水平，培养造就一流的高素质创新创业人才。

二、基本原则

坚持育人为本，把促进学生德才兼备、全面发展作为改革的出发点和落脚点，实现通识教育、专业教育和创新创业教育的有机融合。

坚持创新引领，注重批判性思维和创造性思维的培育，强化学生创新精神、创业意识和创新创业能力培养。

坚持特色培养，进一步发扬学校学风朴实、基础扎实的优良传统，形成锐意进取、自强自信、协作包容的创新创业文化。

坚持问题导向，着力解决学校在创新创业教育方面的关键问题，转变人才培养理念，完善开放式人才培养体系，提升现代化教学水平，将创新创业教育全面融入人才培养全过程。

三、改革目标

2015年，组建山东大学创新创业学院，整合校内外资源，搭建开放式的创新创业教育平台；到2017年，全面普及创新创业教育，初步建立创新创业教育引领的人才培养体制机制；到2020年，全面建成创新创业教育课程体系，创新创业实训与实践体系，创业孵化转化服务体系，形成山大特色的创新创业教育新模式。

四、主要任务与措施

（一）组建创新创业学院，统筹推进创新创业教育

组建创新创业学院，系统整合校内创新创业教育资源，积极吸引社会资源和国

外优质教育资源投入创新创业人才培养，构建体系完整的创新创业教育平台，实现专业教育与创新创业教育的有机融合。

（二）创新人才培养机制，健全创新创业教育课程体系

根据专业教学质量国家标准，结合学校办学定位，将优化学科专业结构与创业就业导向的人才培养需求相结合，将“卓越计划”、科教结合协同育人计划与创新创业教育相结合，探索建立校校、校企、校地、校所及国际合作的协同育人新机制。

修订人才培养方案，完善课程体系设置，强化创新创业课程建设，通过挖掘创新创业教育资源，形成面向全体学生和教育全过程的依次递进、有机衔接的创新创业教育课程群，并纳入必修课、选修课及学分管理；加强资源共享的慕课、视频公开课等在线开放课程建设，建立在线开放课程学习认证和学分认定制度。

（三）改革教育教学方法，创新教育教学管理

推动启发式、研讨式、参与式等多样性教学方法改革，注重培养学生的批判性和创造性思维，激发创新创业灵感。建立学生创新创业档案，客观记录和评价学生开展创新创业活动情况，设置合理的创新创业学分，建立健全创新创业学分认定与转换制度。优先支持参与创新创业的学生转入相关专业学习。放宽学生修业年限，允许调整学业进程、保留学籍休学创新创业。

（四）营造创新创业环境，搭建“一街、一园、一平台”

依托校内创新创业资源，打造校园创新创业教育训练平台、众创空间与创业孵化器相结合的创新创业教育功能区。以学校已有的创新创业条件为基础，全面拓展创新创业物理空间，打造山东大学“创客一条街”；以软件园校区为依托，充分利用该区域中小型科技企业密集、创新创业资源丰富的优势，搭建山东大学“创业孵化服务园”；以工程训练中心为基础，以校、院两级创新创业教育平台和教学、科研等各类实验室条件为支撑，以苏州、深圳、北京、东营等研究院和校外实习、实训、实践教育资源为依托，深化校企、校地、校际、国际合作，打造“山东大学2025创新创业联盟”，构建开放式、国际化的“创新创业教育训练平台”。

（五）加强师资队伍建设，提升创新创业教育能力

加强创新创业师资队伍建设，形成开放式、动态化的创新创业导师聘用机制，建立专兼结合的创新创业教育师资团队。聘请知名科学家、创业成功者、企业家、风险投资人等各行各业优秀人才担任创新创业课授课或指导教师，建立校外创新创业教育导师库；推进教师创新创业教育能力的系列化培训，建立健全相关专业教师、创新创业教育专职教师到行业企业挂职锻炼的制度，支持教师以对外转让、合作转化、作价入股、自主创业等形式将科技成果产业化，鼓励教师指导学生创新创业。

（六）加大创新创业教育投入，建立健全政策保障机制

加大经费投入，促进创新创业教育可持续发展。设立专项资金并纳入年度财务预算，确保项目经费落实；多渠道筹措社会资金，支持创新创业教育教学，资助学生创新创业项目；设立大学生创新创业奖学金和大学生创业风险基金，以多种形式向自主创业大学生提供资金支持。

五、创新创业学院组织架构

创新创业学院由分管教学副校长担任院长，本科生院院长担任常务副院长，党委学生工作部、研究生工作部、合作发展部、国际事务部、学生就业创业指导中心、团委、国家大学科技园建设管理办公室等部门主要负责人担任副院长。

创新创业学院设立办公室，挂靠本科生院。本科生院院长兼任办公室主任，本科生院教务管理办公室主任、团委分管副书记、工程训练中心主任担任副主任。

创新创业学院内设创新创业课程建设中心、创新创业训练中心、创客与创业孵化中心、创新创业教育研究与导师中心、基金项目中心，负责人由职能部门相关负责人、创新平台负责人担任，或外聘业界专家、创业人士担任。

附件：山东大学创新创业学院管理人员名单（略）

关于配套文件的说明

为配合“国家大学生创新创业训练计划”的实施，山东大学制定了一系列的配套文件。

1. 设立“山东大学校级科技创新基金项目”，从2003年开始启动校级科技创新基金项目申报，从校级科创基金项目中择优推荐国家级大学生创新创业训练计划项目，构建国家级—校级—院级三级大学生创新训练体系。见《山东大学大学生科技创新基金管理办法》

2. 设置“创新学分”。对在国家级大学生创新创业训练计划和校级科技创新基金项目中结题等级评为一等奖和二等奖的学生和团队奖励创新学分。见《山东大学大学生创新学分认定办法》

3. 配套建设十个创新教育平台。为加强实验室开放，学校建设十个校级创新教育平台和多个院级创新教育平台，为国家大学生创新创业训练计划提供条件保障。见《山东大学关于加强大学生创新教育的意见》《山东大学创新创业教育行动方案》。

特此说明。

（十二）武汉大学"国家大学生创新训练计划"项目管理办法

武大教字〔2007〕1号

第一章 总 则

第一条 为更好地实施教育部"国家大学生创新训练计划"，加强我校项目的组织与管理，达到预期目标，特制定本办法。

第二条 武汉大学"国家大学生创新训练计划"的宗旨是探索"创造、创新、创业"型人才培养模式，改革教学方法，营造有利于"三创"型人才成长的软硬件环境，培养一批具有"三创"精神和实践能力的拔尖人才。

第三条 武汉大学"国家大学生创新训练计划"由学校统一组织实施，以项目为研究载体，注重过程训练，注重方案设计，注重激发学生科学研究兴趣，注重培养自主学习、团队协作以及提出问题、分析问题、解决问题的能力。

第二章 项目申报与评审

第四条 项目申报

1. 项目以解决本学科、交叉学科、企业研发、自然界或人类生活中的某一问题为出发点，以知识、技术创新和研究方法创新为主要目的，支持学生的"奇思妙想"或"异想天开"。

2. 项目以实验为主要手段，在教师指导下，学生个人或团队自主确定选题，设计实施方案，提出项目申请。

3. 项目主要集中在理工学科，根据情况可适当扩展到其他学科。项目运行一般2~3年，主要在一至二年级的学生中进行。

第五条 项目评审主要审查项目的创新性和可行性。具体程序为：

1. 各申报单位组织有关专家对申请书进行预审，按1:1.5的比例确定参加学校评审的项目名单。

2. 学校组织专家委员会对申报项目按评审细则进行书面评审和答辩评审，分别给出评审分数和答辩分数，再按两者分数确定项目名单。经公示无异议后，由学校发文公布并报教育部。

第三章 项目管理

第六条 项目运行实行动态管理，经费分两期下达，具体程序为：

1. 项目确定后，项目负责人与学校签订《武汉大学"国家大学生创新训练计划"项目合同书》。

2. 学校根据项目合同书下达第一期项目经费。

3. 项目组成员在导师指导下开展研究。

4. 学校对项目进展进行跟踪管理，实施中期检查，查阅学生实验原始数据、实验报告和文献综述，并根据学生实际研究情况决定是否进一步资助。

5. 学校通过各种形式定期组织学生交流，及时总结学生在项目实施过程中取得的成绩和存在的问题，帮助学生解决困难。

6. 学校定期总结项目实施情况，向教育部报告项目进展情况。

第七条 经费管理

1. 项目经费专款专用，学生在预算框架下自主使用，教师不得使用学生研究经费，学校不提管理费。

2. 项目经费由学校财务部按相关规定进行管理，教务部按项目进度划拨经费，经指导教师审查所用经费，由学生所在学院（系）报销。

3. 项目经费主要用于购买必要的实验耗材、药品、图书资料等，以及相关调研开支。经费使用按合同书中的预算和学校财务管理规定执行。

4. 学校对项目经费实行监督管理，保证使用科学、合理、高效。

5. 项目结束后进行决算，并接受审计部门监督。

第八条 结题验收

1. 项目完成后项目负责人填写《武汉大学国家大学生创新训练项目结题申请表》，经指导教师签署意见，提交相关项目研究报告和研究成果等材料，提出结题验收申请。

2. 学校组织专家委员会审议项目总结报告、实验操作演示，进行结题答辩，通过结题评审的颁发结题证书。

3. 建立项目再评估制度，评价项目实施效果。

4. 将大学生创新训练项目总结报告、论文（设计）及相关材料报教育部。

第九条 “国家大学生创新训练计划”所取得的成果归学校所有。

第四章 指导教师遴选与管理

第十条 项目实施学院（系）要聘请责任心强、学术水平高、学风正派、治学严谨且具有高级职称或博士学位的教师担任指导教师。

第十一条 各学院（系）可根据项目需要成立跨学科指导教师团队。

第十二条 指导教师要认真履行指导职责，审查项目申请表，加强过程指导，开设学术讲座，定期组织学生讨论和交流，审查实验原始数据和实验报告。

第十三条 指导教师的工作可计算相应工作量，工作量由学院（系）核定。

第五章 机构设置和平台建设

第十四条 学校成立由主管校长负责、各有关单位负责人参加的工作专班，工作专班办公室设在教务部，负责制订计划和政策，搭建研究平台，发布信息，组织项目申报、评审和管理等。

第十五条 学校成立由相关学科教授组成的专家委员会，制定项目评审标准、组织具体评审、中期检查、结题答辩，评价项目实施效果，评选优秀成果，提出项目实施建议。

第十六条 学校根据实际，搭建两类平台：第一类以专业学科为依托，建立重点实验室—教学实验室—科研院所（特大型企业）为依托的研究平台；第二类以交叉学科为依托，建立数学—工程、化学—生命科学—医学、物理—化学—材料科学、物理—电子—机械、生命科学—医学—药学、化学—环境科学、力学—土木建筑等相关学科相互交叉的研究平台。学生选题可不受限制，只要设计科学合理，可在任何一个平台上进行。

第六章　表彰与奖励

第十七条 学校设立武汉大学“国家大学生创新训练计划”优秀组织奖，对组织得力、实施效果显著的单位给予表彰与奖励。

第十八条 学校设立武汉大学“国家大学生创新训练计划”优秀成果奖，评选优秀项目，并进行表彰与奖励。

第十九条 学校设立武汉大学“国家大学生创新训练计划”优秀指导教师奖，评选优秀指导教师，并进行表彰与奖励。

第七章　附　　则

第二十条 本管理办法自公布之日起执行。

第二十一条 各单位根据本管理办法制定实施细则。

第二十二条 本管理办法由教务部负责解释。

（十三）武汉大学“国家大学生创新性实验计划”项目实施细则

武大教函〔2007〕19号

为加强武汉大学“国家大学生创新性实验计划”（亦称“国家大学生创新训练计划”）立项项目实施过程的细化管理，提高大学生的创新能力和实践能力，培养一批拔尖创新人才，保证立项项目研究工作的顺利开展，根据《武汉大学“国家大学生创新训练计划”项目管理办法》，针对立项项目的运行、中期检查、结题验收、奖励、经费管理等重要环节，特制定本实施细则。

一、项目运行

1. 项目协议。项目确定后，项目负责人、项目负责人所在院（系）、教务部三方按照资助金额共同签署《国家大学生创新性实验计划项目合同书》，合同书一式三份，三方签字（盖章）后生效。

2. 项目开题。协议签订后，项目负责人应举行开题报告，在导师的指导下，制订详细的年度实施计划。

3. 项目指导。指导教师应及时指导和跟踪研究活动，每月对研究活动做出评价，并给出书面意见和建议。

4. 项目日志和月报。项目组成员每天书写实验日志，对每次实验的详细过程（包括实验步骤、原始数据等内容）和每天的所思所想进行记录，并于每个季度的第一周向教务部实践教学管理办公室提交实验日志，教务部实践教学管理办公室负责整理归档。项目负责人每周至少组织一次项目组成员研讨会，讨论实验进展情况和科研体会，每月的第一周向教务部实践教学管理办公室提交研究工作进展报告。

5. 项目交流。为开拓学生视野，引导学生的科学研究兴趣，展示大学生创新性实验成果，每月学院（系）必须组织一次学院内项目组之间的交流；教务部采取积极措施，为学生提供跨学科交流平台：建立“大学生创新性实验论坛”网站、组织编印“大学生创新之旅”刊物、组织“名师名家讲坛”和“大学生创新沙龙”等。

6. 项目变更。在研究工作中，涉及减少、变更研究内容，或者提前（或推迟）结题，项目负责人应提出书面报告报教务部实践教学管理办公室审批。

二、中期检查

项目研究时间过半时，教务部实践教学管理办公室将对项目进行中期检查，项目负责人须提交《〈国家大学生创新性实验计划〉项目中期进展报告》（以下简称《进展报告》）。具体措施如下：

1. 项目负责人填写《进展报告》，报告中应说明是否按计划要求和进度计划完成科研任务、遇到的困难、是否可以继续进行项目研究等内容。《进展报告》经指导教师签署意见、学院审核后交教务部实践教学管理办公室。

2. 教务部实践教学管理办公室组织专家指导小组对《进展报告》进行审议，并在网上公布审议结果。

3. 中期检查不合格项目，由项目所在学院（系）督促改进，仍不能达到国家大学生创新性实验计划要求的，予以终止实施。

三、结题验收

1. 项目完成后，项目负责人填写《武汉大学国家大学生创新性实验计划项目结题申请表》，经指导教师签署意见，提交项目研究完成报告和相关研究成果等材料。项目研究完成报告和研究成果包括结题表、研究工作总结、实验操作演示、研究工作论文、研究成果目录、完成论著目录及项目代表性论著等。

2. 教务部实践教学管理办公室组织专家对结题项目进行验收。

3. 专家审议项目研究报告和相关研究成果等材料，项目负责人（或项目负责人指定的项目组成员）答辩。答辩结果分为优秀、良好、合格、不合格四类。

4. 项目可提前结题。因客观原因不能在规定期限按计划结题的项目，项目负责人应提前一个月书写《项目延期申请》，并报送《进展报告》，说明延期原因及申请延长期限（延长期限不得超过一年），由项目负责人所在学院（系）指导教师签署意见，教务部实践教学管理办公室核准后生效。

5. 对不认真开展研究工作，进展缓慢、不能按时结题，又不在规定期限提出延期申请的项目负责人，学校将在一定范围内予以通报，项目组成员自实际结题起两年内不得申请学校创新性实验和大学生业余科研项目。

四、奖励

1. 学校鼓励学生参加创新性实验项目，向项目组成员提供各种层次的科研和教学实验室、研究中心、实验示范中心等科研创新训练场所。

2. 参加创新性实验的学生，可以申请免修相应的实验实践课程（或实验实践课程中的部分实验），学分由任课教师评定，对申请人的实验能力予以认定，给予相应学分，各学院（系）记入学生成绩档案，并报教务部实践教学管理办公室备案。免修学分原则上不能超过 5 个学分。

3. 根据《武汉大学“创新学分”制度实施办法》的相关规定，学生可提交项目成果，申请创新学分。

4. 验收结果“优秀”的项目组成员，在免试保送研究生时优先推荐，优秀结题论文等同于毕业论文。经指导老师同意，项目组成员以结题论文参加毕业论文（设计）

答辩时，每人须撰写研究论文，分别参加答辩。

5. 学校组织一年一度的大学生创新成果展，评选大学生创新优秀成果奖，颁发获奖证书和奖金。

6. 学校根据指导教师的实际指导时间，计算工作量，给予教学津贴。工作量由指导教师所在院（系）认定。

7. 项目完成后，学校对于优秀的指导教师进行表彰和奖励，验收合格项目享受国家级教学改革项目待遇。

五、经费管理

1. 项目经费专款专用。教务部实践教学管理办公室按项目进度分期划拨经费。每月的第一周，项目负责人凭《武汉大学大学生创新性实验计划经费本》到教务部实践教学管理办公室审核，审核后到财务部报账。

2. 项目经费的使用范围包括：完成项目所需要的资料费、文具费、仪器设备租借费、论文打印费；开展实验所需的原材料（包括耗材、药品、化学试剂等）购置费；经指导教师和学院（系）审核，确需外出调研的差旅费（包括来往车票、住宿费）等。

3. 终止、撤销的项目，凡已有经费支出的，须按《武汉大学“国家大学生创新训练计划”项目管理办法》的规定办理有关手续，报教务部实践教学管理办公室备案。教务部实践教学管理办公室通知项目负责人所在学院（系），将项目已拨经费的全额退还教育部，不得挪作他用。

六、其他

1. 凡本办法规定的未尽事宜参照《武汉大学“国家大学生创新训练计划”项目管理办法》的相关规定。

2. 本实施细则自公布之日起执行。

3. 本实施细则由教务部负责解释。

（十四）华中科技大学大学生创新创业训练计划项目管理办法

第一章　总　　则

第一条　本创新创业训练计划旨在强化大学生创新创业能力训练，增强其创新能力和在创新基础上的创业能力，提高大学生的综合素质，培养适应国家发展战略需要、适应各行各业需要的高素质人才。

第二条　本创新创业训练计划项目包括国家级、校级、院（系）级三级项目。

第三条　为规范和加强我校大学生创新创业训练计划项目管理，保证项目顺利实施，特制定本办法。

第二章　项目申报——评审

第四条　大学生创新创业训练计划项目采用个人或团队以领目立项方式申报。

第五条　申报人（或团队）按照要求填写《华中科技大学大学生创新创业训练计划项目申报书》，经指导老师签署意见，项目负责人所在院（系）签署意见并加盖公章，由院（系）集中报学校项目管理办公室。

第六条　评审方式及程序。

1. 初审。项目管理办公室对申报材料进行初审，确定进入正式评审的项目名单。

2. 专家评审。项目评审专家组对项目进行评审，确定立项项目名单，评审方式根据项目类别可采用材料评审、听取申报人陈述答辩等方式。

3. 审批。经专家组评审通过的项目，报校领导审批。

4. 院（系）级大学生创新创业训练计划项目的申报评审工作由各院（系）自行组织进行。

第三章　项目实施管理

第七条　我校大学生创新创业训练计划项目实行三级项目，二级管理。学校成立华中科技大学大学生创新创业训练计划项目管理办公室（挂靠教务处），各院（系）成立院（系）大学生创新创业训练计划项目管理办公室。国家级项目由学校项目管理办公室直接管理，校、院（系）级项目由学校和院（系）项目管理办公室共同管理。

第八条　项目负责人应按照项目申报书的要求，在导师的指导下开展项目研究。项目组应每周记录项目研究进展情况和科研体会，导师应及时指导和跟踪研究活动，每月对研究活动做出书面评价，提出意见和建议。

第九条　中期检查。项目研究时间过半，项目负责人应组织项目组成员填写《华中科技大学创新创业训练计划项目中期检查表》，附相关材料，向项目管理办公室申请中期检查。中期检查可采用项目组集中汇报或召开座谈交流会等形式进行。对逾期不参加中期检查的项目，项目管理办公室可终止其项目研究。

第十条 结题验收。项目完成后，项目负责人应组织项目组成员填写《华中科技大学大学生创新创业训练计划项目结题验收表》，附研究记录、研究报告和成果等相关材料，向项目管理办公室申请结题验收。结题验收可采用以院（系）或学科为单位集体召开验收会的形式进行。

第十一条 项目研究中，涉及减少（变更）研究内容、推迟中期检查和结题等事项，项目负责人应写出书面报告，经指导教师签署意见后报学校或院（系）项目管理办公室审批。

第四章 项目经费管理

第十二条 学校设立大学生创新创业训练计划项目专项经费，由学校和院（系）项目管理办公室共同管理。各院（系）设大学生创新创业训练计划经费管理账户，由专人负责本院（系）项目经费管理工作。

第十三条 大学生创新创业训练计划项目经费主要用于项目的调研差旅费、实验费、材料费、资料费、论文版面费、评审鉴定费等支出，不得用于招待费、购置生活用品等与研究内容无关的开支。

第十四条 逾期未能正常结题验收的项目，学校将收回其剩余项目经费。所收回经费划归项目所属院（系）经费管理账户集中管理、统筹使用，仍用于支持大学生科技创新活动。

第五章 政策支持

第十五条 学校、各院（系）、启明学院、各学生创新实验基地为各项目组提供场地、设备方面的支持。学校各示范性实验教学中心、各类开发实验室和重点实验室应向参与项目的学生免费提供实验场地和实验仪器设备。鼓励学校科技园参与创新创业训练计划，为项目学生提供各项支持服务。

第十六条 项目组的科研活动可与课内实践环节结合：其成员科研活动视项目研究情况可认定为若干课外科研学分。

第十七条 本校教师对创新创业训练计划项目的指导工作视同为本科生授课，学校认定一定学时的工作量；业界导师对项目的指导工作，学校给予相应的工作补贴。

第十八条 对于通过本创新创业训练计划项目经费资助所取得的成果，须遵照《华中科技大学成果署名管理办法》（校发〔2012〕31 号）进行。

第六章　附　　则

第十九条　本办法自公布之日起开始实施，原《华中科技大学国家大学生创新训练计划管理实施办法》（校教〔2006〕78 号）同时废止。

第二十条　本办法由教务处负责解释。

华中科技大学
创新创业教育工作

（十五）华中科技大学深化创新创业教育改革工作实施方案

校发〔2016〕4号

深化高等学校创新创业教育改革，是全面贯彻落实党的十八大有关精神、服务创新型国家建设的重大战略，是深入推进高等教育综合改革的突破口，是提高人才培养质量的重要途径。为了全面贯彻党的教育方针，深入实施“大众创业、万众创新”的国家战略，促进高等教育与科技、经济、社会紧密结合，加快推进我校创新创业教育改革，根据《国务院办公厅关于深化高等学校创新创业教育改革的实施意见》（国办发〔2015〕36号），结合本校实际，特制定本方案。

一、指导思想

根据学校发展目标，主动适应国家经济社会发展的新需要，以推进素质教育为主题，以提高人才培养质量为核心，以创新人才培养机制为重点，创新教育理念和实践，完善制度和资源保障，把创新创业教育贯穿人才培养全过程。着力培养学生的创新精神、创业意识和创新创业能力，加快推进我校创新创业教育改革，不断提升我校人才培养质量，为建设世界一流高校和创新型国家服务。

二、基本思路

按照“育人为本、面向全体、融入体系、协同推进”的基本思路，切实加强和改进创新创业教育工作。提高认识，更新观念，把开展创新创业教育作为提升人才培养质量的重要抓手，服务学生全面发展、个性发展。以点带面，点面结合，逐步扩大创新创业教育覆盖面。将创新创业教育融入人才培养体系，根据人才培养定位、服务面向和创新创业教育目标要求，促进专业教育与创新创业教育相融合，课内教学和课外实践相衔接。完善创新创业教育体制机制，集聚资源和要素，调动各方积极性，形成合力，加快推进我校创新创业教育改革。

三、主要目标

建立统一领导、齐抓共管、运转有效的创新创业教育工作体制；建立需求导向、交叉融合、协同育人的创新创业人才培养机制；建设依次递进、有机衔接、科学合理的创新创业教育课程群；推进有利于学生自主学习、主动实践、创新创业的教育教学改革；建立资源共享、平台开放、内容丰富的创新创业实践训练体系；建设结构合理、专兼结合、素质优良的创新创业教育教师队伍；构建全程衔接、指导有力、保障到位的创新创业帮扶体系；培育勤于实践、勇于创新、宽容失败的创新创业校园文化。逐步建立健全课堂教学、自主学习、结合实践、指导帮扶、文化引领融为一体的创新创业教育体系，不断提升我校创新创业人才培养质量，让创新创业教育成为华中科技大学新名片。

四、主要任务与措施

（一）修订人才培养方案，创新人才培养机制

1. 完善人才培养质量标准。结合学校办学定位、服务面向和创新创业教育目标，制定专业教学质量标准，明确本科生、研究生创新创业教育目标，细化创新创业素质能力要求，使创新精神、创业意识和创新创业能力成为评价人才培养质量的重要指标。

2. 修订人才培养方案。重新审视并修订人才培养方案，针对不同学科、专业的特点，不同课程和教学环节的功能定位，将创新创业要求体现在课程体系中，体现在教学过程中。完善具有我校特色的创新创业教育教学目标、教学内容、教学方法、教学组织及相关管理制度。

3. 创新人才培养机制。建立学科专业结构、人才培养类型结构的动态调整机制，促进人才培养与经济社会发展需求紧密对接。进一步推进协同育人机制建设，完善跨院系、跨学科、跨专业交叉的人才培养机制，加强校企、校地、校所及国际合作育人。完善研究生培养模式，推进学科交叉创新人才培养，强化专业学位研究生创新创业教育。

（二）建立完善课程体系，深化教育教学改革

4. 建设创新创业教育课程体系。围绕研究方法、学科前沿、创业基础、创新创业指导等方面，加强创新创业教育课程建设，促进专业教育与创新创业教育相融合。鼓励院系结合专业人才培养目标和特色开设创新创业课程，引进行业、企业、国际优质资源，参与创新创业特色课程建设及专业教学，实现每个专业都有业界专家参与的专业课程。面向有创业意愿的学生开设辅修课程，帮助学生掌握创业的基础知识，提高创业素质和能力。

5. 深化创新创业教育教学改革。落实以学生为中心的教育，实施以学生自主学习和主动实践为导向的教学方法改革，推进启发式、讨论式、探究式教学。探索建立以能力为导向的综合学业评价体系，加强学业形成性评价，强化学生自主学习能力的培养，注重培养学生的批判性和创造性思维，注重考查学生运用知识分析、解决问题的能力。鼓励更多优秀学者投身创新创业教育，把一流学术资源转化为优质创新创业教育资源。

（三）推动实践平台建设，强化学生实践训练

6. 完善创新创业实践训练体系。统筹协调课内课外、校内校外不同“课堂”的育人功能，构建开放式、多层次、高水平的实践训练体系，满足学生多样化、个性化创新创业实践需求。完善实验、实习、课程设计、毕业设计（论文）等实验实践

教学，加强科研训练、科技竞赛、社会实践、项目实践等实践实训环节，建立课内外有机整合的创新创业实践训练体系。

7. 搭建创新创业开放式实践平台。建立完善相关管理办法和考核机制，鼓励和支持全校教学及科研平台、校内外实验实践教学基地分类分层次向全体在校学生创新实践活动开放。进一步加强现有大学生创业社区、科技企业孵化器、大学科技园等创业实践平台建设，完善创业孵化服务功能，推动大学生创新项目从研究到应用、创新到创业、校内到校外的无缝对接。完善学生创新团队（基地）培育机制，推进示范性学生创新团队（基地）建设。整合校内外资源，推进集工作空间、网络空间、社交文化和资源共享空间一体的校园创客空间建设。

8. 完善各类拔尖创新人才培养特区建设。继续推进启明学院、光电信息试点学院（国家级试点学院）、工程科学学院（国际化示范学院）和国家级微电子示范学院（筹）等教育教学改革“试验区”的建设，深入实施系列“卓越计划”，加快推进“基础学科拔尖创新人才”培养计划实施，不断探索和完善多样化、个性化创新创业人才培养模式，发挥创新创业教育的示范、辐射和引领作用。

（四）改革有关管理制度，促进学生自主发展

9. 建立与创新创业教育相适应的教学管理与学生事务管理制度。合理设置创新创业学分，建立创新创业学分积累与转换制度，为有意愿有潜质的学生制订创新创业能力培养计划，建立创新创业档案和成绩单。完善相关教学管理规则，优先支持参与创新创业的学生转入相关专业学习。设立创新创业奖学金，在创新创业活动中获得优异成绩的在校大学生需要继续深造时，可获得保送研究生资格或加分。实施弹性学制，支持在校学生保留学籍创新创业。实施毕业生就业和重点产业人才供需报告制度，开展学生职业发展跟踪与服务。

（五）加强师资队伍建设，提升教育教学能力

10. 加强创新创业教育教师队伍建设。通过多种形式、多种途径的培训学习，提升教师创新创业教育的意识和能力。加强与业界合作，聘任校外具有丰富实践经验的创新创业专家充实教学队伍，建立稳定的创新创业导师团队。建立与创新创业教育改革相适应的考核评价机制，支持教师结合专业教学开展创新创业教育研究和实践，鼓励教师参与大学生创新创业活动指导工作。建立完善学校科技成果处置和收益分配机制，支持教师以多种形式将科技成果产业化，并鼓励带领学生创新创业。

（六）加强校园文化建设，完善全程帮扶体系

11. 推进创新创业校园文化建设。加强校园文化建设的顶层设计，把培育创新创业精神作为大学文化建设的重要内容。积极开展各类学科竞赛和专题讲座，组织形式多样的创新创业训练营、创业体验营、创新创业论坛等活动，支持成立大学生创新创业俱乐部等社团组织，引导学生社团开展主题突出、丰富多彩的大学生科技节等创新创业实践活动，支持学生创客活动，培育校园创客文化。表彰和宣传创新创业典型，营造创新创业环境，弘扬创新创业文化，培育创新创业精神。

12. 健全大学生创新创业帮扶体系。建设创新创业大厦，积极推进面向学生的创新创业特区建设，集结优秀教师、企业家、风险投资人、校友等各行各业专业人才，集聚财政、社会和企业资金，提供投资、金融、法律、税务、工商等专业服务，构建机构、人员、场地、经费“四位一体”的帮扶体系。加强创新创业大厦与校内外现有创新创业平台的对接，对自主创业的学生实行全程指导、持续帮扶、一站式服务，实现创新创业帮扶链条上的全程无缝对接，全力助推我校大学生创新创业。

五、保障措施

（一）组织保障

成立由校长任组长，分管本科教学、研究生教学及学生工作的校领导任副组长，教务处、研究生院、学生工作处、团委、人事处、科学技术发展院、实验室与设备管理处、财务处、校教育发展基金会、产业集团等部门和单位主要负责人为组员的创新创业教育工作领导小组，指导协调全校创新创业教育相关工作，统一规划创新创业教育体系建设目标，统筹配置校内外创新创业教育资源，统一规范创新创业教育工作成效评价与考核。领导小组下设办公室，办公室挂靠教务处。

（二）资金保障

统筹校内外资源，设立创新创业教育专项经费，保障创新创业教育活动顺利开展。有效整合政府、企业、社会、校友资源，设立大学生创新创业基金，完善各类基金管理办法，确保资金用到实处、起到实效，支持优秀大学生创新创业。

（三）制度保障

教务处、研究生院、学生工作处、团委、人事处、科学技术发展院、实验室与设备管理处、财务处、校教育发展基金会、产业集团等相关部门和单位，根据文件要求和任务分工，制定创新创业教育工作实施细则，完善相关政策文件，落实各项措施，充分调动全校师生的积极性和创造性，保障创新创业教育工作顺利开展。学校将对相关部门创新创业教育改革制度建设和措施落实情况进行督查，并将工作绩效纳入部门年度考核内容。

（十六）中山大学大学生创新创业训练计划项目实施与管理办法

中大教务〔2012〕58号

第一章 总 则

第一条 大学生创新创业训练计划（简称创新创业训练计划）是增强学生创新实践能力和创业能力的重要措施。为加强对创新创业训练计划项目的规范管理和质量监控，特制定本办法。

第二条 创新创业训练计划项目是以学生为主的创新创业实践活动，由本科学生个人或团队在导师指导下，参与和体验创造、研究的过程，培养其创新和实践的思维及能力。

第三条 创新创业训练计划项目将贯彻公平竞争、择优资助的原则，在专家评审的基础上择优立项。

第二章 项目申报

第四条 创新创业训练计划项目资助对象是学有余力，具备初步的科研和动手能力，并且在学术科研方面或创业实践方面有浓厚兴趣的本科生。

第五条 立项资助的研究项目必须有一定的理论和实践意义，立论依据充分，研究内容和目标明确，研究方法和实施路线可行。

第六条 立项资助项目包括创新训练项目、创业训练项目和创业实践项目三类。

创新训练项目是本科生个人或团队，在导师指导下，自主完成创新性研究项目设计、研究条件准备和项目实施、研究报告撰写、成果（学术）交流等工作。

创业训练项目是本科生团队，在导师指导下，团队中每个学生在项目实施过程中扮演一个或多个具体的角色，通过编制商业计划书、开展可行性研究、模拟企业运行，参加企业实践、撰写创业报告等工作。

创业实践项目是学生团队，在学校导师和企业导师共同指导下，采用前期创新训练项目（或创新性实验）的成果，提出一项具有市场前景的创新性产品或者服务，以此为基础开展创业实践活动。

第七条 项目申请人为学生本人或团队，项目构思、设计和实施以学生为主，导师负责在项目的申报和实施过程中进行科学指导。

第八条 创新创业训练计划项目原则上每年申报一次，每次申请由学校发出通知之日起开始受理。

第三章　项目评审

第九条　申请人或团队按要求认真填写《大学生创新创业训练计划项目申请书》，送导师和学生所在学院审核。

第十条　导师和学院应对申请项目内容的真实性、研究方案的可行性及经费核算、能否为项目实施提供一定的工作条件和时间等提出针对性的意见。

第十一条　学校组织专家评审后在校内公示立项项目，无异议后正式公布并上报教育部。

第四章　项目实施与管理

第十二条　项目立项后，应由项目负责人和指导教师提交项目执行的承诺书，确保在项目实施过程中实事求是、诚实守信，按计划完成研究工作。

第十三条　受资助项目应由本科学生个人或团队在导师指导下，进行自主设计实验、实施实验和数据分析处理、撰写总结报告等工作；受资助项目应建立研究进展记录机制，定期开展项目组或全校性创新创业训练计划项目研讨会，形成良好的科研创新氛围。

第十四条　学校教务处对创新创业训练计划项目的实施实行全程监管，受资助项目依照计划提交项目年度执行进展报告。

第十五条　受资助项目实行滚动式管理，项目组成员可根据具体情况进行调整，吸收新成员。

第十六条　受资助项目如因实际困难或选题有所改动等原因不能按期完成者，经学校同意后可适当延期或调整计划项目内容，但延期不得超过一年。研究项目由于一些不可克服的原因而终止研究者，应由项目负责人提交项目终止报告，并报教育部备案。

第十七条　凡执行不力、无故延期又无具体改进措施或经费使用不当的项目，学校将责令项目主持人停止使用课题的研究经费，并视情节轻重收回部分或全部资助经费。

第五章　经费管理

第十八条　创新创业训练计划项目的资助期限暂定1~2年。

第十九条　项目经费由项目负责人掌握。项目负责人要严格遵守国家和学校的财务政策和制度，要合理编制经费预算，专款专用。项目经费主要用于项目实施过程中发生的材料费、测试与加工费、资料费、调研费、参加学术会议费等。

第二十条　项目经费报销工作应严格遵守学校财务制度，报销的总金额不得超过资助总额。报销程序是：项目组成员签名→ 指导教师签名→ 教务处审核→ 财务处报销。

第六章 项目验收与评价

第二十一条 项目研究工作必须在申请人毕业前完成，并由项目负责人提交结题申请书。

第二十二条 准予结题的项目必须符合以下条件：

1. 按计划完成研究工作；

2. 取得预期的研究结果，并提交相应材料（包括研究报告、公开发表的学术论文或申请的专利及其他相关附件）；

3. 原则上需参加并通过学校组织的结题答辩。

第二十三条 对按计划完成的项目，其研究成果以论文形式在正式期刊上公开发表、以专利形式获授权或公开、参与大学生科技竞赛获奖者，可由所在院（系）审定后提出科研学分奖励的申请，经教务处审核批准，记入成绩档案。科研学分奖励额度视学生参与程度及排名为1~4分。

第二十四条 根据项目的完成情况对指导教师认定教学工作量，教学工作量为：指导项目组每位学生科研学分 ×4学时的总和。

第七章 成果展示和交流

第二十五条 学校通过校园网、论文报告会等形式开展学生创新创业训练计划项目经验交流，以起到辐射影响作用。

第二十六条 学校定期编印出版本科生科研成果集，促进优秀成果的展示与推广应用。

第八章 附 则

第二十七条 本办法从2012年4月25日起执行。其他校内有关文件规定与本办法不一致的，以本办法为准。

第二十八条 本办法由教务处负责解释。

（十七）北京航空航天大学国家大学生创新性实验计划实施规定

第一章　总　　则

第一条　为了贯彻落实《教育部关于进一步深化本科教学改革全面提高教学质量的若干意见》（教高〔2007〕2号）的精神，根据《教育部　财政部关于实施“高等学校本科教学质量与教学改革工程”的意见》（教高〔2007〕1号）的总体安排，教育部决定实施国家大学生创新性实验计划。北京航空航天大学积极实施校级创新性实验计划，为了确保该计划的顺利启动、实施，特制定本规定。

第二条　本创新性实验计划将秉承“强化基础、突出实践、重在素质、面向创新”的理念，把“提高学生的实际动手能力和科研创新能力”作为工作重点，通过开展实施该计划，带动广大学生在本科阶段得到科学研究、发明创造与实践动手能力的训练，推广研究性学习和个性化培养的教学方式，形成创新教育的氛围，建设创新文化，进一步推动高等教育教学改革，提高教学质量。

第三条　本计划的实施原则为“兴趣驱动、自主实验、重在过程”。

兴趣驱动。参与计划的学生要对科学研究或创造发明有浓厚兴趣。在兴趣驱动和导师指导下完成实验过程。

自主实验。参与计划的学生要自主设计实验、自主完成实验、自主管理实验。

重在过程。注重创新性实验项目的实施过程，强调项目实施过程中学生在创新思维和创新实践方面的收获。

第二章　组织机构及其职责

第四条　北京航空航天大学成立校级组织委员会，由主管校长、教务处、科技发展部、实验室及设备管理处、财务处、学生处、团委等机构负责人组成。组织委员会设主任一名，副主任两名，委员六名，秘书一名。校级组织委员会下设大学生创新性实验计划建设办公室，具体负责日常管理工作。组织委员会的职责如下：

（一）审议、修改北京航空航天大学国家大学生创新性实验计划章程等工作条例。

（二）协商决议组织工作中的重大问题。

（三）筹集、管理经费。

（四）总结、推广经验。

第五条　相关职能部处的职责

教务处负责组织专家对申报项目进行评审和阶段验收；科技发展部负责科技成果管理、转让和推广及知识产权保护；实验室及设备管理处负责学校的实验教学示范中心、各类开放实验室和重点实验室向参与项目的学生免费提供实验场地、实验仪器设备及该创新性实验计划中仪器设备建账及管理；财务处负责项目经费的管理和使用；学生处和团委负责项目的宣传、动员、组织和相关的学生奖励。

第六条 学校大学生创新性实验计划建设办公室聘请各个相关学科具有高级职称的专家组成评审委员会，评审委员会设主任一名，评审委员十二名，秘书一名。负责创新性实验计划项目的立项评审、年度检查和结题验收工作，并向组织委员会递交评审结果。

第三章 申报对象及程序

第七条 申报条件：

（一）在校本科生，每项1~3人，鼓励跨年级、跨学科、跨专业、跨学院（基础部）组队，重点项目不受此限制。

（二）有浓厚的科研兴趣，并能提出创新思想或有创新性的研究方案。不影响课程的学习。

（三）该项目必须有指导教师参加，并能保证提供项目所需的场地等基本需要。

第八条 由立项人填报《大学生创新性实验计划申报表》，经指导教师签署意见和学院（基础部）审批上报后，由学校评审委员会逐项进行立项评审，对通过评审准予立项的项目及时通知该项目组成员和指导教师，组织实施该项目，并及时下拨项目经费的50%。

第九条 项目执行时间1~2年，按期对立项在研项目进行年度检查和结题验收，项目负责人向评审委员会提交阶段成果和总结报告，组织委员会对按期完成预定计划的项目下拨相应部分经费，并由组织委员会向教育部汇报。

第十条 在研项目需题目变更、项目成员变更、项目执行时间变更时，项目负责人要提交书面申请，经指导教师签署意见并经学院批准后及时报组织委员会审批备案。

第四章 奖励政策

第十一条 学生参加大学生创新性实验计划并达到预期的研究目标（通过结题验收），可获得北京航空航天大学大学生创新性实验计划成绩，成绩分优、良、合格、不合格四个等级。该成绩单独记入成绩单。

第十二条 学生参加大学生创新性实验计划所获得的成果（论文、软件系统、硬件实物等）可以作为参加“冯如杯”等课外科技活动或学科竞赛的作品。

第十三条 教师指导大学生创新性实验计划项目，记入相应的工作量。

第五章　附　则

第十四条　本规定自公布之日起生效。

第十五条　本规定由校大学生创新性实验计划组织委员会负责解释。

（十八）北京理工大学大学生创新创业训练计划项目管理办法

第一章 总　　则

第一条 为贯彻落实《教育部关于做好“本科教学工程”国家级大学生创新创业训练计划实施工作的通知》（教高函〔2012〕5号）的有关文件精神，推动我校“本科生创新创业训练计划”的开展，保证项目的顺利实施，特制定本办法。

第二条 本科生创新创业训练计划面向全校在读全日制本科学生，实施内容包括国家级大学生创新训练项目、国家级大学生创业训练项目、国家级大学生创业实践项目、北京市大学生科学研究与创业行动计划及校级大学生创新创业训练计划。

创新训练项目是本科生个人或团队，在导师指导下，自主完成创新性研究项目设计、研究条件准备和项目实施、研究报告撰写、成果（学术）交流等工作。

创业训练项目是本科生团队，在导师指导下，团队中每个学生在项目实施过程中扮演一个或多个具体的角色，通过编制商业计划书、开展可行性研究、模拟企业运行，参加企业实践、撰写创业报告等工作。

创业实践项目是学生团队，在学校导师和企业导师共同指导下，采用前期创新训练项目（或创新性实验）的成果，提出一项具有市场前景的创新性产品或者服务，以此为基础开展创业实践活动。

第三条 大学生创新创业训练计划的指导思想是：以《国家中长期教育改革和发展规划纲要（2010—2020年）》为指导，深入实施科教兴国战略和人才强国战略，在人才培养过程中，大胆实践，勇于创新，培养大学生创新精神、实践能力、社会责任感、就业创业能力，同时营造注重实践、潜心研究的校园文化。

第二章 组织机构

第四条 为有利于学校大学生创新创业训练计划的实施，成立“北京理工大学大学生创新创业工作委员会”（以下简称创委会）负责管理运行，创委会设领导小组、专家小组和执行办公室。

领导小组组长为分管本科教学和学生工作的副校长，成员包括教务处、校团委、科研院、校科协、学生工作部（处）、招生就业工作处、实验设备处、科技园、财务处及校内创新实践基地和校外实践教育基地负责人等相关领导。负责项目的总体安排、人力、物力资源的调配，学校与企业的沟通协调，制定相关政策，审定立项项目、评审专家及指导教师团队成员。

专家小组组长由教育部大学生创新创业训练计划专家组委员担任，成员包括创新创业训练教育专家、教学名师、知名教授、创新创业类课程授课教师及企业工程师。负责创新创业训练计划的方案设计；不定期开展创新创业方面的讲座；创新创业类课程体系设计；负责项目立项评审、检查及验收等工作。

执行办公室设在教务处，负责项目的具体实施，包括创新创业项目的宣传、申报评审、中期检查、结题验收等组织工作；负责校内外指导教师的协调工作；各项目组运行经费的审核与管理，项目进展情况监控等。

第五条 各学院成立大学生创新创业训练工作小组，负责本学院大学生创新创业训练项目的组织管理，并为项目配备指导教师。

第六条 项目经费由学校财务处实施统一管理、专项核算，并严格按照学校核定的预算进行经费的控制与核算。经费使用实行项目负责人制，主要用于与项目相关的设备购置、试验器材、图书资料、调研、论文发表、专利申请等，专款专用，严格执行国家各项财经法规和学校财会管理有关规定。

第三章 申报条件

第七条 北京理工大学大学生创新创业训练计划面向本校全日制本科生，所有具有北京理工大学正式学籍的本科生均可参与项目的研究。

第八条 项目立项基本条件：

（一）项目选题要求思路新颖、目标明确，具有创新性和探索性，项目研究方案可行，且预期成果具有可考核性。

（二）项目内容符合教育部、北京市教委要求和学校的有关规定。

（三）原则上创新项目申报负责人为本科一、二、三年级学生，创业训练项目负责人为二、三、四年级的学生，创业实践项目的负责人为三、四年级的学生，批准立项时，负责人距离毕业至少有一年的时间。

（四）创新项目人数不超过 5 名，创业训练、创业实践项目人数不超过 6 名，项目组成员必须有明确的分工，每位学生不允许同时参与多个项目。鼓励跨学科、跨院系、跨专业联合申报。

（五）国家级、北京市级项目必须配备有中级以上职称的指导教师，创业实践项目除配备 1 名校内指导教师外，还必须配备 1 名企业指导教师。每位指导教师同时指导的项目原则上不能超过两项。

第四章 项目申报

第九条 项目申报工作本着“公开、公平、公正”的原则进行。教务处、校团委每年 9—10 月在全校范围内开展“大学生创新创业训练计划”宣传动员会，包括发布通知、介绍项目启动操作办法、明确学校政策、聘任指导教师、发放申请表等。

第十条 全校本科生依据自己的特长和兴趣，根据我校的实施办法，以个人或小组的形式提出项目申请，填写申请表。

第十一条 我校教师或与我校有合作的企业人员可以作为项目指导教师提出项目申请，但项目申请人必须具备中级或相当中级以上职称。

第五章 项目审批及立项

第十二条 创委会组织专家组对学生及教师提出的申请项目按照立项条件进行评审，给出立项、延期立项、不予立项的明确结论，同时给出合理修订建议。必要时组织申报人进行答辩。

第十三条 创委会将专家组确定的入选项目进行网上公布，形成项目最终名单。

第六章 项目运行

第十四条 项目执行次年，创委会组织专家对各项目进行中期检查，根据检查情况，做出项目按照原计划继续实施、项目调整或项目中止的决定，并相应调整项目资助经费。项目负责人根据中期检查结果，可申请项目调整或进行补申报。

第十五条 创委会受理项目内容、形式、人员的变更申请，提供意见建议，做出处理决定。

第十六条 国家级大学生创新创业训练计划项目原则上应在负责人毕业前完成。创业实践项目负责人毕业后可根据情况更换负责人，或在能继续履行项目负责人职责的情况下，以大学生自主创业者的身份继续担任项目负责人。

第七章 经费管理

第十七条 项目经费由教育部、北京市教委下拨经费和学校自筹经费组成，学校财务处按相关规定进行管理，创委会根据项目立项申报计划和项目认定书的要求下达项目经费额度。

第十八条 项目经费由参与项目研究的学生在预算的框架下专款专用，指导教师不得使用项目研究经费，学校不收取管理费。

第八章 项目验收

第十九条 每年6月份，由创委会执行办公室负责组织专家实施项目验收工作。项目验收采用撰写结题报告书、研究报告和结题答辩的方式进行。

第二十条 验收材料包括：结题报告书、研究报告及有关附件材料。材料以文字为主，可附图片、视频等展示项目成果的资料。

第九章 成果转化

第二十一条 鼓励专利和科技创新成果向产业应用转化，实现科技创新专利化、专利成果产业化。

第二十二条 项目成果形成商品或涉及知识产权，要按照国家有关法律法规和学校的相关政策妥善处理。

第十章 附 则

第二十三条 本办法自颁布之日实施，由北京理工大学大学生创新创业训练计划工作委员会负责解释和修订。

（十九）北京理工大学“创新创业、社会实践、艺术实践”积分管理办法（试行）

为进一步贯彻落实《中共中央国务院关于深化教育改革全面推进素质教育的决定》及《国务院办公厅关于深化高等学校创新创业教育改革的实施意见》（国办发〔2015〕36 号）的精神，培养具有创新精神和实践能力强的高素质人才，进一步突出我校办学特色，学校决定从 2016 级本科生开始，将创新创业、社会实践、艺术实践积分纳入培养方案。为了加强创新创业、社会实践、艺术实践积分管理，保证工作实施严格有序，规范学生的学习行为，特制定本办法。

第一章　总　　则

第一条　为加强学生的创新意识、创新能力及实践能力和竞争能力的培养，激发学生参与实践创新的热情，促进学生素质的全面发展，特设立创新创业、社会实践、艺术实践积分制（以下简称“实践积分”），并制定本细则以规范创新创业、社会实践、艺术实践活动与实践训练通识课的学分转换工作。

第二条　“实践积分”是指普通全日制本科学生在校期间参加课外创新创业、社会实践、艺术实践活动，按规定获得的实践积分。

第三条　积分认定的创新创业、社会实践、艺术实践活动的范围包括：

1. 校级及以上各类学科知识竞赛获奖；
2. 校级及以上大学生创新创业训练项目；
3. 在校期间公开发表的作品和成果（科研成果、发明创造、学术论文）；
4. 我校实验室与设备管理处的开放实验项目；
5. 学生寒暑期社会实践和大学生艺术团暑期排练等项目。

第二章　实践积分的认定标准

第四条　参加国际级、国家级、省部级、校级的各类学科知识竞赛活动的获奖者，根据《学科知识、创新创业竞赛活动积分评定标准表》（见附件 1），可获得相应的积分。

第五条　参加并完成结题的国家级、北京市级、校级大学生创新训练项目及获得立项的创业训练、创业实践项目的学生，根据《大学生创新创业训练项目积分评定标准表》（见附件 2），可获得相应的积分。

第六条　在校期间，以我校名义在国际、国内正式刊物上或有内部准印证及学术会议论文集等非正式刊物上发表的学术论文的学生，根据《公开发表作品积分评定标准表》（见附件 3），可获得相应的积分。

第七条　在校期间，有科技成果（产品、软件、课件等）和发明创造（设计、商标、专利等）产出或转让的学生，根据《科技成果和发明创造积分评定标准表》（见附件4），可获得相应的积分。

第八条 在校期间，参加我校开放实验课题，并按照《北京理工大学实验室开放管理办法》完成的课题，根据《开放实验积分评定标准表》（见附件5），可获得相应积分。

第九条 在校期间，参加学校暑期社会实践、大学生艺术团排练等活动，根据《寒暑期社会实践、艺术实践积分评定标准表》（见附件6），可获得积分。

第十条 同一类、不同成果可以累加得分，同一学生同一成果不累加得分，只记最高积分分值；集体奖项与个人奖项有重复的，取最高值计积分，不重复奖励。

第三章 实践积分的作用

第十一条 经认定的实践积分可用于冲抵以下学分：

1. 可根据实践内容经申请冲抵"实践训练通识课"中科技实践、文化实践或艺术实践相应模块的学分（每模块可冲抵2学分，模块类别视具体成果而定）。被冲抵的课程模块，其成绩认定方法如下：

积分等于2分者，成绩记为"合格"；

积分介于2（不含）与4分之间者，成绩记为"中等"；

积分介于4（不含）与6分之间者，成绩记为"良好"；

积分大于或等于6分者，成绩记为"优秀"。

2. 可以根据学院制定的规则冲抵专业选修课学分或学院认定的其他学分；被冲抵的课程成绩认定方法，由学生所在学院制定。

根据冲抵规则所获成绩与相应的学分数记入学生成绩总表对应课程成绩。

第十二条 积分累计超过6分且未将该积分用于冲抵其他课程学分者，学校将予以表彰和奖励。

第十三条 在专业领域取得6个以上实践积分且未将该积分用于冲抵其他课程学分者，同等条件下将优先推荐免试攻读硕士研究生。

第四章 实践积分的申报、认定程序

第十四条 学校每学年初受理学生实践积分的申报。凡符合获得实践积分条件者，由学生本人在教务系统中申报。并上传相关证书复印件和相关证明材料作为支撑材料。

第十五条 学生所在学院负责审核，对其申报材料进行公示5个工作日，公示无异议的申报项目，按照积分方法计入实践积分，学院将本学年实践积分认定结果报教务处备案。

第十六条 对弄虚作假者，经查实后，取消该项目所得积分，并根据《北京理工大学学生纪律处分条例》，给予相应的纪律处分。

第五章 附 则

第十七条 实施实践活动的积分、学分认定与转换，对于深化教学改革、促进创新性人才的培养具有重要的意义。各学院应认真组织教师和学生学习本细则，并补充制定本学院实践活动的积分、学分认定与转换的具体措施。

第十八条 本办法自颁布之日起执行，本办法由教务处负责解释。

附件：（略）

（二十）北京理工大学深化创新创业教育改革实施方案

为增强学生的创新精神、创业意识和创新创业能力，落实《国务院办公厅关于深化高等学校创新创业教育改革的实施意见》（国办发〔2015〕36 号）、《工业和信息化部关于推进部属高校教育事业改革和发展的指导意见》（工信部人〔2015〕205 号）和北京市创新创业教育工作精神，立足学校人才培养工作，特制定本方案。

一、总体要求

（一）指导思想

全面贯彻党的教育方针，落实立德树人根本任务，服务学校分三步走的中长期建设发展目标和“6+1”发展战略，以提高人才培养质量为核心，全面整合校内外资源，扎实推进素质教育，创新人才培养机制，完善条件和政策保障，突出理工特色和国防特色，着力培养学生创新精神和实践能力，加快形成创意驱动创新、创新引领创业、创业带动就业的新局面。

（二）基本原则

1. 聚焦学校特色，提高创新创业人才培养质量。主动适应国家战略需求，追踪学科前沿，聚焦学校特色，根据学院定位和专业特点，制订普及与前沿并举、通识与专业结合的创新创业教育计划，坚持“高远的理想、精深的学术、强健的体魄、恬美的心境”育人目标，打造全程育人、全员育人、全方位育人的新格局，培养学生的社会责任感、创新精神和实践能力，提高创新创业人才培养质量。

2. 整合内外资源，建立创新创业教育联动机制。坚持协同推进，汇聚培养合力。促进科学研究与创新创业教育的整合，形成产学研用机制；推动校际教育资源的互补与共享，达到以先带后，交叉学习；促进学校与行业、企业，特别是国防产业的资源整合，建立更为广泛的创新创业教育联动机制。

3. 坚持问题导向，深化创新创业教育改革。总结人才培养过程中暴露出的办学理念不同程度脱离社会实际、实践环节相对薄弱、教学方法和评价方式单一等问题，以此作为着力点深化创新创业教育体系改革。提高教师创新创业素养，强化师资队伍建设；丰富创新创业课程内容，完善课程设计体系；营造“创意—创新—创业”氛围，创建创新教育与实践教学平台。

（三）总体目标

2015 年起，全面深化学校创新创业教育改革，完善制度建设，推进硬件设施建设，营造创新创业教育氛围。2017 年取得重要进展，形成具有学校特色的创新创业理念，普及创新创业教育。2018 年形成较完善的创新创业人才培养体系，学生创新创业意识明显增强，创新创业示范典型显著增加。

二、主要任务和措施

（一）加强组织领导，健全体制机制

学校设立学生创新创业指导中心，全面负责学生创新创业工作（见附件）。校领导任中心主任，教务处牵头，校团委、学工处、研究生院、实验室与设备处、科研院等单位为中心成员。各学院设立学生创新创业指导工作组，加强创新创业指导和服务。

（二）修订人才培养方案，创新人才培养机制

根据各专业类教学质量国家标准，修订本科生培养方案，建立多目标、高弹性的个性化培养模式。全校覆盖创新创业教育课程，设立创新创业积分，加强实践环节训练，将创新精神、创业意识和创新创业能力作为人才培养的重要指标。进一步推进学术型研究生和应用型研究生分类培养机制改革，进一步明确学术型和应用型博士、硕士学位授予的基本要求。以培养高水平拔尖创新人才为目标，面向国际化，坚持面向科学技术前沿培养主要从事基础研究和应用基础研究，鼓励原始创新和自主创新，在学科或专门技术上做出创新和创造性成果的学术型研究生。以具有较强的专业能力和职业素养、能够创造性地从事实际工作的高层次应用型人才为主培养应用型研究生，坚持产学研结合，鼓励自主创业和联合创业。

（三）健全创新创业教育课程体系

建立多层次的创新创业课程体系，包括创新创业意识培养课程、创新创业能力训练课程、创新创业专业知识和专业技能课程。

1. 创新创业意识培养课程。创新创业意识是创新创业行为的发动机，通过激动人心的创业案例，把创新与“价值凸现”和“财富效应”联动起来，激发学生的创新创业意识。

2. 创新创业专业知识和专业技能课程。结合专业特点和教材内容，在各专业课程设置中明确创新创业教育的目标要求。面向全校学生开设包括专业知识、职业知识、经营管理知识、综合性知识等在内的创新创业专业课程，让学生“学专业、想创业、能创业”。

3. 创新创业能力训练课程。设计以活动为中介使学生获得直接创新创业经验和创业信息的创新创业经验课程，促进学生学习能力、动手能力、交往能力、创造能力等综合能力的提高。通过大学生科技创新训练项目，带动学生创新创业实践活动。通过参观企业、访问消费者、商业调查、创业计划竞赛等以及开展创业专题讲座和报告，培养大学生的团队协作精神。通过创业实训的企业课程，用生动实际的案例，提供真实的创新创业训练环境。

4. 加强创业培训，搭建创业交流平台。推进创业培训“进校园”活动；组织举办多种形式的创业培训班和创业训练营，进行创业案例剖析、创业名家演讲、企业

家创业项目点评和政府政策扶持辅导等实用性创业培训教育。搭建创业沙龙、创客咖啡、创业讲堂等创业交流平台，为研究生了解政策和创业信息，学习积累创业经验，寻找创业伙伴和创业投资人创造条件。积极组织并引导研究生参加各类创业竞赛活动，定期组织创业方案和项目展示，为创业投资机构、天使投资人等选择对象提供机会。

（四）改革教学方法和考核方式

进一步深化启发式、讨论式、参与式教学的研究性教学课程改革，加强师生国际交流，将科研团队整体引入研究性教学课堂。推动教师把国际前沿学术发展、最新研究成果和实践经验融入课堂教学。注重培养学生的批判性和创造性思维，激发创新创业灵感。

扩大小班化教学覆盖面，充分运用现代化教学方式。适应“互联网 +”发展趋势，将教学与互联网充分结合，建设精品的视频公开课、资源共享课、MOOC，并将网络优势教育资源引入课程库，引进并建设具备学习过程数据分析的教学平台、教学管理平台，运用大数据技术，掌握不同学生学习需求和规律，为学生自主学习提供线上线下多样的教学资源与途径。

改革考试考核内容和方式，探索逐步减小期末考试在课程评定中的比例，鼓励注重针对学生运用知识分析、解决问题的能力的过程考试改革。

（五）强化创新创业实践

统筹校内大学生创新教育各类资源，将创新类竞赛和“大学生创新创业训练计划”有机结合，依托学校创新和创业基地，形成“创意—创造—创业”的培养体系。

1. 深入实施创新创业训练计划。深入实施国家级、北京市级大学生创新创业训练项目，广泛开展校级和院级大学生创新创业训练项目，提升参与学生专业覆盖广度和年级覆盖深度。学校每年投入专项经费支持学生创新创业训练项目执行，选取其中具有国际化潜力和产业化前景的项目给予重点经费支持。

2. 加强校内外各级实践创新创业实训平台建设，为在校生提供实训保障。进一步加强各级实践教学示范中心、重点实验室、虚拟仿真实验室、训练中心建设，并促进实验教学平台共享。将上述平台与北京市示范性校内实践基地和校内形形色色的实践创新基地、创业孵化基地、科技园共同面向全体在校学生开放。充分利用上述资源，建设大学生创业园，创业孵化基地和企业创业基地。

通过课程实习、生产实习、创新创业项目实习实训进企业、入市场，进一步加强与我校现有的4个国家大学生校外实践教育基地、16个国家级工程实践教育中心、5个北京市校外人才培养基地，和各类实习实践基地的联系。着力加强建设与黄冈市共建的首个校外创新创业教育基地，为我校学生开展创新创业实训提供条件保证。

与各地创业园、高新区广泛合作，建立北京理工大学与区域的创新创业教育和实习实践基地及“双创双实基地”，为学生提供更多的创业支持。同时，配合北京市，大力建设我校首个北京市高等学校实验教学开放共享中心，将学校的优质创新实践条件辐射社会。

（六）改革教学和学籍管理制度

为加强学生的创新意识、创新能力及实践能力和竞争能力的培养，激发学生参与实践创新的热情，促进学生素质的全面发展，设立创新实践积分制度，制定细则规范创新创业积分与成绩的认定。创新积分认定的创新创业活动的范围包括：

1. 校级及以上各类学科知识竞赛获奖；

2. 校级及以上大学生创新训练项目并完成结题；

3. 在校期间公开发表的作品和成果（科研成果、发明创造、学术论文）；

4. 在校期间或创业休学期间产生的经有关部门审核认定的创业工作和成绩；

5. 经学校有关部门审核认定的其他活动或项目。

同时，制定有关弹性学制，放宽学生修业年限，允许调整学业进程、保留学籍休学创新创业。设立创新创业奖学金，并在现有相关评优评先项目中拿出一定比例用于表彰优秀创新创业的学生。

（七）加强教师创新创业教育教学能力建设

在“大众创业，万众创新”的时代要求下，北京理工大学将提升教师创新创业意识与能力作为履职尽能的关键抓手，将着力开展三方面工作。

1. 促进教师创新创业意识和理论水平的提升。将提高高校教师创新创业教育的意识和能力作为教师岗前培训、骨干研修的重要内容，构建创新创业培训专家库、教材库和案例库，形成多时点、系列化、分类型的培训体系。研究制定将创新创业能力纳入专业技术职务评聘和绩效考核标准的相关政策文件。

2. 促进教师创新创业能力和实践水平的提升。培育并建设校内创新创业教育，创业就业指导专职教师队伍，并建立定期考核，淘汰制度。聘请知名科学家、创业成功者、企业家、风险投资人等各行各业优秀人才，担任专业课、创新创业课授课或指导教师，并制定兼职教师管理规范。

建设教师创新创业实践基地。会同有关部门建立相关专业教师、创新创业教育专职教师到行业企业挂职锻炼制度。加快完善高校科技成果处置和收益分配机制，支持教师以对外转让、合作转化、作价入股、自主创业等形式将科技成果产业化。

3. 加强研究，构建平台。以国家级教师教学发展示范中心为依托，发挥校内现有智库的作用，组织开展创新创业基础理论和相关实践的研究工作，形成工作平台和物理空间，切实推动教师创新创业相关工作的开展。

（八）改进学生创业指导服务

做到“机构、人员、场地、经费”四到位，对自主创业学生实行持续帮扶、全程指导、一站式服务。成立校创业指导服务办公室，统筹开展大学生创业指导服务工作，积极聘请知名企业家、成功创业人士、优秀校友、专家学者等社会各界人士作为创业导师，定期举办创业讲座、创业指导与咨询活动。建设功能完善的创业交流网络平台，由专人负责网站创业内容的更新，提供线上和线下的咨询服务，做好创业项目对接、知识产权交易等服务，有针对性地帮助大学生提高创业能力。

依托校院两级各学生科技创新基地，重视基于创新的创业项目的挖掘，引导学生将科技创新作品向创业项目转化。为有创业意向的大学生提供适合的创业训练场地，并提供政策咨询、项目开发、风险评估、开业指导、融资服务、跟踪扶持等一站式服务。多渠道筹集资金，广泛吸引热心校友、金融机构、社会组织、行业协会和企事业单位，为学生自主创业提供资金支持。

（九）完善创新创业资金支持和政策保障体系

多渠道统筹安排资金，支持创新创业教育教学，资助学生创新创业项目。使用中央高校基本科研业务费，积极支持品学兼优且具有较强科研潜质的在校学生开展创新科研工作。设立大学生创新创业工作专项经费，用于资助学生创新创业项目孵化和已落地项目的运营及日常办公。在科技园已有基础上，增加大学生创业孵化场地。

整合各项资源创建大学生创新创业基地，依托基础教育阶段大学生课外科技创新实践基地成果，在良乡高教园区建设 2000 m^2 的大学生创业园作为基地，合理规划、建设 10 间独立办公室，配套设备家具等办公条件，吸引 10 家左右创业单位入驻。积极吸引房山区政府和知名企业进行投资，开展联合创建，将之打造成大学生创业教育实践平台。

（二十一）北京邮电大学创新实践与课外活动学分认定实施细则（试行）

第一章　总　　则

第一条　为加强大学生创新实践与课外活动，培养学生的创新精神和实践能力，促进学生素质的全面发展，特设立创新实践与课外活动学分，将创新实践与课外活动纳入课程体系，设置为4学分，并制定本细则以规范创新实践与课外活动学分的认定工作。

第二条　创新实践与课外活动学分是指全日制本科生在校期间参加创新实践与课外活动按规定所获得的学分。分为两部分，一是创新实践活动，主要包括学生参加各类科技创新竞赛、发表学术论文和获得专利、大学生创新性实验活动、自主实验活动等并获得成果；二是课外活动，主要包括学生参加学术报告、英语听力口语测试、语言文字能力测试、选读书目、文体活动、社会实践等。

第三条　为规范创新实践与课外活动学分的管理，制定了《创新实践与课外活动学分认定标准》（见附件）。根据学生在创新实践与课外活动中的表现，给予不同的学分，学分为10分者，成绩记为“优秀”；5~9分者，成绩记为“良好”；4分者，成绩记为“合格”；低于4学分者，成绩记为“不合格”（累计学分值最高为10学分，学分值为小数时则四舍五入取整）。

第二章　创新实践与课外活动学分的组织管理和学分认定

第四条　科技成果以获奖证书为准；专利发明以专利发明证书为准。SCI等收录的学术论文以科技处的检索为准；发表的学术论文以正式刊物或收到录用通知书为准；会议论文以会议论文集或证书为准。各类竞赛获奖等级以获奖证书或文件为准。证书和论文由学院审核确认，在非正式出版物上发表的学术论文须经过教务处、学生处和校团委确认。

第五条　科技创新活动由学校和学院共同组织管理。科技创新活动主要指在学校有关部门立项的科技活动，包含大学生创新性实验活动、辅助教师进行科学研究、在教师指导下从事科学研究工作。科技创新活动实行项目制，项目可以是教师科研课题的一部分，也可以是学生自拟的课题，但必须聘请指导教师。

项目主管部门组织专家组进行论证，启动获批准的项目并报教务处实践教学科备案。项目组要向项目主管部门提交中期报告，汇报项目运行情况。项目完成时，项目组要提交结题报告，项目主管部门组织专家组验收，通过验收的项目，报教务处实践教学科备案，并在项目组成员的《本科生创新实践与课外活动学分申请单》上盖章确认学分。

不能按时结题的项目，项目组应提交书面报告说明理由并申请延期，经项目主管部门批准后报教务处实践教学科备案，延长时间最多不超过一年。

参加教师科研课题的部分工作，工作完成后，由课题负责人根据学生承担的工作难度与工作量赋予学分。

第六条　学校聘请校内外具有一定学术影响的专家学者做学术报告，听报告的学生请主办单位在《本科生创新实践与课外活动学分申请单》上盖章确认。

第七条　学校组织进行英语听力口语测试、语言文字能力测试、选读书目等课外活动，参加该类课外活动的学生由组织单位在《本科生创新实践与课外活动学分申请单》上盖章确认。

第八条　学生每学年末将申请单提交至学院教务科，由学校统一录入教务管理系统，具体流程可参见《北京邮电大学创新实践与课外活动学分录入流程图》。

第九条　学生在《本科生创新实践与课外活动学分申请单》登记上弄虚作假视同考试作弊，取消该项目学分，处分等级参照《北京邮电大学本科教学考试违规处理条例》及相关学籍管理规定处理。

第三章　附　　则

第十条　本细则自 2009 级学生开始试行，由教务处负责解释。

（二十二）北京邮电大学国家大学生创新性实验计划管理办法

校教发〔2007〕105号

第一章　总　　则

第一条　本创新性实验计划以能力提高为核心、工程训练为基础、创新精神与实践能力培养为重点，促进学生“理论—实践—创新”“知识—能力—素质”协调发展，鼓励一批有兴趣的学生自主设计实验、自主完成实验、自主管理实验，以激发大学生自主创新的兴趣和能力，培养大学生的团队协作意识和创新精神。为保证创新性实验计划的顺利实施，特制定本管理办法。

第二章　申报与评审

第二条　本创新性实验计划面向全校范围的本科在校学生申报，重点支持创新性强及有利于创新实验教学改革的创新项目。资助研究领域主要包括：（1）电子、电气信息类；（2）计算机类；（3）机械类（包括机电、工业设计）；（4）经济与管理类；（5）数学、物理等基础学科类；（6）人文社会科学类。

第三条　本创新性实验计划以项目立项方式申报，可采用个人申报或由不超过4人组成的创新团队集体申报的方式；原则上所申报项目与学校成立的学生创新实践基地业务相关的应有相应基地依托，并由基地负责管理；允许跨院联合申请项目。所申报项目的起止时间，以项目申请者尚能在校学习的最长时间为限，项目研究周期一般为1~2年。

第四条　申报与评审程序：

（一）申报人（或团队）提出申请，填写《国家大学生创新性实验计划项目申请书》（附件1）一式二份。

（二）指导教师签署意见。

（三）第一申报人所在院审核签署意见并加盖公章，学院填写《国家大学生创新性实验计划项目申报汇总表》（附件2），将申请书统一报项目管理办公室。项目管理办公室挂靠在教务处教学建设科。

（四）项目管理办公室对申报的材料进行初审。主要审查申报项目的申请人资格、要求资助的范围、条件和形式等，确定进入正式评审的项目名单。

（五）项目评审专家组对项目进行评审。主要审查项目的科学性、创新性、技术可行性以及申请者的研究能力等。

（六）学校审批立项并报教育部备案。

第三章　项目管理

第五条　立项被批准后，项目负责人应按照项目申请表中的要求，在导师的指导下开展工作；项目组应阶段性填写研究活动进展情况和科研体会，导师应及时指导和跟踪研究活动，对研究活动给出书面意见和建议。

第六条　在研究工作中，涉及减少、变更研究内容，提前或推迟结题等事项，项目负责人应提出书面报告，报项目管理办公室审核批准。

第七条　项目研究中期，应向项目管理办公室提交中期研究工作报告，报告的内容包括：是否按计划要求和进度计划完成研究任务、存在的问题、是否可以继续进行项目研究等；项目管理办公室根据项目的实施时间，将组织专家实行中期检查，依据专家组意见，由学校决定续拨、缓拨乃至不拨其余研究经费。

第八条　项目完成后，项目负责人应撰写《国家大学生创新性实验计划项目研究总结报告》，并附上研究记录等相关材料和研究成果、实物等，提交至项目管理办公室。项目管理办公室组织专家按照项目申请书填写的实验研究内容和确定的考核指标对项目进行验收。未通过验收的项目，承担者在 3 个月之内，经整改完毕后，可再次提出验收申请，如再次未通过验收，项目承担者一年之内不得再申请承担该类项目。创新性实验计划项目的研究成果、知识产权归北京邮电大学所有。

第四章　经费管理

第九条　学校对创新性实验计划设专项经费，在教育部国家大学生创新性实验项目经费资助的基础上，学校给予项目总经费不少于 1:1 的配套经费支持，确保项目人均经费不低于 1 万元。经费由项目管理办公室负责管理。

第十条　申报项目被学校审批立项并报教育部备案后，项目管理办公室划拨资助研究经费的 50%，项目中期检查通过后，再拨付余下的 50%。

第十一条　本创新性实验计划项目所资助的经费，主要用于项目的调研差旅费、实验费、材料费、资料费、论文版面费、评审鉴定费等费用支出；教师不得使用学生研究经费；任何组织或个人不得提取管理费或截留与挪用，不得用于招待费等与研究内容无关的开支。

第十二条　项目管理办公室对计划经费进行严格的管理，保证该经费由承担项目的学生使用。所有的费用开支均由项目负责人负责，财务部门根据上述经费开支范围审核报账。

第五章　学校政策支持

第十三条　学校积极创造各种条件，为开展创新性实验活动提供人、财、物全方面的条件保障。在学校制定的《实验室开放管理办法》《创新实践基地有关管理规定》等文件中明确规定我校的示范性实验中心、各类开放实验室、学生创新实践基地和学科实验室等要为参与项目的学生免费提供实验场地和实验仪器设备。

第十四条 项目组的科研活动可与毕业设计（论文）结合；项目负责人的科研活动认定为课外实践活动，计课外实践1学分，项目组其他同学的科研活动根据其工作量认定为0.5~1个课外实践学分；学生在核心学术期刊上发表论文，可在免试推荐研究生时对其总平均成绩加分；经教育部评审，获得优秀项目奖励的项目负责人，在课程成绩满足一定要求情况下，可免试推荐为硕士研究生，或授予一定的称号。

第十五条 学校为开展创新性实验活动的学生个人或团队配备导师，负责指导学生进行创新性实验。指导教师对学生创新性实验项目的指导工作依据一定标准核算计入教学工作量。根据项目的规模（学生数量和持续时间等）和成果（如竞赛成绩、发表论文、专利等），对指导教师进行奖励，激励指导教师更好地投入到创新性实验项目指导中。

第六章 附 则

第十六条 本管理办法由北京邮电大学国家大学生创新性实验计划项目管理办公室负责解释。

附件：（略）

（二十三）北京邮电大学大学生研究创新基金经费管理办法

校教发〔2008〕61号

为贯彻落实《教育部　财政部关于实施“高等学校本科教学质量与教学改革工程”的意见》（教高〔2007〕1号）等文件的精神，推动北京邮电大学教学改革的发展，促进在校本科学生创新精神与实践能力的培养与提高，学校设立了“北京邮电大学大学生研究创新基金”（以下简称“基金”），以资助本科学生开展创新性实验计划项目；学校同时还成立了大学生创新性实验计划项目管理办公室。为规范大学生创新性实验计划项目的经费使用，特制定本管理办法。

第一条　学校对创新性实验计划设专项经费，对于教育部批准立项的国家大学生创新性实验计划项目，学校按照教育部有关文件精神给予配套经费资助；对于学校批准立项的校级大学生创新性实验计划项目，学校择优给予额度不等的经费资助。经费由学校大学生创新性实验计划项目管理办公室负责审核、划拨。

第二条　国家级、校级大学生创新性实验计划申报项目审批立项后，项目管理办公室划拨资助研究经费的60%。项目管理办公室组织专家对项目进行中期检查，项目中期检查通过后，拨付资助研究经费的40%。

第三条　本研究创新基金所资助的经费，主要用于学生创新性实验计划项目的调研差旅费、小型仪器设备购置费、加工费、材料费、资料费、论文版面费、评审鉴定费等费用支出，不得用于招待费等与研究内容无关的开支。各项费用使用比例参见《大学生创新性实验计划立项项目申请书》中有关要求。教师、基地、学院不得擅自使用学生研究经费。

第四条　对于购买单价超过500元人民币的固定资产必须在学校资产管理处建账建卡，视为学校固定资产，否则不予报销相应费用。由于项目研究所需购买的设备、材料、资料等，项目负责人应做好登记备案工作。所有设备及相关使用材料、资料在项目结题后由项目所依托的创新实践基地或项目负责人所在学院留存，学生或其他个人不得擅自占有，对不能上交有关设备、材料及研制作品等的项目负责人要进行严肃处理。创新实践基地与学院应对相应设备及学生研究作品按照学校有关资产管理办法进行管理。

第五条　创新性实验计划项目指导教师应对本项目经费的使用进行严格把关，项目负责人在申请使用经费前须征得指导教师的同意后方可使用，持卡报销时票据上须有指导教师和项目负责人的签字。

第六条　项目管理办公室对项目研究经费使用情况进行监督检查，对发现的问题报请有关部门进行相应处理。财务部门根据上述经费开支范围审核报账。

第七条 本管理办法所涉及的经费包括教育部、北京市、学校提供的用于资助大学生创新性实践活动的各种经费。

第八条 本管理办法由北京邮电大学大学生创新性实验计划项目管理办公室负责解释，大学生创新性实验计划项目管理办公室挂靠在教务处教学建设科。

（二十四）北京邮电大学大学生创新性实验计划实施细则

教发〔2009〕01号

大学生创新性实验计划项目是“高等学校教学质量与教学改革工程”的重要组成部分。为加强我校大学生创新性实验计划立项项目实施过程的管理，帮助学生完成以“兴趣驱动，导师指导，自主实验，重在过程”为原则的实验项目，根据《北京邮电大学国家大学生创新性实验计划项目管理办法》，针对立项项目的运行、中期检查、结题验收、经费管理、表彰与奖励等重要环节，特制定本实施细则。本实施细则适用于北京邮电大学国家级、市级、校级大学生创新性实验计划。

一、组织管理

1. 大学生创新性实验计划实行学校和学院两级管理。

（1）学校聘请有关专家成立大学生创新性实验计划指导工作组，负责全校大学生创新性实验计划活动的规划、指导、评审和验收等工作，教务处实践教学科承担具体的组织管理工作。

（2）各院成立大学生创新性实验计划指导小组，负责本院大学生创新性实验计划活动的组织实施工作。院大学生创新性实验计划指导小组由各学院教学院长、大学生创新实践基地主任、大学生创新性实验计划负责人、教务科成员、辅导员代表等组成。

各院大学生创新性实验计划指导小组负责宣传、发动和组织申报本院大学生创新性实验计划项目，检查、监督和总结大学生创新性实验计划项目的执行情况，并上报教务处。

2. 指导教师职责。

（1）指导学生申请大学生创新性实验计划项目；

（2）联系和协调相关学科创新实践基地的实验室或学院提供学生完成大学生创新性实验计划项目所需要实验室或场地、仪器设备和相关资料、信息等；

（3）指导学生开展项目研究、结题、答辩及研究成果的总结与推广。周期性检查学生大学生创新性实验计划项目的执行情况，每月至少检查一次，督促学生完成项目任务。

3. 项目负责人职责。

（1）填写大学生创新性实验计划立项申请表，确定聘请的指导教师；

（2）按照研究计划完成立项项目的研究工作，项目负责人每月填写项目进度表，交指导教师审核；

（3）项目负责人掌握经费的使用情况，做好使用明细记录，定期报请指导教师对经费使用进行审核，组织本团队成员和指导教师进行交流沟通，汇报项目进展情况；

（4）协助学校和学院做好“大学生创新性实验计划”中期检查，提供结题所需要的各种材料，负责优秀成果（论文）的发表与推广（产品与专利）。

二、项目申报

1. 凡我校全日制本科学生均可申请大学生创新性实验计划项目。原则上以二至三年级学生为主，特殊情况可适当放宽。所申报项目的起止时间，以项目申请者尚能在校本科学习的最长时间为限，项目研究周期一般为1~2年。

2. 申请者要品学兼优，学有余力，不影响各学期课程的学习，有较强的独立思考能力和创新意识，对科学研究、科技活动或社会实践有浓厚的兴趣，具备从事科学研究的基本素质和能力。申请者可以是个人，也可以是创新团队（一般2~4人）。鼓励学科交叉融合，鼓励跨院系、跨专业联合申报。

3. 学生在导师的指导下，通过选题、资料搜集和调研，拟定项目的设计研究方案和实验过程，填写《北京邮电大学大学生创新性实验计划申请书》（简称“申请书”）。项目级别分为国家级、市级、校级三级。通常研究课题主要源自于：

（1）综合性、设计性实验教学中延伸出值得进一步深入研究的课题；

（2）源自教师科研项目，可由学生独立开展研究的课题；

（3）由学生自主寻找与实际生活相关的课题；

（4）与社会或企业需求相关的课题。

4. 成果形式。学生可围绕课题进行多种形式的研究与探索，研究成果可以是论文、调查报告、软件、硬件等形式。对于兼有前述成果形式的应声明主要成果比例。

5. 由学院对学生的申报课题进行初选，并向教务处提交对应课题“申请书”。

三、项目评审

1. 由学校成立北京邮电大学大学生创新性实验计划专家组对通过初选的学生和团队进行课题申请答辩和评审，对通过评审的项目提出评审意见和改进建议。

2. 项目团队学生根据学校专家组的评审意见和改进建议，修改“申请书”。

3. 教务处汇总专家组的评审意见，确定创新性实验计划资助的项目与资助经费额度，国家级项目需报教育部备案。

四、项目运行

1. 项目指导。指导教师应及时指导和跟踪研究活动，每月对研究活动做出评价，并给出书面意见和建议。

2. 实验（调研）记录。项目组成员对每次实验（调研）的详细过程（包括实验步骤、原始数据等内容）和调研过程进行记录，做好研究日志。项目负责人每2周至少组织一次项目组成员研讨会，讨论实验进展情况、调研情况和近期着重要解决的问题。每次项目组成员研讨会应做好记录并提交指导教师。学校对项目进展进行跟踪管理，实施中期检查，查阅学生实验原始数据、实验记录和调研材料，并根据学生在实际研究过程记录所反映的情况确定是否进一步资助。

3. 项目交流。教务处建立创新性实验计划交流网站，组织定期和不定期的创新研究交流活动，为学生的创新研究过程交流各种信息，结识不同学科的研究伙伴，组成跨学科创新团队提供机会。

4. 项目变更。项目运行过程中因各种原因出现以下的变动情况必须报各学院批准并报教务处备案：

（1）人员变动

① 项目负责人变更。项目负责人因故确实不能或不宜继续主持项目的，由所在学院指导小组提出变更意见，经教务处审核同意后方可更换。

② 指导教师变更。指导教师因故短期不能履行指导任务的，应安排临时替代人员完成指导工作；指导教师因故长期不能履行指导任务的，由学院提出变更意见，经教务处审核同意后方可更换。

③ 项目组成员变更。项目组学生确因个人原因不能继续进行项目研究的，由项目负责人与指导教师根据项目进展情况决定是否重新增加成员，并将结果报教务处备案。

（2）项目时间变动

① 项目延期。若项目组提出延期，须在任务书写明的截止日期前 1 个月向教务处提出书面申请报告，详细阐明延期的缘由，经指导教师同意、学院批准后报教务处审核、备案。原则上每个项目只能申请一次延期。

② 项目结题时间变更。批准立项后的项目应按期完成，确因特殊原因需要提前或延期结题的，应由项目负责人提出书面报告，经学院审核后，报教务处批准。所有申报的项目必须在学生毕业离校前完成。

（3）项目内容变更

项目内容原则上不予变更，但对个别按原计划实施困难的项目，经指导教师认可、学院审批并报教务处审核同意后，可对研究内容作适当调整。

由于一些不可预期因素而导致项目无法继续实施时，项目组成员申请，经指导教师认可、学院审批并报教务处审核同意后，可以撤销立项。

五、中期检查

1. 项目研究时间过半时，教务处将对项目进行中期检查，项目负责人须提交《北京邮电大学大学生创新性实验项目中期检查表》及初步成果材料。经指导教师签署意见，学院审核后交教务处存档。

2. 学校专家组组织对中期研究报告进行评估，根据项目实施情况，中期检查将分为四个等级：优秀、良好、合格、不合格。对于被评为优秀的项目，作为结题评审评优的依据。评估合格的项目下拨后续 50% 研究经费。项目组学生要根据学校专家组的建议，继续项目的研究和实验工作。

3. 中期检查认为不合格项目，由项目所在学院督促改进。仍不能达到大学生创新性实验计划要求的，应填写《北京邮电大学大学生创新性实验计划项目中止申请表》，予以终止实施。

六、结题验收

1. 项目完成后项目负责人填写《北京邮电大学大学生创新性实验计划项目结题报告》，经指导教师签署意见，提交相关项目研究报告和研究成果等材料，学院审核后交教务处。

2. 教务处组织专家审议项目结题报告、实验操作演示，听取结题答辩。结题验收将分为四个等级：优秀、良好、合格、不合格。对于优秀结题验收项目将推荐评选北京邮电大学“大学生创新性实验计划”项目优秀成果奖。

3. 对不认真开展研究工作，进展缓慢、不能按时结题，又不在规定期限提出延期申请的项目负责人，学校将在一定范围内予以通报，情节严重者，学校有权终止项目的实施。

4. 项目评审结果、验收结果将予以公示，并将信息及时反馈给指导教师和项目负责人。

七、经费管理

1. 项目经费专款专用，学生在预算框架下自主使用，指导教师不得使用学生研究经费。经费使用自主权在项目负责人，但需经指导教师的审核批准。项目经费分两次下拨，项目立项后下拨资助经费的 50%，项目中期检查通过后下拨资助经费的 50%。

2. 项目经费由学校财务处按相关规定进行管理，教务处按项目进度划拨经费。经费开支项目的报销由项目负责人提出，经指导教师审核，教务处审核后由学生到校财务处报销。

3. 经费使用按申请书中的预算和学校财务管理规定执行。项目经费的使用范围包括：用于学生创新性实验计划项目的调研差旅费、小型仪器设备购置费、加工费、材料费、资料费、论文版面费、评审鉴定费等费用支出，不得用于招待费等与研究内容无关的开支。各项费用使用比例参见《大学生创新性实验计划立项项目申请书》中有关要求。教师、基地、学院不得擅自使用学生研究经费。

4. 学校对项目经费实行监督管理，保证使用科学、合理、高效。

八、安全保障

1. 学院和指导教师要加强对学生的安全教育，学生进入实验室等科研场所应遵守各项安全制度和操作规范。

2. 学生应严格遵守各项安全制度。因研究需要离校24小时以上者，应征得指导教师和学院相关部门负责人同意。外出调研时要遵守当地的各项法规并要注意人身安全。

3. 对不遵守安全制度的学生，应进行批评教育，违纪严重且不改者应终止其项目的执行。

九、奖励机制

1. 学校设立北京邮电大学大学生创新性实验计划项目优秀成果奖，评选优秀项目，并进行表彰。

2. 参加创新实验计划项目研究学生的奖励政策：

（1）学生参加大学生创新实验计划活动并达到预期的研究目标（通过结题验收），可获得北京邮电大学“创新实践与课外活动学分”，成绩分优、良、合格、不合格四个等级，国家级项目为优秀10学分，良好8学分，合格6学分；市级项目为优秀8学分，良好6学分，合格5学分；校级项目为优秀6学分，良好5学分，合格4学分。（“创新实践与课外活动学分”自2009级学生开始试行。）

（2）学生参加大学生创新性实验计划活动所获得的成果（论文、软件系统、硬件实物等）可以作为参加课外科技活动或学科竞赛的作品，并可根据奖励的种类和等级享受证书、学分、推研、优秀生评选、奖学金等各类奖励。

（3）颁发证书（“优秀”“良好”“通过”三种）。

3. 指导创新实验计划项目教师的奖励：

（1）设立创新性实验优秀指导教师奖，对获奖教师学校给予表彰。

（2）指导教师的工作可计算相应工作量，经评审按时完成立项项目，指导完成一个国家级项目计为2个工作当量，市级项目计为1.5个工作当量，校级项目计为1个工作当量。

十、项目总结与展示

1. 材料归档。教务处在项目结题验收后应及时做好项目总结和研究成果汇集工作，将《大学生创新性实验计划项目汇总表》、项目组提交的验收材料及大学生创新性实验工作相关支撑材料整理归档。

2. 项目展示。学校汇编大学生创新性实验计划研究成果，并组织成果展示与交流。

十一、违纪处理

凡属下列情形之一者，学校将视情节轻重收回部分或全部资助经费，并予以全校通报。情节严重的给予当事人及相关负责人纪律处分：

1. 违反学校财务政策；
2. 抄袭他人研究成果、作品或其他弄虚作假行为；
3. 无故或无正当理由不完成项目研究或随意放弃项目。

十二、其他

1. 凡本办法规定的未尽事宜参照《北京邮电大学国家大学生创新性实验计划项目管理办法》的相关规定。
2. 学校教务处将启动专用的校级大学生创新实验计划项目的网站，构成信息共享和交流的平台。
3. 本实施细则自公布之日起执行。
4. 本实施细则由教务处负责解释。

（二十五）北京邮电大学大学生创新性实验计划项目经费支出管理规定

根据学校财务要求，教务处对大学生创新训练计划项目经费支出做出如下规定：

第一条 创新训练计划项目经费为学校专项经费，由学校大学生创新训练计划项目管理办公室负责审核、划拨，教师、基地、学院不得擅自使用学生研究经费。

第二条 创新训练计划项目经费由各项目组在指导教师指导下支出，由指导教师负责审核并签字后交到教务处。

第三条 创新训练计划项目经费的支出范围包括：

（一）业务费：是指在项目研究过程中发生的打印费、复印费、装订费、书费、资料费等费用，业务费用不得超过 500 元。

（二）仪器设备购置费：是指在项目研究过程中购置或试制专用仪器设备、对现有仪器设备进行升级改造等而发生的费用。3000 元以上的仪器设备材料购置需向教务处单独提交申请。如果因为项目研究需要，确实需要购买手机的，需要向学校提交手机购置的申请，批准后方可购买。

（三）材料费：是指在项目研究过程中消耗的各种原材料、辅助材料，如芯片、模块、元器件、电路板等低值易耗品费用。

（四）外协费：是指在项目研究过程中支付给外单位的检验、测试、化验、维修、租赁和加工制作等费用。总额超出 1000 元的，需要附相应合同或协议。

（五）差旅费：是指在项目研究过程中开展科学实验（试验）、科学考察、项目调研、学术交流等所发生的外埠差旅费等。原则上学生外埠差旅交通工具不包括飞机，外埠差旅费不包括餐费，出国或赴我国港澳地区须有外事处的审核意见等相关文件，调研、考察要有调研照片、调研报告等证明材料；学术交流会议必须有会议通知等证明材料。

（六）会议费：是指在项目研究过程中参加学术研讨、咨询、培训等活动而发生的会议费用。会议费要有会议通知。

（七）专项业务费：是指在项目研究过程中需要支付的版面费、专利申请及其他知识产权事务等费用。专项业务费要有录用通知和发表文章、申请专利的复印件。

（八）其他费用：是指在项目研究过程中需要支付的邮寄费、交通费等，此部分费用不能超过 500 元，其中交通费不能超过 100 元。

第四条 创新训练计划项目经费报销的具体规定：

1. 项目经费支出要填写《项目经费使用明细表》；
2. 购买器件需和所设计电路有关，报销器件金额超过 200 元，需要附上电路图；
3. 元器件、材料等发票必须附有小票收据；

4. 购买模块要和项目的实现功能一致；

5. 购买图书要和项目需要有关，报销时附上书名；

6. 会议费要有会议通知；

7. 调研差旅费要有调研说明、调研报告、调研照片；

8. 版面费要附上论文收录通知、论文收录期刊封面、目录及论文的复印件；同时，所发表论文必须注明受“北京邮电大学大学生研究创新基金；北京市共建项目专项”资助；“北京邮电大学大学生研究创新基金”的英文翻译为“Research Innovation Fund for College Students of Beijing University of Posts and Telecommunications”。

第五条 请各创新项目严格按照规定执行，学校将每次经费支出的情况记录在册，如果发现购置与项目无关的东西和虚开发票的现象，将给予通报批评，并按照虚开发票额度从项目总经费中扣除。

本规定从 2012 年 6 月 20 日起执行，由教务处负责解释。

（二十六）天津大学大学生创新创业训练计划项目管理办法

第一章 总 则

第一条 为贯彻落实《教育部 财政部关于“十二五”期间实施“高等学校本科教学质量与教学改革工程”的意见》（教高〔2011〕6号）精神，推进以学生为主体、以项目为依托的创新人才培养模式，增强学生的创新能力和在创新基础上的创业能力，培养适应创新型国家建设需要的高水平创新人才，根据《教育部关于做好“本科教学工程”国家级大学生创新创业训练计划实施工作的通知》（教高函〔2012〕5号）总体安排，学校决定在大学生创新性实验计划的基础上，开展大学生创新创业训练计划立项工作，为确保计划项目的顺利实施，特制定本管理办法。

第二章 组织机构

第二条 天津大学大学生创新创业训练计划项目实行校院两级管理。

第三条 学校成立大学生创新创业训练计划领导小组并下设计划实施办公室。计划领导小组由校长任组长，由分管教学的副校长和分管学生工作的副书记任副组长，由教务处、团委、学工部、科技处、财务处、资产处领导任小组成员。计划领导小组负责领导全校计划的组织与实施。教务处、团委、学工部主要负责创新创业训练计划的组织工作，教务处同时负责学生实验条件的保障，科技处负责协助项目征集，财务处负责项目经费的管理，资产处负责学校大型仪器设备对学生的开放及管理。计划实施办公室由教务处处长任主任，团委和教务处主管大学生创新创业训练计划的副书记和副处长任副主任，具体负责大学生创新创业训练计划的组织和管理。

第四条 学校成立大学生创新创业训练计划评审委员会，负责项目的评审，阶段检查、结题验收、成绩评定及学分认定。

第五条 各学院成立院级计划工作小组及评审分委员会。院级计划工作小组由院长任组长，由分管教学工作的副院长和分管学生工作的副书记为副组长，负责学院实施方案的制定与组织落实。评审分委员会由5名或5名以上专家组成，负责申报项目的初审和推荐，并协助评审委员会完成其他评审工作。

第三章 项目申报

第六条 大学生创新创业训练计划项目分为创新训练项目、创业训练项目和创业实践项目三个类型。项目级别分为国家级和校级两个级别。

第七条 凡我校全日制本科生均可申请大学生创新创业训练计划项目，原则上以四年制本科生的一至三年级学生和五年制本科生的一至四年级学生为主，要求项目负责人在毕业前完成项目。创业实践项目负责人毕业后可根据情况更换负责人，或是在能继续履行项目负责人职责的情况下，以大学生自主创业者的身份继续担任项目负责人。创业实践项目结束时，要按照有关法律法规和政策妥善处理各项事务。

第八条 每位申请人同期至多参加两个大学生创新创业训练计划项目，且至多作为一个项目的负责人。

第九条 创新训练项目的立项资助对象是具备初步的科研和实践能力、对研究或发明创造有浓厚兴趣的本科生。项目要求学生在导师指导下，完成创新性研究项目设计、准备研究条件、实施项目、撰写研究报告等工作。项目申请者可以是个人，也可以是不超过 5 人的团队，完成期限一般为一或二年。鼓励学科交叉融合，鼓励跨专业、跨年级、跨学院联合申报。

第十条 创业训练项目的立项资助对象是不超过 8 人的本科生团队，团队中每个学生在项目实施过程中扮演一个或多个具体的角色，要求学生在导师指导下，完成商业计划书的编制、开展可行性研究、模拟企业运行，参加企业实践、撰写创业报告等工作。项目完成期限一般为一或二年。

第十一条 创业实践项目的立项资助对象是学生团队，要求学生在学校导师和企业导师的共同指导下，采用前期创新训练项目（或创新性实验）的成果，提出一项具有市场前景的创新性产品或者服务，以此为基础开展创业实践活动。

第十二条 大学生创新创业训练计划项目的指导教师必须具有一定的业务能力和可靠的时间保证，要定期组织学生讨论和交流。每位指导教师指导的项目数量一般不超过 3 个，每个项目的指导教师一般不超过 3 人。

第十三条 学校科技处、教务处、团委面向各学院和教学单位专业教师进行课题征集，由计划实施办公室汇总整理，发布项目指南。

第十四条 项目组按要求认真填写项目申报书，由指导教师审查签字后，送项目负责人所在学院。

第四章 项目评审

第十五条 项目评审采用学院初审、推荐，学校复审、立项的方式。

第十六条 各学院工作小组负责组织学生申报，对申报项目进行书面评审。学院将经过初审、推荐立项的项目汇总表及申报书上报学校计划实施办公室。

第十七条 学校计划实施办公室组织学校评审委员会进行复审，确定立项项目及资助经费。项目组按批准资助经费填写经费预算表。公示后，由学校发文公布并上报教育部。

第五章 项目运行

第十八条 学校计划实施办公室对项目进展进行跟踪管理，实施中期（阶段）

检查，项目组提交中期（阶段）检查表。检查的内容主要包括项目的实施进展情况、已取得的成果、下阶段工作计划及经费使用情况等。学校根据项目进展情况决定是否进一步支持，对无明显进展的项目，要求其限期整改。

第十九条 学校定期组织指导教师、学生开展各种形式的交流和讨论，及时总结和分享经验，解决问题。

第二十条 项目一旦立项，不得随意变更，有下列情况之一者可申请变更或终止项目研究。

1. 因课题研究的实际情况，项目执行过程中确需调整研究方案、项目组成员等，或因不能按时完成而需要申请延期结题，项目组填写项目变更申请表，报送学校计划实施办公室，经审核批准后方可做出变更。

2. 由于一些不可克服因素而终止研究的项目，应由项目负责人提交项目终止报告，经批准后执行。

3. 凡在项目申报、实施过程中弄虚作假，执行不力，无故延期又无具体改进措施，或经费使用不当的项目，学校将责令项目负责人停止使用课题的资助经费。

第六章 项目验收

第二十一条 项目应在规定的时间内结题，验收时各项目提交的必需材料为项目结题验收表、项目总结报告及论文、设计、专利等相关支撑材料。

第二十二条 学院计划工作小组组织相关领域专家对项目成果进行初评，并写出评审意见。

第二十三条 学校计划实施办公室组织学校评审委员会，按不同学科分组进行评审，审议项目总结报告及相关材料，通过结题评审的颁发结题证书。

第二十四条 项目研究成果是天津大学科技立项工程的科研成果，其属性为科技成果。为维护双方利益，避免产生法律纠纷，约定如下：成果产权及利益分配由学院和作者协商确定。在申请专利时应冠名天津大学。

第七章 经费管理

第二十五条 学校为每个学院设立大学生创新创业训练计划项目经费使用卡，由项目所在学院团委书记作为负责人，项目经费专款专用。学生报账时应严格按照预算由项目组负责人作为经办人填写有关单据，由项目指导教师、学院学生科技协会指导教师共同验收并签字，学院团委书记审核签字并加盖学院公章，按照学校财务制度予以报账。

第二十六条 因项目需要所购买的仪器设备账户应落在学院大学生创新创业训练实验室，设立专用账号，在项目执行期间由学生管理并使用，项目结题后应上交学院大学生创新创业训练实验室统一管理。

第二十七条 学校对项目的资助经费一次核定，分两次拨付。立项后拨付经费总额的50%，中期检查合格后拨付50%。

第二十八条 项目经费支出范围主要包括必要的仪器设备、实验耗材、图书资料、相关调研、培训交流、论文发表、资料印刷、检索费用等。

第二十九条 学校对项目经费实行监督管理，保证经费使用科学、规范、合理。

第八章 政策支持和激励措施

第三十条 学校各级各类实验室，特别是国家重点实验室、“211工程”经费建设的科研实验室和“985工程”经费建设的学科平台，均应本着“育人为本、资源共享、注重实效、保证质量”的原则，按照《天津大学实验室开放管理办法（试行）》（津大校教〔2007〕6号）文件要求，对学生开放，满足学生创新性实践活动的需求。

第三十一条 凡参与的项目通过结题验收的学生，根据评审委员会专家给出的成绩，依据《天津大学学生创新实践计划（PSIP）实施方案》（津大校发〔2007〕5号）、《天津大学关于学生创新实践计划（PSIP）的补充规定》（天大校教〔2011〕22号），可以获得相应PSIP学分。在推荐优秀应届本科毕业生免试攻读硕士学位研究生时，根据《天津大学竞赛获奖学生免试推荐校内研究生的奖励办法（试行）》（津大校教〔2005〕12号）及天津大学关于推荐免试攻读硕士学位研究生复试的规定予以相应的奖励。

第三十二条 指导教师按照每个项目每学期16标准学时计入实践教学工作量和年终考核业绩，并依据《天津大学校级津贴奖励办法》的规定，对于在学生创新性实践活动中取得良好效果的优秀指导教师予以相应奖励。

第九章 附　　则

第三十三条 本办法自公布之日起施行，由教务处负责解释。

（二十七）大连理工大学大学生创新创业训练计划管理办法（节选）

大学生创新创业训练计划是教育部组织实施的“高等学校本科教学质量与教学改革工程”和我校推进创新创业教育的重要内容之一。为了贯彻落实《教育部　财政部关于“十二五”期间实施“高等学校本科教学质量与教学改革工程”的意见》（教高〔2011〕6号）和《教育部关于做好“本科教学工程”国家级大学生创新创业训练计划实施工作的通知》（教高函〔2012〕5号）的精神，规范创新创业训练计划的管理，推进我校创新创业教育工作的开展，特制定本管理办法。

第一章　总　　则

第一条　大连理工大学大学生创新创业训练计划（以下简称训练计划）旨在通过该训练计划的实施，促进我校转变教育思想观念，改革人才培养模式，强化创新创业能力训练，增强学生的创新能力和在创新基础上的创业能力，培养具有创新实践能力的精英人才。

第二条　训练计划项目分为国家、省和校三个级别。

第三条　训练计划的内容包括创新训练项目、创业训练项目和创业实践项目。创新训练项目是本科生个人或团队，在导师指导下，自主完成创新性研究项目设计、研究条件准备和项目实施、研究报告撰写、成果（学术）交流等工作；创业训练项目是本科生团队，在导师指导下，团队中每个学生在项目实施过程中扮演一个或多个具体的角色，通过编制商业计划书、开展可行性研究、模拟企业运行，参加企业实践、撰写创业报告等工作；创业实践项目是学生团队在学校导师和企业导师共同指导下，采用前期创新训练项目（或创新性实验）的成果，提出一项具有市场前景的创新性产品或者服务，以此为基础开展创业实践活动。

第二章　组织机构与管理体系

第四条　训练计划实行学校和学部（学院）两级管理。

第五条　校级管理由“大学生创新创业训练计划组织协调委员会”负责。组织协调委员会主任由分管教学的副校长担任，成员由教务处、科学技术研究院、人事处、实验室与设备管理处、财务处、学生工作处、招生就业处、校团委及创新实验学院有关负责人组成。组织协调委员会的职责是：

1. 制定训练计划的实施办法及有关政策，指导项目的开展与实施，协调解决相关的重大问题。

2. 负责国家级、省级、校级项目的审批工作。

3. 确定各级项目的资助额度。

4. 监督项目资助经费的使用情况。

组织协调委员会下设办公室，办公室设在教务处，办公室主任由教务处分管副处长担任。该办公室的主要职责是：

1. 负责国家级、省级项目的管理工作。

2. 汇总各学部（学院）的评审结果，公示公布评审数据。

3. 定期检查项目的开展情况和经费使用情况。

第六条 学部（学院）级管理由“大学生创新创业训练计划工作委员会”负责。工作委员会主任由分管教学工作的副部长（副院长）担任，成员由主管科研、设备、学生工作的负责人和部分骨干教师组成。工作委员会的职责是：

1. 负责本学部（学院）的宣传、申报、评审工作。

2. 向学校推荐国家级、省级、校级候选项目。

3. 组织专家评审、检查、监督、验收本学部（学院）的项目，并向学校提交相应的结果和总结报告。

4. 向学校推荐优秀项目，提出有关政策和建议等。

第三章 创新训练项目管理

第七条 项目申报

1. 每年11月份组织学有余力、具备初步科研和动手能力的学生申报创新训练项目，申报人可以是个人或团队（每个项目1~3人），需为全日制本科一、二、三年级学生，项目执行期为一年至一年半。同时项目申请人必须选择一名相关学科的教师为指导教师，指导教师主要负责项目的指导、监督和管理。

2. 每名学生只能同时负责或参与一个项目，且保证在毕业之前结题。正在承担（负责或参加）项目的学生不能再申报新的项目。

3. 研究课题可以由学生自己提出、由学生和导师共同拟定或由导师提出学生选择，鼓励跨学科、跨院系、跨专业联合申报。确定了研究课题和指导教师后，项目负责人须填写《大连理工大学大学生创新训练项目申报书》，上报项目所在学部（学院），同时完成大连理工大学创新创业项目管理平台上的网上申报。

4. 各学部（学院）组织专家组对申报项目进行评审，项目评审本着公平、公正和公开的原则，注重项目的创新性、现实性、可操作性及应用性。评审结果上报组织协调委员会办公室，组织协调委员会办公室对结果进行审核，通过审核的项目确定为校级项目，并在校园网公示。

第八条 过程管理

1. 项目批准立项后，发放《大连理工大学创新创业训练计划项目过程记录册》（以下简称记录册），项目成员及指导教师须先签订并履行记录册中的承诺书并盖章确认，以确保在项目实施过程中实事求是、诚实守信、按计划完成各项研究工作及项目经费的有效使用。

2. 大连理工大学创新创业训练计划项目实行月报制，项目负责人按照项目的进展及时填写记录册，同时完成创新创业项目管理平台上的过程记录，指导老师定期填写指导意见。

3. 每年 3 月份进行开题报告，项目负责人需填写记录册中的《大连理工大学创新创业训练计划项目开题检查表》并提交开题报告，同时完成创新创业管理平台上的材料提交。开题报告由各学部（学院）组织专家进行答辩评审，各学部（学院）根据各项目的实施情况按名额推荐校级以上项目，组织协调委员会办公室组织专家对推荐项目进行评审，确定项目级别，国家级、省级项目分别上报教育部和辽宁省教育厅备案。对开题未通过的项目取消其立项资格。

4. 每年 10 月份项目进行中期检查，项目负责人需填写记录册中的《大连理工大学创新创业训练计划项目中期检查表》，同时在创新创业项目管理平台上提交中期检查表。由各学部（学院）组织专家进行答辩评审，对项目无明显进展或工作中弄虚作假的，终止该项目的运行并收回剩余经费，评审结果形成小结上报组织协调委员会办公室。

5. 凡有项目负责人或成员变更、研究内容有重大调整或项目运行终止等情况的项目，须由项目负责人填写《大连理工大学创新创业训练计划项目变更申请表》，并在创新创业项目管理平台上完成变更申请，经指导教师及项目所在学部（学院）同意，报学校审核。因个人无故终止或退出项目的学生不得参加新项目的申报。

第九条 结题验收

1. 每年 4 月初启动结题验收工作，项目负责人填写记录册中的《大连理工大学创新创业训练计划项目结题验收表》，并提交总结报告和相关研究成果，如调查报告、软件、仪器装置、学术论文、专利、获奖证书等，并完成创新创业项目管理平台上结题材料提交。

2. 申请结题的项目需符合以下条件：已提交结题报告书及有关研究成果；已经归还所借用的房间、仪器设备、工具、资料等；所资助的经费已经结算。

3. 组织专家进行结题答辩，根据答辩结果对项目给出评价等级（“优秀”“合格”“不合格”）。向验收合格的项目成员颁发《大连理工大学大学生创新创业训练计划项目证书》。

第四章 创业训练、创业实践项目管理

第十条 项目申报

1. 每年 11 月份，前期已有创新成果的成熟团队可申报创业训练、创业实践项目。创业训练项目申报人必须是团队（每个项目 3~5 人），需为全日制本科二、三年级学生，执行期为一年至一年半；创业实践项目申报人必须是团队（每个项目 3~5 人），

可以为全日制本科学生，也可包括本科毕业后已成为研究生的相关前期创新训练项目（或创新性实验）的负责人或主要成员，执行期为两年至两年半。

2. 每名学生只能同时负责或参与一个项目，且保证在毕业之前结题。正在承担（负责或参加）项目的学生不能再申报新的项目。

3. 申报人必须选择一名相关学科的教师为指导教师，同时创业实践项目还要聘请企业导师，实行双导师制。指导教师主要负责技术成果的指导、监督，企业导师主要为学生进行创业知识培训、指导学生创办企业。

4. 申报团队填写《大连理工大学大学生创业训练项目申报书》，经指导教师和企业导师共同确认后上报项目所在学部（学院），同时完成大连理工大学创新创业项目管理平台上的网上申报。各学部（学院）按名额上报组织协调委员会办公室，由组织协调委员会办公室统一评审，确定项目为校级创业训练项目并在校内网公示。

第十一条　过程管理

1. 项目批准立项后，所有项目成员需参加创业培训，了解创业基本知识和相关法律法规。发放《大连理工大学创新创业训练项目过程记录册》（以下简称记录册），签订记录册中的协议书，以确保在项目实施过程中知识产权、企业股份、资金等问题的妥善解决，项目负责人按照项目的进展填写记录册，同时完成创新创业项目管理平台上的过程记录，指导老师定期填写指导意见。

2. 每年 3 月份进行开题报告，项目负责人需填写记录册中的《大连理工大学创新创业训练计划项目开题检查表》并提交开题报告，同时完成创新创业管理平台上的材料提交。由组织协调委员会办公室组织专家进行答辩评审，根据各项目的实施情况确定项目级别和类型，国家级、省级项目分别上报教育部和辽宁省教育厅备案。对开题未通过的项目取消其立项资格。

3. 每年 10 月项目进行中期检查，项目负责人需填写记录册中的《大连理工大学创新创业训练项目中期检查表》，同时在创新创业项目管理平台上提交中期检查表。由组织协调委员会办公室组织专家进行答辩评审并根据评审结果做相应处理；创业实践项目在执行期内要进行三次中期检查，每半年一次，由组织协调委员会办公室组织。

4. 创业训练、创业实践项目由组织协调委员会办公室负责进行跟踪管理，因客观原因，需要对项目承担人、承担企业的计划目标、进度和经费进行调整，须由项目负责人填写《大连理工大学创新创业训练计划项目变更申请表》，并在创新创业项目管理平台上完成变更申请，经指导教师及项目所在学部（学院）同意，报学校审核。因运行不良或濒临破产的项目或企业，需履行清算核销手续，报组织协调委员会办公室备案。

第十二条　结题验收

申请结题的项目由项目负责人填写记录册中的《大连理工大学创新创业训练计

划项目结题验收表》，并完成创新创业项目管理平台上结题材料提交。创业实践项目结束时，要按照有关法律法规和政策妥善处理各项事务。

第五章　政策支持与保障

第十三条　学校实行“4个一”制度，即要求每“一”名在岗教授、副教授和具有博士学位的讲师每“一”年至少提出“一”项适合大学生创新创业训练的研究项目供学生选择，至少指导“一”名以上大学生开展创新创业训练计划项目。并将“4个一”制度纳入教师提职体系中，实行一票否决制。

第十四条　将训练计划纳入人事处年终考核指标中，项目指导教师依据指导的项目数计算工作量，每年每指导一个项目计100教学工作量。

第十五条　将训练计划作为个性课程纳入培养方案，项目通过结题验收后学生可申请3学分作为个性发展课程学分（2016级以后学生为2学分）。学生可根据项目进展情况和个人实际提出申请优先选学、免听与项目有关的部分课程。

第十六条　以学生为第一作者在国内外正式期刊上发表论文的，凭录用通知可以申请版面费，所发表论文需注明“大学生创新创业训练计划资助”字样。以学生为第一申请人或指导教师为第一申请人、学生为第二申请人在国内外申请专利的，凭专利受理书可以申请专利申请费。

第十七条　对在项目中表现突出的学生给予表彰，达到免试推荐研究生基本条件的，在免试推荐研究生时可优先考虑。

第十八条　根据《大连理工大学知识产权保护管理规定》，鼓励广大学生发明创造与智力创作的积极性，保护学生及指导教师在创业实践过程中的合法权益。

第十九条　创业实践项目可申请“辽宁省大学生创业教育实训基地孵化项目”、大连市沙河口区大学生“创业苗圃”项目，通过评审的项目将享受相关的支持政策。

第六章　经费管理与保障

第二十条　大学生创新创业训练计划项目由教育部、辽宁省教育厅和学校每年划拨专项资金支持，其中国家级和省级项目经费由组织协调委员会办公室代管，校级和学部（学院）级项目经费由组织协调委员会下拨各学部（学院）工作委员会代管，经费分两次下拨，通过开题下拨50%，通过中期检查后再下拨另外50%，未通过中期检查的项目不再下拨经费。

第二十一条　项目经费由承担项目的学生使用，由指导老师和管理部门监督，教师不得使用学生项目经费，学部（学院）不得截留和挪用，不得提取管理费。经费使用应严格遵守学校财务制度，专款专用。

第二十二条　统筹使用教育部、省教育厅的拨款和学校每年划拨的专项资金。一部分经费用于创新创业平台建设，另一部分用于创新创业项目的资助。

第二十三条 创业实践项目其他资金来源

1. 我校设立“大学生创业基金”，专门用于开展创业教育、创业实践。

2. 加入沙河口区大学生“创业苗圃”的创业项目可获得2000~10000元的无偿资金扶持。在“创业苗圃”孵化的创业项目孵化期满进入沙河口区大学生创业就业中心，享受2万~10万元无偿创业资金。

3. 我校软件学院设立“软件学院大学生创业基金”，主要面向IT及相关产业的创业项目。项目通过软件学院创新实践基地评审后，可获得“种子资金”或“创业资金”之一。

4. 由校就业指导中心联系，与风险投资公司合作，引进资金帮助学生创业成功。鼓励学生或指导教师与风险投资公司合作，拓宽创业资金来源渠道。

第七章 条件支持与保障

第二十四条 学校所有实验室（含重点实验室）对参与项目的学生全面开放，免收实验场地费和仪器使用费。

第二十五条 我校国家大学科技园作为全国首批“高校学生科技创业实习基地”对大学生创业团队开放，并为创业实践项目提供“一站式”创业服务，包括创业场地、政策咨询、信息检索、注册代理、融资服务等孵化功能服务。

第二十六条 每学年开设《创业基础》《创业管理》《创新教育基础》等课程供学生选学，以提高学生创新思维能力和创业技能水平。

第二十七条 针对创业训练项目和创业实践项目开展多种形式的培训：

1. 引进世界知名企业，构建实训平台，面向全校学生开放。

2. 引进“全球模拟公司创业实训项目”，每年组织培训。

3. 开设创业教育实践强化班，每年面向全校招生，培养学生的创业基础知识。

第二十八条 每年春季学期召开创新创业训练计划项目启动大会，向全校师生集中宣讲创新创业训练计划项目的指导思想、目标及申报程序等。

第二十九条 学校以通过校园网的网络资源进行成果展览等形式开展大学生创新创业训练计划的宣传与经验交流，形成辐射作用。

第三十条 每年举办全校大学生创新创业年会，开展创新创业训练计划项目成果展、学生学术交流会、教师创新教育经验交流会、名家讲座、创新文化周等主题活动，交流经验、展示成果、共享资源。

第三十一条 每年组织开展“创业名人进校园”主题活动，为学生传授创业知识，丰富创业教育的第二课堂，积极做好大学生科技创业的宣传工作，激发大学生的创业热情。

第三十二条 每年组织“互联网+”“挑战杯”“昆山杯”、SIFE等创新创业大赛，选拔推荐优秀创新创业项目，以比赛促进训练计划的开展。

第三十三条 对结题验收所遴选出来的优秀项目，编印大学生创新创业项目成果汇编，促进优秀成果的展示与推广应用。

第八章 附 则

第三十四条 如我校实施训练计划时违反教育部要求，学生可以直接向教育部投诉。投诉的问题要确切，要求投诉者署真实姓名。投诉邮箱为：gjs.lgc@moe.edu.cn。

第三十五条 本办法由“大连理工大学大学生创新创业训练计划组织协调委员会”负责解释。凡与本办法不符的，以本办法为准。

大连理工大学
创新创业教育工作

（二十八）大连海事大学大学生创新创业训练计划项目管理办法（试行）

连海大教字〔2015〕576号

第一章　总　　则

第一条　大学生创新创业训练计划旨在促进高校转变教育思想观念，改革人才培养模式，增强学生的创新能力和在创新基础上的创业能力，培养适应创新型国家建设需要的高水平创新人才。为进一步规范我校创新创业训练计划的组织与实施，深入推进我校创新创业教育工作，特制定本办法。

第二条　大学生创新创业训练计划以项目的形式实施，分为国家、省、校三个级别，创新训练项目、创业训练项目和创业实践项目三种类型。

第三条　大学生创新创业训练计划采取“兴趣驱动、自主实践、重在过程”的原则，按照“自由申报、公平评审、择优资助、规范管理”的程序，重点资助思路新颖、目标明确，具有创新性和探索性，研究方案及技术路线可行、实施条件可靠的项目。凡我校全日制本科生均可申报。

第四条　大学生创新创业训练计划实行校、院两级管理，大学生创新创业教育领导小组负责审定重大决策性问题，大学生创新创业教育管理小组负责实施过程的统筹协调等事宜，大学生创新教育与实践中心负责训练计划的组织协调，各学院（系）负责本单位内训练计划的组织实施。

第五条　训练计划的选题应具有创新性，彰显专业特色，鼓励具有海事特色的项目选题。

第六条　大学生创新创业训练计划项目为全校性创新类任选课程，列入本科专业培养计划，计入课内学分。

第二章　申报要求

第七条　创新、创业训练项目执行时限不超过1年，创业实践项目执行时限不超过2年，项目完成时间不能超过学生的毕业时间。

第八条　创新训练项目的申请者仅限本科生个人或团队，主要面向大一至大三学生；创业训练、创业实践项目的申请者需是本科生团队，主要面向大二至大三学生。团队实行负责人制，每个团队3人，特殊情况可增加成员，但总人数不超过5人。创业实践项目的负责人在其毕业后可根据情况进行更换，如能继续履行项目负责人职责，可允许其在毕业后以大学生自主创业者的身份继续担任该项目的负责人。

第九条　学校鼓励跨院系、跨专业、跨年级学生联合申报。每人限主持在研项目1项，每人最多同时参与2个项目的研究（含主持）。

第十条 创业训练、创业实践项目在立项时，如需使用已授权的发明创造或专利技术，需提交具有法律效力的所有人书面授权许可、作品鉴定证书、专利证书等证明文件。

第三章 项目管理

第十一条 立项评审

（一）项目立项，均为校级项目，分为创新训练和创业训练两种类型项目。中期检查后，择优推荐国家级和省级项目，并从国家级项目中遴选创业实践项目。

（二）学生可自行组队、确定选题及指导教师。由项目负责人根据项目类型填报相应的项目申请书，经指导教师审阅并签署意见后，提交项目负责人所在学院（系）进行初评，并将结果报送大学生创新教育与实践中心。

（三）大学生创新教育与实践中心组织对上报项目进行审查，合格项目进行集中公示，经公示无异议的项目予以立项。

第十二条 项目批准立项后，项目负责人及指导教师须签订《大连海事大学大学生创新创业训练计划项目承诺书》。

第十三条 项目实施采取过程管理的方式，实行月报制。项目负责人和指导教师须每月填写《项目过程记录册》。国家级项目由大学生创新教育与实践中心定期监督过程管理，省级和校级项目由各学院（系）定期监督过程管理。

第十四条 中期检查

（一）中期检查前，项目负责人须填写《大连海事大学大学生创新创业训练计划项目中期进度报告书》。由相关学院（系）按项目所属学科组织专家进行答辩评审，对无明显进展或在工作中弄虚作假的项目，应立即中止。

（二）学院（系）将评审结果报送大学生创新教育与实践中心，由中心根据检查结果推荐国家级、省级和校级项目。

（三）大学生创新教育与实践中心将根据各项目级别和项目类型、项目所属学科下达经费额度，各学院（系）负责组织学生填报并审定各项目经费资助方案和预算。

第十五条 项目变更

项目立项后，主体研究内容和研究方向不得变更，擅自变更的项目将按中止处理。指导教师、项目负责人和参与人也不得随意变更，如遇特殊原因确需变更，须在结题验收前，由项目负责人提交变更申请表，说明变更情况、主要原因和对项目研究的影响，经指导教师和所在学院（系）审批后，报大学生创新教育与实践中心备案。

第十六条 延期与中止

（一）因客观原因不能在规定期限按计划结题的项目，项目负责人应提前一个月提交延期申请，说明延期原因及申请延长期限，每个项目只能申请一次延期，延期时间最长一年，经指导教师和所在学院（系）审批后，报大学生创新教育与实践中心备案。

（二）项目执行期内，项目组因无法克服的原因决定中止项目研究的，应由项目负责人在中期检查前，经指导教师同意后，向学院（系）提交书面申请，经学院（系）批准后报大学生创新教育与实践中心备案。项目中止后，项目负责人不允许以主持人身份申请下一年度项目，并视情况收回已使用的项目经费。未办理申请的，按擅自中止处理，项目组所有成员不能申报下一年度项目。

第十七条 结题验收

（一）结题验收前，项目负责人须填写《大连海事大学大学生创新创业训练计划项目结题报告书》。原则上，国家级项目在结题验收前须至少提交一项研究期间完成的与项目研究内容相关且以大连海事大学为第一署名单位的项目成果，具体包括：

1. 论文：以项目组学生为第一作者或指导教师为第一作者、项目组学生为第二作者发表的学术论文；

2. 新产品：通过市级或市级以上机构认定的新产品；

3. 专利：以项目组学生为第一发明人或指导教师为第一发明人、项目组学生为第二发明人的已授权的专利；

4. 著作：以项目组学生为第一作者或指导教师为第一作者、项目组学生为第二作者出版的著作。

此外，国家级创业训练项目结项前还须提交创业计划书，创业实践项目还须注册以项目负责人为法人的公司。

（二）项目成果（设计图纸、模型、样品、装置、软件、公开发表论文、专利、著作、获奖等）均须注明“大连海事大学大学生创新创业训练计划项目”。

（三）结题验收由大学生创新教育与实践中心和各学院（系）共同组织，由大学生创新教育与实践中心汇总项目的验收结果，并进行集中公示，经公示无异议的项目，颁发结项证书。

第四章 指导教师工作

第十八条 每个项目可配备1~2名指导教师，由教师和学生自行双向选择，其中，至少1名指导教师为校内教师。校内指导教师须为具有高级职称或中级职称且具有博士学位的在职教学科研人员，指导教师研究方向须与项目选题相关。创业实践项目除校内指导教师外，须配备一名具有创办企业经验的企业导师共同参与指导。校内指导教师每年指导的在研项目不得超过3项，企业导师每年最多指导1项在研项目。

第十九条 指导教师的主要职责是对学生提供必要的指导、监督和管理，确保项目按期结项；审核项目的财务支出，制止项目组在使用经费过程中不符合财务规定或者弄虚作假的行为；根据学生的工作态度、工作量和达到的效果等方面对学生进行考评等工作。

第二十条 在岗教授、副教授（专任教师）三年内至少指导完成一项大学生创新创业训练计划项目，以承担公共基础课教学为主的教师除外。

第二十一条 国家级优秀项目第一指导教师在校内评聘中视同主持完成校级教改项目。

第五章 经费管理

第二十二条 大学生创新创业训练计划项目由教育部、省教育厅和学校每年划拨专项资金予以支持，大学生创新教育与实践中心负责资金的合理配置和统筹使用，各学院（系）监管本单位资金的使用。各单位不得以任何理由截留和挪用项目经费，不得以任何形式和名目提取管理费。

第二十三条 项目经费只能由承担项目的在校学生使用。主要用于资助与项目相关的设备费，图书费，材料费，测试、化验、租赁、加工费，调研费，出版、知识产权事务费，劳务费，专家咨询费，资料费等支出项目，创业实践项目还可用于工商注册、办公场地租赁等费用。经费使用应严格遵守学校财务制度。

第六章 其 他

第二十四条 项目研究期内学生发表论文或申请专利的费用可从项目经费中列支。结项后，学生在校期间发表或申请的与项目有关的学术论文或专利等科技创新成果，可凭期刊、专利授权通知或证书到大学生创新教育与实践中心申请报销。

第二十五条 专利等知识产权的管理依照《大连海事大学知识产权保护管理规定》和《大连海事大学专利管理办法》有关文件执行。

第二十六条 国家级优秀项目完成人可申请替代本科毕业设计（论文），按照《大连海事大学本科生毕业设计（论文）工作管理办法》有关规定执行。

第二十七条 其他未尽事宜，按学校有关规定执行。

第二十八条 本办法自2016年1月1日起执行。

第二十九条 各学院（系）可根据本管理办法制定实施细则。

第三十条 本办法由教务处负责解释。

（二十九）大连海事大学大学生创新创业竞赛管理办法（试行）

连海大教字〔2015〕582号

第一章 总 则

第一条 为提高人才培养质量，培养大学生的创新思维和创新能力，鼓励全校学生积极参加各级各类大学生创新创业竞赛，规范竞赛的组织与实施工作，特制定本管理办法。

第二条 本办法中的创新创业竞赛是指由国家、省（部）有关部门主办，经学校同意并由学校有关单位（部门）组织的面向全校大学生的创新创业类竞赛的最终决赛（不包含预赛、季前赛、热身赛、附加赛等）。文体性、演艺性、企业宣传推广以及面向社会公众广泛参与的比赛不适用于本管理办法。

第三条 鼓励从大学生创新创业训练计划项目中孵化创新创业竞赛的参赛项目。

第二章 创新创业竞赛的类别

第四条 本办法适用的创新创业竞赛分为三类：

A类：是指由联合国专门机构或国际学术组织，教育部、科技部、团中央等政府部门和教育部高等学校教学指导委员会主办的具有重大影响的综合性国家（国际）级及其省部（地区）级竞赛。

B类：是指由联合国专门机构或国际学术组织，教育部、科技部、团中央等政府部门和教育部高等学校教学指导委员会及重要的国家级学术组织、行业学会（协会）主办的具有较大影响的国家（国际）级及其省部（地区）级竞赛。

C类：是指由国际、国家级学术组织或行业学会（协会）主办的具有一定影响的国家（国际）级及其省部（地区）级竞赛。

创新创业竞赛及类别见附表1，自本办法公布之日起，未列入本办法的竞赛原则上不予增设。新增赛事须由竞赛承办单位（部门）申请，由大学生创新教育与实践中心审核，并提请校大学生创新创业教育管理小组审定。

第三章 管理与实施

创新创业竞赛由大学生创新教育与实践中心统筹协调，各相关单位（部门）负责竞赛的具体承办。

第五条 大学生创新教育与实践中心负责落实竞赛的校内承办单位（部门），按本办法有关规定负责竞赛的审核和资助工作、负责竞赛的通知发布、结果公布等工作。

第六条 竞赛承办单位（部门）负责制定创新创业竞赛年度总结和下年度实施

计划，负责竞赛的宣传推广、赛前训练、组织参赛等工作，并对竞赛的组织实施工作量予以认定。

第七条 竞赛负责人负责相关竞赛的各项具体工作，竞赛工作结束后，做好竞赛获奖名单、获奖证书等图文资料的保存工作并报大学生创新教育与实践中心备案。

第八条 指导教师负责参赛队（参赛者）的指导与培训。一个参赛队（参赛者）配备一名教学科研人员担任指导教师，特殊情况以竞赛通知为准。

第九条 竞赛承办单位（部门）须在组织训练前一周（若不组织训练，则于比赛前两周），由竞赛负责人向所在单位（部门）提出竞赛组织方案，包括竞赛内容、竞赛时间、训练计划、参赛队员名单及经费预算等，经所在单位（部门）审核并报大学生创新教育与实践中心审定、备案，方可执行。未办理申报手续，自行参加的竞赛不适用于本管理办法。对于在考试周内进行的非重要竞赛，学校原则上不予同意。

第十条 各级各类竞赛参赛队伍的选拔应公平、公正、公开。

第十一条 每支参赛队伍的总人数不超过 5 人，其中，主力队员不得超过 3 人，辩论类竞赛主力队员不得超过 4 人，按获奖证书中获奖人排序确定主力队员与非主力队员。

第十二条 参赛队员的选拔，应考虑学生的学业状况，不得因参加训练、比赛而影响其正常学业；学生本人可根据个人的学业情况决定是否参加训练和比赛。

第十三条 比赛时间（期末期间）与学生课程考试时间冲突，参赛队员可申请免费重修或缓考。免费重修或缓考名单由竞赛承办单位（部门）提出，报教务处批准。

第十四条 凡校外举行的竞赛须由一名教师带队参加，参赛学生须自觉遵守有关纪律要求。

第四章 资助范围

第十五条 学校设立经费用于资助国内竞赛的报名费、评审费、邮寄费、材料费、会务费、差旅费等，相关费用支出按照学校有关规定执行。

第十六条 A、B 类竞赛，如竞赛通知中未限定参赛队伍数量仅资助获奖团队或个人；C 类竞赛仅资助获奖团队或个人。

第十七条 境外参赛，须由所在单位（部门）按学校有关规定审批。经国内选拔并获邀代表国家参赛，学校予以资助；自行参赛，不予资助。具体事宜按照《大连海事大学因公出国（境）管理规定（试行）》《大连海事大学因公临时出国经费管理办法》有关规定执行。

第五章 竞赛奖励

第十八条 竞赛获奖级别的认定，以竞赛主办单位颁发的证书或文件为依据。同一参赛作品，按照最高级别给予奖励，不得重复奖励；奖励生效后，如在后续学期参加各级各类竞赛获得更高级别奖项，不再重复认定。

第十九条 获奖学生奖励情况按照《大连海事大学大学生科技创新奖励办法》《大连海事大学推荐优秀应届本科毕业生免试攻读硕士研究生办法》《大连海事大学本科生综合素质测评办法（试行）》《大连海事大学学生奖学金评定办法（试行）》《大连海事大学学生国家奖学金评定办法》《大连海事大学学生情商奖学金评定办法（试行）》的有关规定执行。

第二十条 第一指导教师指导学生在A类竞赛中荣获最高级别奖励，在校内评聘中视同荣获省部级三等教学成果奖。

第二十一条 指导学生参加A、B、C类竞赛并获奖的指导教师，学校将根据竞赛类别和获奖等级，给予奖金奖励，奖励标准见表1。

表1 竞赛奖励标准

单位：万元

竞赛类别		获奖等级			
		最高等级	第二等级	第三等级	第四等级
A类	国家（国际）	3.0	1.0	0.6	0.4
	省部（地区）	0.3	0.2		
B类	国家（国际）	1.0	0.6	0.4	0.3
	省部（地区）	0.2			
C类	国家（国际）	0.5	0.2		

注：上述获奖奖励级别不含优秀奖等鼓励类奖项。

（一）在同一竞赛项目中，同时指导多个队伍或个人参赛并获奖的，第2个奖项的奖励额度为上述标准的80%，第3个奖项为上述标准的60%，第4个和第5个奖项为上述标准的40%，自第6个奖项开始不累计计算。

（二）学校每年度集中受理奖励申请一次。指导教师取得本办法适用的成绩、荣誉，凭获奖证书等有效书面证明材料申请奖励；所在单位负责对荣誉层次、等级和应奖励额度进行认定，认定结果和相关材料报大学生创新教育与实践中心审核。

（三）学校对于指导教师的赛前辅导不再给予经费补贴。指导教师根据本办法获得奖励的，不影响本人根据所在单位其他规定或决定依同一事由获得荣誉或奖励。

第六章 其　　他

第二十二条 其他未尽事宜，按学校有关规定执行。

第二十三条 本办法自2016年1月1日起执行，由教务处负责解释，同时《大连海事大学教师指导大学生科技创新活动奖励办法》（连海大教字〔2013〕267号）废止。

（三十）大连海事大学大学生科技创新奖励办法

连海大教字〔2015〕488号

第一章　适用范围

第一条　本办法适用于在校期间代表大连海事大学参加的经学校认定的各级各类创新创业竞赛，以及公开发表的学术论文、已授权的专利、出版的著作等科技类创新成果。

1. 创新创业竞赛

本办法所指的创新创业竞赛及其类别、竞赛管理与实施见《大连海事大学大学生创新创业竞赛管理办法》。

2. 学术论文

学术论文即以大学生为第一作者或以指导教师为第一作者、大学生为第二作者，并以大连海事大学为第一署名单位的公开发表的学术论文（不含增刊）。

3. 专利

专利即以大学生为第一发明人或以指导教师为第一发明人、大学生为第二发明人，并以大连海事大学为第一专利权人已授权的专利。

4. 著作

著作即以大学生为第一作者或以指导教师为第一作者、大学生为第二作者，并以大连海事大学为第一署名单位，由国家一级出版社公开出版发行的专著作品（不含个人自费出版）。

第二章　成绩与学分奖励

第二条　根据创新创业竞赛类别与获奖级别，参赛队伍成员可获得比赛学期（寒暑假进行的比赛认定为上一学期）的两门主要课程成绩乘以相应系数的奖励。其中，主力队员的奖励系数按以下公式折算，非主力队员的奖励系数降一等。所有成员折算后的最高成绩不能超过95分（五级分制折算后最高不能超过优）。

记载成绩 = 课程考核成绩 $\times R$，其中，系数 R 根据竞赛成绩取值见表1。

表1　系数 R 取值

竞赛类别		获奖等级		
		最高等级 R	第二等级 R	第三等级 R
A类	国家级（国际）	1.4	1.2	1.15
	省部级（地区）	1.1		
B类	国家级（国际）	1.2	1.1	

注：上述获奖等级不含优秀奖、参赛奖等鼓励类奖项。

第三条 根据创新创业竞赛类别、获奖等级和科技类创新成果类型，参赛队伍成员和排名第一的学生作者、发明人可获得创新类任选课程学分。

1. 创新创业竞赛参赛队伍主力队员的奖励学分按表2标准计算，非主力队员的奖励学分降一等。

表2 创新创业竞赛参赛成员奖励学分标准

竞赛类别		获奖等级			
		最高等级	第二等级	第三等级	第四等级
A类	国家（国际）	4	3	2	1
	省部（地区）	1	0.5		
B类	国家（国际）	3	2	1	0.5
	省部（地区）	0.5			
C类	国家（国际）	2	1		

注：上述获奖等级不含优秀奖、参赛奖等鼓励类奖项。

2. 学术论文奖励学分及补充规定见表3。

表3 学术论文奖励学分标准

论文分级	A	B	C	D
学分	4	3	2	1

注：论文分级标准见《大连海事大学学术论文分级标准与认定暂行办法》

3. 专利奖励学分见表4。

表4 专利奖励学分标准

专利类型	发明专利	实用新型	外观设计
学分	4	2	1

4. 著作奖励学分见表5。

表5 著作奖励学分标准

著作类型	专著	编著
学分	4	2

第四条 同一比赛、同一项目，只能申请一次课程成绩乘系数奖励或学分奖励，两者不可兼得。

第五条 同一学期参加多项竞赛，只能申请一次课程成绩乘系数奖励，不重复、不累计。

第六条 同一学期以不同项目参加不同竞赛，或取得多项科技类创新成果，申请学分奖励，可累计计算。

第三章 认定程序

第七条 创新创业竞赛及科技类创新成果奖励认定工作，由学生本人申请，并附相关证明材料。其中，创新创业竞赛由该项赛事的校内承办单位（部门）统一申报，教务处审批，办理时间为比赛成绩公布（正式发文为准）后下一学期开学第一周。科技类创新成果由学生所在单位统一申报，教务处审批，办理时间为每学期开学第一周，不接受学生个人申请，逾期不办理视为自动放弃，不予补办。创新创业竞赛的奖励认定以获奖证书为准，学术论文以发表刊物为准，专利以授权书为准，著作以出版物为准。

第八条 申请奖励时，应由学生所在单位对其学术水平、专业相关性和诚信度进行评价，并决定是否同意对其进行奖励。对弄虚作假或剽窃他人成果的，除取消奖励外，将视情节给予批评教育直至纪律处分。

第九条 相关证明材料、成绩加分、学分汇总等文件材料由申报单位（部门）负责保存以备查。课程成绩和奖励学分经申报单位（部门）审核后公示，对公示内容有异议的，应在公示期内提出复核申请，并提供相应证明材料；公示无异议的，报教务处审批。

第十条 学生申请的科技创新奖励生效后，不予变更。

第四章 附 则

第十一条 本办法适用于全日制在校大学生。

第十二条 本办法自公布之日起执行，《大连海事大学大学生科技创新奖励办法》（连海大教字〔2013〕296号）同时废止。

第十三条 本办法由教务处负责解释。

（三十一）吉林大学大学生创新创业训练计划实施办法（修订）

校发〔2015〕142号

第一章　总　　则

第一条　为贯彻落实《国务院办公厅关于深化高等学校创新创业教育改革的实施意见》（国办发〔2015〕36号）精神，深化我校创新创业教育改革，加快实现以创新引领创业、以创业带动就业，增强大学生创新创业训练计划的实施成效，增强学生的创新精神、创业意识和创新创业能力，特制定本办法。

第二条　实施大学生创新创业训练计划，是国家“本科教学工程”的重要组成部分，旨在完善以问题为核心的教学模式，深化以大学生为主体的创新性实验改革，构建大学生创业训练教育体系，培养大学生的创新创业意识和实践能力。

第三条　实施原则：兴趣驱动、自主实践、注重过程、团队合作、求实创新、培养能力。

第二章　组织机构

第四条　学校成立吉林大学大学生创新创业训练计划领导小组（以下简称领导小组），成员包括教务处、科学技术处、社会科学处、实验室与设备管理处、财务处、学生工作部（处）、校团委、学生就业创业指导与服务中心、科技园办公室等单位的主要负责人。领导小组负责大学生创新创业训练计划的宏观管理，包括制定政策、协调资源、组织评审、监督实施过程、管理经费、验收成果、实施奖励等工作。领导小组办公室设在教务处。办公室负责大学生创新创业训练计划的日常工作。

第五条　学院成立吉林大学大学生创新创业训练计划工作组（以下简称工作组），组长由主管教学工作的副院长担任，副组长由主管学生工作的副书记担任，小组成员由学院教学、科研、实验室、学生工作的领导和部分工作人员担任。工作组负责本学院计划项目的具体实施与管理，包括组织项目申报、管理项目实施、提供实验条件、验收项目结果、管理经费等工作。

第三章　项目的立项

第六条　学校大学生创新创业训练计划项目每年进行一次立项工作。计划项目分为国家级、校级和院级三级资助项目，校级项目分为一类资助项目和二类资助项目。

第七条　大学生创新创业训练计划原则上面向全校全日制在校二、三年级本科生。参与学生应能够按培养方案规定完成学习任务，对创新创业有浓厚兴趣，敢于探索与实践，具有一定的创新意识与创新精神，具备良好的学术道德和社会公德。

申请者须组成团队合作申请项目，原则上每组 3~4 人为宜，最多不超过 5 人。鼓励跨院系、跨学科的合作。每名学生同时只能参与一个项目，在研项目未结题时不能申报新的项目。跨学院组队项目由项目负责人所在学院受理立项申请。

指导教师原则上应具有副高级（含）以上职称，熟悉该项目涉及的研究领域。创业实践项目实行“双导师制”。如聘请其他高校、科研单位或企业的专家担任指导教师，也应有校内的导师负责日常管理、协助指导工作。

第八条 学校于每年 3 月开始组织项目申报工作，3 月至 5 月上旬学生准备选题、项目论证与填写申报书，5 月中旬学院组织初评，5 月底学校组织立项评审。

第九条 大学生创新创业训练计划内容包括创新训练项目、创业训练项目和创业实践项目三类。

（一）创新训练项目。创新训练项目是本科生团队，在导师指导下，自主完成创新性研究项目设计、研究条件准备和项目实施、研究报告撰写、成果（学术）交流等工作。

（二）创业训练项目。创业训练项目是本科生团队，在导师指导下，团队中每个学生在项目实施过程中扮演一个或多个具体的角色，编制商业计划书、开展可行性研究、模拟企业运行、参加企业实践、撰写创业报告等工作。

（三）创业实践项目。创业实践项目是学生团队，在学校导师和企业导师共同指导下，采用前期创新训练项目或学科竞赛等成果，提出一项具有市场前景的创新性产品或者服务，以此为基础开展创业实践活动。

第十条 学生可根据所学专业、兴趣爱好或在教师的指导下自主进行选题。选题要求思路清晰、目标明确、具有创新性和探索性。项目内容难易适度，可行性强。创新训练项目内容包括自主性学习、实验方法的设计、组织设备与材料、实施实验、数据分析处理、撰写总结报告、成员分工等；创业训练与创业实践项目内容包括自主性学习、商业计划书编制、项目可行性研究、模拟企业运行方案、计划参加的企业实践、撰写创业报告（计划）、成员分工等。

第十一条 大学生创新创业训练计划项目原则上要求项目负责人在毕业前完成项目，即完成时间一般为 1.5~3 年。创业实践项目负责人毕业后可根据情况更换负责人，或是在能继续履行项目负责人职责的情况下，以大学生自主创业者的身份继续担任项目负责人。创业实践项目结束时，要按照有关法律法规和政策妥善处理各项事务。

第十二条 项目评选要经过学院初评、学校评审与学校领导小组审批等过程。学院工作组组织专家（5~7 人）以答辩方式进行立项评审，并向学校有序推荐申报项目。

学校根据学科特点组成校级专家组（5~7 人）进行复评，提出拟立项名单，领导小组对拟立项名单审批后正式立项。

第十三条 创新训练与创业训练项目评审，主要依据以下标准：

（一）项目成员具备一定的相关专业基础和基本业务素质，具有初步的综合研究能力，鼓励跨学科、跨年级组建团队；

（二）项目选题具有一定的先进性和实际意义，研究目的明确、原理可靠、方法科学，具备研究的可行性；

（三）项目应在研究对象、应用理论、采用方法或实现路径等某一或某几方面具有创新性；

（四）项目团队成员及指导教师对课题领域的研究具有一定工作基础，研究的技术路线清晰、阶段划分合理、阶段性任务及成果明确；

（五）项目的难易程度适合团队能力，所需研究及实验条件能够得到基本满足；

（六）项目经费预算合理、有明确的经费使用计划，设备、材料等管理责任明确；

（七）项目负责人组织能力较强，团队成员分工合理，指导教师具备专业能力并能指导到位，项目经努力能够按时完成。

第十四条 创业实践项目评审，主要依据以下标准：

（一）项目成员具有旺盛的创业热情，具备基本专业知识和良好的心理素质，沟通实践能力较强，团队具有基本的专业与特长组合；

（二）项目选题建立在充分的市场分析基础上，具有一定技术或专业依托，鼓励从我校教师的科研成果特别是我校大学生的创新训练项目中进行选择；

（三）技术型项目应具有一定的高新技术含量和市场开发价值，应具备技术的合理性和经济的可行性，并能产生良好的经济与社会效益；

（四）应建立清晰的公司化运作方式，明晰利益关系，建立基本的组织架构与制度框架，明确团队成员的角色分工；

（五）要编写规范的商业计划书，有基本的商业模式设计，有较详细的公司运营计划，有明确经营目标，基本运作条件和资金的需求应在现实可实现的范围内；

（六）应遵守国家的法律法规，诚信经营。要有风险意识，明晰项目风险，建立规避机制。如项目失败，应能进行合理清算，尽量减少损失；

（七）项目负责人能发挥核心作用，团队成员各尽其职、关系融洽，指导教师具备专业水平或管理经验，并能指导到位；

（八）项目组聘请企业指导教师，签署指导协议。

第四章 项目运行与管理

第十五条 大学生创新创业训练计划项目，由学校领导小组进行宏观管理，项目所在学院工作组负责具体实施。每批项目公布后，参与学生即可在教师的指导下自主开展研究工作。项目组成员应严格按照项目实施计划开展工作。全体成员应保证时间和精力的投入，自主设计和组织实施，独立进行实验，独立撰写总结报告，同时应做好训练过程记录。项目成员不得抄袭、拷贝、移植他人成果，引用参考资料须在报告中注明出处。

第十六条 每个项目配备1~2名指导教师，每个指导教师同时指导的项目不超过2个。

指导教师要根据项目的实施计划及时给予指导，保证指导时间和指导质量。在项目实施中，指导教师应在学术思想、研究技术手段与研究方法、研究工作成果分析总结方面给予指导，引导学生自主学习、自主完成研究计划；应注重学生创新思想的激发，培养团队的协作精神；应严格要求学生，注重学生综合素质的培养，包括发展学生对科学研究的兴趣、培养实事求是的科学精神及坚忍不拔的态度。指导教师不得代替学生完成项目内容，也不得将自己的成果转嫁给学生，更不得委托研究生指导项目。

第十七条 学校及学院对所有项目的进展情况进行定期检查及随机抽查。定期检查安排在每年4月和10月。项目组要向学院提交进展报告。学院工作组组织专家检查本院所有执行项目，并对检查中发现的问题及时采取措施予以改进。

实施末位淘汰机制。除学院检查专家组建议终止的项目外，其余项目在学期检查、结题环节进行末位淘汰。

第十八条 项目在运行过程中可以申请变更相关事宜，经学院审批、报学校领导小组备案后生效。可变更情形如下：

（一）项目名称及实验内容变更。在立项后第一次学期检查时经学院专家组评审同意，可以进行项目名称、研究范围、实验方法等方面的微调，但项目的主要内容不得变更，实验工作量不得减小。

（二）项目组成员变更。项目组成员变更仅限人员替换，变更人数限参加人数的1/2以内，且项目负责人不得变更。创新训练、创业训练项目人员变更事宜，限定在项目执行期间的前1/2时段内进行。

创业实践项目负责人变更，由原负责人提出变更申请，经学院工作组审查，报学校领导小组审批。负责人变更以后，应按照有关法律法规和政策妥善处理涉及事务。

（三）指导教师变更。如遇特殊原因不能继续指导，学院可安排变更指导老师。

第十九条 项目结题实行申请制。创新训练、创业训练项目逾期一年不结题即按终止处理；创业实践项目逾期两年不结题即按终止处理。

第二十条 项目结题验收工作，由学院和学校在每年的5月、9月共同完成。其中创新训练项目结题由学院按照本院结题标准独立完成，结题项目名单报教务处备案，作为核算教师工作量及颁发证书依据；创业训练项目、创业实践项目须通过全校性评审程序。

第二十一条 项目按计划完成后，项目组向学院工作组提交结题申请、结题报告，附加发表文章、专利、产品或作品实物原件、成果应用情况、经费支出情况、项目实施记录本等资料。跨学院的项目，向项目负责人所在学院申请结题。

第二十二条 创新训练项目，应完成立项申请书设计的全部工作内容，项目支撑材料充分翔实，项目成果达到预期指标，完成规范翔实的实验研究报告，鼓励项目成果申报专利或有偿转让，鼓励在学术刊物或会议上公开发表。

创业训练项目，应完成申报书设计的全部工作内容，项目支撑材料充分翔实，项目成果达到预期指标，完成规范翔实的项目结题报告，完成一份规范的商业计划书。

创业实践项目，团队应遵守国家法律法规，诚信经营。项目支撑材料充分翔实，项目运作达到预期指标，鼓励项目做大做强，并以多种方式引入技术、资金、生产和市场等合作者。

发表文章，须注明“吉林大学创新创业训练计划资助项目”，并注明“项目名称”“项目编号”，署名次序为除指导教师外的第一作者、研究内容与项目相关的文章可认定有效；其他知识产权的署名，项目组成员须列为除指导教师外的第一完成人可认定有效。

第二十三条 结题项目成果受益人为吉林大学。

第二十四条 学院应做好项目的档案资料及工作总结材料管理工作。

第五章 条件保障

第二十五条 大学生创新创业训练计划项目经费来源于教育部专项经费和学校划拨的专项经费。教育部专项经费用于国家级项目，学校划拨的专项经费用于配套支持国家级项目和资助校级项目；院级资助项目由学院筹专款资助。项目经费实行专项管理，由学院工作组组长负责。

第二十六条 经费使用应符合以下要求：

（一）专项经费专款专用，任何单位或个人不得截留、挪用、变更用途。

（二）学校财务部门按年度分批次划拨经费，学院工作组进行具体管理。

（三）经费列支范围包括：图书资料费、网络费、实验材料费、实验费、简单仪器费、设计费、复印费、论文版面费、调研耗材费等，原则上不支付差旅费。

（四）使用经费，首先由项目负责人根据项目运行情况提出申请（经办人），项目合作者证明（验收人），经指导教师同意（分管负责人），学院工作组组长（项目负责人）批准，方可分批支付。支出额度不能超过项目的资助额度。

（五）项目结题时，项目组要做出经费使用说明。

第二十七条 对于延期的项目，学校不予追加经费；对于终止的项目，学校将不再下拨剩余经费。

第二十八条 学校为大学生创新创业训练计划项目无偿提供必要的实验条件。学生需要跨学院进行实验，或进入科研、重点实验室使用设备、设施，或需要场地、技术、政策，可向教务处申请协调，确保项目顺利完成。

第六章　监督与奖惩

第二十九条　学校为结题的大学生创新创业训练项目的指导教师一次性计算教学工作量。国家级项目计100个标准学时，校级一类资助项目计50个标准学时，校级二类资助项目计30个标准学时。创业实践项目，由导师所在学院分别计算全额工作量。

第三十条　学校设立“吉林大学大学生创新创业训练计划优秀奖”，分“成果奖”“指导奖”及“管理奖”，对训练成果显著的学生、指导工作突出的指导教师及组织管理工作突出的学院予以奖励。对获得管理奖的学院，学校将在下一年度的大学生创新创业训练项目的申报数额分配上予以倾斜。

第三十一条　学校建立公开监督机制，跟踪各类项目实施管理，特别是创业实践项目，及时检查项目运行情况，督促项目实施，防范潜在风险。

第三十二条　学院及指导教师在创新创业训练专项经费使用过程中，如违反管理要求，截留、挪用学生项目经费，将受到相应处理，减少以后立项指标。

第三十三条　学生在项目研究过程中，如有抄袭、剽窃他人研究成果、违反项目经费使用规定、恶意套取项目费等行为，按舞弊论处，给予相应的纪律处分，终止项目。

第七章　附　　则

第三十四条　本办法由吉林大学大学生创新创业训练计划领导小组负责解释。

第三十五条　本办法自公布之日起实施，《吉林大学大学生创新创业训练计划实施办法》（校发〔2012〕53号）同时废止。

（三十二）哈尔滨工业大学大学生创新性实验计划实施办法

第一章 总 则

第一条 为深入开展哈尔滨工业大学大学生创新性实验计划工作，进一步推进创新教育改革，保证大学生创新性实验计划的顺利进行，特制定本管理办法。

第二条 大学生创新性实验计划以项目为载体，由本科生个人或团队，在导师的指导下，自主选题，自主进行实验方法设计，自主进行研究性学习，自主开展研究工作，独立组织实施并进行数据分析处理和撰写总结报告，以培养学生提出问题、分析问题和解决问题的能力，锻炼学生人际交往和团队协作的能力。

第三条 实施大学生创新性实验计划，旨在通过组织本科生参加创新性实验计划，使其了解和体验科学研究整体过程，激发学生对科学研究的兴趣，实现个性化培养的目标。

第四条 大学生创新性实验计划遵循“兴趣驱动、自主实验、重在过程”的原则，按照“自由申报、公平评审、择优资助、规范管理”的程序，重点资助思路新颖、目标明确、具有创新性和探索性、研究方案及技术路线可行、实施条件可靠的项目。

第五条 大学生创新性实验计划实行过程管理模式，以过程为导向，建立并逐步完善从实施过程到实施结果均能得到客观评价的综合评价体系，引导学生重视研究过程，主动实践，不断提高创新能力。

第六条 大学生创新性实验计划项目分为国家级、校级和院（系）级三级。国家级项目由国家资助，学校配套支持；校级项目由学校资助；院（系）级项目由院（系）资助。

第二章 组织与管理

第七条 哈尔滨工业大学大学生创新性实验计划实行校级和院（系）级两级管理。

第八条 学校成立哈尔滨工业大学大学生创新性实验计划领导小组，组长由主管教学的副校长担任，组员由本科生院、科学与工业技术研究院、学生工作处、校团委、财务处、实验室与设备管理处、国有资产管理处等主要领导及各院（系）主管教学的领导组成。负责研究解决资源利用、经费支持、项目合作等重大决策性问题。

第九条 哈尔滨工业大学大学生创新性实验计划领导小组下设办公室，由本科生院、学工处、校团委和财务处等单位有关人员组成，其职能是：

1. 负责组织项目申报、评审、运行、验收、总结等日常管理工作。

2. 监督项目资助经费的使用情况。

3. 建立和完善大学生创新性实验计划交流网站，为学生创新研究提供交流研究经验、展示和分享研究成果、共享各类资源的平台。

4. 组织创新研究交流活动，为学生在创新研究过程交流各种信息、结识不同学科的研究伙伴、组成跨学科创新团队提供机会。

5. 根据专家组的评审和提出的奖励建议，审核学生参加创新性实验计划所获得学分和其他奖励。

第十条 学校成立哈尔滨工业大学大学生创新性实验计划专家组。专家组由领导小组聘请相关学科专家组成，负责评审国家级和校级大学生创新性实验计划立项项目，确定经费资助额度，参加中期检查、结题验收和优秀项目评审。

学校评审专家的选聘条件如下：

1. 具有良好的职业道德，能够独立、客观、公正、实事求是地提出评审意见。遵守各项评审程序和规定，认真履行评审职责。

2. 熟悉被评审项目所属领域或行业的最新科技、经济发展状况，了解本领域或行业的科技活动特点与规律。

3. 从事被评审项目所属领域或行业专业技术工作，具有高级专业技术职称（特殊情况下，可聘任具有中级专业技术职称的人员）或具有同等专业技术水平。

4. 满足项目组织部门规定的其他条件。

为保证评审的公正性，对于同评审项目有直接利益关系的评委，实行回避制度。专家评审委员会成员名单在评审结果确定前必须保密。对弄虚作假，不负责任的评委，一经查实，其全部评审结果无效，并取消其评委资格。

第十一条 各院（系）成立院（系）级大学生创新性实验计划领导小组，负责本院（系）大学生创新性实验计划的组织与领导；成立院（系）级专家组，负责本院（系）大学生创新性实验计划项目的立项评审、中期检查、结题验收和优秀项目评审。

第十二条 学校有关部门应为项目的顺利进行提供必要的条件，各类实验中心和实验室对参与项目的学生开放，免收实验场地费、实验管理费等。

第十三条 学校按计划逐步建立相对固定的大学生创新基地，聘请有责任心的专家作为基地负责人，组织和安排有关实验室为大学生创新性实验计划课题提供器材、场地和服务。学校每年划拨一定额度的款项作为创新基地的日常经费。

第十四条 学校组织成果展示，编印出版大学生优秀科技创新成果集，促进优秀成果的示范与推广应用。

第三章 项目申报

第十五条 凡我校全日制本科学生均可申请哈尔滨工业大学大学生创新性实验计划。项目组成员原则上以一至三年级学生为主。项目执行时限不超过 2 年，完成时间不能超过学生的毕业时间。

第十六条 申请者要品学兼优、学有余力，有较强的独立思考能力和创新意识，对科学研究、科技活动或社会实践有浓厚的兴趣，具备从事科学研究的基本素质和能力。

第十七条 申请者可以是学生个人独立申请，也可以是几个学生组成项目团队。团队实行负责人制，人数一般不超过 5 人。项目申请人必须选择一名相关学科的教师作为指导教师。学校鼓励学科交叉融合，鼓励跨院系、跨专业、跨年级联合申报。每人限主持或参加一个项目，不得在不同项目之间交叉申报。正在承担（含主持和参加）计划项目的学生不能再申报新项目。

第十八条 指导教师应具有中级及以上技术职称，主要负责项目的指导、监督和管理，协助专家组对所指导的项目进行中期检查、结题验收。每位指导教师每年指导的项目不得超过两项。

第十九条 研究课题可以由学生自己提出，也可由学生和指导教师共同拟定，或由指导教师提出、学生选择。通常研究课题主要源自于：

1. 学生自主寻找的课题。

2. 综合性、设计性实验教学中延伸出值得进一步深入研究的课题。

3. 教师科研项目，可由学生独立开展研究的部分。

第二十条 每学年春季学期，学生在指导教师的指导下，完成选题、文献调研、实验方案论证等立项工作，填写《哈尔滨工业大学大学生创新性实验计划申请书》，经指导教师签字同意后送项目负责人所在院（系）。

第四章 立项评审

第二十一条 大学生创新性实验计划立项评审分学校和院（系）两级，学校负责国家级项目立项评审、校级项目核准、院（系）项目备案；院（系）负责本院（系）国家级、校级项目初评和院（系）级项目评审。

第二十二条 各院（系）组织专家组对学生申报的课题进行答辩评审。有下列情况之一者，不予评审：

1. 申请者不具备申请资格；

2. 申请手续不完备或申请书不符合要求；

3. 申请项目主体内容不符合大学生创新性实验计划项目资助范围或申请经费超出计划项目资助能力。

第二十三条 各院（系）将评选结果排序后，向学校大学生创新性实验计划办公室上报国家级、校级项目立项申请书及项目汇总表，同时确立院（系）级项目，并报学校备案。

第二十四条 学校根据院（系）申请项目的总数，按照国家级立项指标数的 1.5 倍确定各院（系）参评国家级项目比例，并根据院（系）上报排序确定参评国家级项目名单。

第二十五条 学校组织专家组对国家级参评项目进行答辩评审。

1. 答辩评审分陈述和提问两个环节：① 由项目负责人进行陈述，主要阐述项目前期准备、项目实施方案、项目的创新点、预期成果、经费预算；② 提问环节由专家提问，项目负责人及项目组成员回答。

2. 答辩评审主要考查：① 项目负责人具备的知识和能力情况，前期准备情况；② 项目方案的条理性，实验设计的合理性，方法的可行性等；③ 选题的科学性、内容的新颖程度，研究价值和应用前景；④ 研究目标是否明确，是否有可视化的实验过程和数据，或可量化的对比结果；⑤ 成员结构，跨学科、跨专业、跨年级申报，和学科交叉；⑥ 项目陈述和回答问题情况。

3. 答辩评审小组专家依据考查要点对每个项目给出评分。汇总后，评审委员会按照得分高低确定拟入选国家级项目名单。未入选的国家级参评项目，经征得项目负责人同意后，可直接入选校级项目。

第二十六条 学校组织召开专家组会议，审核院（系）初评上报的校级项目，同时确定国家级和校级项目的经费资助额度。国家级项目每项资助经费 1 万元左右，校级项目每项资助经费 1000~3000 元，院（系）级项目由院（系）确定资助额度。

第二十七条 学校对拟入选的国家级和校级项目在校园网上公示，公示期为三天。公示期满，确定最后立项项目。国家级项目报教育部备案，校级和院（系）级项目在学校备案。

第五章 项目运行

第二十八条 项目经学校公示后，项目负责人根据批准经费额度，在指导教师的指导下，修改项目申请书，制定详细的年度实施计划和经费预算。国家级和校级项目的项目申请书由院（系）签署意见并盖章，报本科生院签署意见并盖章。项目申请书一式三份，本科生院、院（系）及项目组各留存一份。

第二十九条 项目批准立项后，由项目负责人主持项目的运行。项目组一般每周应在《大学生创新性实验计划项目工作记录本》上做一次实验记录，具体记录频率也可根据实验的实际进度自行安排。记录内容可包括：原始数据、实验现象、发生的问题、实验的收获与思考、教师的指导意见、项目团队讨论的要点、下一步的计划等。

第三十条 指导教师应及时指导和跟踪项目组的研究活动，每月至少召开一次项目组会议，讨论实验进展情况和下一步工作安排、研究思路等，并对前期工作做出评价，提出具体建议，促进项目组按进度完成研究内容。

第三十一条 项目研究中期，项目负责人应提交中期检查报告。中期检查报告内容包括：课题的进展，初步的实验情况，遇到的困难，最终确定的总体方案，下一步的工作计划等。

第三十二条 大学生创新性实验计划项目中期检查由院（系）组织，学校督导专家参与检查。

中期检查采取答辩的方式进行，专家通过查阅中期检查报告和记录本、听取项目负责人关于课题进展情况的汇报，对每个项目提出改进的意见和建议，给出评价成绩。中期检查成绩满分为10分。

对中期检查不合格的项目，根据实际情况，酌情给出以下三种处理意见：① 改进后可继续执行；② 提出警告、观察后再定继续执行或中止；③ 中止实施。项目所在院（系）负责督促改进或进行相应处理，同时上报本科生院备案。

国家级和校级项目的中期检查报告由院（系）签署意见并盖章，汇总后报本科生院签署意见并盖章。中期检查报告一式三份，本科生院、院（系）及项目组各留存一份。

第三十三条 项目运行过程中因各种原因出现的项目参与人员变动、更换项目题目及内容等情况，项目负责人应在中期检查时将相应变更的书面申请（经指导教师签署意见）与中期检查报告一并提交到院（系），中期检查答辩通过后由所在院（系）签署意见报本科生院备案。中期检查结束后不允许再进行任何变更。

第三十四条 项目执行期内，项目组因无法克服原因决定中止项目研究，应由项目负责人在中期检查前向院（系）大学生创新性实验计划管理办公室提交书面申请，经院（系）批准后报本科生院。未办理中止手续的按擅自中止研究处理，并进行相应的处罚。

第三十五条 国家级项目中止后，学校将从校级项目中择优递补，以确保国家批准项目整体完成，同时收回项目剩余的经费。因主观原因致使国家级或校级项目无法执行的，将根据实际情况追回全部或部分已使用经费。

第三十六条 学校对项目经费实行监督管理，保证经费使用科学、合理、高效。具体规定如下：

1. 大学生创新性实验计划项目由学校每年划拨专项资金支持。项目经费可在立项后至中期检查前使用总经费的50%，通过中期检查后再使用另外50%。未通过中期检查的项目停止其继续使用资助经费。

2. 学校批准的项目经费专款专用，学生在预算框架下自主使用，指导教师不得使用学生研究经费。经费使用权归项目负责人，但需经指导教师审核批准。项目负责人要认真做好项目经费的使用记录。

3. 项目经费报销工作应严格遵守学校财务制度，报销的总金额不得超过资助经费总额。报账时，项目负责人先按要求把票据粘贴好并在票据粘贴单“经手人”一栏内签字，再请指导教师在“验收人”一栏内签字后到本科生院审核，由本科生院经费负责人签字后到财务处报销。

4. 项目经费的使用范围包括：完成项目所需要的图书费、资料费、论文打印费、论文版面费、专利申请费；开展实验所需的原材料（包括耗材、药品、化学试剂等）

购置费；经指导教师和院（系）审核，确需外出调研的差旅费（应提交全组成员和指导老师签字的说明书及相关通知文件）等。项目经费不能用于购买生活用品，不能用于支付餐饮费、出租车费。

5. 项目结题三个月后停止经费报销。

第三十七条 安全措施与安全教育：

1. 院（系）和导师按照“谁主管谁负责”的原则，加强对学生的安全教育，学生进入实验室等科研场所应遵守各项安全制度和操作规范。

2. 学生应严格遵守学校各项制度。因研究需要外出者，应征得指导教师和院（系）相关部门负责人同意，并按照《哈尔滨工业大学学生考勤规定》办理请假手续，外出时注意人身安全。

3. 对不遵守安全制度的学生，应进行批评教育，严重违纪且不悔改者，除按照《哈尔滨工业大学学生考勤规定》处理外，还将终止其项目的执行。

第六章 结题验收

第三十八条 项目组按申请书完成研究工作、取得了预期研究成果，可以申请结题，同时提交《哈尔滨工业大学大学生创新性实验计划项目验收书》及必要的佐证材料。

第三十九条 项目研究报告是《哈尔滨工业大学大学生创新性实验计划项目验收书》的重要内容，也是课题研究的主要成果。研究报告的字数应在 3000 字左右，内容包括：选题背景、研究内容与方法、研究结果、创新点、参考文献。其他研究成果还包括：调查报告、图纸、软件、产品、作品、仪器装置、学术论文、专利、获奖证书等。

第四十条 结题时，指导教师要对项目组在整个研究过程中的调查论证、方案实施、能力水平、工作态度、创新意识、团队合作、实验日志等方面给出评价成绩，满分为 10 分。教师评价主要考查：① 主动收集文献资料，有处理各种信息、获取新知识的能力；② 能正确设计实验方案，独立完成实验工作，实验结果正确；③ 能应用所学知识和技能，发现、分析和解决实际问题，能正确处理实验数据，能对课题进行理论分析，并得出有价值的结论；④ 工作量饱满，难度较大，工作努力，工作作风扎实严谨；⑤ 工作中有创新意识，对前人工作有改进或突破，或有独特见解；⑥ 主动合作，善于采纳他人建议，独立完成自己的任务；⑦ 详细、准确、实时地记录实验过程。

第四十一条 国家级、校级项目的结题验收：院（系）可根据本单位申请结题的项目情况安排集中结题答辩，确定结题验收答辩的时间、地点并准备相应材料，组织院（系）级专家组对申请结题的项目进行验收。本科生院根据院（系）安排组织学校专家参加验收。

第四十二条 项目验收书须签署指导教师意见及院（系）意见，由院（系）汇总后统一交本科生院，国家级项目须将记录本一并提交。国家级和校级项目的验收书一式三份，本科生院、院（系）及项目组各留存一份。

第四十三条 院（系）级项目结题验收应参照国家级和校级项目结题验收办法，由院（系）全权负责组织实施。

第四十四条 个别因研究项目没有达到预期目标（或没有获得理想的研究结果）而不能提交项目验收书的学生，需要提交研究项目的总结报告和指导教师对研究项目的评审意见。指导教师要审核学生的总结报告，帮助学生认真总结研究过程和经验教训。

第四十五条 对较好地提前完成项目任务的项目可申请提前结题，按照结题程序办理。

第四十六条 因客观原因不能在规定期限按计划结题而延期的项目，项目负责人应提前一个月提交《哈尔滨工业大学大学生创新性实验计划项目延期结题申请表》，并附项目进展报告，详细阐明延期的缘由，经指导教师签署意见，院（系）领导小组审核，由本科生院审批后生效。原则上每个项目只能申请一次延期，延期时间不得超过一年。

第四十七条 利用资助经费所购置的仪器设备必须按有关规定办理固定资产手续，资产归属于项目指导教师所在单位。

第四十八条 哈尔滨工业大学大学生创新性实验计划所取得的成果归学校所有。所取得的专利属职务发明（执行学校计划或者主要利用学校的物质条件所完成的发明创造），学校享有持有权、使用权、转让权或其他处置权。

第七章 评奖办法

第四十九条 学校设立大学生创新性实验计划优秀项目奖，奖励级别分设一等奖和二等奖。对于在某一方面有突出表现的项目，可根据实际情况特设单项奖，其奖励办法与一等奖相同。同时设立大学生创新性实验计划优秀项目指导教师奖。

第五十条 每年春季学期，学校组织评选大学生创新性实验计划优秀项目奖。申报大学生创新性实验计划优秀项目奖的项目，首先须经过院（系）结题验收并合格。项目结题验收合格后一年内具备申报资格，每个项目只能申报一次。

第五十一条 大学生创新性实验计划优秀项目奖评选工作由各院（系）具体实施。院（系）评选大学生创新性实验计划优秀项目的数量按当年结题项目数的30%计算，其中一等奖数量不超过10%。

第五十二条 院（系）评审大学生创新性实验计划优秀项目的总体评价成绩按累加式评分，由选题评价、过程评价、成果评价三部分构成，其中选题评价占5分、过程评价占20分（中期检查10分，教师评价10分）、成果评价占75分。

第五十三条　大学生创新性实验计划优秀项目的成果评价分书面评审和答辩评审两部分，由院（系）组织相关学科专家组成评审委员会进行。

1. 书面评审成绩占成果评审总成绩的30%。主要对研究报告进行考查：①在知识、技术或研究方法上的创新性和技术难度；②研究的意义及学术水平，论述的准确性；③实验过程记录，实验数据的确切性，图纸、图表、书写的规范性；④研究报告的条理性及书面表达能力。

2. 答辩评审成绩占成果评审总成绩的70%。答辩评审主要考查：①在知识、技术或研究方法上的创新和技术难度；②可提供研究作品，包括电子产品、化工产品、机械产品、物理仪器、计算机软件等，或可提供专利授权证书、专利申请受理通知书，是否发表学术论文（含录用，所发表论文项目组成员应为第一作者，若为第二作者，第一作者必须是指导教师）；③课题的独立性，是否依托指导教师和博士、硕士研究生的科研课题；④数据分析，答辩规范性和讲述情况，回答问题情况。

第五十四条　大学生创新性实验计划优秀项目奖的评审结果在网上进行公示，公示期为3天。公示期满无异议，报学校批准后下发文件予以表彰。

第五十五条　奖励办法：

1. 大学生创新性实验计划项目按创新学分记入学生成绩。参加项目的每名学生在项目通过验收后，国家级项目可获得3个创新学分，校级和院（系）级项目可获得2个创新学分。

2. 对获得优秀项目奖的学生，学校颁发相应的证书。

3. 对获奖项目的指导教师授予大学生创新性实验计划优秀项目指导教师奖，颁发证书且给予奖金奖励。指导教师所指导的项目获一等奖，奖励教师奖金500元，二等奖奖励200元。

4. 指导教师的工作由所在院（系）根据实际情况核定并计算相应的工作量，每个创新性实验计划项目工作量的参考值为60学时。

第五十六条　申报集体或个人剽窃、假冒、侵犯他人发明创造或者以其他不正当手段骗取奖项的，由评审委员会撤销其奖励，并追回证书和教师奖金。

第八章　附　　则

第五十七条　本办法自发布之日起实行，解释权归本科生院。此前发布的《哈尔滨工业大学大学生创新性实验计划管理办法》同时终止执行。

哈尔滨工业大学
创新创业教育工作

（三十三）东南大学大学生创新创业训练计划项目实施细则

第一章　总　　则

第一条　本细则适用于我校列入国家、江苏省、学校和院（系）等各级立项支持的大学生创新创业训练计划项目，其中包括“国家级大学生创新创业训练计划”“江苏省大学生创新训练计划”“东南大学基于教师科研的大学生科研训练计划”和“东南大学大学生科研训练计划”等项目。

第二条　组织实施各级大学生创新创业训练计划项目的一般流程是：征集指南→指南发布→项目申请→评审和立项→中期检查→结题验收并呈报主管部门。本细则主要说明流程各个环节的实施办法、对项目成员和指导教师的项目实施要求和项目经费使用管理办法等。

第三条　本细则由东南大学大学生创新创业训练计划项目管理办公室具体负责实施。

第二章　项目申请

第四条　学校负责项目申报管理网站建设与维护，定期向全校本科生发布项目申报通知，阐明项目申报的原则、具体要求和时间安排。

第五条　项目申请者为东南大学在校本科生个人或团队，团队总人数不超过该项目规定的最高参与人数，可由项目负责人自行组队或者由项目指导教师、项目所在院系推荐组队。在项目申请时，如未能组成合适的研究团队，应在项目申请书中明确说明对合作研究者的专业背景要求或基本能力要求，学校和院系教学管理单位将帮助其推荐组队。

第六条　项目申请者必须填写拟申请项目对应种类（如理工类、人文类、医学类等）的“项目申请表”，按照学校的项目申报通知要求在规定的时间内完成网上申报、各申报材料填写及指导教师意见填写。

第七条　切实贯彻学生兴趣驱动和自主选题的原则，鼓励面向生产（社会）实际选题、面向教师科研选题、面向课程教学选题。

第八条　项目申请应提出明确的研究目标、研究内容、技术路线、经费预算、时间安排、预期效果、项目团队。要求选题思路新颖、目标明确、具有创新性和探索性，同时要有对研究方案及技术路线的可行性分析。

第九条　项目计划结题时间必须在项目负责人及大多数项目成员进入毕业设计之前，以保证项目成员有足够的时间和精力完成该训练项目。

第三章　评审和立项

第十条　在学校项目管理办公室组织下，成立由副高及以上职称的教师组成的实践教学专家组对项目进行立项评审，着重考察项目的创新性和可行性，以及学生在项目中能力培养的全面性。评审时，可优先支持对验收成绩为优秀的原有项目进行发展、升级；但对水平较低或与已批准项目目标雷同的，不予立项。评审采取审阅申报材料和学生答辩相结合的方式进行。

第十一条　评审通过的项目，其申报人须根据“项目申请表”及评审中专家所提出的意见或建议对项目任务做最后的确认，在指定的时间内填写“项目任务书”。任务书是项目中期检查和结题验收的主要依据。

第十二条　评审结束后，学校项目管理办公室应在15工作日内将立项情况公布并报主管部门备查。

第四章　中期检查

第十三条　对于一年及以上执行期限的项目，每半年进行一次中期检查。对于半年期的项目，在立项后的第三个月进行中期检查。

第十四条　中期检查由项目负责人所在院系课外研学活动指导小组负责组织和实施，接受校专家组监督。具体实施要求：院系应组织三名副高及以上职称的教师组成项目中期检查专家组，并提前一周将具体安排报东南大学大学生创新创业训练计划项目管理办公室备案，办公室可派校专家随机抽查。

第十五条　在项目接受中期检查时，该项目的指导教师应到场一起参与。

第十六条　中期检查须根据“项目任务书”所规定的工作进度对项目的进展情况进行检查，对经费的使用情况进行审核，对项目组成员的训练情况进行评估，提出意见和建议，并给出恰当的评价。

第十七条　对项目组提出的更改项目内容、更换项目成员、提前或推迟项目进度等要求，专家组应依照实事求是的原则进行审核，并给出同意与否的建议。对运行进度滞后的项目，应明确提出改进措施，并责令指导教师团队加强监督；对运行较差的项目，例如发现项目申报或实施过程中有弄虚作假或项目工作无明显进展，应提出降低项目经费额度、取消立项或停止项目实施等处理意见。

第十八条　项目实施过程中，项目成员应对研究实践活动做详细的记录。中期检查时，项目组应向专家组提供阶段性、整理归类的原始记录。

第十九条　中期检查后，院系须在15工作日内将每个项目的“中期检查表”和“汇总表”提交东南大学大学生创新创业训练计划项目管理办公室备案存档。项目的变更、中止等异常情况应报学校项目管理办公室认定并公布认定结果。

第五章 结题验收

第二十条 项目完成后，由管理办公室组织专家以“项目任务书”为主要依据，对校级以上项目进行结题验收，验收结果在15工作日内公布并向主管部门备案。校级及院系级项目由各院系组织专家验收，验收结果在5工作日内向管理办公室上报备案。

第二十一条 项目结题验收前，项目负责人提交由指导教师签署意见的“项目结题验收表”，同时提交结题验收所必需的各项材料，包括“项目总结报告”、经整理归类的研究实践活动的原始记录，以及“项目任务书”所规定的论文级别与篇数、设计文件、实物作品、软件、专利、竞赛获奖等各项成果支撑材料和相关的电子文档。

第二十二条 结题验收时，项目组成员应全体到场，共同汇报项目执行过程和成果、回答专家组的提问、听取专家组的评审意见、阐述各成员的收获。指导教师应同时到场监督。

第二十三条 专家组应在全面评价项目完成情况和成果水平的基础上，对项目做出明确的成绩评定，以便学校按规定对项目组成员进行学分认定，以及落实相关的奖励措施（成绩评定标准、学分认定办法和奖励措施另行规定）。

第二十四条 对于所有结题项目学校发文公布验收结果并对优秀项目的每位项目组成员颁发证书。学校每年将项目成果汇编成册，并选择优秀作品参加年度大学生课外科技创新创业成果展示会。

第二十五条 需延期结题的项目，应在验收前由项目负责人提出书面情况报告，项目组成员签字认可，并经指导教师签署意见后，交院系课外研学活动指导小组审核，报学校项目管理办公室批准。原则上，每项项目只能延期申请一次，延期时间不得超过6个月，否则按照项目终止处理。对于无故中断项目研究者，取消全组成员再次申请各级大学生创新创业训练计划项目的资格。

第六章 指导教师工作

第二十六条 每个项目均需配备指导教师或建立指导教师团队，负责具体指导学生实施创新创业训练计划项目的实施。

第二十七条 鼓励由学生自行联系项目指导教师，并经教师本人同意后上报。在学生和教师双方一致同意的情况下，院系应为项目配备学术水平高、教学经验丰富、热爱教育事业、关爱学生的教师担任指导教师。根据项目实际情况，指导教师团队可由若干名教师、硕士和博士研究生组成，但其中必须有一名主指导教师，且必须满足以下条件：科研项目的主指导教师必须由副高及以上职称的教师担任，创业项目的主指导教师必须由东南大学或实践基地企业的创业导师担任。

第二十八条 指导教师的主要职责是对学生实施启发式指导。应坚持以学生为主体，辅导学生开展研究性学习，自主进行研究方案和方法的设计、组织设备和材料、实施实验、分析处理数据、撰写总结报告等工作。指导教师不允许包办代替以上项目工作。

第二十九条 指导教师的管理职责有：负责监督审核项目的财务支出，制止项目组在使用经费过程中不符合财务规定或者弄虚作假的行为；根据学生的工作态度、工作量和达到的效果等方面对学生进行考评；出席所指导项目的申请答辩、中期检查和结题验收等。

第三十条 在指导教师难以对项目进行指导时，应向院系提出申请，由院系课外研学教学指导小组讨论决定进行指导教师的临时指派或者变更，并报学校项目管理办公室备案。项目组的负责人也可以向院系提出指导教师的变更申请。

第三十一条 在项目验收通过后，项目指导教师可以在工作量考核中按照“东南大学大学生创新创业训练项目指导教师积分表”获得相应的工作积分。当指导教师为多人时，在总积分范围内，第一指导教师按照非第一指导教师的1.5倍分配，非第一指导教师平均分配。

第七章 经费使用和管理

第三十二条 项目经费以学校专家组审定，教务处正式发文公布的资助额度为准。

第三十三条 项目经费由教务处以专项经费本的形式，以项目负责人所在院系（个别情况以项目第一指导教师所属院系）为依据，将各院系项目的经费总额打包分配至相关院系。

第三十四条 报销审批手续由相关院系办理。项目经费凭发票报销，审批手续为：项目学生负责人签字→指导教师签字→院系课外研学活动指导小组秘书做经费使用记录→院系项目经费负责人签字→加盖院系公章→财务处报销。

第三十五条 项目经费分两期下拨，项目发文公布后下拨一半经费，在通过中期检查后下拨另一半经费。

第三十六条 项目经费的支出范围包括低值设备费、消耗材料费、测试化验加工费、学生差旅费、学生参加会议费、知识产权事务费、论文版面费等。

第三十七条 院系应按项目建立大学生创新创业训练计划经费使用记录，由课外研学活动指导小组秘书负责实施，统一管理，以备审核。项目结题后院系课外研学活动指导小组组长（或教学院长）对经费的使用进行审核并签字盖章。

第三十八条 经费报销程序按照学校财务处的相关规定执行。

第八章 附　　则

第三十九条 各级各类东南大学实验室和科研基地，包括国家级教学实验示范中心、重点实验室及各基础（通识基础和学科基础）实验室和专业实验室，要向参与项目的学生免费提供实验场地和实验仪器设备。

第四十条 学校将进一步营造创新文化氛围，搭建学生交流平台，组建学生俱乐部，定期开展相关活动；建设大学生创新性实验项目交流网站；组织学生开展学术交流，参加学术会议，为学生创新研究提供交流经验、展示成果、共享资源的机会。

第四十一条 大学生创新创业训练计划所形成的固定资产、无形资产等按照国家有关规定和学校的相关规定执行。

东南大学大学生
创新创业训练计划

（三十四）东南大学本科学生课外研学学分认定办法

总　则

一、学生课外研学是东南大学“理论教学、实践教学、自主研学、网络助学四位一体”本科教学新模式的重要组成部分，并已落实到人才培养方案中。从2003级起，东南大学人才培养方案规定每位学生必须通过科研实践、学科竞赛和研学作品等多种途径取得相应的课外研学分值，完成2个课外研学学分，作为毕业的必要条件。

二、课外研学分值的获得，以“兴趣驱动、自主实践、重在过程”为原则，并以学生是否得到实践能力、合作能力、表达能力、创新精神等多种能力的培养为依据。

三、学生取得课外研学分值的主要途径

1. 参加国家级、省级、基于教师科研的SRTP项目、校级和院（系）级SRTP项目；

2. 参加学科竞赛；

3. 提交研学作品；

4. 发表学术论文或获得专利等相关授权；

5. 听学术讲座并撰写报告；

6. 其他研学活动。

组　织

四、为保证学生课外研学活动正常、有序地开展，东南大学成立“大学生创新创业训练计划项目管理办公室”，负责协调教务、科研、设备、财务、学生和团委等职能部门的工作，制定相应管理办法和配套措施，并负责日常管理。各院（系）成立“课外研学活动指导小组”，负责本院（系）学生课外研学活动的日常工作，包括主持或参与学生课外研学分值的评定。

学分分值认定

五、国家级、省级、校级和院（系）级等各级别SRTP项目的研学分值认定

1. 参加国家级、省级、校级和院（系）级等各级别的SRTP项目活动的学生，须完整经历文献资料综述→研究（或设计）方案制定→实验研究（或设计制造，或调查研究）→撰写报告或论文→书写心得体会→答辩的全过程，并通过结题验收，方能取得相应的课外研学分值。

2. 国家级和省级SRTP项目由学校组织专家主持结题验收。校级和院（系）级SRTP项目的结题验收须在大学生创新创业训练计划项目管理办公室领导下，由院（系）课外研学活动指导小组负责实施。结题验收时，项目组全体成员应到场共同汇报和答辩，并提供项目任务书所确定的各项成果及汇报用的电子文档等

相关材料。

3. 项目结题验收成绩由专家组评定，并记载在《东南大学国家级、省级 SRTP 项目结题验收表》（附件 1）、《东南大学基于教师的 SRTP（校级重大）项目结题验收表》（附件 2）和《东南大学 SRTP 项目结题验收表》（附件 3）上，学生取得的课外研学分值根据验收成绩与项目级别计算确定（计算方法详见本条第 4 款）。

4. 课外研学分值的计算方法

（1）项目总分值

项目总分值 = 项目基本分 + 项目附加分。

项目基本分按表 1 计算。

表 1　项目基本分

验收成绩	参加人数		
	1 人	2 人	n 人（$3 \leqslant n \leqslant 10$）
优秀	3	5	$7+1.0(n-3)$
良好	2.5	4	$6+0.5(n-3)$
通过	2	3	$4+0.2(n-3)$
不通过	0	0	0

当项目验收成绩为通过及以上时，可获得项目附加分，项目附加分按表 2 计算。

表 2　项目附加分

一般项目	校级重点项目（$3 \leqslant n \leqslant 10$）	校级重大项目（$3 \leqslant n \leqslant 10$）	省级项目（$3 \leqslant n \leqslant 10$）	国家级项目（$3 \leqslant n \leqslant 10$）
0	$1+0.2(n-3)$	$2+0.5(n-3)$	$4+1.0(n-3)$	$10+1.5(n-3)$

（2）项目成员分值分配

各成员承担工作量的多少由学生负责人与各成员根据各人实际承担工作量的比例协商确定，并经指导老师审核后填写在“项目结题验收表”中。

学校、院（系）两级 SRTP 项目成绩等级为“优秀”的合作项目中个人得分不得大于 3 分；成绩为“良好”的合作项目中个人得分不得大于 2.5 分；成绩为“通过”的合作项目中个人得分不得大于 2 分；省级合作项目中个人得分不得大于 6 分；国家级合作项目中个人得分不得大于 9 分。

（3）成绩评定标准

优秀：系统完整地完成了研学全过程、工作量大、完成质量高、创新特色较明显。

良好：系统完整地完成了研学全过程、工作量较大、完成质量较高。

通过：系统完整地完成了研学全过程，达到自主研学的训练要求，通过结题验收。

不通过：未完成研学全过程，没有得到应有的训练。

对于未通过验收但尚有改进潜能的项目，可在验收专家组同意的前提下，经改进与完善后，申请第二次验收。

六、参加学科竞赛的分值认定

参加学科竞赛的学分认定以学校颁发证书所标注的奖项为依据，具体见表3。

表3 学科竞赛分值

校优秀奖	省级三等奖 校二、三等奖	国家三等奖 省级二等奖 校一等奖	国家二等奖 省级一等奖	国际二等奖 国家一等奖	国际特、一等奖 国家特等奖
0.5	1.0	1.5	3.0	4.5	6.0

注：① 若为团队获奖，团队中所有学生均可获得表列的相应分值。
② 同一内容或同一作品参赛多次获奖者，只计其中最高奖的分值。
③ 竞赛所获得的分值由学科竞赛系统与学分认定系统对接，不需填写认定表。

七、研学作品的研学分值认定

未纳入SRTP项目但能提交研学作品（制品、设计、论文、报告、规划、软件等）的学生也可获得相应的研学分值，但须由学生填写附件4之一至五项，并向院系课外研学活动指导小组提供作品及相关的研学材料，包括文献综述、调研报告、研究或设计方案、图纸、实验记录、论文或报告、软件、心得体会等材料中所应该有的部分。经院系课外研学活动指导小组通过答辩等形式认定验收后方可获得相应的课外研学分值，研学分值按照校级SRTP一般项目总分值的0.8倍计算。

如作品形式仅为论文或报告，则必须同时以附件形式提交文献综述或调研原始资料等，交课外研学活动指导小组审查，审查意见填写在附件4之第六项中。

审查或答辩过程中，如发现作品有抄袭、盗用等舞弊现象，则按照学校相关条例，从严处理。

八、论文的研学分值认定

学生在校学习期间，在国内外正式出版的专业相关学术刊物发表/录用论文或参加国际、国内各级学术活动提交论文并被收入论文集，经院（系）课外研学指导小组检查认定有效后，可获得相应的课外研学分值。

1. 论文第一作者为东南大学本科生时，研学分值规定为：

① 国际核心刊物：12分；

② 国际一般刊物：10分；

③ 国内核心刊物：10分；

④ 国内一般刊物：6分；

⑤ 国际学术会议论文（做报告或收入论文集）：6分；

⑥ 省、部、国家级学术会议论文（做报告或收入论文集）：4分；

⑦ 校、市级学术会议论文（做报告或收入论文集）：1分。

如论文有多位作者，则分值按以下比例（排名含教师）进行分配：

① 二位作者：60%、40%；

② 三位作者：50%、30%、20%；

③ 四位作者：40%、30%、20%、10%；

④ 四位作者以上：分值分配比例依照四位作者的情况执行。

2. 论文第一作者非东南大学本科生时，研学分值按第 1 款标准减半计算。

学生须向院（系）课外研学活动指导小组提交发表论文的刊物或学术会议论文集封面、目录、论文的复印件等证明材料，并填写附件 5 之一至四项，后由院（系）课外研学活动指导小组作课外研学分值的认定。

九、专利等授权的课外研学分值认定

1. 学生在校学习期间取得专利等授权，可获得相应的课外研学分值。授权排序第一人为东南大学本科生时，分值规定为：

① 发明专利授权：12 分；

② 实用新型专利授权：5 分；

③ 软件著作权：5 分；

④ 外观专利授权：1 分。

如同一授权的获得者为多人，则按以下比例（排名含教师）对分值进行分配：

① 二位获得者：60%、40%；

② 三位获得者：50%、30%、20%；

③ 四位获得者：40%、30%、20%、10%；

④ 四位以上获得者：分值分配比例依照四位获得者的情况执行。

2. 授权排序第一人非东南大学本科生时，分值按第 1 款标准减半计算。

学生须向院（系）课外研学活动指导小组提交相关证书的复印件，并填写附件 6 之一至五项，后由院（系）课外研学活动指导小组作研学分值认定。

十、聆听科技、学术报告的研学分值认定

1. 聆听科技、学术报告，并在规定时间内提交研学材料（如读书报告、文献综述、学年或学期论文、评论等），填写附件 7 中的一至五项，经一位副高职称（或以上）教师评阅，再经院（系）课外研学活动指导小组认定后，优秀为 0.4 研学分值，通过为 0.2 研学分值。

2. 理、工、医科类专业学生通过该途径取得的课外研学分值总和最多为 1 分，文、管、艺科类专业学生通过该途径取得的课外研学分值总和最多为 1.5 分。

十一、其他研学活动的研学分值认定

各院（系）可根据学科特点或研究条件确定其他研学项目，制定相应的实施细则，课外研学分值的认定办法，报学校大学生创新创业训练计划项目管理办公室审定备案。

其　他

十二、以班级为单位填写规定格式的课外研学分值登记表（附件8），由各院（系）课外研学活动指导小组秘书根据上述各项的验收表或研学分值认定表逐次登录每位学生的课外研学分值，最后由院（系）教学院长（主任）签字认定。并像课程成绩单一样保存。

十三、在学生毕业成绩单中登录研学成绩和研学学分时，将上述各项所得研学分值累加，按照表4所示评定办法在成绩单学分栏中记2学分，成绩栏中记优秀、良好、中等、及格、不及格。

表4　研学分值评定办法

研学分值	少于2分	2~3分	3~4分	4~6分	6分及以上
登录成绩	不及格	及格	中等	良好	优秀

十四、本办法从2013年8月起对2013级学生开始执行，教务处负责解释。

附件：1. 东南大学国家大学生创新创业训练计划、江苏省高等学校大学生实践创新训练计划项目结题验收表
2. 东南大学“基于教师科研的SRTP”项目结题验收表
3. 东南大学SRTP项目结题验收表
4. 东南大学本科生课外研学作品验收表
5. 东南大学本科生发表论文学分分值认定表
6. 东南大学本科生取得国家专利学分分值认定表
7. 东南大学本科生聆听科技、学术报告学分分值认定表
8. 东南大学本科生课外研学学分分值登记表

附件 1：

东南大学国家大学生创新创业训练计划、
江苏省高等学校大学生实践创新训练计划项目结题验收表

院系名称（立项负责人所在院系）　　　　　　　　　　项目编号

一、项目名称				项目类型	□国家　□江苏省	
二、项目组成员	负责人及参加人员排序	姓名	学号	承担工作量（%）	本人签字	备注
	负责人					
	成员 2					
	成员 3					
	成员 4					
	成员 5					

三、研究成果简介（重点介绍特色及创新点）

四、成果形式及数量

1. □文献资料综述　（1）份；　2. □研究或设计方案论证　（1）份；
3. □项目工作原始记录　（　）份；　4. □论文　（　）份；
5. □发表论文　（　）份；　6. □图纸　（　）份；
7. □设计报告　（　）份；　8. □研制报告　（　）份；
9. □实物　（　）件，名称：　主要技术指标：
10. □调研报告　（　）份；　11. □软件　（　）份；
12. □软件说明书　（　）份；　13. □申请专利　（　）份；
14. □心得体会　（　）份；　15. □其他________________；、
16. □电子展板　（1）份；　17. □项目成果简介　（　）份

五、指导教师意见

签字：　　　　年　月　日

续表

六、验收专家组结论 成绩等级　　☐优秀　　☐良好　　☐通过　　☐不通过 项目总学分数　________ 学分 给定学分数（负责人）　________ 学分 给定学分数（参加人）2 号　________ 学分 3 号　________ 学分 4 号　________ 学分 5 号　________ 学分 专家组建议：☐　可以在下一年度作为全校共享项目进一步研究； ☐　推荐参加竞赛； ☐　希望进一步产品化； ☐　申请专利； ☐　发表论文； ☐　已达到产品化要求，可以进入学校创新创业团队； ☐　推荐参加成果展示 专家组成员签字：　　年　月　日
七、学校意见 负责人签字：　　年　月　日

注：1. 表头及第一、二、三、四项由学生负责人填写。
2. 承担工作量大小由学生负责人与参加者根据每人实际承担工作量的大小填写，经指导教师审核（作为指导教师意见的一部分填写在第五栏中）。
3. 项目总学分数按照《东南大学本科学生课外研学学分认定办法》第五条确定。
4. 在对多人合作项目的学分进行分配时可保留一位小数，第二位小数作四舍五入处理。

附件 2：

东南大学“基于教师科研的 SRTP”项目结题验收表

院系名称（立项负责人所在院系） 项目编号

一、项目名称				项目类型	□国家 □江苏省	
二、项目组成员	负责人及参加人员排序	姓名	学号	承担工作量（%）	本人签字	备注
	负责人					
	成员 2					
	成员 3					
	成员 4					
	成员 5					
三、研究成果简介（重点介绍特色及创新点）						
四、成果形式及数量						

四、成果形式及数量

1. □文献资料综述 （ 1 ）份； 2. □研究或设计方案论证 （ 1 ）份；
3. □项目工作原始记录 （ ）份； 4. □论文 （ ）份；
5. □发表论文 （ ）份； 6. □图纸 （ ）份；
7. □设计报告 （ ）份； 8. □研制报告 （ ）份；
9. □实物 （ ）件， 名称： 主要技术指标：
10. □调研报告 （ ）份； 11. □软件 （ ）份；
12. □软件说明书 （ ）份； 13. □申请专利 （ ）份；
14. □心得体会 （ ）份； 15. □其他________________；
16. □电子展板 （ ）份； 17. □项目成果简介 （ ）份

续表

<table>
<tr><td>五、指导教师意见

签字：　　　　年　　月　　日</td></tr>
<tr><td>六、验收专家组结论
成绩等级　　　　□优秀　　□良好　　□通过　　□不通过
项目总学分数　　________ 学分
给定学分数（负责人）　________ 学分
给定学分数（参加人）2 号　________ 学分
3 号　________ 学分
4 号　________ 学分
5 号　________ 学分
专家组建议：□　可以在下一年度作为全校共享项目进一步研究；
□　推荐参加竞赛；
□　希望进一步产品化；
□　申请专利；
□　发表论文；
□　已达到产品化要求，可以进入学校创新创业团队；
□　推荐参加成果展示

专家组成员签字：　　　　年　　月　　日</td></tr>
<tr><td>七、学校意见

负责人签字：　　　　年　　月　　日</td></tr>
</table>

注：1. 表头及第一、二、三、四项由学生负责人填写。

2. 承担工作量大小由学生负责人与参加者根据每人实际承担工作量的大小填写，经指导教师审核（作为指导教师意见的一部分填写在第五栏中）。

3. 项目总学分数按照《东南大学本科学生课外研学学分认定办法》第五条确定。

4. 在对多人合作项目的学分进行分配时可保留一位小数，第二位小数作四舍五入处理。

附件 3：

东南大学 SRTP 项目结题验收表

院（系）名称（立项负责人所在院系）　　　　　　　　项目编号

<table>
<tr><td>一、项目名称</td><td colspan="3"></td><td>项目类型</td><td colspan="2">□一般 □重点 □重大</td></tr>
<tr><td rowspan="6">二、项目组成员</td><td>负责人及参加人员排序</td><td>姓名</td><td>学号</td><td>承担工作量（%）</td><td>本人签字</td><td>备注</td></tr>
<tr><td>负责人</td><td></td><td></td><td></td><td></td><td></td></tr>
<tr><td>成员 2</td><td></td><td></td><td></td><td></td><td></td></tr>
<tr><td>成员 3</td><td></td><td></td><td></td><td></td><td></td></tr>
<tr><td>成员 4</td><td></td><td></td><td></td><td></td><td></td></tr>
<tr><td>成员 5</td><td></td><td></td><td></td><td></td><td></td></tr>
</table>

三、研究成果简介（重点介绍特色及创新点）

四、成果形式及数量

1. □文献资料综述　（ 1 ）份；　2. □研究或设计方案论证　（ 1 ）份；
3. □项目工作原始记录　（　）份；　4. □论文　（　）份；
5. □发表论文　（　）份；　6. □图纸　（　）份；
7. □设计报告　（　）份；　8. □研制报告　（　）份；
9. □实物　（　）件，名称：　主要技术指标：
10. □调研报告　（　）份；　11. □软件　（　）份；
12. □软件说明书　（　）份；　13. □申请专利　（　）份；
14. □心得体会　（　）份；　15. □其他________________；
16. □电子展板　（　）份；　17. □项目成果简介　（　）份

五、指导教师意见

签字：　　　　年　　月　　日

续表

六、“课外研学”小组秘书意见   签字：　　　　　年　　月　　日
七、验收专家组结论： 成绩等级　　□ 优秀　　□ 良好　　□ 通过　　□ 不通过 项目总学分数　　________学分 给定学分数（负责人）　　________学分 给定学分数（成　员）2号 ________学分　3号 ________学分 4号 ________学分　5号 ________学分 专家组建议： □ 可以在下一年度作为全校共享项目进一步研究； □ 推荐参加学科竞赛； □ 希望进一步产品化； □ 申请专利； □ 发表论文； □ 已达到产品化要求，可以进入学校创新创业团队； □ 推荐参加成果展示 专家组成员签字：　　　　年　　月　　日
八、主管部门意见   签字：　　　　　年　　月　　日

注：1. 表头及第一、二、三、四项由学生负责人填写。
2. 承担工作量大小由学生负责人与参加者根据每人实际承担工作量的大小填写，经指导教师审核（作为指导教师意见的一部分填写在第五栏中）。
3. 项目总学分数按照《东南大学本科学生课外研学学分认定办法》第五条确定。
4. 在对多人合作项目的学分进行分配时可保留一位小数，第二位小数作四舍五入处理。
5. 第六项“课外研学”小组秘书应参照第四项，对项目成果的数量和质量进行审核，并签署审核意见。

附件 4：

东南大学本科生课外研学作品验收表

院（系）名称				
一、作品名称				
二、提交作品成员				
项目负责人及成员排序	姓名	学号	承担工作量（%）	本人签字
项目负责人				
第二完成人				
第三完成人				
第四完成人				
三、作品类别 □实物 □设计 □论文 □报告 □规划 □软件 □其他				
四、作品简介				
五、成果形式及数量 □文献资料综述 （ ）份； □研究或设计方案 （ ）份； □调查表或实验记录 （ ）份； □软件 （ ）件； □软件说明书 （ ）份； □图纸 （ ）份； □实物 （ ）件，名称（ ），主要技术指标（ ） □研究、设计或调研报告（ ）份； □实验报告 （ ）份； □发表论文 （ ）篇； □申请专利 （ ）份； □心得体会 （ ）份； □其他 （ ）份；名称（ ）				

续表

六、对论文或报告的审查意见（如作品仅为论文或报告，此项必须填写） 1. 有无文献综述或调研原始资料　□有　□无 2. 论文或报告质量（内容、工作量、规范性） □优秀　□良好　□通过　□不通过 3. 有无抄袭现象　□有　□无 审查人：　年　月　日 所在院系：　职称：
七、院（系）课外研学活动指导小组验收结论 1. 成绩等级 □优秀　□良好　□通过　□不通过 2. 作品总学分数（　）学分； 其中：项目负责人（　）学分； 第二完成人（　）学分； 第三协作完成人（　）学分； 第四协作完成人（　）学分。 3. 建议 组长签字：　年　月　日

注：1. 表头及第一、二、三、四、五项由项目负责人填写。
2. 承担工作量由项目负责人与协作完成人根据每人实际承担工作量的大小填写。
3. 在对多人合作项目的学分进行分配时可保留一位小数，第二位小数作四舍五入处理。

附件5：

东南大学本科生发表论文学分分值认定表

一、院（系）名称

二、论文题目

三、发表刊物或学术会议名称

四、论文作者信息

排　名	姓　名	学　号	备　注
第一作者			
第二作者			
第三作者			
第四作者			

五、发表刊物或学术会议级别

□国际核心刊物　□国际一般刊物　□国内核心刊物

□国际学术会议　□国内一般刊物　□省、部、国家级学术会议

□校、市级学术会议

六、学生应得学分

<table>
<tr><th>姓　名</th><th>学　号</th><th>学　分</th><td rowspan="7">学分认定人（院系课外研学活动指导小组秘书）签字：

年　月　日
学分审定人（院系课外研学活动指导小组组长）签字：

年　月　日</td></tr>
<tr><td></td><td></td><td></td></tr>
<tr><td></td><td></td><td></td></tr>
<tr><td></td><td></td><td></td></tr>
<tr><td></td><td></td><td></td></tr>
<tr><td></td><td></td><td></td></tr>
<tr><td></td><td></td><td></td></tr>
</table>

注：1. 第一、二、三、四项由第一作者填写，第五、六项由院（系）课外研学活动指导小组秘书填写。
2. 刊物封面、目录、论文影印件、会议论文集封面、目录或作报告的证明材料与本表格装订在一起。
3. 在对多人合作项目的学分进行分配时可保留一位小数，第二位小数作四舍五入处理。

附件 6：

东南大学本科生取得国家专利学分分值认定表

一、院系名称			
二、专利名称			
三、专利类型	国家发明专利	国家实用新型专利	国家外观专利
四、专利批准日期			
五、获得专利成员（成员排名次序包括教师排名）			
排　名	姓　名	学　号	备　注
第一获得者			
第二获得者			
第三获得者			
第四获得者			
六、学生应得学分			
姓　名	学　号	学　分	备　注

学分认定人（院系课外研学活动指导小组秘书）签字： 年　　月　　日	学分审定人（院系课外研学活动指导小组组长）签字： 年　　月　　日

注：1．第一、二、三、四、五项由第一获得者填写。第六项由院系课外研学活动指导小组秘书填写。

2．专利证书复印件与本表格装订在一起。

3．在对多人合作取得专利的学分进行分配时，可保留一位小数，第二位小数作四舍五入处理。

附件 7：

东南大学本科生聆听科技、学术报告学分分值认定表

学生姓名： 学号： 所在院（系）：

一、科技、学术报告名称			
二、报告人资料			
姓名	单位	职务 / 职称	报告日期
三、报告内容简介			
四、与报告相关的后续研学材料 □读书报告 □评论 □文献综述 □其他			
五、后续研学材料名称			
六、对后续研学材料的审查意见 1. 内容和形式为 □好 □一般 □不足 2. 是否有抄袭现象 □是 □否 审查人职称 所属院（系） 审查人签字： 年 月 日			
七、院（系）课外研学活动指导小组关于学分认定的意见 □ 0.4 学分 □ 0.2 学分 □ 0 学分 组长签字： 年 月 日			

注：1. 要求将研学材料与本表格装订在一起。
2. 表头及第一、二、三、四、五项由学生填写。
3. 审阅老师所做的评价："好"为 0.4 学分，"一般"为 0.2 学分，"不足"为 0 学分，或第二项为"是"，即认定为 0 学分。

附件 8：

东南大学本科生课外研学学分分值登记表

院（系）：　　　　　　　　　　班级：

序号	姓名	学号	研学项目类别及所得学分							总得分	成绩	最终学分
			国家、省、校 SRTP	竞赛	研学作品	发表论文	取得专利	聆听报告	其他			
例 1	×××	××××××	1.9	2.5	0	2.3	0	0	0	6.7	优秀	2
例 2	×××	××××××	0.7	0.5	0	0	0	1.0	0	2.2	及格	2
例 3	×××	××××××	0	0	0	0	0	1.0	0	1.0	不及格	0

登记人签字：

院（系）教学院长（主任）签字：

日期：

（三十五）南京农业大学国家大学生创新性实验计划项目管理办法

第一章　总　　则

第一条　为贯彻落实《教育部　财政部关于实施高等学校本科教学质量与教学改革工程的意见》（教高〔2007〕1号）和《教育部关于进一步深化本科教学改革全面提高教学质量的若干意见》（教高〔2007〕2号）精神，保证国家大学生创新性实验计划顺利实施，根据《教育部办公厅关于申报国家大学生创新性实验计划的通知》精神（教高厅函〔2007〕20号），特制定本管理办法。

第二条　国家大学生创新性实验计划旨在通过组织本科生参加创新性实验计划，使其尽早体验和了解科学研究整体过程，促进本科生的创新性实验改革，调动学生的主动性、积极性和创造性，激发学生的创新思维和创新意识，掌握思考问题，解决问题的方法，提高实践创新能力。国家大学生创新性实验计划严格遵循“强调兴趣、突出重点、鼓励创新、注重实效”的原则，按照“公开立项、自由申报、择优资助、规范管理”的程序，重点资助思路新颖、目标明确、具有创新性和探索性、研究方案及技术路线可行、实施条件可靠的项目。

第二章　组 织 机 构

第三条　学校成立大学生创新性实验计划领导小组。领导小组由学校领导、教务处、学生工作处、团委、科技处、实验室与基地处、计财处等职能部门负责人组成，主要负责制定和完善有关规章制度，统筹规划各项工作。领导小组下设管理办公室，办公室设在教务处，负责项目申报、评审、运行、验收、经费管理等具体的组织管理工作。

第四条　学校成立大学生创新性实验计划指导小组。指导小组由各学科专家组成。主要任务是对大学生创新性实验计划项目及实施方案提出论证意见；参加项目的中期检查与结题验收；提出其他咨询性意见和建议。

第五条　各学院成立国家大学生创新性实验计划工作组，具体负责本院大学生创新性实验计划的组织实施。

第三章　申报与评审

第六条　国家大学生创新性实验计划主要面向全校全日制本科一、二年级学生。申请者必须学业优秀、善于独立思考、实践动手能力强、对科学研究、科技活动或社会实践有浓厚的兴趣、具有一定的创新意识和研究探索精神，具备从事科学研究的基本素质和能力。申请者可以是个人，也可以是团队，每个团队由3~5人组成。

鼓励学科交叉融合，鼓励跨院系、跨专业，以团队形式联合申报。

第七条 申请的项目必须有一名副高以上职称的指导教师。学生在教师的指导下，自主选题、自主设计实施方案。项目研究时间一般为1~3年。通常研究课题主要源于：（1）与课程学习有机结合，从课程学习中引申出的研究课题；（2）开放式、探索型和综合性实验教学中延伸出值得进一步深入研究的课题；（3）结合学校有关重大研究项目，可由学生独立开展研究的课题；（4）由学生自主寻找与实际生活相关的课题。

第八条 项目评审。（1）由学院进行初审，出具审核、推荐意见后提交教务处。（2）由有关学科专业和相关职能部门专家组成的评审组，采取申报书评阅以及公开答辩等形式对各个项目进行评审，形成评审意见。（3）对评审结果进行公示，公示期结束后入选项目报领导小组及主管校长审批、发布，教务处登记备案。

第四章 项目管理

第九条 国家大学生创新性实验计划实行主持人负责制。（1）制订研究计划。项目主持人接到审批立项通知后，应认真填写《南京农业大学国家大学生创新性实验计划项目合同书》，制订科学合理、详细周密的研究计划和实施方案，保证项目的顺利完成。（2）中期检查。项目研究时间过半，项目负责人应提交《南京农业大学国家大学生创新性实验计划项目中期检查报告》，内容包括：实验任务完成情况，困难和问题，下一步研究计划等，学校将组织中期检查，并提出实验与研究改进建议。（3）结题验收。项目完成后，项目负责人应撰写《南京农业大学国家大学生创新性实验计划结题验收报告》，并附上研究记录等相关材料和研究成果、实物等，由国家大学生创新性实验计划指导委员会成员对研究项目进行结题验收。（4）项目变更。在研究工作中，涉及减少、变更研究内容、研究人员，提前或推迟结题等事项，项目负责人应提出书面报告，经学院审核，报学校批准。

第十条 指导教师负责审阅项目内容，全程指导学生进行创新性实验，组织学生讨论交流及审查学生的研究结果等。

第十一条 国家大学生创新性实验计划管理办公室负责对研究项目进行跟踪，并组织学生进行成果的交流，将大学生创新性实验项目的总结报告、论文（设计）以及相关材料报教育部。

第五章 经费管理

第十二条 国家大学生创新性实验计划设有专项经费，经费由教育部拨款、学校配套、教师科研经费或社会捐助等组成，资助经费额度每个项目不少于1万元，经费由学校管理办公室负责管理，严格遵守学校财务管理制度。

第十三条 申报项目被学校审批立项后，学校将划拨50%的资助研究经费用于项目启动实施，项目中期检查通过后，再拨付余下的50%经费。

第十四条 资助经费由项目负责人在教师指导下自主使用，主要用于与课题研究相关的项目支出，如文献资料的收集、查询、打印或复印，实验材料和试剂药品的采集和购置，调查、走访等必需的交通经费等。

第六章 学校政策

第十五条 学校将为项目的实施提供实验场地、设备等方面支持，各类实验教学中心、重点实验室、研发中心等面向学生开放，确保项目顺利实施。

第十六条 对通过结题验收的项目负责人及参加者，学校颁发结题证书。对阶段性成果突出的项目，主要完成人可按照《南京农业大学关于奖励学分的暂行规定》申请奖励学分。

第十七条 学校对于指导教师给予一定工作量补贴，补贴标准为 15~20 学时 / 项 / 年，项目结题验收后一次性核定。对精心指导、认真负责且成绩突出的教师，学校将进行表彰奖励。

第七章 附 则

第十八条 项目研究成果属于南京农业大学所有，发表论著或申报其他成果时须标注“南京农业大学国家大学生创新性实验计划资助”。

第十九条 对于弄虚作假或不认真履行项目合同，一经查实即终止项目资助并在全校通报批评。

第二十条 本办法自印发之日起施行，由教务处负责解释。

（三十六）南京农业大学 SRT 计划项目管理办法（修订）

校教字〔2003〕134 号

校教发〔2011〕324 号

2016 年 6 月修订

第一章 总 则

第一条 大学生创新训练计划（program for student innovation through research and training，简称 SRT 计划），是专为在校大学生设计的一种项目资助计划，学生在导师指导下独立完成项目研究工作。SRT 计划是学校本科人才培养方案的重要组成部分，是实施创新教育的重要措施。

第二条 SRT 计划的宗旨是：充分利用我校的学科优势和科研条件，发挥教师和科研人员在人才培养中的作用，在大学生中营造崇尚科学、追求真知的学术氛围。

第三条 SRT 计划的目的是：为学有余力的大学生提供直接参加或独立完成科研项目的机会，并通过项目的实施，引导学生进入科技前沿，了解社会发展动态，培养创新精神，提高科研素质，启发创业意识，提高动手能力。

第二章 项目申报与评审

第四条 凡我校在校大学生（全日制统招生）均可申报 SRT 计划。申请人必须拥护中国共产党的领导，热爱社会主义祖国，热爱南京农业大学，有强烈的求知欲望和严谨的工作作风，有良好的职业道德和团结协作精神。项目的申报与实施以课题组为单位，每个课题组一般由 3~5 人组成。

第五条 SRT 计划资助项目主要为实验研究、调查研究和创业实践训练三种类型。项目选题应当具有一定的科学性、创新性和实用性，不宜过大过深，可以是针对某一学术领域或社会热点问题，也可以是教师主持的各类研究课题的子项目或企事业单位委托的项目，鼓励学生独立提出研究项目。项目研究期限原则上为 1 年。

第六条 SRT 计划项目的申报工作原则上由学生所在学院统一办理，教务处实践教学科归口管理。每年审批一次（每年 4 月份申请）。申报程序为：（1）个人申请；（2）教师（具有副高以上职称）推荐；（3）学院审核；（4）学校审批立项。

第七条 SRT 计划项目的评审工作由教务处组织有关学科专业和相关职能部门的专家，按照有关评审办法进行评审，形成评审意见，必要时可辅以答辩报告。评审论证后报主管校长审批。

第三章 项 目 管 理

第八条 SRT 计划审批立项后，由教务处负责登记备案，并对项目实行跟踪管理。

第九条 项目实行主持人负责制。接到审批立项通知后，项目主持人需认真填写“SRT 计划项目合同书”，制订科学合理、详细周密的工作计划和实施方案，保证项目的顺利完成。在项目研究过程中或结束时，需无条件地接受学校对项目的中期检查或结题验收，并提交工作总结和结题报告。项目主持人和参加人也必须分别结合自己参与的工作提交研究总结报告，该报告将作为指导教师评价学生工作完成情况的重要依据。

第十条 SRT 计划项目是在导师指导下开展的研究与技能训练，指导教师应对项目实施的全过程给予指导，结题时对参加项目学生分别进行评价。在条件允许的情况下，指导教师应为学生提供必要条件和配套经费。

第四章 经 费 管 理

第十一条 经费主要来源于三个渠道。一是由学校教学事业费中划拨的专项经费；二是由指导教师主持的科研项目提供的经费；三是由学院及各类企业和社会团体提供或赞助的经费。

第十二条 项目资助额度一般为 600~2000 元 / 项。学校资助和企业提供的经费由教务处统一管理，按项目划拨经费额度给项目主持人；指导教师科研项目提供的经费由所在学院和指导教师负责管理。

第十三条 项目经费主要用于与课题研究相关的项目支出，如文献资料的收集、查询、打印或复印，实验材料和试剂药品的采集和购置，设计用耗材，调查、走访等必需的交通费用等。

第五章 表彰与奖励

第十四条 学校对认真负责、进展顺利、成绩突出的项目主持人和指导教师给予表彰。

第十五条 对通过结题验收考核的项目负责人及参加者，学校颁发结题证书，并记 1 学分，同时作为免试推荐研究生的重要条件。研究成果得到实际应用，发明专利取得一定经济效益和社会效益，公开发表研究论文等，按照《南京农业大学关于奖励学分的暂行规定》，可以申请奖励学分。对在相应专业核心期刊上公开发表与 SRT 计划研究有关论文的在校大学生（限第一作者，需在论文首页注明：本研究得到南京农业大学 SRT 计划基金资助），可给予报销最高 1000 元的版面费。

第十六条 对于精心指导、认真负责的指导教师，学校将按结题当年的学校教师工作量计算办法给予适当工作量补贴，项目结题验收后一次性核定。

第六章 附 则

第十七条 对于弄虚作假或不认真履行项目合同的，一经查实即终止项目资助，并在全校给予通报。

第十八条 对于学院立项的项目，学生可以申请参加学校组织的结题验收，验收合格，符合学校立项要求，主持和参加项目的学生也可获得学校立项项目的待遇。完成国家级和江苏省大学生创新创业训练计划项目的学生，计学分等参照此办法执行。

第十九条 本办法由教务处负责解释。

附件：1. 南京农业大学院级 SRT 计划项目管理办法

2. 南京农业大学 SRT 项目经费管理办法

附件1：

南京农业大学院级SRT计划项目管理办法

教实〔2014〕45号

为进一步促进院级SRT计划项目管理的科学化、程序化和规范化，根据《南京农业大学SRT计划项目管理办法》(校教发〔2011〕324号)文件精神，特作如下规定。

一、项目申报：院级SRT计划项目的申报工作由学生所在学院统一办理，教务处实践教学科归口管理，每年审批一次。申报程序为：（1）个人申请；（2）教师推荐；（3）学院审核立项；（4）学校备案。评审通过的项目，由学院公示、发文，并由项目主持人进入“SRT管理系统”，将申报材料录入系统。

二、项目管理：院级SRT计划项目，由学院实行跟踪管理。项目实行主持人负责制。接到立项通知后，项目主持人需认真填写“SRT计划项目合同书”，制订科学合理、详细周密的工作计划和实施方案，保证项目的顺利完成。在项目研究过程中或结束时，应接受学院对项目的中期检查或结题验收，并提交工作总结和结题报告。项目主持人和参加人也应分别结合自己参与的工作提交研究总结报告，该报告将作为指导教师评价学生工作完成情况的重要依据。

三、经费管理：经费主要来源于三个渠道，一是由学院教学事业费中划拨的专项经费；二是由指导教师主持的科研项目提供的经费；三是由各类企业和社会团体提供或赞助的经费。项目资助额度一般为600~2000元/项。项目经费主要用于与课题研究相关的项目支出，如文献资料的收集、查询、打印或复印，实验材料和试剂药品的采集和购置，设计用耗材，调查、走访等必需的交通费用等。

四、项目结题：对于学院立项的项目，须参加学院组织的结题验收。项目主持和参加项目的学生可向学校提出申请，经学校审批后，对通过结题验收考核的项目负责人及参加者，学校颁发结题证书，并记1学分。

本办法由教务处负责解释。

附件 2：

南京农业大学 SRT 项目经费管理办法

2003 年 5 月 23 日

为加强 SRT 计划项目经费的管理，特制定本管理办法。

一、SRT 项目经费由学校（教务处）和学院共同管理。教务处负责项目的审核立项和经费划拨；项目的中期检查和结题验收；项目经费使用的监督和检查。学院负责项目的指导和管理；经费的审核和报批；项目进程的督促和协调。

二、SRT 项目经费由教务处处长总负责，由实践教学科科长具体负责，由各学院教学院长签字方可报销。按学院设立“SRT 专项经费本”，由教学院长负责。

三、SRT 项目经费使用范围：主要用于与课题研究相关的项目支出，包括：文献资料的收集、查询、打印和复印等，实验材料和试剂药品的采集、加工、购置和测定等，调查问卷和研究报告的印刷、统计和分析等，收集数据和采集样本必需的交通费用等。

四、SRT 项目经费不得用于请客吃饭、零工劳务和娱乐消遣等。

（三十七）南京农业大学国家级、省级大学生创新创业训练计划项目管理办法（修订）

第一章　总　　则

第一条　为贯彻落实《教育部　财政部关于“十二五”期间实施“高等学校本科教学质量与教学改革工程”的意见》（教高〔2011〕6号）和《教育部关于做好“本科教学工程”国家级大学生创新创业训练计划实施的通知》（教高函〔2012〕5号）及《江苏省教育厅　江苏省财政厅关于实施江苏省“十二五”高等教育教学改革与教学质量提升工程的意见》（苏教高〔2011〕1号）精神，保证我校大学生创新创业训练计划顺利实施，特制定本管理办法。

第二条　大学生创新创业训练计划内容包括创新训练项目、创业训练项目和创业实践项目三类。其目标是通过实施大学生创新创业训练计划，促进我学校转变教育思想观念，改革人才培养模式，强化创新创业能力训练，提升大学生的综合素质，增强大学生的创新能力和在创新基础上的创业能力，培养适应国家发展战略需要、适应各行各业需要的高素质人才。

第二章　组 织 机 构

第三条　学校成立大学生创新创业训练计划领导小组。领导小组由学校领导、教务处、学生工作处、团委、科学研究院、计财处及人事处等职能部门负责人组成，主要负责统筹规划、政策制定、经费保障、管理和决策。领导小组下设管理办公室，办公室设在教务处，负责项目申报、评审、运行、验收、经费管理等具体的组织管理工作。

第四条　学校成立大学生创新创业训练计划指导委员会。指导委员会由校领导和各学科专家组成。主要任务是对大学生创新创业训练计划项目及实施方案提出论证意见；参加项目的中期检查与结题验收；督促学校开设与创新训练有关的创新思维与创新方法类选修课程，开设与创业训练有关的项目管理和企业管理类选修课程，提出其他咨询性意见和建议。

第五条　各学院成立大学生创新创业训练计划工作组和专家组，具体负责本院大学生创新性实验计划的组织实施。

第三章　申报与评审

第六条　大学生创新创业训练计划主要面向全校全日制本科一、二年级学生。申请者必须学业优秀、善于独立思考、实践动手能力强；对科学研究、创新创业等有浓厚的兴趣；具有一定的创新意识和创业实践能力，具备从事创新创业的基本素质和能力。申请者可以是个人，也可以是团队，每个团队由 3~5 人组成。鼓励学科交叉融合，鼓励跨院系、跨专业，以团队形式联合申报。

第七条 申请的项目必须有一名副高以上职称的指导教师。学生在教师的指导下，自主选题、自主设计实施方案。项目研究时间一般为 1~3 年。我校的大学生创新创业训练计划内容包括创新训练项目、创业训练项目和创业实践项目三类。

1. 创新训练项目是本科生个人或团队，在导师指导下，自主完成创新性实验方法的设计、设备和材料的准备、实验的实施、数据处理与分析、总结报告撰写等工作。

2. 创业训练项目是本科生团队，在导师指导下，团队中每个学生在项目实施过程中扮演一个或多个具体的角色，通过编制商业计划书、开展可行性研究、模拟企业运行、进行一定程度的验证试验，撰写创业报告等工作。

3. 创业实践项目是学生团队，在学校导师和企业导师共同指导下，采用前期创新训练项目（或创新性实验）的成果，提出一项具有市场前景的创新性产品或者服务，以此为基础开展创业实践活动。

第八条 项目评审。

1. 由学院进行初审，出具审核、推荐意见后提交教务处。

2. 由有关学科专业专家组成的评审组，采取申报书评阅及公开答辩等形式对各个项目进行评审，形成评审意见。

3. 对评审结果进行公示，公示期结束后入选项目报领导小组及主管校长审批、发布，教务处登记备案。

第四章 项目管理

第九条 大学生创新创业训练计划实行主持人负责制。（1）制订研究计划。项目主持人接到审批立项通知后，应认真填写《南京农业大学大学生创新创业训练计划项目合同书》，制订科学合理、详细周密的研究计划和实施方案，保证项目的顺利完成。（2）中期检查。项目研究时间过半，项目负责人应提交《南京农业大学大学生创新创业训练计划项目中期检查报告》，内容包括：任务完成情况，困难和问题，下一步实施计划等。学校将组织中期检查，并提出改进建议。（3）结题验收。项目完成后，项目负责人应撰写《南京农业大学大学生创新创业训练计划结题验收报告》，并附上研究记录等相关材料和研究成果、实物等，由大学生创新创业训练计划指导委员会成员对研究项目进行结题验收。（4）项目变更。在研究工作中，涉及减少、变更研究内容、研究人员，提前或推迟结题等事项，项目负责人应提出书面报告，经学院审核，报学校批准。

第十条 指导教师负责审阅项目内容，全程指导学生进行创新创业训练，组织学生讨论交流及审查学生的研究结果等。

第十一条 大学生创新创业训练计划管理办公室负责对研究项目进行跟踪，并组织学生进行成果的交流，将大学生创新性实验项目的总结报告、论文（设计）及相关材料报教育部。

第五章 经费管理

第十二条 大学生创新创业训练计划设有专项经费，经费由教育部拨款、学校配套、教师科研经费或社会捐助等组成，资助经费额度每个项目5000元到50000元不等，经费由学校管理办公室负责管理，严格遵守学校财务管理制度。

第十三条 申报项目被学校审批立项后，学校将划拨50%的资助研究经费用于项目启动实施，项目中期检查通过后，再拨付余下的50%经费。

第十四条 资助经费由项目负责人在教师指导下自主使用，教师不得使用学生项目经费，学院不得提取管理费，不得截留和挪用。经费主要用于与课题研究相关的项目支出，如文献资料的收集、查询、打印或复印，实验材料和试剂药品的采集和购置，调查、走访等的交通经费及创业实践必须使用的经费等。

第六章 学校政策

第十五条 学校将为项目的实施提供实验场地、设备等方面支持，各类实验教学中心、重点实验室、研发中心等面向学生开放，确保项目顺利实施。

第十六条 对通过结题验收的项目负责人及参加者，学校颁发结题证书，并记1学分，同时作为免试推荐研究生的重要条件。对阶段性成果突出的项目，主要完成人可按照《南京农业大学关于奖励学分的暂行规定》申请奖励学分。

第十七条 学校对于指导教师给予一定工作量补贴，补贴标准为15～20学时/项/年，项目结题验收后一次性核定。对精心指导、认真负责且成绩突出的教师，学校将进行表彰奖励。

第七章 附 则

第十八条 项目研究成果属于南京农业大学所有，发表论著或申报其他成果时须标注“南京农业大学大学生创新创业训练计划资助”。

第十九条 对于弄虚作假或不认真履行项目合同，一经查实即终止项目资助并在全校通报批评。

第二十条 本办法自印发之日起施行，由教务处负责解释。

（三十八）南京农业大学实验室对本科生开放管理暂行办法

实验室是学生学习科学知识，训练实验技能，开展科学研究，探索科学奥秘的重要场所。实验室面向本科学生开放，对激发学生学习兴趣、培养学生实践能力和创新精神具有重要意义。为进一步促进我校各级各类实验室面向本科生开放，规范实验室开放及运行管理，特制定本办法。

一、本办法所指的实验室包括学校各实验教学中心、国家（省、部）级重点实验室、工程（技术）研究中心及其他科研实验室或研究平台等各级各类实验室。

二、实验室属学校的公共资源，各级各类实验室应根据“资源共享、对外开放”的要求，在保证完成教学、科研及研究生培养等任务的前提下，积极创造条件，采取多种形式面向本科生开放，充分发挥实验室的使用效益，积极为人才培养服务。

三、实验室开放工作在主管校长的领导下，由实验室与基地管理处、教务处、科技处等有关部门协调管理，统筹规划实验室开放工作，并建立健全实验室开放及运行管理机制。相关处室负责各教学实验中心、科研实验室的开放管理，学院和有关单位应指定专人负责管理实验室开放工作，并采取有效措施促进实验室多种形式的开放，逐步增加开放时间、内容和范围。

四、实验室开放应贯彻“因材施教、讲求实效”的原则，树立以学生为本，知识传授、能力培养、素质提高协调发展和以能力培养为核心的教育理念，重点培养学生的探索精神、科学思维和实践能力。

五、实验室开放主要包括课题研究型、预约实验型、仪器设备使用型、毕业论文（设计）实习型四种形式，采用以学生为主体、教师为主导的实验教学模式。

（一）课题研究型：是指学生参加各类课题，进入实验室，并开展科学研究活动。如学生开展大学生“SRT 计划”项目研究、参与教师研究课题、进行课外学术科技作品竞赛项目研究、创业计划竞赛项目研究及小发明、小制作等科技活动，或进行软件开发、课件制作、网页设计、网站建设等。

（二）预约实验型：是指学生根据各实验室定期发布的一些综合性、设计性开放实验项目，结合自己的专长、特长、爱好，事先预约到实验室选做一些实验项目，并独立完成实验方案设计和实验报告。

（三）仪器设备使用型：是指学生根据各实验室公布的仪器设备使用开放时间，事先申请预约，在教师指导下进行操作训练等。

（四）毕业论文（设计）实习型：是指学生根据毕业论文（设计）选题，选择相关实验室从事毕业论文（设计）实习工作。

六、实验教学中心开放内容包括：

（一）根据人才培养需要，结合实验条件和专业特点，设置一定数量的综合性、设计性、创新性实验项目或内容供学生选择。

（二）接纳学生自拟课题或实验项目进入实验室开展科学研究及其他科技活动。

七、科研实验室开放内容包括：

（一）结合教师科研需要，选择部分研究内容或专项实验，面向学生开放；

（二）接纳本科生开展毕业论文和毕业设计工作；

（三）教学实验中心已接收学生开放的研究项目中不具备条件的实验内容。

八、学生学习成绩优良，学有余力，且掌握了与开放内容相关的专业基础知识和基本操作技能，方可进入实验室进行科学研究等活动。

九、实验室开放应有计划、有组织地进行。学生申请进入各类实验室开展科学研究，须提交相关材料，经有关专家审查并经实验室同意后方可进入。

十、学生实验前须做好充分的准备工作。如查阅相关文献资料、掌握实验原理和方法、制定合理的实验方案、了解仪器设备性能及操作规程等。

十一、学生在实验室期间，须严格遵守实验室各项规章制度，服从管理。实验期间损坏仪器设备按学校有关规定处理。

十二、学生完成实验或课题研究后，必须向指导教师提交实验报告、研究论文或其他成果材料。开放性实验纳入学生实践教学环节，可作为“科学研究基础训练”（按 18 学时折算成 1 个学分）的一项内容，学生参加开放实验的成绩经考核合格后取得相应学分（补做实验不计学分）。

十三、取得突出成果的学生，可根据学校有关规定申请创新奖励学分。学生通过实验室开放所取得的成果知识产权属于学校，在发表时应标明所在实验室。

十四、各实验室应做好仪器设备、试验试材等材料的准备工作，实验期间，相关教师和实验技术人员应加强对学生指导和管理。

十五、各类实验室应做好对本科生开放的记录，对学生实验的相关资料及成果应规范存档，对学生的优秀成果及论文应积极推荐发表。

十六、学校将对各实验室的开放情况进行年度考核和总结，依据开放记录等材料，经审核、认定后予以一定的实验耗材经费补贴，并认可指导教师的工作量，对在实验室开放工作中取得突出成绩的实验室及教师、教学及科研辅助人员予以表彰和奖励。

十七、本办法自颁布之日起试行。

（三十九）中国药科大学“国家大学生创新训练计划”管理办法（试行）

校教〔2007〕25号

为进一步提高大学生的人文素养和科学素质，开展以学生为主的创新性实验，培养大学生的创新精神和实践能力，鼓励和支持大学生尽早地参与科学研究、技术开发和社会实践等创新活动，培养一批拔尖创新人才，根据教育部高等学校本科教学质量与教学改革工程的总体安排及高等教育司关于“国家大学生创新训练计划”的有关文件精神，为保证我校“国家大学生创新训练计划”的顺利开展，特制定本管理办法。

总　则

第一条　目的任务

“国家大学生创新性实验计划”的实施，旨在探索并建立以问题和课程为核心的教学模式，倡导以本科学生为主体的创新性实验改革，调动学生的主动性、积极性和创造性，激发学生的创新思维和创新意识，逐渐掌握思考问题、解决问题的方法，提高其创新实践的能力。

第二条　实施原则

1. 兴趣驱动。参与计划的学生应对科学研究或创造发明有浓厚兴趣。在兴趣驱动下，在导师指导下完成实验过程。

2. 自主实验。参与计划的学生应自主设计实验、自主完成实验、自主管理实验。

3. 重在过程。注重创新性实验项目的实施过程，强调项目实施过程中学生在创新思维和创新实践方面的收获。

第三条　组织机构

“国家大学生创新训练计划”的组织机构是中国药科大学大学生实践创新训练项目工作领导小组。小组负责研究、制定有关政策，组织专家组评审、验收训练项目，监督训练项目的经费使用情况，指导全校大学生创新训练计划的其他相关工作。工作领导小组的办公室设在教务处。

计划内容

第四条　本计划由大学生创新训练项目和项目奖励组成。大学生创新训练项目是本科学生在导师的指导下，以个人或团队，自主选题、自主设计实验、组建实验设备、实施实验、进行数据分析处理和撰写总结报告等，以培养学生提出、分析和解决问题的兴趣和能力。

第五条 立项申请每年一次，具体时间以教育部及学校通知为准。

第六条 申请人不得一次同时在不同项目之间交叉申报。

申请人及导师条件

第七条 凡我校全日制本科学生均可申请，原则上以一至三年级学生为主。申请者要求品学兼优、学有余力，有较强的独立思考能力和创新意识，对科学研究、科技活动或社会实践有浓厚的兴趣。原则上不能有必修课不及格。对确有特长的学生，经专家组考核，可适当放宽申报条件。项目小组组成鼓励学科交叉和年级交叉。

第八条 指导教师要热爱教学工作、热衷教学研究与改革、乐于指导学生进行研究性学习，需具有副教授以上职称，能为项目实施提供相关场地和配套经费。

计 划 管 理

第九条 训练项目运行周期为 1 年到 1 年半。

第十条 项目申报及评审程序：

1. 申请项目必须是有一定基础的“中国药科大学大学生实践创新训练基金”资助项目。由项目负责人填写《中国药科大学“国家大学生创新训练计划”申请书》（简称《申请书》）一式四份，提交教务处。

2. 工作领导小组组织专家对全校申请项目进行审核、答辩、遴选。择优遴选出的项目经主管校长批准，公示后下达立项通知。

第十一条 项目过程管理：

1. 申请人在接到批准立项的通知后，应在 15 天内与教务处签订《中国药科大学“国家大学生创新训练计划”管理合同书》，不按时签订合同者按自动放弃处理。

2. 项目启动 6 个月后，项目组须向教务处提交《中国药科大学“国家大学生创新训练计划”中期进度表》。对不按时递交中期进度表或无明显进展的项目，将要求其限期整改直至停止项目运行。

3. 项目完成后，项目负责人应按合同规定时间向教务处提交《中国药科大学“国家大学生创新训练计划”结题报告书》《“国家大学生创新训练计划”实施情况工作记录》等资料，以第一作者身份在省级以上核心期刊公开发表的论文或成果实物等，其中结题报告书必须经过指导教师审定。申请延期的项目需向教务处提交年度报告书，汇报项目开展情况。

第十二条 学生管理：

1. 项目参加人采取自由组合的形式，应形成跨年级梯队，鼓励跨专业、跨学院组队。

2. 指导教师不仅要从研究内容上指导学生，还要对学生进行科研素养和道德教育，考察学生的出勤和表现。

3. 学生的日常管理由导师负责。应通过各种形式，将所有参与项目的学生凝聚成为一个富有创新意识的精英团队，并在团队合作中锻炼其组织、管理、合作能力。

4. 项目小组采取滚动分流的管理制度，导师有权取消项目实施过程中考核不合格的队员资格。

第十三条 创新训练计划强调对大学生创新意识和创新能力培养的过程，因此必须在实施过程中加强项目管理和资料留存工作。项目组成员必须撰写完整的工作日志、科研记录、中期进度报告和总结报告。过程资料将作为结题考核和评优评奖的重要依据。

条件保障

第十四条 学校有关部门应为立项学生进行创新训练提供必要的条件，使参与训练的学生优先使用教学实验中心、各类开放实验室和重点实验室。保证参加创新训练的学生假期留校的食宿。

第十五条 参与项目的学生可以根据项目开展状况，在选课等方面优先选取与课题相关的各项课程。

第十六条 对创新训练取得阶段性成果的项目，经项目主持人提出申请，征得指导教师同意后，经学院学术委员会审查，可作为毕业论文（设计）课题继续进行。

经费管理

第十七条 大学生科技创新项目的经费额度为：每项3000~10000元。

第十八条 经费使用自主权在项目申请人或团队负责人，参与项目的学生应合理使用经费，并遵守学校的财务管理制度。

第十九条 经费报销需经指导教师审核，教务处实验室管理科负责定期集中报销经费。

第二十条 经费报销细则参照《中国药科大学大学生实践创新训练项目的若干管理规定（试行）》。

奖励办法

第二十一条 “国家大学生创新性实验计划”中创新性强、成果突出的项目将优先推荐参加全国大学生“挑战杯”竞赛。

第二十二条 “国家大学生创新性实验计划”结题时取得以下成果的将评为优秀项目，给予奖励：

1. 小组成员以第一作者身份发表的论文被SCI、EI、ISTP收录；

2. 小组成员排名第一获得公开专利或科技发明等奖励；

3. 以实践创新训练项目研究内容为主要成果，获得全国大学生“挑战杯”竞赛奖励。

4. 在课题研究过程有重大创新点和研究深度的。

第二十三条 工作领导小组负责组织专家对已完成的项目进行检查、奖励评定等，并根据《中国药科大学奖励学分实施办法（试行）》给学生计算相应的创新学分。暑期参加“国家大学生创新性实验计划”的学生等同于参加“暑期社会实践”。

第二十四条 对参加创新训练项目并取得一定成果的学生，达到推免研究生基本条件，可优先推免研究生。

第二十五条 指导教师每指导一个项目，计算20学时的工作量，项目有多个指导教师的不再重复累计。

第二十六条 指导教师将在评奖评优、申报职称时优先推荐。所指导的项目被评为优秀的指导教师，在申报职称时，相当于获校级教学奖励。

附 则

第二十七条 本办法自颁布之日起施行。

第二十八条 本办法由中国药科大学大学生实践创新训练项目工作领导小组负责解释。

（四十）中国药科大学“大学生实践创新训练项目”的若干管理规定（试行）

校教〔2007〕25 号

根据“学生自主设计实验、自主完成实验、自主管理实验”的实施原则要求，为更好地保证计划的顺利实施，特制定以下规定。

一、财务管理规定

1. 项目经费由教务处统一管理，参与项目的学生要合理使用项目经费，遵守学校财务管理制度。

2. 经费使用范围

（1）样品测试费、实验材料费等；

（2）复印费、打印费及论文装订费等；

（3）购买文具及其他易耗品等；

（4）与创新项目有关的邮寄费；

（5）与创新项目有关的车费，参加学术会议的火车票（限报硬座），寒暑假期间的回家车票不予报销；

（6）科研项目所需图书资料费；

（7）发表论文的版面费。

以上经费的使用必须与所申请的创新项目相关，且不能购买固定资产类设备（如电脑、移动硬盘、mp3、仪器等）。

3. 报销要求

（1）只有正规财务发票才能报销，收据不能报销；

（2）需报销的发票必须集中粘贴，填写“中国药科大学报销凭证”，由本人及导师签名；

（3）报销复印费、打印费必须附收款单位出具的盖有公章的复印清单和打印清单；

（4）报销火车票和长途汽车票需填写“中国药科大学差旅费报销单”；

（5）需报销的文具发票必须填有单价、数量及总额或附收款单位出具的盖有公章的清单；

（6）需要转账请填写“校内转账凭证”，付款单位项目代号待审核时由教务处实验室管理科老师填写，付款经办人签名处必须由本人及导师签名；

（7）实验需要材料可使用教学代价券到库房领取，领用要求见本规定“二、库房领用物品规定”。

将所有需报销票据按报销要求整理后，请详细填写“国家大学生创新性实验计划”项目经费使用单，经费使用单及所有报销单据交教务处实验室管理科老师审核后集中报销。

4. 审核时间

每半个月审核报销一次，审核时间地点另行通知。

二、库房领用物品规定

1. 库房领用物品使用校内教学代价券，代价券由教务处统一发放、统一审核。

2. 领用范围：实验用试剂、药品、低值易耗品和办公文具。不得领取与实验无关的生活用品和固定资产类设备（如移动硬盘、mp3、仪器等）。

3. 使用代价券领用物品必须填写《中国药科大学“国家大学生创新性实验计划”领用物品登记表》，由导师签字审核，并配有库房打印的领取物品的清单，每次报销时送教务处实验室管理科审核。

三、实验室管理规定

1. 凡进入实验室从事“国家大学生创新性实验计划”活动的学生必须严格遵守实验室的各项规章制度。

2. 按照导师要求，每天按时进入实验室，不得迟到早退，必须穿实验服。

3. 严格遵守操作规程，服从教师指导，不动用与本实验无关的仪器设备。

4. 注意节约使用水、电、试剂和材料，自觉保持环境卫生，注意人身和设备安全。

5. 以实事求是的科学态度进行实验，认真测定数据，如实做好原始记录并由指导教师签字。

6. 进行创新性实验前，要事先报告指导老师，经充分论证后方可进行实验，以防实验过程中发生危险。

四、安全管理规定

1. 严格遵守国家的法律法规和学校安全管理规定，增强遵纪守法观念和安全防范意识，提高自我保护能力。

2. 服从项目负责人和指导老师的管理，严格执行请假、销假制度，树立良好的团队意识。

3. 服从学校住宿安排，留校期间不得单人居住，严格遵守作息时间；宿舍内不得随意留宿他人；室内无人或就寝前须及时熄灯、锁门、关窗；加强安全防范，妥善保管好个人物品。

4. 切实遵守安全用电和安全防火规定，严禁使用违章电器，严禁私拉乱接电线和违章使用明火。

5. 做好防骗、防盗、防抢劫、防爆、防性骚扰性侵害、防雷击、防食物中毒措施；炎热时不得私自下水游泳，防止溺水事件发生；外出时注意交通安全。

6. 做实验时严格遵守实验操作规程，严格遵守《学校剧毒麻醉物品安全管理规定》。

7. 严禁酗酒、哄闹、打架、斗殴、赌博、有伤风化及损坏公私财物等违纪违法事件发生。

8. 落实安全保密措施，防止机密文件、资料泄露事件发生。

9. 遇有紧急情况及时报保卫处或相关负责人。

五、请假制度

1. 学生必须参加学校和导师统一安排的研究活动。如不能参加，必须向辅导员和导师请假。如长时间不参加研究活动者，将取消队员资格。

2. 假期留校进行实践创新活动的学生必须严格履行请假制度。请假时间超过一天者，应向导师递交书面申请。请假并经批准的，要到所在院部负责大学生实践创新训练的辅导员处填写请假记录后方可离校。回来时要办好销假手续，非特殊情况不准电话请假、捎假和事后请假。

3. 事假累计不超过3天。有住院证明方为病假，病假超过两周，出勤考核不得分，病假超过一个月的按规定办理病休手续。

（四十一）中国药科大学关于深化大学生创新创业教育改革的实施意见

药大教〔2015〕206号

深化高等学校创新创业教育改革，是国家实施创新驱动发展战略、促进经济提质增效升级的迫切需要，是推进高等教育综合改革、促进高校毕业生更高质量创业就业的重要举措。根据《国务院关于进一步做好新形势下就业创业工作的意见》（国发〔2015〕23号）、《国务院办公厅关于深化高等学校创新创业教育改革的实施意见》（国办发〔2015〕36号）等文件要求，结合我校实际情况，提出如下实施意见。

一、指导思想

全面贯彻党的教育方针，落实立德树人根本任务，坚持创新引领创业、创业带动就业，主动适应经济发展新常态，以推进素质教育为主题，以提高人才培养质量为核心，以创新人才培养机制为重点，以完善条件和政策保障为支撑，促进高等教育与科技、经济、社会紧密结合，加快培养富有创新精神、创业意识、创新创业能力并勇于投身实践的创新创业人才，为经济社会发展提供更强的药学类人才智力支撑。

二、总体原则

坚持育人为本，提高培养质量。深化大学生创新创业教育改革作为推进学校综合改革的突破口，树立先进的创新创业教育理念，面向全体、分类施教、结合专业、强化实践，提升人力资本素质，努力造就大众创业、万众创新的生力军。

三、目标要求

2015年起深化我校创新创业教育改革，制定改革任务分工。2017年取得重要进展，形成科学先进、行业认同、具有药学专业特色的创新创业教育理念，形成可复制可推广的工作制度成果，实现医药学生创新创业就业预期目标。到2020年逐步建立健全课堂教学、自主学习、结合实践、指导帮扶、文化引领融为一体的创新创业教育体系，实现创新创业精神显著加强、自主知识产权显著增加、科技成果转化显著加快，为实现伟大社会主义中国梦贡献度显著提高的预期目标。

四、主要任务和措施

（一）修订人才培养质量标准

按照国家制定实施的药学类专业本科教学质量国家标准，修订实施的药学类高职专业教学标准和博士、硕士学位基本要求，将创意思维、创新精神、创业意识和创新创业能力作为评价药学类专业人才培养目标的重要指标，进行新形势下行业用人需求调研，进一步明确药学类专业人才创新创业知识、能力、素质要求，结合我校各专业特点、办学定位、服务面向，制定本科、研究生创新创业教育教学质量标准，修订人才培养方案，把创新创业教育融入人才培养全过程。负责部门：教务处、研究生院。

（二）创新人才培养机制

1. 构建专业优化动态机制。为了促进药学类人才与经济社会发展、创业就业需求紧密对接，实施招生计划量化考核，制定专业动态调整、预警和退出办法，进一步完善“卓越工程师”“拔尖创新人才”培养计划实施方案，推广我校以创业型人才培养模式为特色的药学（国家生命科学与技术人才培养基地）专业建设成果和经验，构建以行业需求为导向的专业结构和创业就业为导向的人才培养新机制。负责部门：教务处、研究生院、学工处招生就业办。

2. 构建协同创新育人机制。以实施国家生命科学与技术人才培养基地和“卓越工程师培养计划”为切入点，不断提升校企合作办学的水平和层次，完善校企联合授课教学大纲和内容，凝练医药行业创新创业教育特色和知识体系，强化培养学生的制药能力和科研创新能力，注重学生的社会责任感、探索精神和实践能力的提高，依托国家级实践教育中心、校内外实践基地、创新创业指导中心、优质就业基地，建立校际、校企、校地、校所以及国际合作的协同育人新机制，积极吸引社会资源和国外优质教育资源投入创新创业型人才培养。负责部门：教务处、研究生院、学工处就业办、国际交流合作处、各院部（系）。

3. 构建跨学科交叉培养机制。加强药学类核心课程，以及专业大类课程建设，设置同一专业门类的基础课程。开设跨学科专业的交叉课程，以服务大健康产业为出发点，构建互联网+药学、生物学+药学、保健食品+药学、金融保险学+药学、环境生态学+药学等跨学科课程体系；探索建立跨院系、跨学科、跨专业交叉培养创新创业人才的新机制；鼓励跨学院、跨学科、跨专业、跨年级学生组队申报大学生创新创业训练计划，参加创意创新创业大赛，促进人才培养由学科专业单一型向多学科融合型转变。负责部门：教务处、研究生院、团委、各院部（系）。

（三）健全创新创业教育课程体系

1. 完善创新创业教育课程体系。挖掘和充实药学类专业创新创业教育资源，开发开设药学进展、药学前沿、医药研发、创业基础、职业生涯规划等方面的必修课和选修课，纳入学分管理，建设依次递进、有机衔接、科学合理的创新创业教育专门课程群；根据人才培养定位和创新创教育目标要求，促进专业教育与创新创业教育有机融合，聘请知名科学家、创业成功者、企业家、风险投资人等各行各业优秀人才，兼职担任专业课、创新创业课授课或指导教师；注重提高教师创新创业课堂教学的效果，在传授药学专业知识的过程中加强创新创业教育。负责部门：教务处、研究生院、学工处就业办、各院部（系）。

2. 加快创新创业教育优质课程信息化建设。充分利用药学专业教育资源，搭建功能齐全、满足创新创业教学需求的网络平台，引进一批共享的慕课、视频公开课等在线创新创业开放课程，为学生提供在线课程、职业能力测评、创业体验等优质资源；逐步完善创新创业教育在线课程教学环节，采用知识单元化、内容媒体化课程教学形式，教学方法实现研究性课堂翻转和混合式教学相结合、线上学习和线下讨论相结合，设计制定在线课程学分认定和学习认证等考核制度。负责部门：教务处、研究生院、学工处就业办。

3. 强化创业培训特色课程建设。依托创新创业教育学院（虚拟），优化创新创业教育专业课程设置，面向全校学生开设创新创业教育课程。完善规范6门选修类创业课程《企业创业实践》《创业情境模拟》《创业基础》《淘宝个人创业讲座》《创业人生》《大学生职业生涯规划》和1门必修类就业课程《就业指导》；对具有创业意愿和创业潜质的大学生小班化集中培训，在创业课程、创业政策、创业技能、创业实践等方面给予“一站式”专业辅导；组织药学类专业学科带头人、行业企业优秀人才，联合编写适合药学类专业学生的创新创业教育重点教材，修订《药学生就业创业指导》教材。负责部门：教务处、研究生院、学工处就业办、各院部（系）。

（四）改革教学方法和考核方式

1. 完善课堂教学方法。探索以“翻转课堂”为主要形式、本科生导师制为保障的课堂教学方法，开展案例式、启发式、讨论式、情景模拟教学，鼓励教师把国际前沿学术发展、最新研究成果和实践经验融入课堂教学，通过第二课堂、新生研讨课、高级研讨课、研究性翻转教学、药苑论坛、博维论坛等手段丰富教学方式，将创意课程、创业课程采用小班化、讨论式教学，注重培养学生的批判性和创造性思维，激发创新创业灵感。负责部门：教务处、各院部（系）。

2. 完善大数据考核新方式。以考查学生运用知识分析、解决问题的能力为目的，运用智慧校园移动教务系统实现考勤、随堂考试等基础考查，结合i_click课堂互动反馈系统、在线考试（题库）系统等信息系统，以多种形式加强课程教学过程性考核，提高课堂教学效果；以撰写提交创意论文、创意作品，分享创意思路，参加创意、创业大赛等形式，探索非标准答案考试方式。负责部门：教务处、团委、各院部（系）。

（五）强化创新创业实践

1. 加强创新型教学示范中心建设。进一步科学规划，整合资源，加大投资力度，提高国家级及省级实验教学示范中心的软件及硬件条件，充分借助GPS、3D动画等信息技术，重点建设中药认知和GMP车间两个虚拟仿真教学示范中心，为创新创业实践教学提供更好的平台。负责部门：教务处、研究生院、国有资产管理处、各院部（系）。

2. 完善创新创业实践教育基地建设。进一步提高校内实训基地建设水平，加强药学类学生三种能力（GMP车间实训能力、中药材认知能力和药房实践能力）的培养，锻炼学生的创新实践能力；扩展校外创业实践基地建设，定期到校外实践基地进行走访，了解学生实践情况，征求实践基地对人才培养的建议，共商制定创新创业教育培养方案。通过参与创新实验创业实践，提升学生创新思维和实践能力。负责部门：教务处、学工处就业办、各院部（系）。

3. 深入实施大学生创新创业训练计划。按照导师科研项目引领+学生自主参与、学生创意项目自拟+教师协助指导的模式，完善实施大学生创新创业训练计划。依托国家级、省级、校级大学生创新创业训练计划平台，实施创新训练、创业训练和创业实践三类训练计划项目。学校设立专项资金，分别给予国家级、省级、校级项目800~12000元资助奖励经费。负责部门：教务处、各院部（系）。

4. 完善创新创业教育交流平台。进一步打造“药苑论坛”创新创业教育交流平台。继续扩大“药苑论坛”规模，办成国际性药学类创新创业交流平台，吸引海内外学子共同参与，交流内容从原先单一的学术交流，改进为学术交流和药学创意大赛两个主题，隔年交替进行。负责部门：教务处、各院部（系）。

5. 积极组织筹办各类创新创业大赛。将竞技机制引入创新创业教育，“以赛促教、以赛促学、以赛促创”为主题，组织学生参加以“挑战杯”“创青春”为代表的大学生课外科技创新作品大赛、大学生创业计划大赛；加强对相关创新创业竞赛的组织指导、项目培育、考核激励等，增强师生参与的积极性，逐步形成良性的工作运行机制，力争在全国全省重大竞赛中有新的突破；举办大学生“创意·创新·创业”文化节，集中展示我校学生的创新科技作品及创业项目，并引入风投基金对创业项目进行评估；利用学校资源，开展科普推广活动，普及医药知识，将学校的创新技术带出去，将“校外的客人”请进来。学校在竞赛组织经费，指导教师绩效考核、工作量认定，获奖学生创新创业实践学分认定、奖学金评定、免试攻读硕士学位研究生等方面予以政策保障。负责部门：教务处、研究生院、学工处就业办、团委、各院部（系）。

6. 成立大学生创新创业协会、创业俱乐部。营造创客文化氛围，搭建大学生、专业教师、投资人交流平台。定期举办企业家面对面、创业沙龙、1983创业咖啡、药创论坛等交流活动，为自主创业大学生及时了解政策和行业信息、学习积累创业经验、寻找合作伙伴和投资创造条件。积极搭建项目与企业对接平台，加大优秀项目推介力度，积极引导社会资金和投资机构进行项目投资。负责部门：教务处、学工处就业办、团委。

7. 打造学院创意创新品牌项目。每个学院要紧密结合学科专业特色及优势，打造一项创意创新品牌项目；每个学院每年推荐申报一个专业特色创意或者“互联网+”的学生创业孵化项目。负责部门：各院部（系）、教务处。

8. 建设大学生创业孵化基地。学校将规划投入专项资金和专用场所建设集创业培训、创业实践、创业服务、创业交流和成果展示为一体的大学生创业孵化基地。学校积极配合国家、地方构建三级创新创业实训教学体系，深入实施大学生创新创业训练计划，促进项目落地转化。负责部门：学工处就业办、教务处。

（六）改革教学和学籍管理制度

1. 完善创新创业学分制度。在实施开放性实验、大学生创新创业训练计划奖励学分制度的基础上，丰富创新创业学分的获得渠道。探索将学生参加创新创业讲座、发表论文、获得专利、自主创业和入住孵化基地等情况纳入创新创业学分认定范围，建立创新创业档案和成绩单，客观记录并量化评价学生开展创新创业活动情况。负责部门：教务处、研究生院。

2. 落实实施弹性学分制。为有意愿、有潜质的学生制订创新创业能力培养计划，建立大学生创新创业档案，加强学籍管理，允许调整学业进程、保留学籍休学创新创业。负责部门：教务处、研究生院。

3. 继续实施创新创业奖励制度。深入实施大学生创新创业成果、企业奖学金奖励政策，鼓励中青年教师参与创新创业教育；在年终考核、职称评定、评优评奖予以奖励、加分，激发广大教师开展创新教育热情，进一步提升大学生创新拔尖人才工作成效。负责部门：教务处、研究生院。

（七）加强教师创新创业教育教学能力建设

1. 完善创新创业教育教师体系。将落实创新创业课堂教育纳入教师专业技术职务评聘和绩效考核标准，加强创新创业教育的考核评价。聘请创业成功者、企业家、风险投资人等行业优秀人才，担任创新创业课授课或指导教师，并制定专（兼）职教师管理规范。配齐配强创新创业教育与创业就业指导专职教师队伍，并建立定期考核、淘汰制度。负责部门：人事处、教务处。

2. 加强创新创业教育师资能力培训。将提高教师创新创业教育的意识和能力作为岗前培训、课程轮训、骨干研修的重要内容，初步建立相关专业教师、创新创业教育专（兼）职教师到医药企业挂职锻炼制度。负责部门：人事处、教务处。

（八）改进学生创业指导服务

1. 成立大学生创业指导服务中心。配备专职人员，开展创业教育、创业培训、创业帮扶、创业政策宣传，负责创业孵化基地建设与管理，为大学生创业提供指导服务；完善自主编制专项培训计划，与有条件的教育培训机构、行业协会、群团组织、企业联合开发创业培训项目；建立大学生创业服务网功能，为学生实时提供国家政策、市场动向等信息，并做好创业项目对接、知识产权交易等服务。负责部门：教务处、学工处就业办、国际医药商学院。

2. 建立大学生创业导师专家库。积极聘请社会知名企业家、创业成功人士、专家学者、优秀校友为兼职创业导师，在此基础上遴选出百名创业导师，对有创业意愿、创业项目、初创企业的大学生进行“1+1”指导帮扶。负责部门：学工处就业办、研究生院、校长办公室。

（九）完善创新创业资金支持和政策保障体系

1. 设立大学生创新创业基金。进一步优化经费支出结构，利用学校拨款和知名企业、成功校友及其他社会力量的捐赠设立创新创业基金 100 万元。优化中央高校基本科研业务费，积极支持品学兼优且具有较强科研潜质的在校学生开展创新科研工作。负责部门：财务处、学工处就业办、校长办公室。

2. 制定大学生创新创业基金管理政策。制定《中国药科大学大学生创新创业基金管理办法（试行）》，力求基金使用科学、合理、高效。积极争取社会组织、公益团体、企事业单位和个人设立大学生创业风险投资基金，多种形式支持大学生自主创业。负责部门：财务处、校长办公室。

五、加强组织领导

（一）健全体制机制

学校成立大学生创新创业教育工作领导小组，由校长任组长，分管教学和就业工作的校领导任副组长，有关部门负责人任组员；建立校长办公室牵头，研究生院、教务处、科技处、学生工作处、计财处、学工处、团委、人事处、基建后勤处、国际交流合作处等部门齐抓共管的创新创业教育工作机制。把创新创业教育纳入学校改革发展重要议事日程，统筹教育资源，审定工作制度，决定重大事项，定期研究部署创新创业教育各项工作。

各院部（系）由院长（主任）任组长，分管学生工作的党委副书记和分管教学、科研工作的副院长（副主任）任副组长，成立大学生创新创业工作小组，负责本部门大学生创新创业教育工作的具体实施。负责部门：校长办公室、教务处、各相关部门、各院部（系）。

（二）细化实施方案

各有关职能部门、各院部（系）要结合实际制定具体的大学生创新创业教育改革的实施方案，明确责任分工。相关实施方案报学校创新创业教育工作领导小组备案。负责部门：教务处、各相关部门、各院部（系）。

（三）强化督导落实

学校将创新创业教育质量作为衡量院部（系）办学水平、部门业绩考核、领导班子考核的重要指标。创新创业教育相关情况列入高职、本科、研究生教学质量年度报告和毕业生就业质量年度报告重点内容，接受社会监督。负责部门：校长办公室、教务处、人事处、研究生院、学工处就业办。

（四）加强宣传引导

将创新创业文化作为大学文化建设的重要内容，大力宣传加强大学生创新创业教育的必要性、紧迫性、重要性，使创新创业成为校院办学、教师教学、学生求学的理性认知与行动自觉。及时总结推广各学院各部门的好经验好做法，选树学生创新创业成功典型，丰富宣传形式，培育创客文化，努力营造敢为人先、敢冒风险、豁达宽容的氛围环境。负责部门：宣传部、教务处、研究生院、学生工作处、团委、各院部（系）。

（四十二）中国药科大学大学生实践创新训练基金管理办法

药大教〔2007〕59号

一、项目宗旨

中国药科大学大学生实践创新训练基金创立的宗旨：提高大学生人文素养和科学素质，培养大学生的创新精神、创业精神和实践能力，鼓励和支持大学生尽早参与科学研究、技术开发和社会实践，开展大学生实践创新训练项目等创新活动。

二、资助范围及申报条件

1. 大学生实践创新训练基金重点资助学术思想新颖、目标明确、具有创新性和探索性、研究方案及技术路线可行、实施条件可靠的项目。

2. 基金主要面向我校全日制普通高等教育在校本科二、三年级学生。项目申请者必须品学兼优，在学期间无不及格课程，具有一定的创新意识和探索研究精神，善于独立思考，具备基本的科研素质与能力。

3. 个人不得同时在不同项目之间交叉申报。

三、申报及评审

1. 由学校教务处公布当年大学生实践创新训练项目指南，学生可根据指南申报创新训练项目，也可自主提出项目。

2. 申请者向所在院部提交《中国药科大学大学生实践创新训练项目申请书》。对跨院部的项目，由第一申请者向所在院部申报。

3. 院部对申请项目按要求进行初审，对拟推荐项目提出具体推荐意见。

4. 由学校大学生实践创新训练项目工作领导小组组织专家对院部报送的申请项目进行评审。

5. 教务处公布立项项目。

四、经费管理

1. 对于立项的大学生实践创新训练项目，将根据项目性质的不同资助数额不等的经费。创新性实验项目资助基本经费为10000~15000元，经管文法类项目资助基本经费为1000~3000元，其余根据项目成果拨给奖励经费。

2. 项目经费分两期拨付，项目立项时拨付启动经费，中期检查通过后再拨付剩余的经费。

五、实施与管理

1. 项目启动时间从学校正式公布之日算起。项目研究周期一般为一年，最长不得超过一年半。逾期未完成项目的，将不得申报下一轮项目。

2. 项目经费由承担项目的学生用于完成项目所需的试剂、资料、调研等，不得用于购买仪器设备。

3. 项目经批准立项后，项目负责人与教务处签订项目合同书，项目负责人应根据实施计划制定具体的工作方案，并确保项目按期完成。

4. 学校鼓励创新团队发表高水平的研究论文及其他形式的研究成果。研究成果署名应为中国药科大学。学生在大学生实践创新训练基金资助下公开发表的学术论文，需注明“中国药科大学大学生实践创新训练基金”字样。

5. 创新团队实行滚动管理，成员如出现以下情况，将取消其资格：

（1）违规违纪；

（2）由我校转出、休学、停学；

（3）必修课不及格；

（4）不按照导师要求参与研究活动。

六、项目验收

1. 项目结题时必须提交项目研究过程记录，如实验报告、研究工作日志、中期阶段性报告、结题报告等，以及一定形式的研究成果，如研究论文、专利等。创新性实验项目结题时，参与项目的创新团队必须在核心期刊发表一篇以团队成员为第一作者的论文（核心期刊要求同学校研究生发表论文要求），或获得团队成员排名前二的公开专利一项。

2. 项目结题时，由大学生实践创新训练项目工作领导小组组织专家对项目完成情况进行验收。验收结果分优秀、良好、合格、不合格四个等级。验收结果合格及以上为通过验收。验收结果为优秀的项目将获得一定的奖励经费，经费从大学生实践创新训练基金中直接转入项目经费，作为科研经费使用。

3. 项目完成后，通过项目验收的学生可获得 2 个奖励学分，取得如论文、专利等研究成果的学生根据《中国药科大学奖励学分实施办法（试行）》的规定获得相应的奖励学分，同一项目及其成果只计最高奖励学分，不重复计算。项目通过验收后，指导教师将按每个团队 20 学时计算工作量。

（四十三）中国药科大学大学生创新创业训练计划项目成果奖励暂行办法

药大教〔2013〕61号

我校是教育部第一批“国家大学生实践创新训练计划项目”实施院校之一。学校根据教育部和江苏省教育厅的总体安排，积极开展以学生为主的创新创业训练计划项目。为培养大学生的创新精神和自主创业的能力，鼓励和支持大学生尽早地参与科学研究、技术开发和社会实践等创新活动，培养药学拔尖创新人才，特制定《中国药科大学大学生创新创业训练计划项目成果奖励暂行办法》。

一、奖励对象

本办法适用于通过结题验收的大学生创新创业训练计划项目的指导教师。

二、奖励办法

（一）特等奖评选标准为：申请人所提交单篇论文在本学科领域国际权威期刊上发表，影响因子在3.0（含）以上；

（二）非经管文类学科组评奖标准：

一等奖：申请人所提交单篇论文在本学科领域国际权威期刊上发表，影响因子在1.0（含）以上或获得专利授权；

二等奖：申请人所提交单篇论文在本学科领域国际权威期刊上发表；

三等奖：申请人所提交单篇论文在本学科领域国内重要期刊上发表，具有一定的影响力或专利公开并进入实质审查阶段；

（三）经管文类学科组（含社会与管理药学、药物经济学、企业管理）评奖标准：

一等奖：申请人所提交单篇论文发表在SCI或CSSCI索引源的学术期刊上；

二等奖：申请人所提交单篇论文发表在北大中文核心期刊目录中的学术期刊上；

三等奖：申请人所提交单篇论文发表在本学科领域内重要期刊上，具有一定的影响力；

（四）鼓励奖评选标准为：指导学生参加大学生创新创业工作领导小组承认的各类国际、国内会议或竞赛(需在竞赛中获得名次)。

三、奖励条件

1. 申报奖励的论文必须是正式发表的论文，应为本科学生在参与大学生创新创业项目期间产生的研究成果且为第一作者（非第一作者只能申报鼓励奖），论文通讯作者为该项目的指导教师。

2. 国家级、省级大学生创新创业训练计划项目需在论文中分别标注“国家级大学生创新创业训练计划项目”或“省级大学生创新创业训练计划项目”资助。其他需标注的资助项目名称和项目号以当年教育部要求为准，发表文章前请于教务处实验室管理科联系确定。

3. 申报奖励的专利，其发明人中必须有参与大学生创新创业训练计划项目的本科学生。

4. 既申请专利又发表论文可分别获得奖励；专利授权后申请奖励时若在前期已经申请过同一专利公开并进入实质审查奖励的，应扣除相应奖金。

5. 今后学校将每年度进行一次申报，申报时间为每年上半年，请相关项目的指导教师及时上报成果。

四、奖励标准

特等奖：奖金为人民币 10000 元；

一等奖：奖金为人民币 4000 元；

二等奖：奖金为人民币 2000 元；

三等奖：论文奖金为人民币 1000 元，专利奖金为人民币 500 元；

鼓励奖：奖金为人民币 500 元。

五、材料要求

1.《中国药科大学大学生创新创业训练计划项目成果统计表》；

2. 正式发表的论文、专利实质审查通知书或专利证书复印件；

3. 发表论文电子稿；

4. 参与学术会议或竞赛的，需提交相关通知文件、获奖证书复印件以及照片、视频等电子材料。

六、其他

本办法自 2013 年 3 月 12 日起执行，解释权在中国药科大学大学生实践创新训练工作领导小组。

（四十四）中国科学技术大学大学生创新创业训练计划管理办法

教字〔2011〕48 号

第一章 总 则

第一条 为了促进教育部大学生创新创业训练计划（简称“创新创业计划”）的顺利实施并取得预期效果，进一步提高我校学生的创新创业能力，加强我校“创新创业计划”项目的组织与管理，特制定本办法。

第二条 “创新创业计划”遵循的原则是：

1. 弘扬科学精神，激励学生进行科学研究、创业训练、创业实践的探索意识。

2. 学习科学研究的方法，了解什么是科学研究、如何进行科学研究，培养学生的科学素质。加强学生的创业方法、创业实践的教育和培养。

3. 参与“创新创业计划”的学生要对科学研究或创业实践，特别是对自己开展的研究项目和创业项目有浓厚兴趣。

4. 学生在教师指导下自主设计完成实验、完成创业训练和实践项目，自主管理创新创业计划项目。

5. 注重项目实施中的过程培养，强调项目实施过程中动手能力、创新创业思维、团队合作和创新创业实践方面的训练。

第三条 “创新创业计划”由学校统一组织实施，纳入学校“大学生研究计划”项目的管理。

第二章 组 织 机 构

第四条 学校成立大学生创新创业训练计划领导小组（简称“领导小组”）和国家大学生创新创业训练计划专家委员会（简称“专家委员会”）。“领导小组”是实施“创新创业计划”的领导机构，负责研究、制定有关政策，组织项目申报、负责监督计划项目的经费使用情况。“专家委员会”进行评审、验收“创新创业计划”项目，并指导“创新创业计划”的相关工作。

第五条 “领导小组”由学校主管教学副校长和主管学生工作的副书记任组长，成员包括教务处、团委、招生就业处、学生处等相关部门的主要负责人。“专家委员会”由各学院主管院长、主管学生的书记和各学科科研水平高、德高望重的教师组成。

第六条 “领导小组”下设办公室，挂靠在教务处、团委、招生就业处，负责“创新创业计划”的日常管理工作。

第七条 各学院成立院级“创新创业计划”领导小组，由主管教学的院长和主管学生的书记担任组长。

第三章 项目申报与评审

第八条 项目申报

1. 立项申请时间，每年五月份学校完成本年的项目申请上报教育部，具体时间安排以学校通知为准。

2. 大学生创新创业训练计划项目分为创新研究项目、创业训练项目和创业实践项目。项目选择要求思路新颖、目标明确、具有一定的创新性和探索性，学生要对研究方案、创业计划进行可行性分析，并在实施过程中通过老师的指导不断调整优化。

3. 凡我校全日制本科学生均可申请，原则上以二至三年级学生为主。项目执行时间一般1~3年。申请者要品学兼优、学有余力，有较强的独立思考能力和创新意识，对科学研究、科技活动或社会实践、创业实践有浓厚的兴趣，历年总评成绩班级排名在前50%。对确有特长的学生，经专家组考核，可适当放宽申报条件。鼓励项目组成员学科交叉。研究项目团队人数不超过3人，创业训练项目团队人数不超过5人，创业实践项目团队人数不超过8人。

第九条 项目评审

1. 各学院组织有关专家对申请书进行预审，择优确定参加学校评审的项目名单。

2. “专家委员会”对申报项目进行评审，确定立项名单，学校发文公布并报教育部备案。

第四章 项目管理

第十条 项目运行实行动态管理，具体程序为

1. 学校对项目进展进行跟踪管理，实施中期检查，不定期查阅学生实验原始数据记录、实验报告、文献综述和创业计划书的执行情况等，并根据学生实际进展决定是否进一步资助。

2. 项目运行过程中因各种原因出现项目参与人员变动、项目中止、提前结题、延期、更换项目内容等情况，必须报各学院“创新创业计划”领导小组批准并报学校备案。

3. 项目在实施过程中，若项目组提出延期，须在计划截止日前一个月，向学校“创新创新计划”领导小组办公室提出书面申请，详细阐明延期的缘由。经指导教师同意、学院“创新创业计划”领导小组批准后报学校领导小组审核、备案。原则上每个项目只能申请一次延期。延期时间最长一年。

4. 对项目申报、实施过程中弄虚作假、工作无明显进展的学生要及时终止其项目运行。

第十一条 经费管理

1. 学校给予入选“创新创业计划”的项目不低于1:1的配套经费支持，经费按学校有关规定进行管理。项目经费专款专用，学生在预算框架下自主使用，教师不

得使用学生研究经费。经费使用权归项目主持人，但需经指导教师的审核批准。

2. 创新研究项目经费由教务处按学院实施的项目经费总额分两次划拨各学院，项目立项后划拨一次和项目中期检查后再划拨一次，学院按项目经费相关规定进行管理；创业训练项目和创业实践项目经费由教务处、团委、招生就业处按相关规定进行管理，经费开支项目的报销由项目主持人提出，经指导教师审核、签字方可报销。

3. 项目经费主要用于购买必要的实验耗材、药品、图书资料和调研、创业培训、产品试验开发、产品推广等相关开支。经费使用按批准申请书中的预算和学校财务管理规定执行。

4. 学校对项目经费实行监督管理，保证使用科学、合理、高效。

5. 项目结束后进行决算，并接受审计部门监督。

第十二条　项目验收

1. 项目完成后项目主持人填写《大学生创新创业训练计划项目结题申请表》，经指导教师签署意见，提交相关项目研究总结报告和研究成果等材料，提出结题验收申请。经学院审核后报学校“领导小组”办公室。

2. 学校每年组织一两次结题答辩工作。主要以学院为单位进行项目结题。

3. 由学校“领导小组”办公室将“创新创业计划”项目总结报告、成果及相关材料报教育部。

第十三条　“创新创业计划”项目所取得的成果公开发表时要注明“大学生创新创业训练计划资助项目”。

第五章　指导教师遴选与管理

第十四条　学院要聘请责任心强、学术水平高、学风正派、治学严谨且具有高级职称或博士学位的教师担任指导教师。

第十五条　学生可根据项目需要跨学科聘请指导教师，个人项目指导教师为1人，集体项目指导教师原则上不超2人，创业实践项目的指导老师中必须有一位是企业导师，企业导师应具有丰富的创业实践经验，一般要有中级以上职称或职务。

第十六条　指导教师要认真履行指导职责，审查项目申请书，主动加强过程指导，开设讲座，定期组织学生讨论和交流，审查实验原始数据、中期报告、创业计划进展等。指导教师有责任监督指导学生保质保量按时完成项目，取得预期成果。

第六章　表彰与奖励

第十七条　学校按校内“大学生研究计划”项目管理规定操作，每年对项目组织一次结题评审，对大学生创新创业训练计划结题优秀项目成员给予校内“大学生研究计划”项目校级优秀奖待遇。

第十八条　学校设立大学生创新创业训练计划项目优秀指导教师奖，评选优秀指导教师，并进行表彰与奖励。

第七章 附 则

第十九条 本管理办法自发布之日起施行。

第二十条 各学院根据本管理办法可制定实施细则。

第二十一条 本管理办法由领导小组办公室负责解释。

（四十五）厦门大学大学生创新创业训练计划管理办法（修订版）

厦大教〔2015〕35号

第一章 总 则

第一条 根据《国务院办公厅关于深化高等学校创新创业教育改革的实施意见》（国办发〔2015〕36号）、《教育部关于做好“本科教学工程”国家级大学生创新创业训练计划实施工作的通知》（教高函〔2012〕5号）、《教育部 财政部关于“十二五”期间实施“高等学校本科教学质量与教学改革工程”的意见》（教高函〔2011〕6号）和有关文件精神，为规范大学生创新创业训练计划（以下简称“大创”计划）管理工作，鼓励学生积极参加“大创”计划，引导学生自主性、探索性、实践性学习，提高学生的实践动手能力，增强学生的创新创业意识，培养高素质创新型人才，推动大众创业、万众创新，特制定本办法。

第二条 “大创”计划内容包括创新训练项目、创业训练项目和创业实践项目。

1. 创新训练项目是本科生个人或团队，在导师的指导下，自主完成创新性实验方法的设计、实验条件的准备、实验的实施、数据处理与分析、报告撰写、成果（学术交流）等工作。

2. 创业训练项目是本科生团队，在导师指导下，团队中每个学生在项目实施过程中扮演一个或多个的具体角色，通过编制商业计划书，开展可行性研究、模拟企业运行，进行一定程度的验证试验、撰写创业报告等工作。

3. 创业实践项目是学生团队，在学校导师和企业导师共同指导下，采用前期创新训练项目（或创新性实验）的成果，提出一项具有市场前景的创新性产品或者服务，以此为基础开展创业实践活动。

4. 创新训练项目和创业训练项目研究周期一般不超过3年。创业实践项目的周期一般不超过4年。

第三条 学校“大创”计划项目实行国家级、省级、校级、院级四级项目体系，从院级项目遴选校级项目，校级项目遴选省级、国家级项目。

第四条 学校鼓励本科生积极参加科研创新活动，每名学生在校期间应至少参加一项科研创新项目。

第二章 组 织 机 构

第五条 学校按照“兴趣驱动、自主实践、重在过程”的原则对“大创”计划项目进行管理。

第六条 学校成立本科生科创竞赛工作领导小组（简称工作领导小组）和大学

生创新创业训练计划专家委员会。

第七条 工作领导小组由学校分管教学副校长任组长，成员包括教务处、学生处、校团委、科技处、社科处、财务处、人事处、宣传部、现代教育技术与实践训练中心和相关部门的主要负责人。工作领导小组下设大学生创新创业训练计划管理办公室（以下简称“大创”办），挂靠教务处，负责研究、制定有关政策，组织项目申报，监督经费使用情况等。

第八条 专家委员会委员由各学院分管“大创”工作领导和各学科教学科研水平高、有热情、肯投入且具有一定创新创业背景的教师担任，负责“大创”项目评审、检查、验收，指导学院开展相关工作。

第九条 各学院成立大学生创新创业训练计划工作小组（简称“大创”工作小组）和院级专家委员会，负责本院项目的实施管理。

第三章 项目申报及立项

第十条 项目申报人限定在全日制本科在读学生，四年制一般应以二至三年级学生为主，五年制一般应以二至四年级学生为主。其他年级的学生也可作为项目组成员参加，但一般不能作为项目主持人。项目申报人需学有余力，并对创新项目具有浓厚兴趣和较好素质。

第十一条 “大创”项目于每年上、下半年分两次立项。

1. 申请创新训练项目要求：选题范围要适当，研究内容新颖、研究目标明确、具有创新性和探索性。学生需对研究方案及技术路线进行可行性分析，并在实施过程中适时进行调整、优化和改进。项目面向本科生个人或创新团队。团队成员一般不多于5人，需确定1名项目负责人，并明确每名成员在项目中的具体分工。学生参与创新训练项目，承担在研项目主持工作一般不超过2项。

2. 申请创业训练项目选题要求：选题范围要适当，目标内容要清晰明确，技术或商业模式要有所创新，保障团队每一位成员均能从中获得不同方面的创业训练。项目面向本科生团队，鼓励不同专业、不同年级、不同背景的学生组成创业训练团队。团队成员一般在5人左右，应确定1名项目负责人，需明确每名成员在项目中的具体分工。

3. 申请创业实践项目选题要求：选题要适当，目标内容要清晰明确，技术或商业模式要有创新，团队中每一位成员均能在其中充当重要角色并发挥作用。不鼓励仅以营利为目的，在技术或商业模式上没有任何创新的项目。项目面向本科生团队，团队成员数量不限，鼓励不同专业、不同年级、不同背景的学生组成创业实践团队，应确定1名项目负责人，需明确每名成员在项目中的具体分工。学生参与创业实践项目，承担在研项目主持工作一般不超过2项。

第十二条 各学院组织专家委员会对学生的申请书进行预审、答辩，择优推荐项目，参加学校项目评审。学校组织专家委员会对各学院申报的项目进行遴选（其中创业实践项目须进行现场答辩），确定立项名单。经公示，无异议后，由学校发文公布。

第四章 项目中期管理

第十三条 “大创”计划项目运行实行动态管理：

1. 参加计划的项目组学生要遵从导师的安排和指导，合理地安排课程学习和课外创新创业训练工作。如果学生在参加计划项目期间受到学术警告，将终止学生参加资格。

2. 项目立项开展一定阶段后，学校对项目进行中期检查。项目中期检查不合格，且无改进措施确保时间精力投入以达到原计划目标，学校将减少或终止经费资助。

3. 在中期检查过程中，项目若进展顺利并取得明显成效，学校将给予追加经费，并择优推荐优秀项目申请省级、国家级项目。

4. 在实施过程中，项目一般不得变更项目计划。项目实施过程中，若发生学生兴趣转移确实需要变更项目计划时，项目组应提前提出变更申请，经指导教师同意，各学院于每学期开学后第 4 周将变更计划项目送学校教务处备案。

5. 项目在实施过程中，如项目组申请提出延期，须在计划截止日前一个月，向教务处提出书面申请，详细阐明延期的缘由。经指导教师同意、学院“大创”工作小组批准后报教务处审核、备案。原则上每个项目只能申请一次延期，延期时间最长一年。

第五章 项目结题管理

第十四条 项目结题验收包括如下程序：

1. 项目完成后，各项目负责人填写《大学生创新创业训练计划结题申请表》，提交相关项目研究总结报告、研究成果，或者项目创业报告材料等。

2. 学院“大创”工作小组组织专家委员会对学生提出的项目结题申请材料进行审核、答辩和评议，同时提出成果及学分认定意见，推荐学校优秀项目。

3. 结题验收后，学院根据专家委员会学分认定意见，给予 0~4 创新学分，并记录在学生成绩卡。

第六章 指导教师聘请与管理

第十五条 学院应聘请有热情、肯投入、责任心强、学术水平高、治学严谨且具有中高级职称或博士学位的教师担任指导教师。承担创业训练的指导教师要求有一定行业背景和创业经验，鼓励企业一线人员参与指导本科生创业训练或直接担任本科生创业训练导师。创业实践项目实施双导师制，聘请企业一线人员和本校相关教师担任导师。

第十六条 学生可根据项目需要跨学科聘请指导教师，指导教师可以是单个教师，也可以是多个教师组成的导师组。

第十七条 指导教师要认真履行指导职责，主动加强过程指导，定期组织学生讨论和交流，指导学生保质保量完成计划，监督学生按时完成项目，并取得预期成果。

第十八条 项目指导教师安排应尽可能与本科生导师制相结合，充分发挥导师指导作用。

第七章 经费管理

第十九条 学校设立“大创”计划项目专项经费，纳入年度经费预算，实行项目管理、专款专用。对国家级、省级的项目，学校给予配套经费支持。

第二十条 项目经费由承担项目的学生在预算框架内使用，教师不得使用项目经费。经费开支项目的报销由项目负责人提出，经指导教师审核、确认，项目负责人签字方可报销。

第二十一条 项目经费主要用于购买（复印）图书、资料、实验耗材，参加学术会议、学术交流、调研及文案策划活动等。学院不得截留或挪用。

第二十二条 经费使用按批准申请书中的预算和学校财务管理规定执行。学校对项目经费实行监督管理，项目结束后进行决算，并接受审计部门监督。

第八章 条件支持和氛围营造

第二十三条 学校科技园要积极承担创新创业训练任务。特别要为参与创业训练和创业实践计划的学生提供技术、场地、政策、管理或孵化服务。

第二十四条 学校国家重点实验室、教育部重点实验室、各级实验教学示范中心要向参加项目学生开放，同时为申请在实验室开展“大创”计划项目的学生预留位置和时间。

第二十五条 学校积极营造创新创业文化氛围。面向全校本科生开设创新创业课程，邀请知名校友开设“校友创业论坛”，激发学生创新创业热情，培养学生创业意识。学校每年定期举办年度大学生创新创业论坛，为学生创新创业提供交流经验、展示成果、共享资源的机会。

第九章 表彰与奖励

第二十六条 以第一作者身份在国内外重要学术刊物上发表有较高学术价值的论文；或以第一作者身份出版有较高学术价值的专著；或以主要负责人身份参与的科研成果获省、部级以上奖励；或以第一发明人身份获得国家发明专利；或参加国际级、国家级学业竞赛，成绩突出的竞赛获奖个人（或集体），符合《厦门大学学生表彰奖励暂行规定》，可申请通令嘉奖、通报表扬等。

第二十七条 学校每年度召开本科生科创竞赛总结表彰大会，设立奖励专项经费，对优秀项目、优秀论文、优秀指导教师、先进集体、先进个人等进行表彰奖励。

第二十八条 学校设立本科生创新学分，纳入本科人才培养方案。学生参加“大创”计划项目，完成项目计划内容并通过结题验收的，由学院按照《厦门大学本科生创新学分认定办法》进行认定、登记创新学分。具体如下：

1. 国家级：项目负责人 4 学分，其他项目成员 0~4 学分；
2. 省级：项目负责人 3 学分，其他项目成员 0~3 学分；
3. 校级：项目负责人 3 学分，其他项目成员 0~3 学分；
4. 院级：项目负责人 2 学分，其他项目成员 0~2 学分。

第二十九条 文科类学生本科在读期间以第一作者身份在一类核心期刊发表文章 1 篇及以上或二类核心期刊发表文章 2 篇及以上，理工类学生本科在读期间以第一作者或通讯作者发表 1 篇及以上文章于 JCR1 区或 JCR2 区，或发表 2 篇及以上文章于 JCR3 区；或本科在读期间以第一作者身份获得国家级发明专利 1 项及以上，根据《厦门大学推荐优秀应届本科毕业生免试攻读硕士学位研究生工作实施办法（修订）》（厦大教〔2014〕41 号）规定，可申请推免单列指标，不受综合排名限制，专业排名可放宽至前 70%。成果情况统计截至推免当年 8 月 31 日。

第三十条 “大创”计划项目学生在申请推免进行综合排名时，学院应综合考虑项目取得的成果，在考核成绩部分依据学院推免工作操作细则计入相应加分权重。

第三十一条 学校每年举办优秀项目评选活动，颁发荣誉证书。

第三十二条 学校图书馆将推荐优秀“大创”计划项目参加 OAPS(outstanding academic papers by students) 交流计划。

第三十三条 教师指导学生参加“大创”计划项目的工作量按项目计，按不超过 32 课时 / 项计算；每位指导教师每年度指导项目的工作量不超过 64 课时。具体工作量由学院审核认定，报学校“大创”办备案。

第三十四条 学生为第一作者、指导教师作为第二作者或通讯作者发表学术论文、申请专利或进行项目鉴定时，指导教师在评职和考核时，可视为并列第一作者。

第三十五条 指导教师所指导的项目参加高水平竞赛并获奖，经学校专家委员会认定后，在其申请职务高聘时，同等条件下给予优先考虑。

第十章 附 则

第三十六条 本管理办法自发布之日起施行。原《厦门大学大学生创新创业训练计划管理办法 (试行)》（厦大教〔2012〕36 号）同时废止。

第三十七条 各学院根据本管理办法制定实施细则。

第三十八条 厦门大学校长基金本科生项目、基础创新科研基金（本科生项目）参照本管理办法执行。

第三十九条 本管理办法由“大创”办负责解释。

（四十六）厦门大学本科生创新学分认定办法（试行）

厦大教〔2015〕33号

为鼓励本科生积极参加科创竞赛活动，引导学生自主性、探索性、实践性学习，提高学生的实践能力，增强学生的创新意识，培养高素质创新型人才，学校实行本科生创新学分奖励制度，并制定本办法。

第一章　总　　则

第一条　本科生创新学分是指全日制本科生在读期间，在学校认定的各级各类竞赛、科学研究、发明创造、发表论文等方面取得成果，通过申请和认定后所获得的相应学分。

第二条　创新学分纳入本科人才培养方案，计入教学计划总学分。

第三条　2015级起创新学分作为必修要求，每名本科生应至少取得2个学分。其他年级不作必修要求，所获得的创新学分可作为任意选修课学分。

第二章　认定内容与标准

第四条　学生参加学校组织的省市级及以上学业竞赛，可获得1学分；参赛获奖的：

1. 国际级：一等奖及以上6学分，二等奖5学分，其余4学分；
2. 国家级：一等奖及以上5学分，二等奖4学分，其余3学分；
3. 区域级：一等奖及以上4学分，其余3学分；
4. 省市级：一等奖及以上3学分，其余2学分；
5. 校级：一等奖2学分，其余1学分；
6. 院级：二等奖及以上1学分。

第五条　学生参加大学生创新创业训练计划项目（含国家级、省级、校级、院级）或厦门大学基础创新科研基金（本科生项目），完成项目计划内容并通过结题验收的：

1. 国家级：项目负责人4学分，其他项目成员0~4学分；
2. 省级：项目负责人3学分，其他项目成员0~3学分；
3. 校级：项目负责人3学分，其他项目成员0~3学分；
4. 院级：项目负责人2学分，其他项目成员0~2学分；
5. 厦门大学校长基金本科生项目：项目负责人4学分，其他项目成员0~4学分；
6. 基础创新科研基金（本科生项目）：项目负责人4学分，其他项目成员0~4学分；
7. 经教务处备案的学院层面组织的其他本科生科研训练项目：项目负责人2学

分，其他项目成员 0~2 学分。

第六条 学生发表论文的（以厦门大学核心学术刊物目录为准；指导教师是第一作者，学生是第二作者的视为第一作者）：

1. 一类核心学术刊物：第一作者 5 学分，第二至第四作者依次为 3、2、1 学分；

2. 二类核心学术刊物：第一作者 3 学分，第二至第四作者依次为 2、1、1 学分；

3. 其他公开出版的学术刊物（含学术会议论文集）：第一作者 2 学分，第二至第四作者均为 1 学分。

第七条 学生获得专利（以缴证书费的收录通知书或专利证书为准）的：

1. 发明专利：第一专利人 5 学分，第二至第四专利人依次为 3、2、1 学分；

2. 实用新型专利：第一专利人 3 学分，第二至第四专利人依次为 2、1、1 学分。

第八条 学生获得软件著作权的：第一著作权人 3 学分，第二至第四著作权人依次为 2、1、1 学分。

第三章 记 分 原 则

第九条 项目或作品第一作者单位必须为厦门大学。同一项目或作品按照所获得最高奖项获得学分，不得重复计算。

第十条 创新学分累计超过 2 学分的，超过部分可冲抵全校性选修课学分，累计冲抵不超过 4 学分。

第四章 组 织 实 施

第十一条 创新学分认定实行校、院两级管理，学生申请、学院审核、教务处认定。

第十二条 教务处在分管校领导的指导下，负责组织、管理全校创新学分认定工作：制定认定工作的有关文件；负责管理教务管理系统中创新学分。

第十三条 各学院成立以分管院长担任组长的“创新学分认定工作组”（简称工作组），负责创新学分认定的具体工作。工作组应按照学校的有关规定和要求，结合学院学科专业特点，制定本学院创新学分认定的实施细则；组织、落实本学院创新学分的认定管理工作；指定专人负责创新学分的登记及录入工作。

第十四条 创新学分申请在每年春季学期进行。当年度第 2 批毕业的学生，如在毕业前取得了新的创新学分，可以在 9 月初进行补申请。

第十五条 创新学分认定程序：

1. 大学生创新创业训练计划项目、基础创新科研基金（本科生项目）和院级科研训练项目由学院根据项目结题验收情况进行认定，登记创新学分，并报教务处备案。

2. 学业竞赛、论文、发明专利等认定程序如下：

（1）学生申请。学生填写创新学分申请表，并附相关支撑材料，提交所在学院。

（2）学院审核。学院工作小组负责审核和认定学生申报的创新学分，报给教务处。

（3）学校审核。教务处对全校申报情况进行审核、公示。

（4）学分登记。经学校认定的创新学分，由学院教学秘书负责登记并录入教务管理系统。

3. 学分登记原则：课程名称登记为《创新实践》，其他教学环节，根据所获得的累计创新学分数，确定《创新实践》的成绩等级：A ≥ 5 学分、4 学分 ≤ B < 5 学分、3 学分为 C、2 学分为 D、少于 2 学分为 F。创新学分不纳入课程学分绩点计算。

第十六条 对于创新能力突出、取得较多创新学分的学生，在评奖评优时，在同等条件下优先考虑。

第五章 其 他

第十七条 学生对创新学分认定有异议的，可向学院或学校教务处提出书面复核申请。

第十八条 创新学分申请表和相关证明材料内容必须真实可靠。弄虚作假者，取消所获得的相关学分，并按《厦门大学学生违纪处分规定》进行处理；因学院管理不严，造成违规认定的，学校将视情节轻重追究相关当事人责任，并按照《厦门大学教学事故认定与处分暂行办法》进行处理。

第六章 附 则

第十九条 本办法自公布之日起实施，原有本科生创新创业有关的规定如与本办法不符，以本办法为准。

第二十条 本办法由教务处负责解释。

厦门大学“国创计划”
实施情况及成果展示

（四十七）中国石油大学（华东）大学生创新创业训练计划项目管理办法

中石大东发〔2012〕3号

为进一步贯彻落实《教育部　财政部关于“十二五”期间实施“高等学校本科教学质量与教学改革工程”的意见》（教高〔2011〕6号）和《教育部关于做好“本科教学工程”国家级大学生创新创业训练计划实施工作的通知》（教高函〔2012〕5号）精神，积极推进我校大学生创新创业训练计划的深入开展，提高学生的创新创业能力，特制定本管理办法。

一、指导思想

按照“兴趣驱动，学生为主，注重过程”的理念，进一步转变教育思想观念，以大学生创新创业训练计划为突破口，推进以学生为主体的人才培养模式改革，强化创新创业能力训练，增强大学生的创新能力和在创新基础上的创业能力，培养适应创新型国家建设需要的高水平创新人才。

二、组织机构

1. 学校成立大学生创新创业训练计划领导小组，负责组织、领导、协调计划的开展及制定有关规章制度等工作。领导小组下设管理办公室，设在教务处，具体负责项目管理工作。

2. 学校成立大学生创新创业训练计划项目专家组，负责项目评审、检查和验收等工作。

3. 各教学院（部）成立院级大学生创新创业训练计划项目领导小组和专家组，负责本单位项目的申报、评审、检查、验收等工作。

三、计划内容

大学生创新创业训练计划内容包括创新训练项目、创业训练项目和创业实践项目三类。

创新训练项目是本科生个人或团队，在导师指导下，自主完成创新性研究项目设计、研究条件准备和项目实施、研究报告撰写、成果（学术）交流等工作。

创业训练项目是本科生团队，在导师指导下，团队中每个学生在项目实施过程中扮演一个或多个具体的角色，通过编制商业计划书、开展可行性研究、模拟企业运行，参加企业实践、撰写创业报告等工作。

创业实践项目是学生团队，在学校导师和企业导师共同指导下，采用前期创新训练项目（或创新性实验）的成果，提出一项具有市场前景的创新性产品或者服务，以此为基础开展创业实践活动。

四、立项原则

1. 兴趣导向，自主管理。参与计划的学生要对科学研究、发明创造或社会实践有浓厚兴趣，在导师指导下，自主进行项目方案设计、自主完成项目、自主管理项目。

2. 注重过程，鼓励创新。注重项目实施过程中学生创新思维的培养和实践能力的提高，支持学生的“奇思妙想”，鼓励学科交叉、专业交叉、年级交叉。

3. 重点突出，择优资助。重点资助选题适当、思路新颖、具有创新性和探索性、研究方案及技术路线可行、实施条件有保障的项目。

五、项目申报

1. 凡在校全日制本科生均可参加项目申报。创新训练和创业训练项目负责人须为四年制学生中一至二年级学生或五年制学生中一至三年级学生。创业实践项目负责人须为四年制学生中一至三年级学生或五年制学生中一至四年级学生。其他年级学生可作为项目组成员参加，但不能作为项目负责人。

2. 每个创新训练项目参与学生总数一般不超过5人，要求品学兼优，学有余力，具有良好的科研素质，团队成员分工明确、团结协作；每个创业训练和创业实践项目团队一般由3~10人组成，要求富有创业精神和承担风险的能力，所申请项目须符合国家法律法规，可操作性较强并具有一定市场潜力。

3. 申报人不得同时在不同项目之间交叉申报。已获得项目资助且未结题者不得参与申报，同一研究内容已获学校其他项目资助的不得重复申报。

4. 对参与计划学生实行导师制。导师须具备中级及以上职称，每次指导项目不得超过2项。学校鼓励各项目聘请企业家或行业专家担任导师。创业实践项目实行学校和企业双导师制。导师要切实承担指导责任，注重对学生创新能力的培养，定期组织学生讨论和交流，能为学生提供项目运行所需场地和设备。

六、项目立项

1. 大学生创新创业训练计划采取国家、学校、教学院（部）三级立项、分级管理的办法。同一项目以最高级别立项为准。

2. 每年春季学期初启动项目申报工作。项目负责人填写申报书交至其所在院（部），院（部）专家组对申报项目进行答辩和初评，提出评审意见和改进建议，并将评审结果报教务处。

3. 学校专家组对项目进行复评，复评结果经学校领导小组审核通过并进行公示后，由学校正式发文。

七、项目运行

1. 项目批准立项后，项目负责人须与学校签订项目管理合同书，并严格按照合同规定内容执行。不签订合同者视为放弃。

2. 项目运行时间为1~3年，原则上要求在项目负责人毕业前完成。项目组须每周填写实施情况记录，导师每月检查项目进展。学校定期对项目实施情况进行检查。

3. 项目运行时间过半开展中期检查。项目组须提交项目中期检查报告和项目运行原始记录。教学院（部）专家组负责对项目进展情况进行中期检查，提出意见和建议，并将检查结果报教务处。

4. 项目实行动态管理。在项目运行过程中，有变更研究内容、变动项目成员、提前或延期结题的，项目负责人应提出书面申请，经教学院（部）领导小组审核后，报学校批准。创新训练和创业训练项目延期结题不能超过项目负责人的毕业时间。

5. 项目负责人原则上不允许更换（创业实践项目除外）。确需终止项目者，项目负责人须提交项目终止报告。

6. 创业实践项目负责人毕业后可根据情况更换负责人，或在能继续履行项目负责人职责的情况下，以大学生自主创业者身份继续担任项目负责人。

7. 对未能通过中期检查或工作无明显进展的项目，学校将终止其运行。

八、经费管理

1. 大学生创新创业训练计划项目经费由教育部专项经费和学校配套经费组成，项目经费专款专用。

2. 学生在导师指导下自主使用项目经费。经费主要用于资助项目实验、购买材料或书籍、论文发表、学术交流、调研差旅等项目运行所需费用，不得挪作他用。导师不得使用学生项目经费。

3. 经费报销严格遵守学校财务制度，报销不得超过项目经费总额。报销单据须由项目负责人和导师签字，由教务处审核后方可报销。

4. 项目资助学生为第一作者发表的论文及项目研究形成的专利、软件、专著等成果，第一作者或专利权人单位署为“中国石油大学（华东）”，同时应标注“中国石油大学（华东）大学生创新创业训练计划资助项目”。

5. 资助项目形成的固定资产的处置、知识产权的归属按照学校相关规定执行。

6. 对存在学术不端行为或经费使用不当的项目，学校将终止项目运行并收回资助经费。

九、项目验收

1. 项目验收由学校统一组织。由项目负责人提出结题申请，经导师、教学院（部）领导小组同意后报教务处。项目验收必需材料为项目总结报告，补充材料为论文、设计、专利、成果实物及相关支撑材料。

2. 验收成绩分优秀、合格两档，优秀比例不超过结题项目数量的30%。未通过验收的项目须继续完善，延期验收。

3. 创业实践项目结束时，须按照有关法律法规和政策妥善处理各项事务。

十、保障机制

1. 全校所有实验教学中心、各级各类实验室均向参与项目的学生免费开放。国家大学科技园要积极承担大学生创新创业训练任务，为参与计划的学生提供技术、场地、政策、管理等支持和创业孵化服务。

2. 适合作为毕业设计（论文）的项目，由项目负责人申请，经教学院（部）毕业设计（论文）工作小组同意，可作为毕业设计（论文）继续研究。

3. 学校按相关规定对通过项目验收的学生记一定数量的学分。对参与计划项目中表现突出的学生，学校优先推荐免试研究生。

4. 学校定期评选创新创业训练计划优秀组织单位、优秀指导教师和十佳优秀项目，并进行表彰。

5. 项目指导教师每指导完成1个国家级项目，按指导2个学生毕业设计（论文）计算工作量；每指导完成1个校级项目，按指导1个学生毕业设计（论文）计算工作量。指导院级项目的工作量可由教学院（部）自行规定。

6. 学校成立大学生创新创业俱乐部，通过开展创新论坛、学术报告会、名家讲座、经验交流会等多种形式的活动，提高学生自我管理、自我发展的能力，搭建创新创业计划成果展示、资源共享的平台，发挥带动和辐射作用，营造创新创业文化氛围。

十一、附则

1. 本管理办法自发布之日起执行，由教务处负责解释，《中国石油大学（华东）国家大学生创新性实验计划项目管理暂行办法》（中石大东发〔2007〕88号）同时废止。

2. 各教学院（部）可参照本办法制定本单位项目管理实施细则。

（四十八）华中农业大学“国家级大学生创新创业训练计划”项目管理办法

校发〔2012〕74 号（2015 年修订）

第一章　总　　则

第一条　“国家级大学生创新创业训练计划”旨在通过强化本科生创新创业能力训练，增强学生的创新能力和在创新基础上的创业能力，培养适应社会需求和引领社会发展的高素质创新创业人才。为保证“国家级大学生创新创业训练计划”顺利实施，结合我校实际，特制定本管理办法。

第二条　“国家级大学生创新创业训练计划”项目包括创新训练项目、创业训练项目和创业实践项目三类：

创新训练项目是本科生个人或团队，在学校导师指导下，自主完成创新性研究项目设计、研究条件准备和项目实施、研究报告撰写、成果（学术）交流等工作。

创业训练项目是本科生团队，在学校导师和企业导师共同指导下，团队中每个学生在项目实施过程中扮演一个或多个具体的角色，通过编制商业计划书、开展可行性研究、模拟企业运行，参加企业实践、撰写创业报告等工作。

创业实践项目是本科生团队，在学校导师和企业导师共同指导下，采用前期创新训练项目（或创新性实验）的成果、所学专业的技术研发成果、学校具有市场前景的创新性产品或服务等为基础提出申报，开展创业实践活动。

第三条　“国家级大学生创新创业训练计划”遵循“立足兴趣、注重过程、自主实践、鼓励创新”的原则，以项目为载体，注重学生自主实践，强调过程训练。

第二章　组 织 机 构

第四条　华中农业大学成立由主管教学副校长任组长，教务处、学生工作处、团委、科学技术处、计划财务处、人事处、研究生院、国资设备处、保卫处、资产经营公司等单位负责人组成的“国家级大学生创新创业训练计划”工作领导小组，统筹规划各项工作。领导小组下设项目管理办公室，办公室挂靠教务处，负责研究、制定有关政策，负责组织协调项目评审、中期检查、项目验收等过程管理工作，并按教育部要求完成有关数据、材料报送与汇报工作。

第五条　学校聘请相关专家组成“国家级大学生创新创业训练计划”指导委员会，负责项目的申报评审、中期检查、结题验收、专利申请及奖励建议。

第六条　各学院成立“国家级大学生创新创业训练计划”工作小组，具体负责本学院大学生创新创业训练计划实施细则的制定和组织实施。

第三章 申报与评审

第七条 项目申报面向全日制普通本科在校学生，原则上要求项目负责人在毕业前完成项目。创新训练项目申报对象为个人或团队（一般不超过 5 人），创业训练、创业实践项目申报对象仅限学生团队，团队参与学生数原则上控制在 5 人以内。鼓励跨学科、跨年级合作研究，每名学生不能同时担任 2 个及以上项目的负责人。创业实践项目负责人毕业后可根据情况更换负责人，或在能继续履行项目负责人职责的情况下，以大学生自主创业者的身份继续担任项目负责人。

第八条 创新训练项目应是学生个人或团队基于浓厚的兴趣爱好，在教师指导下自主完成选题。选题应思路新颖，目标明确，具有创新性与探索性，立项依据充分，方案与技术路线可行。项目开展时间一般为 1~2 年，原则上从已立项“华中农业大学大学生科技创新基金（SRF）”项目中遴选产生。申报创业训练、创业实践项目的负责人应有创业兴趣并有一定创新训练基础，创业实践项目原则上应以前期的创新训练（或创新性实验）成果作为支撑。

第九条 申报与评审程序

（一）个人（团队）申报。学校于每年上半年发布“国家级大学生创新创业训练计划”项目遴选通知，有意申报且符合申请条件的个人（团队）向所在学院提交项目申请书等申报材料。

（二）学院推荐。学院对申报人（团队）资格及申报材料进行预审，提出推荐意见，并将申报材料和汇总表报送至学校项目管理办公室。

（三）学校评审。学校项目管理办公室对申报项目组织专家开展集中评审，项目负责人需进行公开答辩。

（四）汇总上报。项目公示无异议后，由教务处负责项目汇总，并上报教育部审批。

第四章 项 目 管 理

第十条 项目实行导师指导下的项目负责人制。每个创新训练项目需配备 1 名相关学科的指导教师；创业训练、创业实践项目每项原则上需配备 2 名指导教师，其中，1 名为具有科技开发实力、创业教育经历或创业实践阅历的校内导师，1 名为具有创业实战经历的企业指导教师。指导教师应负责对项目进行全面管理，全程指导学生进行创新创业训练与实践，组织学生讨论交流及审查学生的训练结果。学校鼓励跨学科成立指导教师团队，鼓励校内教师与校外教师、企事业单位人员组成团队共同指导学生创新训练、创业训练和实践。每位指导教师同时指导项目不超过 2 项。

第十一条 项目启动。项目批准立项后，学校项目管理办公室与项目负责人签订合同。项目负责人应按照项目申报书与合同要求及时启动项目，在导师指导下自主实施，自主管理。项目负责人在项目实施过程中应认真填写项目进展情况和体会，做好过程记载、实验数据、经费使用等相关记录，导师应及时指导跟踪。

第十二条 进展检查。学校于每年下半年对在研“大学生创新创业训练计划”项目组织进展检查。各项目应根据学校要求，对照项目开展情况，于规定时间内提交项目进展检查表及辅助材料，内容包括汇报任务完成情况、困难和问题、下一步工作计划等。学院集中组织进展汇报答辩检查，学校对上一年度“大学生创新创业训练计划‘十佳项目’”组织进展检查，并提出项目改进建议。对不接受进展检查或在实施过程中弄虚作假、无进展的项目，学校将予以项目终止。

第十三条 结题验收。学校每年上半年和下半年各集中组织一次项目结题验收工作。创新训练项目到期后，项目负责人应向学校大学生创新创业项目管理办公室提交项目结题报告书（一般包括项目研究情况、使用方法与手段、查阅引用资料情况、成果完成形式和价值、得失经验等）、实验记录本、研究论文及成果实物等结题验收材料；创业训练项目应提交结题报告书、商业计划书、创业报告等结题验收材料；创业实践项目应提交结题报告书、商业计划书、创业报告、财务报表、企业管理章程等结题验收材料。学校组织专家指导委员会成员对项目进行结题验收，学校对通过验收的项目发放结题证书。

第十四条 项目变更。在项目进行中，涉及减少或变更工作内容、参与人员，提前或推迟结题等事项，项目负责人应提前一个月提出书面报告，经学院审核，报学校批准。

第十五条 项目交流。学校每年举办大学生“创意创新创业”文化节、大学生创新创业论坛等活动，鼓励并支持项目成员、指导教师参加校外学术会议、创新创业论坛。对每年评选出的“大学生创新创业训练计划‘十佳项目’”予以表彰并增加经费支持。定期组织项目报告、学术沙龙、座谈交流等，搭建项目师生交流平台。

第五章 经费管理

第十六条 学校设立“国家级大学生创新创业训练计划”专项账户。项目经费由教育部拨款、学校配套经费和社会捐助组成。创新训练项目和创业训练项目资助经费额度一般为1万～2万元/项，创业实践项目资助额度一般为4万～6万元/项。经费由项目管理办公室负责管理，严格遵守学校财务管理制度。

第十七条 资助经费专款专用，由项目负责人在教师指导下自主使用，教师不得使用学生项目经费。创新训练与创业训练项目经费主要用于项目调研差旅费、实验费、材料费、资料费、论文版面费、成果鉴定费、专利申请费等必要开支；创业实践项目经费主要用于资料费、创业启动费、基本设备费等必要开支。项目经费不得用于劳务费等人员经费，不能挪作他用和擅自改变资金的使用用途。根据项目进展需要，经专家指导委员会同意，可追加一定的项目经费。经费报销时，所有凭证和报销单应由项目负责人、项目指导老师和学院负责人签字，经项目管理办公室审核通过后到学校计财处报销。

第六章 政 策 保 障

第十八条 学校、学院为各项目免费提供实验场地、设备、技术指导等方面支持，各类实验教学中心、重点实验室、研发中心等面向学生开放。

第十九条 通过验收的项目，项目负责人或团队成员可申请学分认定和学年综合测评奖励加分；对阶段性成果突出的项目，根据学生申请经审核通过可认定作为本科毕业论文（设计），优先推荐免试攻读硕士研究生；对学生发表论文或申请专利项目，学校择优推荐申报省级以上优秀大学生科研成果奖。

第二十条 学校根据“国家级大学生创新创业训练计划”项目任务量和完成质量，对指导教师按30~40学时/项认定教学工作量；对指导学生作品获全国和省级竞赛奖项的指导教师，学校颁发荣誉证书并给予相当于同级别教学成果奖的奖励；学校定期评选优秀指导教师，并对获得优秀指导教师荣誉的教师在职务晋升、评优评先时适当倾斜。

第七章 附 则

第二十一条 创新创业训练有关成果属于华中农业大学所有，执行《华中农业大学知识产权管理暂行办法》，发表论著或申报其他成果时须标注“华中农业大学国家级大学生创新创业训练计划资助”。创业训练和创业实践涉及经营方面的行为应严格遵守相关法律法规。

第二十二条 本办法自印发之日起施行，由华中农业大学“国家级大学生创新创业训练计划”项目管理办公室负责解释。

（四十九）湖南大学大学生创新训练经费管理暂行办法

第一条 根据教育部和学校对中央高校基本科研业务费专项资金相关规定，制定本暂行办法。

第二条 本办法所指经费为来源于高校基本科研业务费，用于我校大学生创新训练项目和学科竞赛项目等大学生创新活动的经费。其目的在于提高学校人才培养质量，培养我校本科生学生自主创新能力，重点支持本科生在科研领域的自由探索、自主创新活动和参与国家项目竞争前的培育工作。

第三条 经费的安排、使用和管理，遵循稳定支持、公开公正、突出重点、专款专用的基本原则。

第四条 大学生创新训练经费按照“学校统筹规划、专家论证评审、教务处组织实施、学院具体负责”的模式进行管理。

第五条 项目立项管理。各学院须于每年12月前组织完成下一年度项目的申报、教务处组织评审后进行公示、与相关学院签订合同书。

第六条 项目过程管理。大学生创新训练经费资助项目的周期为1年。

第七条 项目实施过程中，合同书中项目的负责人、经费使用计划、需要完成的研究任务等原则上不得调整。

第八条 项目实施过程中，项目负责人变换工作岗位的，学院应提出申请，经教务处和计划财务处审批后完成变更手续。

第九条 项目实施过程中，有下列情形之一者，可终止项目实施：

1. 因学生毕业等致使研究工作无法正常进行的；
2. 不能继续开展研究工作的；
3. 经费使用中存在严重问题的；
4. 有学术不端行为的。

第十条 项目结题管理。各学院须于每年11月底，组织完成对大学生创新训练经费资助项目的任务完成情况、经费执行情况进行考核、结题，并将考核、结题情况报教务处汇总后，统一上报基本科研业务费管理办公室。

第十一条 凡有下列情况之一者，考核、结题一律为“不合格”：

1. 到期未完成研究任务；
2. 提供验收的技术文件、资料、数据不真实；
3. 未经审批，对项目研究的内容、目标、经费使用计划等做出较大调整；
4. 经费使用中存在严重问题；
5. 有学术不端行为的。

第十二条 对考核、结题“不合格”的项目，收回结余经费，暂缓或停止下拨第二年预算经费。在完成任务前，不得申请新的资助项目。

第十三条 对到期不能完成研究任务的项目，须提前一个月向项目管理部门提出延长考核、结题期限的申请。

第十四条 申请延长期限最长为1年。延长期内，资助经费自动结转到第二年，但不得申请基本科研业务费新的资助项目。

第十五条 大学生创新训练经费资助的项目负责人所取得的研究成果（包括论文、专著、专利、研究报告、计算机软件等），知识产权归湖南大学所有。公开发表的研究成果均须标注“中央高校基本科研业务费专项资金资助”字样，否则考核时不予承认。

第十六条 大学生创新训练经费开支范围包括：设备费、材料费、测试化验加工费、差旅费、会议费、国际合作交流费、出版/文献/信息传播/知识产权事务费、劳务费等。

1. 设备费：是指在项目研究过程中购置或试制专用仪器设备，对现有仪器设备进行升级改造，以及租赁外单位仪器设备而发生的费用。不得购置大型仪器设备。

2. 材料费：是指在项目研究过程中消耗的各种原材料、辅助材料等低值易耗品的采购及运输、装卸、整理等费用。

3. 测试化验加工费：是指在项目研究过程中支付给有关单位的检验、测试、化验及加工等费用。

4. 差旅费：是指在项目研究过程中开展科学实验（试验）、科学考察、业务调研、学术交流等所发生的外埠差旅费、市内交通费用等。

5. 会议费：是指在项目研究过程中为组织开展学术研讨、咨询以及协调项目或课题等活动而发生的会议费用。要严格控制会议规模、数量、会期和开支标准。

6. 国际合作与交流费：是指在项目研究过程中课题研究人员出国及外国专家来华工作的费用。

7. 出版/文献/信息传播/知识产权事务费：是指在项目研究过程中，需要支付的出版费、资料费、专用软件购买费、文献检索费、专利申请及其他知识产权事务等费用。

8. 劳务费：是指在项目研究过程中支付给没有工资性收入的相关人员（如在校本科生）的劳务性费用，以及项目研究过程中支付给临时聘请的校外咨询专家的费用。劳务费比例不得超过项目总经费的10%。

项目研究过程中发生的上述费用之外的其他支出，应当在申请时单独填列，单独核定。

第十七条 大学生创新训练经费资助的项目须根据规定的开支范围，合理编制经费使用计划，严格按预算执行。不得随意虚增、虚列支出，不得随意改变经费使用用途。

第十八条 大学生创新训练经费不得开支以下项目：有工资性收入的人员工资、奖金、津补贴和福利支出；购置大型仪器设备；公共管理和运行经费；偿还债务；支付罚款、捐赠、赞助、投资等；科研项目配套经费；实验室等科研基地的运行费用。

第十九条 大学生创新训练经费实行经费执行与预算安排挂钩的奖惩制度。

第二十条 大学生创新训练经费实行按时间节点收回制度。各项目须于每年6月25前执行预算的60%，9月25日前执行80%，11月30日前全部执行完毕。对逾期未执行完规定比例的剩余部分经费，学校将统一收回。

第二十一条 使用大学生创新训练经费形成的固定资产、无形资产等，按照国家、学校有关规定纳入学校资产管理范围。

第二十二条 大学生创新训练经费由学校建立专户，分账核算，专款专用。任何单位和个人不得截留、挪用或挤占。经费执行情况要自觉接受财务、审计、监察等部门的监督检查，严格实行责任追究制度。

第二十三条 本办法由教务处负责解释。

第二十四条 本办法自发布之日起实施，报基本科研业务费管理办公室备案。

（五十）湖南大学本科学生创新创业学分认定办法（试行）

为进一步促进我校创新创业工作有序开展，根据《国务院办公厅关于发展众创空间推进大众创新创业的指导意见》（国办发〔2015〕9号）、《国务院办公厅关于深化高等学校创新创业教育改革的实施意见》（国办发〔2015〕36号）和《湖南大学本科生创新创业教育实施方案》（湖大教字〔2015〕18号）精神，制定本办法。

一、认定范围

（1）学科竞赛。学生参加学科竞赛获得国家级二等奖或省级比赛二等奖以上的奖励，可申请认定。

（2）SIT项目。以项目名义发表论文、申请相关专利、参加各类学术会议并作相关报告，可申请认定。

（3）其他创新创业实践活动取得较为突出成绩的，可申请认定。

二、认定程序

学生在项目结束后，下载并填写认定申请表（附相关佐证材料）交承办单位审核，审核通过后交所在学院认定，认定通过后，报教务处审批和记载。

三、认定形式

教务处审批通过后记录成绩和学分，具体见表1。

表1　创新创业学分认定标准

课程名称	课程类别	学分	成绩等级
创新创业（学科竞赛）A	任选课/通识课	1	优秀
创新创业（学科竞赛）B	任选课/通识课	2	优秀
创新创业（SIT）A	任选课/通识课	1	优秀
创新创业（SIT）B	任选课/通识课	2	优秀
创新创业（创业）A	任选课/通识课	2	优秀
创新创业（创业）B	任选课/通识课	3	优秀
创新创业（创业）C	任选课/通识课	4	优秀

四、认定时间

每学期最后四周学校各单位受理申办认定手续，其他时间不予认定。

五、费用结算

创新创业认定的学分不收取学分学费。

六、其他

本办法自公布之日起实施，由教务处负责解释。

（五十一）湖南大学“国家大学生创新性实验计划”项目管理办法（试行）

第一章　总　则

第一条　为实施教育部“国家大学生创新性实验计划”，加强我校项目的组织与管理，达到预期目标，特制定本办法。

第二条　湖南大学“国家大学生创新性实验计划”的指导思想是以《教育部办公厅关于申报国家大学生创新性实验计划的通知》（教高厅函〔2007〕20号）为指导，以学生为主体，以项目为载体，以兴趣驱动、自主实验、重在过程为原则，改革教学方法，推广研究性学习和个性化培养方式，调动学生学习的主动性、积极性和创造性，激发学生创新思维、创新意识及参与创新的兴趣，培养学生团队协作能力和创新实践能力。

第三条　湖南大学“国家大学生创新性实验计划”由学校统一组织实施，大学生创新性实验计划项目按照《高等学校本科教学质量与教学改革工程项目管理暂行办法》（教高〔2007〕14号）执行。

第二章　项目申报与评审

第四条　项目申报

1. 项目选题要求思路新颖、目标明确、具有创新性和探索性，以解决本学科、交叉学科、企业研发、自然界或人类生活中的某一问题为出发点，以知识、技术创新和研究方法创新为主要目的。

2. 项目以实验为主要手段，在教师指导下，学生个人或团队自主确定选题，设计实施方案，并要对研究方案及技术路线进行可行性分析。

3. 项目由学生个人或团队向学校提出申请，主要是一至三年级学生。项目团队人数一般不超过3人。

4. 项目主要集中在理工学科和李达实验班，根据情况可适当扩展到其他学科。

第五条　项目评审

1. 各申报单位组织有关专家对申请书进行预审，按照一定的比例择优确定参加学校评审的项目名单。

2. 学校组织专家委员会对申报项目进行答辩评审，初步确定项目名单。

3. 学校公示拟立项名单。经公示无异议后，学校发文公布正式立项名单并报教育部。

第三章　项 目 管 理

第六条　项目确定后，学校明确项目导师，负责指导学生进行创新性实验。

第七条 项目运行实行动态管理，经费分两期下达，具体程序为：

1. 项目确定后，项目负责人与学校签订《湖南大学“国家大学生创新性实验计划”项目合同书》。学校根据项目合同书下达第一期项目经费。

2. 学生个人或团队在对科学研究或创造发明的浓厚兴趣驱动下，在导师指导下完成实验过程，要自主进行研究性学习，自主进行实验方法的设计、组织设备和材料、实施实验、分析处理数据、撰写总结报告等工作。

3. 学校跟踪管理项目进展情况，实施中期检查，查阅学生实验原始数据、实验报告和文献综述等，根据学生研究情况决定是否进一步资助。

4. 学校通过举办科技讲座、大学生学术论坛、大学生创新协会系列活动等多种形式组织学生交流，为学生创新研究提供交流经验、展示成果、共享资源的机会。

5. 学校及时总结学生在项目实施过程中取得的成绩和存在的问题，帮助学生解决困难，处理好学习基础知识和基本技能与创新性实验和创造发明的关系。

6. 学校定期向教育部报告大学生创新性实验计划实施情况。

第八条 项目执行时间为 1~3 年，最晚在学生毕业离校前完成。

第四章 项目验收与变更

第九条 项目验收

1. 项目完成后项目负责人填写《湖南大学“国家大学生创新性实验计划”项目结题申请表》和《结题总结》，经指导教师签署意见，提交相关项目研究报告和研究成果等材料，向学校提出结题验收申请。

2. 项目组进行结题答辩，学校组织专家审议。通过结题评审的项目，颁发结题证书。

3. 建立项目再评估制度，评价项目实施效果。

4. 将项目总结报告、论文、设计等相关材料报教育部。

5. 对研究结论有争议、不确定的项目沿引学校学术成果评定的有关规定，在充分讨论的基础上形成项目意见和建议，重在求真、务实，允许项目探索不成功，甚至失败。

第十条 项目变更

1. 进度快、完成好的项目，可以提前结题。

2. 不能按期结题的项目，项目负责人应在合同规定结题前一个月，提出《项目延期申请》，并说明延期原因及延长期限（不得超过 1 年），经指导教师同意，教务处核准后生效。

3. 对申报、实施过程中弄虚作假、工作无明显进展的项目，学校立即终止其项目运行，并在一定范围内予以通报。对终止、撤销的项目，要求项目负责人将已拨经费全部退还学校。

4. 项目实施过程中更改项目内容、更换项目成员，须由项目负责人书面提出，指导教师同意，教务处核准后生效。

第十一条 湖南大学“国家大学生创新性实验计划”项目所取得的成果归学校所有。

第五章 经费管理

第十二条 湖南大学“国家大学生创新性实验计划”项目经费按照《高等学校本科教学质量与教学改革工程经费管理办法》进行管理。项目经费专款专用，学生在预算框架下自主使用，教师不得使用学生研究经费。

1. 项目经费由计划财务处按相关规定进行管理，教务处按项目进度划拨经费。

2. 经费使用范围包括：完成项目所需的资料费、文具费、打印费，实验材料购置费，参加学术会议和发表论文费，专利申请费及外出调研费等。

3. 学校对项目经费实行监督管理，保证使用科学、合理、高效。项目经费报账程序为：项目负责人签字，指导教师审查，湖南大学“国家大学生创新性实验计划”负责人（或负责人委托教务处）审批，项目参与学生本人报销。

4. 项目负责人需定期向学校报告经费使用情况。

5. 项目结束后进行决算，并接受审计部门监督。

第六章 指导教师遴选与管理

第十三条 项目实施学院要聘请责任心强、学术水平高、学风正派、治学严谨且具有高级职称或博士学位的教师担任指导教师。

第十四条 指导教师要认真履行指导职责，审查项目申请表，加强过程指导，开设学术讲座，定期组织学生讨论和交流，审查实验原始数据和实验报告。

第七章 组织机构与管理体系

第十五条 成立湖南大学“国家大学生创新性实验计划”工作小组，主管教学副校长任组长，教务处、科技处、社科处、实验室与资产管理处、计划财务处、人事处、学生工作部、团委等职能部门负责人参加，全面负责创新性实验计划的实施。工作小组办公室设在教务处，负责处理日常工作。

第十六条 成立由相关学科教授组成的湖南大学“国家大学生创新性实验计划”专家委员会，制定项目评审标准，负责项目评审、中期检查、结题答辩、效果评价等。

第十七条 各学院成立院级“国家大学生创新性实验计划”工作小组，负责本学院“国家大学生创新性实验计划”组织与实施。

第八章 激励机制

第十八条 教师激励

1. 设立湖南大学“国家大学生创新性实验计划”优秀指导教师奖，并进行表彰与奖励。

2. 指导教师工作量参照指导硕士研究生工作量计算办法执行。

3. 教师考核、职称晋升时，指导教师可优先考虑。

4. 指导教师教学出差时，学校根据情况可提供一定的差旅补助。

第十九条　学生激励

1. 设立湖南大学“国家大学生创新性实验计划”优秀成果奖，并进行表彰与奖励。

2. 参与项目的优秀成员，在参加各类学科竞赛、评奖评优、免试保送研究生时优先推荐。优秀结题论文可等同于毕业论文。

3. 学校根据学生项目运行情况，可制订学生个性化的培养计划。学生可以申请免修相应的实验实践课程或部分实验，免修学分一般不超过 5 个学分。学生可以申请创新学分 4~8 个。

第九章　附　　则

第二十条　各学院根据本管理办法制定实施细则。

第二十一条　本管理办法自公布之日起执行，由学校授权教务处负责解释。

（五十二）中南大学大学生创新创业项目实施细则

（2016 年 7 月 14 日第十六次校务会议讨论通过）

第一章　总　　则

第一条　为贯彻落实《国务院办公厅关于深化高等学校创新创业教育改革的实施意见》（国办发〔2015〕36 号）和《教育部关于做好“本科教学工程”国家级大学生创新创业训练计划实施工作的通知》（教高函〔2012〕5 号），探索大学生创新创业人才培养模式，激发大学生的创造性思维，强化大学生的实践能力和创新能力，培养富有创新精神、勇于投身实践的创新创业人才，特开展中南大学大学生创新创业项目（以下简称创新创业项目）。为积极推进该项目的实施，制定实施细则。

第二条　按照“导师引导，项目驱动，兴趣使然，自由发展，能力提升”的原则，以大学生创新创业项目为突破口，充分利用学校科研优势和与行业密切结合的特色，优化创新创业教育运行机制，建立“教学与科研互促、教师与学生互动、课内和课外渗透、自主与引导结合”的创新创业教育模式，带动广大学生在本科阶段得到科学研究与发明创造的训练、创业训练与实践，培育创客文化，营造敢为人先、敢冒风险、宽容失败的创新创业氛围，推进以大学生为主体的创新创业人才培养教学改革。

第三条　注重学生创新思维的培养和动手能力的提高，强调学生在项目实施过程中创新思维和创新实践能力、创业训练和创业实践能力方面的培养。

第四条　遵循“兴趣驱动、自主实践、重在过程”的实施原则，参与项目的本科生或团队成员要对科学研究、创造发明、创业训练和实践有浓厚兴趣，在导师指导下，自主实施项目。

第五条　注重实效，鼓励创新，重点资助选题科学、思路新颖、研究方案及技术路线可行、适合大学生完成、具有创新性和探索性且实施条件有保障的项目。

第二章　组 织 机 构

第六条　成立中南大学大学生创新创业项目领导小组，领导小组负责研究、制定有关政策，领导、组织和协调项目的开展，监督项目经费的使用。领导小组由主管教学的校长及本科生院、科学研究部、资产与实验室管理处、计划财务处、科技园管理办公室、学生工作处、校团委等单位主要负责人组成。领导小组下设办公室，挂靠本科生院，办公室主任由本科生院分管主任担任，具体负责项目管理工作。

第七条　建设中南大学大学生创新创业项目指导专家库，负责对项目进行评审、检查和验收，并指导项目实施。

第八条　各二级学院成立项目工作小组和专家组。专家组由工作小组聘任院内外专家、学者组成，负责学院项目的评审、检查、验收，并向学校推荐。

第三章 项目类型

第九条 项目类型主要包括大学生创新创业训练计划项目，研究性学习和创新性实验计划项目，本科生自由探索计划项目，创新创业专项资助项目，米塔尔学生创新创业项目，蔡田碹珠学生创业项目等。

第十条 大学生创新创业训练计划项目包含创新训练、创业训练和创业实践项目。

1. 创新训练项目是本科生个人或团队，在导师指导下，自主完成创新性研究项目设计、研究条件准备和项目实施、研究报告撰写、实物设计制作、成果（学术）交流等工作。

2. 创业训练项目是本科生团队，在导师指导下，团队中每个学生在项目实施过程中扮演一个或多个具体的角色，通过编制商业计划书、开展可行性研究、模拟企业运行，参加企业实践、撰写创业报告等工作。

3. 创业实践项目是学生团队（包括本科生和研究生，项目负责人必须为本科生）在学校导师和企业导师共同指导下，采用前期创新训练项目的成果，提出一项具有市场前景的创新性产品或者服务，以此为基础开展创业实践活动。

第十一条 研究性学习和创新性实验计划项目是本科生团队，在导师的指导下，自主进行研究性学习，自主进行实验方法的设计、组织设备和材料、实施实验、分析处理数据、撰写实验报告等工作。

第十二条 本科生自由探索计划项目鼓励具备创新潜质和对科学研究兴趣浓厚的不同专业的本科生组成研究团队进行申报。项目选题内容为本学科和交叉学科的前沿和基础研究，具有探索性、原创性和创新价值，或一定理论意义。

第十三条 创新创业专项资助项目主要面向学校扶贫点和对口支援地区，重点支持本科生发挥学科专业优势，通过项目研究与实践，帮助其脱贫致富。

第十四条 米塔尔学生创新创业项目，分创新和创业两类，由中南大学米塔尔奖学金专项资助，重点支持具有自主知识产权、有潜在经济效益和社会效益或能够形成新兴产业的项目。在校本科生和研究生团队均可申报。

第十五条 蔡田碹珠学生创业项目，是由中南大学蔡田碹珠教育发展基金专项资助，专门用于资助在校大学生中有发展潜力的创业项目，扶持大学生自主创业。在校本科生和研究生团队均可申报。

第四章 项目经费与使用

第十六条 项目经费主要来源于中央财政、地方财政、学校自筹和社会资助，按年度分别资助国家级、省级和校级项目。鼓励有条件的学院资助学院级项目。

第十七条 各学院要优先为项目学生开放实验室、提供实验器材、图书资料，鼓励有条件的学院对立项项目给予配套经费资助。

第十八条 项目经费专款专用，由本科生院创新与创业教育办公室和相关学院共同管理，原则上学院经费负责人为主管教学工作副院长。不得提取管理费。经费须当年使用，逾期回收。

第十九条 学生自主使用研究经费，开支范围主要包括设备费、材料费、办公用品费、测试化验加工费、印刷费、复印费、版面费、图书费、国际合作与交流费、出版/文献/信息传播/知识产权事务费、差旅费（附调研报告）和会议费（附会议通知）等。

第二十条 正式发票上应有项目负责人及1名项目成员签字、指导教师审查签字，学院经费管理人员登记各项目经费使用情况、学院经费负责人审核签字后，由项目负责人到计划财务处报销票据。

第二十一条 项目团队按项目申请书经费预算和国家、湖南省、学校财务管理相关规定使用经费。

第五章 项 目 申 报

第二十二条 项目实行多层次管理，分国家级、省级和校级。采取自愿申报、专家评审、择优资助的原则，每年受理一次项目申报。

第二十三条 面向全日制非毕业年级在读大学生申报，每名学生只能申报主持或参加一个项目，未结题国家级、省级项目负责人不得申报新的项目，已立项的优秀校级项目优先申报国家、省级项目。

第二十四条 项目执行期限一般为一年（创业实践项目为两年）；研究期限超过一年的项目，可结合自身研究实际进行“总体研究、分段申报”；对前一阶段研究效果明显的团队，学校会优先考虑下年度的后续研究立项。

第二十五条 项目申请人须选择相关学科的一名教师（或指导团队）为指导教师，指导教师应在所研究领域有创新性的研究成果，学术造诣高，具有较强的实践能力。原则上指导教师应具有副高以上职称或博士学位，每年新增指导项目不得超过2项，每个项目指导教师人数不超过2人。

第二十六条 创业训练项目、米塔尔学生创业项目和蔡田碹珠学生创业项目，须由已注册公司或组建工作室的学生团队申报；创业实践项目原则上须由已注册公司的学生团队申报。项目负责人为企业法人代表或工作室负责人。鼓励有创业培训和实训经历（如SYB、GYB和创业实训指导课等）的学生参与申报创业类项目，以便使有创业意愿的学生更好地获得各级政府和社会各界的扶持。

第二十七条 项目负责人须具备较强的科学研究能力和组织管理能力，项目团队要分工明确、有较强的团队协作精神，鼓励学科交叉融合，鼓励学生跨学科、跨院系申报。团队人数一般不超过 5 人（创业实践项目团队可适当增加成员）。

第二十八条　同等条件下，具备以下条件者优先立项：跨学科、跨院系或跨年级合作项目；产学研合作项目；进行过假期读书、实践调研的项目；参加过相关学科竞赛的项目；参加过创新创业比赛及相关训练或实践的项目。

第二十九条　学生根据兴趣，在指导教师的指导下进行选题，主要包括：

1. 结合学校有关重大研究项目或与行业结合紧密的项目；
2. 开放实验室或创新教育基地中的综合性、设计性、创新性实验项目；
3. 从课程学习和学科竞赛中引申出的项目；
4. 社会调查及其他有研究与实践价值的项目；
5. 小发明、小创作、小设计等项目；
6. 有关教师科研课题中的子项目；
7. 其他有研究与实践价值的项目。

第六章　项 目 评 审

第三十条　申请人须填写《中南大学大学生创新创业项目申请书》，经指导教师签署推荐意见后交所在学院。

第三十一条　学院项目专家组对学生申请项目进行审核和初评，推荐优秀项目报学校。

第三十二条　学校专家组对项目进行复评、确定入围名单。

第三十三条　入围名单公示 3 天，无异议后报学校审批。

第三十四条　学校项目领导小组对项目进行审批，确定资助项目。

第三十五条　研究性学习和创新性实验项目向湖南省教育厅推荐，国家级项目报教育部高等教育司备案。

第七章　项目过程管理

第三十六条　项目运行实行动态管理，实行教师指导下的项目负责人负责制，项目管理学院一般为项目负责人所在学院，负责项目的日常管理。

第三十七条　各学院要在项目培育的基础上，积极组织学生团队申报创新与创业项目，组织符合条件的团队报名参加中国“互联网 +”大学生创新创业大赛等赛事，提升大学生的创新精神、创业意识和创新创业能力。

第三十八条　中期检查。项目负责人可根据项目进展情况申请中期检查时间，也可按照项目领导小组公布的检查时间进行统一检查（创业实践项目每学期须提交一份项目进展报告）。

1. 检查内容主要考察项目的研究进展情况、已取得的阶段性成果、下阶段工作计划、尚待解决的问题、经费安排计划及使用情况等内容。其中阶段性成果主要包括:

调研报告，撰写论文，专利发明，国家级、省级竞赛获奖，成果转化，获风险投资等。

2. 项目团队须填写《中南大学大学生创新创业项目中期检查报告》（或进展报告）交所在学院。

3. 学院项目专家组对学生申请项目进行初评，将学院初审情况报送学校。

4. 学校组织专家进行中期检查复审并公布检查结果。中期检查结果为：进展良好、进展顺利、进展迟缓、建议约谈或终止项目。中期检查（或进度检查）结果为终止项目的，终止经费资助。

第三十九条 项目变更。项目实施过程中，原则上不得变更项目负责人，确有必要变更研究内容、调整项目成员、推迟中期检查、提前或推迟结题、由于无法克服的困难终止项目运行的，项目负责人应提前一个月向所在学院提交书面报告，并报学校批准。除创业实践项目外，延期期限不超过项目负责人本科毕业之日（以当年毕业证签发之日为准）。

第四十条 成果标注。项目研究成果如论文、调研报告等应进行标注，标注内容为“中南大学 ×× 级大学生创新创业资助项目（项目编号：×××，项目类型：×××）”。项目所取得的成果归学校所有。

第四十一条 项目交流。学校定期组织项目参与学生开展学术交流，及时总结学生在项目实施过程中取得的成绩，协调解决存在的问题。学校在项目结题验收工作的基础上举办中南大学大学生创新创业年会，展示大学生创新创业项目，进行创新项目学术论文交流，开展创业项目推介，并推荐优秀项目参加国家级、省级大学生创新创业年会。

第八章 项目验收

第四十二条 项目负责人可根据项目完成情况申请结题验收时间，也可按照项目领导小组公布的时间进行统一验收；不能按期完成项目者，可申请延期，逾期未结题视为自动终止项目。

第四十三条 由项目负责人填报《中南大学大学生创新创业项目结题报告》，对项目研究情况进行总结。

1. 创新类项目团队须提交一份研究期间完成的、与项目研究内容相关的、项目负责人为第一作者的高水平研究报告。鼓励项目团队积极开展调查研究，公开发表的论文、参与发明创造、制作科技作品等。

2. 创业类项目提交项目的生产、销售和运营情况，获得专利、奖励和表彰情况，项目成果转化情况，企业融资（含获得风险投资、政府专项资金支持）情况等。创业训练项目重点考察项目的创业实践活动训练过程；创业实践项目重点考察项目的实践运营成果和效益。

3. 项目负责人要带领团队按照项目计划积极开展实践活动，积极参加创新创业大赛。参加调研实践活动、比赛情况将作为项目锻炼和展示的重要内容。

第四十四条 学院项目专家组对申请结题的项目进行初审，签署意见后报学校。

第四十五条 学校专家组对项目进行复审。项目结题验收结果为：优秀、良好、合格和不合格。对项目结题验收结果为合格及以上等级的项目颁发结题证书，对项目结题验收结果为不合格的项目终止经费资助。

第九章 项目监督和奖励

第四十六条 学校设立创新创业项目专项基金，对立项项目提供经费资助。经费使用按申请书中的预算和学校财务管理规定执行。学校对项目经费实行监督管理，项目结束后进行项目经费决算，并接受学校审计部门审计监督，确保创新创业项目经费使用科学、合理、高效。

第四十七条 将大学生创新创业训练纳入人才培养方案，将大学生创新创业训练实施情况纳入本科教学考核体系，建立创新创业教育评估体系，对学校二级单位创新创业项目实施情况进行检查、评估，增加优秀组织单位在下一年度的经费投入。

第四十八条 全校的示范性实验中心、各类开放实验室、各级重点实验室和创客空间都是学生创新创业训练的基地，要向参与项目的学生免费提供实验场地和实验仪器设备等。

第四十九条 对积极参与创新创业项目并取得良好效果的学生颁发结题证书，按规定给予课外学分，在评优、评奖、对外交流等方面给予优惠政策。

第五十条 指导教师工作量纳入教师所在学院的教学工作量考核范围。学校每年评选创新创业项目实施工作优秀组织单位和优秀项目，表彰优秀指导教师。

第五十一条 凡属下列情形之一者，学校将视情节轻重收回部分或全部资助经费，扣除学生已取得的学分，并予以全校通报，情节严重的给予当事人及相关负责人纪律处分：

1. 抄袭他人研究成果、作品或其他弄虚作假行为；
2. 管理不善，造成国家财产损失；
3. 无故或无正当理由不完成项目研究或随意放弃项目；
4. 违反财务制度或经费使用不当。

第十章 附 则

第五十二条 本细则自发布之日起施行，由本科生院负责解释。原《中南大学大学生创新教育计划项目管理办法》（中大教字〔2005〕96号）、《中南大学国家大学生创新性实验计划项目实施细则》（中大教字〔2007〕38号）、《中南大学大学生创新训练计划项目实施细则》（中大教字〔2011〕143号）、《中南大学本科生自由探索计划项目管理办法（试行）》（中大教字〔2013〕38号）同时废止。

（五十三）湖南师范大学大学生创新性实验项目管理办法

第一章　总　　则

第一条　为深入贯彻落实《教育部办公厅关于申报国家大学生创新性实验计划的通知》（教高厅函〔2007〕20号）和湖南省教育厅《关于申报湖南省大学生研究性学习和创新性试验计划项目的通知》（湘教通〔2008〕89号）等相关文件精神，加强我校实施大学生创新性实验项目（以下简称项目）管理的规范化和科学化，保证项目的顺利实施和经费的有效使用，推动实验教学改革，提高人才培养质量，特制定本办法。

第二条　学校成立由分管教学的副校长负责、各有关单位负责人参加的湖南师范大学大学生创新性实验项目领导小组，领导小组下设办公室，办公室设教务处。

第三条　项目由学校统一组织实施，以项目为研究载体，注重过程训练、实验方案的设计和激发学生科学研究的兴趣，注重培养自主学习、团队协作及提出问题、分析问题和解决问题的能力。

第二章　立　　项

第四条　项目申报：

1. 项目以探索或解决问题为出发点，选题应思路新颖、目标明确、具有探索性或创新性。

2. 申请者学有余力，有较强的创新意识和独立思考能力，对科学研究和创造发明有浓厚的兴趣。项目负责人具有较强的组织能力，有良好的团结协作精神，项目组成员一般不超过5人。

3. 申报对象为湖南师范大学普通高等教育全日制在校本科生。

4. 具备实施项目的基本条件，包括实验条件和确定指导教师。

5. 项目执行时限一般为1~3年，其中，学制为4年制的最长为2年，学制为5年制的最长为3年。执行时限，必须确定在毕业前。

6. 学生根据自己的兴趣爱好，结合学科研究前沿和社会发展需求，自主确立研究项目。鼓励跨学科申报，实现多学科融合，培养学生创新能力。

第五条　项目评审与立项：

1. 每年上半年，学校组织项目申报、评审和立项。

2. 项目负责人填写《湖南师范大学大学生创新性实验项目申报书》一式两份，经实验室、院（部）审核、签署意见，加盖公章后统一报办公室，并经学校实验室管理系统提交申报书的电子文档。

3. 学校组织专家对申报的项目按《湖南师范大学大学生创新性实验项目评审表》

的要求进行评审，评选出国家级、省级与校级项目。通过评审的国家级项目，由办公室报学校发文下达立项通知，并报教育部备案；省级项目报湖南省教育厅审核并发文下达立项通知；校级项目由教务处发文下达立项通知。

4. 每个学生只能申报参加1个项目，每个项目只能按照批准的等级（校级、省级、国家级）获得一次资助经费。

第三章 项目管理

第六条 办公室在领导小组的指导下，负责制订计划，发布信息，组织项目申报评审、中期检查和结题验收等管理工作。各学院成立由分管教学的副院长任组长的工作小组，负责组织项目的申报、审核和项目实施过程的监督管理。

第七条 项目经费由国家和湖南省下拨的专项经费与学校配套经费及学院自筹经费组成。学校将对获准立项的项目根据上级文件精神和项目的需求给予相应的资助，资助经费主要用于学生项目实施过程中所需的实验材料费、仪器设备租借费、资料文印费、版面费、调研费、通讯费、被试费等相关费用。经费一般不用于通用设备的购置，不提成管理费，不挪用。

第八条 学校设立大学生创新性实验项目专项经费账户，经费由学生掌握使用。经费使用必须按照《高等学校本科教学质量与教学改革工程专项资金管理暂行办法》（财教〔2007〕376号）和学校财务制度执行。

第九条 项目组成员在导师的指导下，自主进行研究性学习，自主进行创新性实验，并做好原始记录备查。

第十条 项目负责人每三个月需通过网络向办公室汇报项目进展情况，办公室对项目进展进行跟踪管理，并根据项目进展情况决定是否进一步资助。

第十一条 项目负责人应全面负责项目的实施、经费使用、结题总结及成果鉴定等工作。项目研究工作结束后，在规定的时间内，将结题材料（总结报告、论文、设计、专利等）报送办公室，学校将组织有关专家进行评审验收。

第十二条 项目负责人不得随意更改项目内容、更换项目组成员、推迟项目结题，如有特殊原因需要变更，应向办公室提出书面理由，经批准后方可变更。对不能按计划实施的项目，予以撤销，剩余经费收回，统一调剂使用。

第四章 激励措施

第十三条 鼓励与奖励办法：

1. 项目组成员完成大学生创新性实验项目并通过验收合格后按《湖南师范大学学分制实施办法》获得相应学分。

2. 在项目实施过程中成果突出的学生，经指导教师推荐，实验室、院（部）审核，学校项目领导小组批准，达到推荐免试攻读硕士学位研究生的基本条件，优先推荐攻读研究生。

3. 项目完成后，学校将组织评选优秀项目，对优秀项目进行奖励。

4. 学生论文发表作为评选优秀项目的条件之一，参加竞赛获奖，按学校相关奖励办法对学生进行奖励。

5. 项目在结题后一周内，由办公室根据院（部）上报的材料，结合实验工作记录，对指导教师工作量进行审核，认定教学工作量。

第五章　附　　则

第十四条　本办法自颁布之日起执行，由教务处负责解释。

第十五条　自本办法执行之日起，原《湖南师范大学国家大学生创新性实验计划项目管理办法》（校行发教务字〔2007〕26 号）废止。

（五十四）四川大学大学生创新创业训练计划项目管理办法（试行）

第一章　总　　则

第一条　为深入贯彻落实《教育部关于做好“本科教学工程”国家级大学生创新创业训练计划实施工作的通知》（教高函〔2012〕5号）精神，全面推进和落实我校“三进”（进课题组、进实验室、进科研兴趣小组和团队）、“三结合”（教学与科研相结合、课程与课题相结合、研究团队与教学团队相结合），切实保证国家大学生创新创业训练计划顺利实施，特制定本管理办法。

第二条　四川大学大学生创新创业训练计划宗旨

以教育部“本科教学工程”的“突出重点、改革创新、继承发展、引领示范”原则为指导，以“问题和项目为核心，探讨和研究为手段”，营造有利于创新人才成长的软硬件环境，建立开拓创新、勇担风险、团结协作、诚实守信、容忍失败的创新创业文化氛围，提高学生的社会责任感、创新精神和创新能力，引导学生正确理解创业与职业生涯发展的关系，实现学业、就业、创业、事业的有机结合。

第三条　四川大学大学生创新创业训练计划的实施原则

1. 兴趣驱动：鼓励对创新创业有浓厚兴趣的学生，大胆设想，小心求证，在导师指导下进行可行性论证，撰写项目申报书，进行项目申报。

2. 自主实践：学生团队由项目负责人牵头，在指导教师的指导下，对项目规划和实施等方面实行自主计划和自主管理。

3. 注重过程：强调项目实施的过程训练，培养学生在创新实践过程中带着问题自主学习的习惯及独立思考、勇于探索、勤于实践、团结协作的精神，鼓励学生在探索实践过程中总结经验教训。

4. 交叉融合：鼓励不同学院、不同专业、不同年级学生共同组队，促进交叉学科人才培养及协作精神培养。鼓励高年级学生作为项目负责人，带动低年级学生参与项目。

第四条　四川大学大学生创新创业训练计划内容

四川大学大学生创新创业训练计划包括创新训练项目、创业训练项目、创业实践项目及科研训练项目四类。

创新训练项目：面向我校本科生个人或团队，在导师指导下，自主完成创新性研究项目设计、研究条件准备和项目实施、研究报告撰写、成果（学术）交流等工作。

创业训练项目：面向我校本科生团队，在导师指导下，团队中每个学生在项目实施过程中扮演一个或多个具体的角色，完成编制商业计划书、开展可行性研究、模拟企业运行、参加企业实践、撰写创业报告等工作。

创业实践项目：面向我校学生团队，在学校导师和企业导师共同指导下，采用前期创新训练项目（或创新性实验）的成果，提出一项具有市场前景的创新性产品或者服务，以此为基础开展创业实践活动。

科研训练项目：面向我校本科生个人或团队，参与教师在研科研课题。在导师指导下，完成分配的科研训练任务、撰写研究报告等工作，得到学术研究方面的训练。

第五条 创新训练、创业训练、创业实践项目设国家级、省级和校级三个级别，科研训练仅设校级项目。各学院根据自身情况自行设立院级项目。

第二章 组织机构

第六条 成立校、院两级大学生创新创业训练计划组织机构。

第七条 学校成立由主管教学的校领导为主任，由教务处、人事处、招生就业处、科学技术发展研究院、财务处、实验室及设备管理处、学生工作部、校团委、科技产业集团的主要负责人为副主任，由各学院主管教学的副院长和主管学生工作的副书记为成员的四川大学大学生创新创业训练计划管理委员会（简称管理委员会），主要负责相关政策制度、管理办法制定及监督落实等；项目实施中重大决策性问题的研究及协调，包括资源平台整合与利用、实验室资源开放共享等；经费投入、项目实施、表彰奖励、宣传交流等宏观管理工作。管理委员会办公室设在教务处。

第八条 各学院相应成立院级大学生创新创业训练计划领导小组，由主管教学的副院长和主管学生工作的副书记任组长，小组成员由学院教学、科研、实验室、学生工作的人员如系主任、教务秘书、分团委书记等担任。学院领导小组负责根据国家和学校相关文件制定本院的项目实施细则和管理细则，组织和落实本院的大学生创新创业训练计划项目的实施和管理。学院组织本学科相关专家教授组成专家委员会，负责对本院项目的立项、中期检查、结题、评优等各个环节的监督和评审（项目负责人所在学院是项目的承担单位）。

第九条 学校成立由文、理、工、医等相关学科专家教授组成的四川大学大学生创新创业训练计划专家委员会，负责对计划项目进行立项、中期检查、结题和评优审核；对计划项目实施效果的全程监督和总体评价；对我校的创新创业计划工作提供建议等。

第三章 项目申报与评审

第十条 项目申报及评审要求

1. 对创新创业有兴趣的本科生均可参与项目申报，毕业年级学生原则上不作为项目负责人。

2. 创新训练项目、科研训练项目和创业训练项目均仅限本科生申报；创业实践项目的团队应以在校本科生为主，本科期间曾参与创新训练项目的在读研究生可作为项目组成员参与创业实践项目。

3. 申请立项的项目应具有学术价值或应用前景，并具有创新性，同时应进行可行性论证。

4. 每个学生最多参与 2 个项目（作为项目负责人只能申报 1 项）。项目负责人在研项目未结题时不能作为负责人申报新的项目。项目团队限定 1 名负责人，创新训练、创业训练及科研训练项目组原则上不超过 5 人，创业实践项目组不超过 10 人。

5. 项目至少有一名具有中级及中级以上职称的指导教师，如聘请校外企事业单位专家担任指导教师，校内也应配备导师负责日常的管理及指导工作。

6. 创新训练、创业训练及科研训练项目完成期限原则上为 1 年，创业实践项目原则上为 2 年。

第十一条 项目申报及评审程序

1. 学生申报。项目申报者（负责人）根据所申报的项目类型在导师指导下选择填写相对应的《四川大学大学生创新训练计划项目申报书》《四川大学大学生创业训练计划项目申报书》《四川大学大学生创业实践计划项目申报书》或《四川大学大学生科研训练计划项目申报书》，向所在学院提交。跨学院组队项目由项目负责人所在学院受理立项申请。

2. 学院初评。各学院组织专家对申报项目组织评审、填写评审意见，对不符合申报类别要求的项目进行调整（如将创业实践调整为创业训练，将创新训练调整为科研训练），对推荐申报校级、省级、国家级项目进行排序。

3. 学院上报。学院填写《四川大学大学生创新创业训练计划项目汇总表》，并将项目汇总表、项目申报书和相关支撑材料报教务处。

4. 学校评审。学校组织专家对项目申报材料进行评审，对推荐申报国家级的大学生创新创业训练计划项目组织答辩评审。获准立项项目在学校教务处网页上公示 1 周，对推荐为国家级大学生创新创业训练计划的立项项目公示后上报教育部。

第四章 项目运行与管理

第十二条 项目运行与中期检查

1. 项目负责人与学校签订《四川大学大学生创新创业训练计划项目合同书》。合同书一式三份，项目负责人、项目负责人所在学院、学校三方签字（盖章）后生效。不按时签订合同者按自动放弃处理。

2. 项目组成员在教师的指导下，按计划自主开展工作。项目成员应充分利用“实践及国际课程周”、寒暑假、周末等时间实施项目，同时做好项目工作记录和经费使用记录。指导教师根据项目计划和实施进展情况及时给予指导。

3. 学校、学院对项目进展进行跟踪管理，定期检查和随机抽查相结合。学院按时举行中期检查，项目负责人向学院提交《四川大学大学生创新创业训练计划项目中期检查报告》，学院组织专家审查项目原始数据、实验报告（调查报告、项目进展报告）和经费使用情况，对项目进展做出评审意见。

4. 中期检查结果分为按期完成、限期整改、终止三类。

学校根据项目中期检查结果和项目进展情况，决定是否进一步资助。限期整改项目整改合格后，才能继续实施，如仍不合格，作终止处理。对出现抄袭剽窃、弄虚作假、违规使用经费等情况，将立即终止项目实施，收回剩余经费，并追究相关人员的责任。

5. 学校、学院通过多种形式组织创新创业训练项目经验交流，不断完善各项管理工作。

第十三条 项目结题验收与评优

1. 项目完成后，项目负责人填写《四川大学大学生创新创业训练计划项目结题申请书》，经指导教师签署意见，向学院提交项目总结报告和相关支撑材料（包括项目经费使用记录本、项目工作记录本、成果报告、发表论文、专利、产品或作品等）。

2. 学院组织专家审议项目结题报告和相关成果等材料，并组织答辩或书面评审。验收结果分为优秀、良好、合格、延期、终止五类。学院对结题项目的总体情况进行总结，并将项目评审意见、项目结题申请资料及时报学校审查。学校管理委员会组织专家，对申请结题的项目进行复评。通过评审的项目由学校管理委员会审批后即可结题。

3. 被验收项目存在下列情况之一者，不予通过：提供的验收文件、资料、数据不真实、不完整；出现抄袭、剽窃等学术不端行为；无故未完成预期目标；擅自改变项目主体研究内容和研究方向。

4. 学院按照学校要求推荐优秀项目，学校组织专家根据项目结题材料评选优秀项目，并向项目组成员及指导教师颁发优秀证书。

优秀项目需符合下列条件：按时结题，完成预期目标，项目工作记录认真、详细，经费使用合理，学院总体结题评价达“优”；项目取得一定成效（如发表学术论文、获得专利等）；项目组参加国际国内学术会议或交流等。

第十四条 项目延期、提前结题与终止

申请延期结题须在项目计划结题时间前一个月由负责人填写《四川大学大学生创新创业训练计划项目延期申请书》，书面报告项目进展情况和取得的阶段性成果、存在的问题、项目延期后工作计划、项目经费的使用情况及分析等，报学院、学校审核备案。延期最多一次，最长延期时间为半年。延期后项目组成员不能在本科学习期间完成的项目，不得延期。国家级项目，原则上不得延期。

申请提前结题须提供结题报告、完整的成果资料及其他支撑材料，报学院、学校审核通过后方可结题。

项目团队不得无故终止项目。项目团队因客观原因确需终止项目的，项目负责人填写《四川大学大学生创新创业训练计划项目终止申请书》，并书面报告项目进展情况和取得的阶段性成果、存在的问题、项目经费的使用情况等并提交指导教师签字，报学院、学校审核备案。对于终止项目，学校将收回该项目的剩余经费。

第十五条 项目变更

项目负责人、团队成员、指导教师、项目内容等原则上不允许变更。项目人员由于客观特殊原因确需变更，按照项目组提出书面申请，指导教师签字，学院、学校审核备案的程序进行。

创新训练、创业训练、科研训练项目人员变更事宜，限定在项目中期检查之前进行。创业实践项目负责人毕业后可以大学生自主创业者身份继续担任项目负责人；如需更换负责人，除遵守学校学院相关规定外，还应按照有关法律法规和政策妥善处理涉及事务。

指导教师如遇特殊原因不能继续指导，应与项目组成员协商后向学院书面申请变更，学院批准后报学校备案。

项目组成员与指导教师无正当理由不得随意退出项目组，否则将酌情限制或取消其下次申报项目资格。

第十六条 项目检查与评价

学校对各学院实施大学生创新创业训练计划情况进行总体监督和评估，每年组织一次年度检查，并对计划项目实施情况进行综合评价。对综合评价排名靠前的学院，下一年度项目指标分配予以倾斜。

第十七条 大学生创新创业训练计划项目成果受益主体为四川大学。

第五章 指导教师遴选与管理

第十八条 担任大学生创新创业训练计划项目的指导教师原则上须有中级及中级以上职称，责任心强、学术水平高、作风正派、治学严谨。每位指导教师原则上指导项目数不超过6个。

第十九条 各学院可根据项目需要成立跨学科指导教师团队及校企联合指导团队。

第二十条 创业实践训练项目要求由学校导师和企业导师共同指导。企业导师应对相关行业了解深入、责任心强、对企业管理运营等方面熟悉、从业经验和经历丰富，原则上须具有中级及中级以上技术职称或相应职务。

第二十一条 指导教师有责任监督指导学生保质保量按时完成项目，取得预期成果。要认真履行指导职责，加强过程指导，认真审查项目组的立项申请、中期检查报告、结题报告等材料，严格审查实验原始数据和项目报告，定期组织学生讨论和交流，鼓励和指导优秀学生发表文章、作品等，加强对项目经费的预算、使用等管理。要加强对所指导学生的管理，对出现不认真参与项目、违规使用经费、弄虚作假、违反实验室安全纪律及其他违规违纪行为的学生要及时批评、制止及处理。指导教师在项目进行过程中如有长期出差（出国）或其他重大事务等导致无法继续指导，应及时向学院、学校汇报，学院应及时妥善解决项目指导问题。

第六章　经费资助与管理

第二十二条　资助经费

教育部将对国家级创新创业训练计划项目进行资助。学校对国家级项目按照不低于 1:1 的比例投入总体配套经费，并对校级项目按照各项目的项目类别和学科特点、内容及水平进行分档次资助。各学院设立的院级项目，项目经费标准由学院自行设置。

第二十三条　经费管理

学校依据《财政部　教育部关于印发〈高等学校本科教学质量与教学改革工程专项资金管理暂行办法〉的通知》（财教〔2007〕376 号）等相关文件制定了《四川大学大学生创新创业训练计划经费管理办法》。各学院应按照《四川大学大学生创新创业训练计划经费管理办法》相关规定，对项目经费实行专人全程严格管理，保证经费使用科学、合理、高效。

第七章　条 件 保 障

第二十四条　鼓励校内研究生导师担任大学生创新创业训练计划的导师，积极聘请知名企业的管理、技术人员等企业导师指导学生创业训练和实践，为创新创业计划提供师资保障。

第二十五条　充分整合和利用全校科研教学实验仪器设备资源，加强开放共享及规范管理，向学生提供更多的高质量的实验平台，为创新创业训练计划项目提供进一步的条件支撑。

第二十六条　学校科技产业集团和大学生创新创业园应积极承担大学生创新创业训练任务，为参与计划的学生提供技术、场地、政策、管理等支持；特别要大力支持大学生创业实践计划团队，积极提供创业孵化服务。

第二十七条　学校在夏季学期安排“实践及国际课程周”2~4 周的时间专门集中进行创新创业训练、实习实践等创新实践教学环节。学校通过创新教育学分制度促进学生参与创新创业训练计划。

第二十八条　建立创新创业训练计划相关网站，成立创新创业学术社团，定期举办“四川大学创新创业论坛”。通过网上交流及宣传、优秀项目宣讲会、交流会、研讨会和创新创业成果展示等方式，搭建交流平台，营造创新创业氛围，宣传创新创业成果，弘扬创新创业文化，使创新创业成为我校大学生学习生活的重要组成部分。

第八章 激 励 机 制

第二十九条 设立四川大学大学生创新创业训练计划优秀项目奖，对优秀项目进行表彰与奖励；学校每年举办“四川大学创新创业论坛”，对各学院推荐的优秀项目成果进行展示，并评选优秀项目及成果代表学校参加全国创新论坛。

第三十条 学校设立四川大学大学生创新创业训练计划优秀指导教师奖，评选优秀指导教师，并进行表彰与奖励。

第三十一条 学校设立四川大学大学生创新创业训练计划优秀组织奖，对组织得力、实施效果显著的学院（单位）给予表彰与奖励。创新创业训练计划项目的组织及开展情况纳入对学院工作的考核指标之一。

第三十二条 学生完成四川大学大学生创新创业训练计划项目结题及发表文章、作品等成果可申请创新教育学分，并作为评奖评优、推免研究生等的重要参考，项目成果经学院学校审核后可作为毕业论文（设计）的重要内容，可申请以“高质量、多样化”毕业论文形式提交答辩。

第三十三条 学校对指导创新创业项目的企业导师颁发聘书，对优秀项目的企业导师予以表彰。

第九章 附 则

第三十四条 本管理办法自公布之日起执行。

第三十五条 各学院根据本管理办法制定实施细则。

第三十六条 本管理办法由四川大学大学生创新创业训练计划管理委员会负责解释。

（五十五）四川大学大学生创新创业训练计划项目经费管理办法（试行）

第一章 总 则

第一条 根据《财政部 教育部关于印发〈高等学校本科教学质量与教学改革工程专项资金管理暂行办法〉的通知》（财教〔2007〕376号）及《四川大学大学生创新创业训练计划项目管理办法（试行）》的精神，为了规范大学生创新创业训练计划项目经费的管理，促进项目经费科学、合理、高效地使用，特制定本办法。

第二条 大学生创新创业训练计划项目经费是用于四川大学大学生创新创业训练计划国家级、省级和校级项目的专项经费。实行"统一规划、自主使用、专款专用、厉行节约"的原则。要求严格按照国家和学校的有关财务制度及《四川大学大学生创新创业训练计划项目合同书》的经费预算执行。

第二章 管理机构及职责

第三条 四川大学大学生创新创业训练计划管理委员会负责项目经费的投入等统筹管理工作。管理委员会办公室负责项目经费的预算、审批、划拨，以及对各学院项目经费使用情况的检查和监督等管理工作。

第四条 各学院成立院级大学生创新创业训练计划专项经费管理工作小组，负责本学院各级项目经费的管理、审核及对各项目经费使用情况进行监督和检查。由教学（财务）院长任组长，学院教学（财务）秘书等任成员。

第三章 经 费 资 助

第五条 项目资助。

国家级项目：根据教育部相关文件要求及项目类别由教育部和学校共同资助；省级和校级项目：根据各项目的项目类别和学科特点、内容及水平分档次进行资助。每年各级项目具体资助额度以当年通知为准。

第四章 经费使用范围及要求

第六条 大学生创新创业训练计划经费主要包括项目实施、项目专家评审、表彰奖励、资料费等费用（专家评审费、表彰奖励费按照学校相关规定执行）。

第七条 项目经费严格用于项目的实施，经费使用计划事先必须获得指导教师的批准，并在教师指导下使用。

第八条 项目经费使用范围包括：（1）耗材费；（2）检测加工费；（3）仪器设备费；（4）会务及差旅费；（5）业务费；（6）知识产权事务费；（7）教师指导费；（8）其他与项目实施有关的费用。

第五章　经费使用管理

第九条　合同书的签订及经费卡的建立。

项目批准以后，由项目负责人与学校签订《四川大学大学生创新创业训练计划项目合同书》，财务处为各学院建立专门的大学生创新创业训练计划专项经费卡。

第十条　项目经费的划拨及管理。

项目经费分两批划拨。大学生创新创业训练计划项目合同书生效后，由财务处划拨第一批项目经费到各学院专项经费卡中。中期检查合格后将下拨第二批项目经费。项目结题后，剩余经费由学校收回统一管理。对终止的项目，学校将冻结项目剩余经费，并停止对被终止项目经费的后续拨款。学校根据财务管理规定每年年底将收回各学院未按进度使用的专项经费。

第十一条　项目经费的统一管理。

学院对学校划拨的大学生创新创业训练计划专项经费实行统一管理和审核，对项目组使用经费情况进行检查和监督。项目负责人及指导老师应对经费支出的真实性、合规性负责。对弄虚作假、违反规定使用经费的项目将予以终止，项目责任人记入诚信档案，通报批评，情节严重者将依据相关规定追究政纪和法律责任。

第十二条　项目经费的报销。

（一）项目负责人将经费支出明细填写在《四川大学大学生创新创业训练计划项目经费使用登记本》上，并将登记本及发票交由指导老师审核签字。项目报账人将登记本、报账单及相关经费使用证明材料交由学院经费管理人员，经教学（财务）院长审核、签字并加盖学院公章后，及时到财务处报销。

（二）对于项目购买的实验设备、仪器，项目结题或终止后，该设备、仪器归学校所有，由学院保管，并用于以后的学生创新实践活动。

（三）教师指导费不超过校拨项目经费的20%，须在项目结题后才能从项目经费中支付。

第六章　附　　则

第十三条　本管理办法自公布之日起试行。

第十四条　本管理办法由学校授权教务处负责解释。

（五十六）重庆大学国家级、市级大学生创新训练项目管理办法

第一章　总　　则

第一条　国家级大学生创新训练项目及重庆市大学生创新训练项目是根据《教育部关于进一步深化本科教学改革全面提高教学质量的若干意见》（教高〔2007〕2号）和《教育部关于做好“本科教学工程”国家级大学生创新创业训练计划实施工作的通知》（教高函〔2012〕5号）的精神而设立的，是直接面向大学生组织开展的自主性、探索性、过程性、协作性和学科性的创新训练项目。

第二条　大学生创新训练项目是指本科学生创新团队在导师的指导下，自主开展研究性学习、实验方法设计、设备和材料组织、实施实验、数据分析处理、总结报告等工作。

第三条　项目的开展旨在探索并建立以问题和课题为核心的教学模式，倡导以本科学生为主体的创新训练教学改革，调动学生的主动性、积极性和创造性，激发学生的创新思维和创新意识，掌握分析问题、解决问题的方法，培养学生从事科学研究和创造发明的素质，提高其创新实践的能力。

第四条　通过项目的实施，带动广大的学生在本科阶段得到科学研究与发明创造的训练；改变目前人才培养过程中实践教学环节薄弱、动手能力不强的现状；改变灌输式的教学方法；推广研究性学习和个性化培养的教学方式；形成创新教育的氛围，建设创新文化；进一步推动教育教学改革，提高教学质量。

第二章　组 织 机 构

第五条　学校对项目实行校、院两级管理，学校教务处负责全校项目申报及评审的组织工作、项目管理制度拟定、项目实施运行管理等日常工作；各学院作为项目开展的责任单位，成立以分管教学院长负责的项目管理机构，负责学院申报项目遴选推荐、组织项目实施、进度及质量检查等工作，建立包含指导教师团队和实验室在内的创新项目支撑平台。

第三章　项目基本要求

第六条　执行期一般为1~2年，学生在本科毕业前必须完成项目结题。

第七条　以学生兴趣为出发点，具有可行性和创新性。

第八条　注重培养学生实践能力、创新能力，包括发现问题、分析问题、解决问题的能力，沟通交流能力，团队协作能力，成果转换的能力等。

第九条　能给富于创造的学生发挥空间，引导学生领悟与思考。

第四章　参与项目申报学生的范围

第十条　学生以个人或成立项目组的形式开展项目申请，成员数为1~3人，项目组成员主要为二、三年级学生，四年制四年级学生（五年制五年级学生）不再参加项目申报，申报项目的学生需GPA成绩≥2.5，不及格课程数不得多于2门且学有余力。

第十一条　不满足上述条件中任何一条，但个别有特长的学生，需学院特别审查批准后可参加申报。

第五章　项目申报及评审

第十二条　项目组学生根据申报要求填写申报书，向学院申报。

第十三条　学院根据学校下达的推荐名额，组织专家以公开答辩形式对申报项目进行评审推选，将推选结果公示后，报教务处汇总。

第十四条　学校专家组根据项目要求，对各学院推选的学生申报项目进行评审，根据评审结果分别推荐作为国家级、市级项目立项。

第十五条　教务处将专家评审结果报学校，经批准并向全校公示后执行。

第六章　项目检查及结题验收

第十六条　项目批准后，学院应在四个月内组织各项目组进行开题答辩，依托学院专家组对项目组给予指导，未通过开题答辩的项目组，其项目自动终止。

第十七条　学院组织专家组对本学院项目进度进行检查，督促项目按计划进行，并及时将项目信息反馈学院和学校。

第十八条　学校专家组将对执行项目进行不定期检查，对项目实施过程中弄虚作假、工作无明显进展的项目组要终止其项目。

第十九条　各项目组每半年向学院提交项目进度报告，学院组织专家对进度进行评审，学校抽取部分项目进行答辩，对无明显进展的项目组，可终止其项目研究。

第二十条　指导团队（教师）考核学生实验日志、实验分析报告、中期报告等，对项目执行期间不按要求执行计划或不适合继续研究的学生，经过指导团队与项目组成员集体讨论并报学院审核后，可终止学生参与项目研究的资格，并将相关信息报送教务处备案。

第二十一条　学校根据项目合同计划进度，在项目结题时需组织专家对学生项目进行验收，学生在验收时需要提供以下材料：（1）项目验收报告；（2）项目研究报告；（3）项目实施支撑材料，包括实验记录等；（4）实物装置、软件、论文、专利等（备注：论文为正式发表或已接收的论文，专利为有申请号或者获权号的各种类别的专利）。

第二十二条　学校专家组通过评审项目研究报告、研究成果等材料及开展验收答辩对结题项目进行验收。项目结题验收成绩分为优秀、良好、中等、合格、不合格五类，其中优秀一般不超过20%。

第二十三条 项目研究成果的知识产权、专利权人为重庆大学。公开发表的论文必须有项目组学生署名，且参与项目的学生应排名前2位。基于国家级项目发表的论文中须注明“国家级大学生创新创业训练计划资助项目（项目编号：××××）”；英文标注为“Project ×××× Supported by National Training Program of Innovation and Entrepreneurship for Undergraduates”。基于重庆市级项目发表的论文须注明“重庆市大学生创新创业训练计划资助项目（项目编号：××××）”；英文标注为“Project ×××× Supported by Chongqing Municipal Training Program of Innovation and Entrepreneurship for Undergraduates”。

第七章 项目变更

第二十四条 项目批准后，原则上不再变更。由于特殊原因需要申请项目变更者，在不改变原项目主要研究内容的情况下，在项目批准执行四个月之内，经指导教师及学院主管领导同意后，可向学校提出项目变更申请，学校组织专家对申请变更的项目进行评审，如变更项目符合创新训练项目要求，经专家组评审同意后，可按新方案执行，变更项目验收时间可适当推迟。

第二十五条 申请变更的项目，经专家评审不符合国家级、市级创新训练项目要求的，学校将终止项目。

第二十六条 在项目实施过程中，已立项为市级项目的项目组成员，需待市级项目结题并且成绩合格后，方可申报国家级创新训练项目。

第二十七条 凡被终止项目或因指导团队确认终止参与项目的学生，不再参加任何国家级、市级大学生创新训练及大学生科研训练计划项目，在项目结题时不能获得相应项目奖励。学校将通报批评学院及创新指导团队。

第八章 项目经费管理

第二十八条 大学生创新训练项目经费实行专项管理，由学院负责经费日常管理。

第二十九条 学生项目经费使用见《重庆大学国家级、市级大学生创新训练项目经费使用细则》。

第三十条 项目中期检查前，准予项目组成员先行报销二分之一项目经费，中期检查合格后报销其余费用。

第三十一条 学生在批准执行四个月之内申请项目变更并取得学校同意后，可继续使用剩余项目经费，不再重新划拨经费。

第三十二条 学生使用项目经费，必须经过指导教师、学院主管领导及院长审阅签字并加盖单位公章后方可到财务处报销。

第三十三条 对终止项目未使用的经费，学校将收回其项目经费。

第三十四条 在项目结题后，项目组应在半年内完成经费报销，逾期不报销经费，学校将收回剩余项目经费。

第九章 项目指导教师团队要求及工作职责

第三十五条 每个项目原则上配备指导教师不得超过2个。项目指导教师成员，一般应具有副教授及以上职称，其研究方向应与项目方向一致。

第三十六条 每名教师原则上每届只能主要负责指导1个项目。每名教师同时负责指导和参与指导的项目数不超过2个。

第三十七条 指导教师必须随时跟踪项目组进度，及时与学生沟通，填写指导教师记录，同时监督项目组经费使用情况。

第三十八条 被终止项目的指导教师，不计算指导该项目组的工作量，两年内不得再担任指导教师。

第十章 指导教师工作量认定及奖励

第三十九条 验收合格的项目，其指导教师工作量将根据学校相关办法核算。

第四十条 被评为优秀项目组的指导教师，根据学校相关办法核算。

第十一章 项目组学生奖励

第四十一条 学生完成项目并验收合格后，可按照学校有关规定认定相应第二课堂或创新实践学分，但不得重复计算。

第四十二条 学校对参与并完成项目的学生发放结题证书。

第四十三条 学校鼓励将专利等项目成果向产业应用转化。

第十二章 附 则

第四十四条 本办法由教务处负责解释。

第四十五条 本管理办法自颁布之日开始执行。原《重庆大学国家级大学生创新训练项目管理办法》（重大校教〔2016〕45号）废止。

附件：重庆大学国家级、市级大学生创新训练项目经费使用细则

附件：

重庆大学国家级、市级大学生创新训练项目经费使用细则

经费管理是国家级、市级大学生创新训练项目的一个重要部分，通过学生自主管理经费的使用，使其了解财经管理制度，培养学生合理预算科研项目经费。为保证国家级、市级大学生创新训练项目的正常开展，特制定本实施细则。

一、经费使用原则

经费使用必须本着统筹安排、合理使用、厉行节约、实报实销的原则。项目经费超支不补。

二、经费管理

1. 项目经费实行专款专用，学校根据学院立项项目数和资助额度，将项目经费划拨到学院专用账号，由学院指定领导审核使用。

2. 项目经费管理实行项目负责人制，项目负责人由学生担任。所需报销的财务发票必须经由项目负责人和指导教师签字认可。

3. 项目经费报销审批手续在相关学院办理，项目组和学院应严格按照相关财务制度进行经费报销，并按项目建立经费使用记录。

三、经费使用范围

项目经费原则上按计划预算执行，报销范围包括：

1. 项目开展所购实验材料消耗、样品测试等；

2. 项目开展所购书籍、资料费（合计不超过项目经费的 10%）；

3. 项目开展所需复印费、打印费、论文装订及邮寄等（合计不超过项目经费的 3%）；

4. 与项目有关的交通费（火车、汽车、公交、出租车），火车票限报硬卧（寒暑假期间项目组成员往返于学校与家的车票不予报销，市外出差需先经指导教师同意，报学院报送备案后方可报销）；

5. 项目组论文发表（项目组学生排名必须在前两位，如学生排名第二，则排名第一位必须为指导教师）；

以上经费的使用必须与所申请的创新项目相关，且不能购买固定资产类设备及一般通用设备（如电脑、硬盘、显卡、内存、移动硬盘、mp3 等），实验所需设备补充可由指导教师配套经费中支出。

项目经费不得用于报销餐费；不得用于支付教师、学生报酬（教师指导费由学校专门核算工作量）及劳务费、餐饮费、汽油费等费用。

四、报销要求

学生在项目立项所在学院进行经费报销的审核下账，然后前往财务处投递报销。学院在经费报账时需严格按学校财务相关规定执行。

（五十七）重庆大学创业实践项目管理办法

为切实推进学校大学生创业实践工作，提高大学生创业能力，重庆大学积极贯彻实施国家级大学生创新创业训练计划，积极引导和鼓励大学生自主创业，并制定本管理办法。

一、项目申报及评审

（一）创业实践项目申报每年进行一次，项目申报名额、资助经费额度、申报时间以国家当年公布为准。

（二）面向本科生申报，不限专业，以团队或个人均可，鼓励以团队形式参与申报。每个项目组成员不超过10名学生，同时实行项目负责人制，原则上要求项目负责人在毕业前完成项目，需具有主持开展创业调研工作的精力和能力，并担负实质性创业调研工作，且只能参与一个项目的申报。未结题的项目负责人，不得申请新的项目。创业实践项目负责人毕业后可根据情况更换负责人，或是在能继续履行项目负责人职责的情况下，以大学生自主创业者的身份继续担任项目负责人。在项目申报人员组成上鼓励组成跨部门、跨学院、跨专业建立合理的学术梯队，以求资源最优。

（三）学生团队可采用所从事的创新训练项目的成果，也可利用所学专业的技术研发成果，或采用学校某些具有市场前景的创新性产品或服务，由创新团队向相关导师提出申请。不支持“摆地摊”“小批发”或“倒买倒卖”式的纯粹以盈利为唯一目的，在技术或商业模式上没有任何创新的创业实践项目。

（四）重庆大学创业实践项目由重庆大学校团委担任主管部门。申报团队及个人向重庆大学校团委提交《大学生创业实践项目申请书》（附件1）。校团委将组织专家对申报项目进行评选，最终结果将在团委网上进行公示，公示无异议后才正式立项。

（五）项目获批后，团队学生需在导师的指导下，实践真实企业的创业运营管理过程，在社会、学校的大学科技园或类似的创业机构中完成注册、创建、运营、管理等，自主进行创业实践，完成创业过程分析、创业机会与商业模式分析、创业计划撰写，创业团队组建、创业融资、创业企业管理、创业企业成长等任务，学习创业相关的金融、财务、人事、市场、法规等方面的知识和实际运用，最终在导师的指导下完成创业企业的产品销售、投融资、人员管理、资金运作、市场拓展等企业运营和实际运作。

二、签署合同

项目批准立项后，由项目负责人和指导教师一起提交《大学生创业实践项目合同书》（附件2）及《大学生创业实践项目承诺书》（附件3），保证在项目实施过程中，实施项目的学生和指导教师各司其职，履行承诺，保证学生按计划完成项目规定的各项内容。启动经费在项目批准立项后，拨付项目团队50%的项目启动经费。

三、项目管理

（一）经批准立项的项目、项目负责人、项目名称和内容、项目组成员不得随意更改，确因情况特殊而需变动的，须及时向校团委提出申请，经批准后方可更改。经批准立项的在研项目，可按上级有关规定和程序申报更高级别的项目，如获批准，该项目则按高级别项目的相关管理办法实施管理，但不得以同一项目申请同级别的其他研究项目。

（二）有下列情况之一者，要撤销项目：创业项目立项后，无论何种原因，基本未开展后续发展工作；未经批准，擅自更改项目名称或主要内容；违规使用资助的项目经费；有剽窃和弄虚作假等行为；逾期不提交延期申请、延期后仍不能完成等。凡撤销项目，其项目经费由学校全额追回，被撤销项目的负责人三年内不得申请该项目。

（三）在实施阶段，指导教师应及时掌握学生的项目进展情况，帮助学生解决项目执行中所遇到的各种难题。项目执行过程中，指导老师应定期与学生进行交流和研讨，定期审阅《大学生创业实践项目过程记录册》（附件4）。

（四）项目进行实践落实和期中检查，项目中期项目负责人将提交《大学生创业实践项目中期验收报告》（附件5），中期验收合格者，拨付项目团队30%的经费；中期验收不合格者，暂时终止经费投入；不能按期完成项目者，可适当申请延期。

四、项目结题

（一）校团委于项目结题前1个月开展项目结题验收工作，年终验收项目负责人需认真填写《大学生创业实践项目结题报告书》（附件6），校团委将组织专家开展协助开展验收工作，届时将以答辩等方式进行验收，具体实施细节待定。验收合格后，拨付项目团队剩余的20%经费。

（二）申请结题的项目必须符合下列条件：（1）符合验收程序；（2）经检查项目经费使用合理；（3）项目档案材料齐备，符合规定要求。

（三）结题内容包括创业实践项目注册成立公司的相关法律证书：工商营业执照、税务登记证、机构注册代码等；创业实践项目的落地程度：固定办公室场所、上下游渠道合作商、战略合作伙伴等；项目所获风险投资意向、天使投资意向等；项目市场盈利情况；项目市场拓展能力；项目市场反应；项目整体实践成果：注册资本，盈利能力，员工数量，业务范围，企业运营状况；公司财务报表、项目经费使用情况财务报表等。

五、经费管理

（一）经费使用。项目经费实行专款专用，由承担项目的学生使用，教师不得使用学生项目经费，学校不得截留和挪用，不得提取管理费，使用权归项目负责人。经费的使用情况将在校团委网站公示。

（二）经费拨付。项目资助经费分三次拨付，第一次拨付时间为项目合同签订及项目批准立项后，拨付项目团队资助总经费的50%；第二次拨付时间于项目中期进行，项目中期验收合格者，拨付项目团队资助总经费的30%；第三次拨付时间为项目验收合格后，拨付剩余经费的20%。所有项目经费的拨付以经费报销形式开展，资助项目必须提供项目实际运作使用的票据和财务报表为报销凭证和依据。任何人不得以任何形式挪用、滥用项目专项经费。

六、项目延期

项目实施周期原则为1~1.5年，从立项通知书下达起算。因合理原因需延长项目周期的，须及时提交《大学生创业实践项目延期结题申请书》（附件7）报校团委批准。原则上项目实施总时间不能超过2年且不超过项目负责人的毕业年限。

七、附则

本办法自公布之日实行，本办法由共青团重庆大学委员会负责解释。

（五十八）电子科技大学实施学生创新创业训练计划项目管理办法

第一章　总　　则

为提升学生综合素质，增强学生创新能力和在创新基础上的创业能力，培养适应创新型国家建设需要、适应各行各业发展需要的高素质人才，特制定电子科技大学大学生创新创业训练计划项目管理办法。

第一条　创新创业训练计划经费来源

1. 教育部、中央财政专项资金支持；

2. 学校经费配套；

3. 学院经费配套。

第二条　设立大学生创新创业训练计划遵循的原则是“培养能力、突出重点、注重实效、鼓励创新及创业”；资助项目遵循的原则是“自由申请、择优资助、规范管理”。

第二章　资助范围、对象及申请条件

第三条　本计划具体资助范围如下

1. 学术思想新颖、目的意义明确、理论根据充足、具有创新和探索性、研究方案合理、技术路线可行、实施条件具备的创新训练项目；

2. 通过编制商业计划书、开展可行性研究、模拟企业运行、进行一定程度的验证试验，撰写创业报告的创业训练项目；

3. 采用前期创新训练项目成果，提出的具有市场前景的创新性产品或者服务，以此为基础开展创业实践活动的创业实践项目。

第四条　本计划支持对象

我校全日制本科生均可申请资助。申请者必须有较强的独立思考能力和创新意识，对科学研究、科技活动或社会实践有浓厚的兴趣和顽强的毅力。创新训练项目是面向我校本科生个人或团队；创业实践项目是面向我校本科生团队，其中可包括本科毕业后已成为研究生的相关前期创新训练项目的负责人或主要成员。

第五条　申请条件

1. 申请者申请项目必须有指导教师指导，指导教师一般应由中级以上职称的教师或工程技术人员担任；

2. 申请者不得同时在不同项目之间交叉申报。按时完成项目的人员或研究小组成员在项目完成后可以再次申请，但未完成的项目所有人员不得再次申请。

第三章 实施及管理

第六条 项目时间安排

每年开展两期项目，每期项目时间为半年。第一期为4月中旬完成申报并立项，同年9月底完成项目结题；第二期项目为10月中旬完成申报并立项，次年3月底完成项目结题。

第七条 项目申报立项程序

1. 各学院设立大学生创新创业训练计划项目管理员，负责该项目计划；

2. 创新训练项目申请者填写项目申报书，指导教师审定后提交所在学院创新创业训练计划项目管理员；

3. 学院成立专家组按办法要求对申请项目的计划安排、经费使用等情况进行评审，对拟推荐的项目提出具体的推荐意见，学院登记备案；学院主管教学工作的副院长签字、加盖学院公章后报送教务处；对跨学院的项目，在项目负责人所在学院申报；

4. 教务处组织专家对学院报送的项目进行审核后公布立项项目。

第八条 申请人接到批准项目立项的通知后，应在5天内与教务处签订项目管理合同书，由教务处分阶段核拨项目资助经费。不按时签订合同者，按自动放弃处理。

第九条 项目经学校批准立项后，项目负责人应按规定的时间开展项目。规定期间内未完成的项目必须提交总结报告，分析原因说明情况。总结报告评审通过后允许项目参与人以同一项目参与新一轮项目立项并继续项目研究。

第十条 项目完成后，各学院在全校统一规定时间内组织学院专家，完成各学院项目结题答辩评审，按照“优秀、合格、不合格”三个等级评定项目完成情况（原则上优秀比例不超过立项情况的30%），其间教务处安排督导专家巡视。项目验收的必须材料为总结报告（硬件项目须有实物），补充材料为论文、设计、专利及相关支撑材料。

第十一条 评审结束后，由各学院评定学生项目提交项目答辩情况汇总表并提交教务处审核。对参与评审的专家教师及管理负责教师，由学校教务处及时予以评审劳务费的支持；对通过验收的项目，由学校教务处统一给学生颁发证书，并根据《电子科技大学学生科技创新学分管理办法》，给学生记相应的创新学分。

第十二条 项目完成后，根据答辩情况筛选出优秀项目立项国家级大学生创新创业训练项目并颁发相应证书，由学校教务处于每年校庆周在全校范围内组织创新项目成果展示会，由优秀项目的项目负责人交流和汇报研究成果，同时推荐优秀成果参加全国大学生创新创业训练项目年会。

第十三条 严禁将已有成果作为项目申报或剽窃他人成果。否则，在自行承担相应法律后果的同时，学校将追究有关人员的责任。

第四章　经费及使用

第十四条　每个项目立项经费额度由学院专家组审定后确定，按项目实际使用情况核定报销。

第十五条　每期项目立项公布后，由学院创新创业训练计划项目管理员统一借款，每个立项项目预支 1000 元启动经费。项目实施过程中如有需要，可根据实际使用情况申请报销，报销额度不超过立项额度的 50%。

第十六条　项目完成后，根据项目答辩评定情况，“优秀”项目全额报销项目立项经费，“合格”项目报销 80% 项目立项经费，“不合格”项目停止经费资助。每期项目的经费使用情况必须于结题评审结束后一个月内，由学院创新创业训练计划项目管理员经教学副院长签字盖章后统一核销完成，逾期将收回未使用经费。

第十七条　项目完成后，由创新项目产生的后续论文发表及专利申请等费用，经学院和学校审定后，在校本科期间均可由学校提供支持。

第十八条　项目负责人应做到节约开支、专款专用，项目费用必须经项目指导老师、学院负责人和教务处三方审核后方能报销。

第十九条　对不按时评审检查或无明显进展的项目，学校将停止资助并追缴已划拨的经费。

第五章　附　　则

第二十条　本计划资助的项目所产生的专利及技术转让权归学校所有。

第二十一条　本条例自公布之日起实行。

第二十二条　本计划的项目完成情况纳入各学院年底绩效奖励考核。

第二十三条　本条例由教务处负责解释。

（五十九）西安交通大学大学生创新创业训练项目管理办法

第一章　总　　则

第一条　为顺利实施教育部大学生创新创业训练项目，提升学生综合素质，增强学生创新能力和在创新基础上的创业能力，加强我校项目的规范化管理，实现预期效果，特制定本办法。

第二条　我校实施大学生创新创业训练项目的原则是“积极组织，大量参与，重点扶持，优化管理”，广泛发动各学院、各专业学生申报大学生创新创业训练项目，经学院及学校两级评审，从申报项目中择优立项。

第二章　组 织 机 构

第三条　学校成立大学生创新创业训练项目领导小组（简称领导小组），由学校主管教学副校长担任组长，成员包括实践教学中心、教务处、就业创业指导服务中心、团委及各学院相关部门的主要负责人，具体负责政策制定、项目合作、经费监督等。

第四条　领导小组下设大学生创新创业训练项目管理办公室（简称管理办公室），由实践教学中心、教务处、就业创业指导服务中心、校团委等单位及各学院指派的具体负责人员组成，分别负责创新训练项目、创业训练项目及创业实践项目的日常管理工作。

第三章　创新训练项目管理细则

第五条　项目申报与评审

1. 凡我校全日制本科生均可申请创新训练项目，项目执行时间一般为1~2年。申请者要品学兼优、学有余力，对学术科研有浓厚的兴趣，且具备从事科研的基本素质和能力。

2. 项目申请者可以是本科生个人或团队，项目团队人数不超过5人。鼓励学科交叉融合，鼓励跨专业、跨年级、跨院系联合申报。每位学生原则上可主持一个项目，同时以成员身份参与一个项目。

3. 项目选题要求思想新颖、目标明确，具有创新性和探索性，研究方案及技术路线可行且实施条件可靠。

4. 指导教师必须具有中级及以上职称并承担有科研任务，负责指导学生进行科学研究，提供必要的科研工作条件，定期组织学生讨论交流（至少两周一次），审查实验原始数据及实验报告。每个项目的校内指导教师一般应为1人，每位指导教师同时指导的项目一般不超过 2 项。项目也可聘请科研院所、企事业单位的人士担任联合指导教师。

5. 项目原则上每年申报一次，从当年各学院申报项目中择优选拔。项目申请人必须登录西安交通大学大学生创新创业项目智能管理系统（以下简称“大创系统”），认真将《国家级大学生创新训练项目申请书》中各项内容填入项目申报选项中并提交，指导老师进行审核确认。

6. 实践教学中心及各学院组织专家对申报项目进行书面评审和答辩评审，确定立项名单。经公示无异议后，由学校发文公布并报教育部备案。

第六条 项目管理

1. 确定项目后，项目负责人、指导教师与实践教学中心三方在“大创系统”中完成《国家级大学生创新训练项目合同书》签订。

2. 合同签订后，项目组成员应立即在指导老师的指导下开展研究工作。项目组在“大创系统”月进展记录选项中每月至少撰写一份科研工作进度记录，或根据研究进度自行安排记录频率。

3. 项目实施中期，项目负责人应在“大创系统”中根据《国家级大学生创新训练项目中期报告》相关要求完成中期检查表填写工作，明确说明项目的研究进度、完成情况、遇到的困难、阶段成果、后期任务与安排等。中期检查表由指导教师和所在学院在“大创系统”中签署意见报实践教学中心，由各学院组织专家进行中期验收，实践教学中心指派督导专家进行检查。

4. 项目实施期间，如需变更项目内容、变更项目成员、项目终止、提前结题或推迟结题等，项目负责人需提交相应的申请报告，经指导教师和所在学院批准后报实践教学中心备案。中期验收后一般不允许再进行任何变更。

5. 项目完成之后，项目负责人应在“大创系统”中根据《国家级大学生创新训练项目研究总结报告》相关要求完成提交结题表填写工作，结题表中各项内容由指导教师和所在学院在“大创系统”签署意见报实践教学中心，由实践教学中心及各相关学院共同组织专家进行结题验收。

6. 项目所取得的成果（论文、专利、参与各项竞赛等），项目负责人应在“大创系统”中认真填写、提交项目成果中各项内容，并在附件中上传补充材料（包括论文、专利及相关支撑材料等），以供检查；项目成果公开发表时均应注明“国家级大学生创新训练项目资助”及项目编号。项目所取得的成果归学校所有。

7. 国家级、省级、校级、院级等各级实验教学中心，国家级、省部级重点实验室等各类科研实验室应向参与项目的学生免费提供实验场地和实验仪器设备。

第七条 经费管理

1. 项目经费专款专用，学生应在指导教师指导下，按预算自主申请，实践教学中心审批使用。项目经费不得用于指导教师的科研工作。

2. 项目经费报销工作应严格遵守学校财务制度，报销流程：项目负责人签名→指导教师审核→学院审核→实践教学中心审批→财务处报销。

3. 项目经费主要用于项目的资料费、材料费、设备费、论文打印费、论文版面费、专利申请费等，调研差旅费需提前报实践教学中心审批。经费使用按合同书中的预算和学校财务管理规定执行。

4. 经过中期考核后，对完成既定计划的项目，将继续予以支持；对进展迅速、成效显著的项目，将酌情适当增加支持力度；对未完成既定计划或没有进展的项目，将依据评审专家意见减少或中止经费支持，并保留追回已拨付款项的权利。

5. 创新训练项目因故不能继续，经实践教学中心批准中止后，停止剩余研究经费的使用；未能及时开展研究、擅自中止研究及擅自更改研究内容等不合理或违规行为，一经发现，实践教学中心将立刻终止该研究项目。

6. 项目一旦终止，项目负责人、成员及指导教师不能申请指导下一学年国家级大学生创新创业训练计划项目，同时酌情减少下一学年项目申报所在学院国家级大学生创新训练计划项目个数。

第八条 激励政策

1. 项目通过结题验收后，指导教师获得相应工作量，每项目按 32 学时 / 年计工作量，工作量由所在学院核定。

2. 将创新教育系列课程作为全校基础通识类选修课程纳入人才培养体系，创新训练项目的参与学生需选修相应课程。课程考核办法采取课内成绩、训练效果及导师考评相结合的方式，通过考核者获得相应学分。

3. 对于项目成绩优秀且有突出成果的学生，在奖学金评定、保送研究生、推荐创业实践项目方面，同等条件下予以优先考虑。

4. 将大学生创新训练项目纳入实践教学体系，并作为学院教学工作考核的指标，对优秀项目的指导教师及学生进行表彰。

5. 根据我校《集中实践教学环节指导性意见》相关规定，项目设计、科研训练、创新创业训练计划和综合、学科竞赛四种创新实践环节，学生完成创新创业训练计划或参与竞赛获得学分可替代项目设计或科研训练，也可设置多个创新实践环节，总学分 1~4 个，具体由各专业自拟。

第四章 创业训练项目管理细则

第十一条 项目申报与评审

1. 凡我校全日制本科生均可申请创业训练项目。项目执行时间一般 1 年。申请者要品学兼优、学有余力，对创业活动有浓厚的兴趣。

2. 项目申请者必须是本科生，项目团队人数一般为 5~8 人。鼓励学科交叉融合，鼓励跨专业、跨年级、跨院系联合申报。每位学生一般只能同时参与一个项目，不得在不同项目之间交叉申报。

3. 项目选题要求具有创新性和探索性，与市场需求紧密结合。

4. 校内指导教师一般应具备创业指导师（创业咨询师）资格，或具有KAB讲师资格，或具有副高以上职称，由学生就业指导中心聘任、考核，也可聘请企业界人士担任联合指导教师。

5. 指导教师负责指导学生在项目实施过程中，扮演一个或多个具体的角色，并完成编制商业计划书、开展可行性研究、模拟企业运行、参加社会实践、撰写创业报告等工作。定期组织学生讨论交流（至少两周一次），了解项目进度及项目实施情况。项目指导教师一般不超过2人，每位指导教师同时指导的项目一般不超过2项。

6. 项目原则上每年申报一次，学生就业创业指导服务中心通过西安交通大学“创业实践大赛”择优选拔。同时项目申请人必须登录“大创系统”，认真填写《国家级大学生创业训练项目申请书》各项内容并提交，指导老师进行审核确认。

7. 学生就业创业指导服务中心组织专家对申报项目进行书面评审和答辩评审，确定立项名单。经公示无异议后，由学校发文公布并报教育部备案。

第十二条 项目管理

1. 确定项目后，项目负责人、指导教师与学生就业创业指导服务中心三方在“大创系统”中完成《国家级大学生创新训练项目合同书》签订。

2. 合同签订后，项目组成员应立即在指导老师的指导下开展研究工作。项目组成员在“大创系统”月进展记录选项中每月至少撰写一份科研工作进度记录。

3. 在项目实施中期，项目负责人应在“大创系统”中根据《国家级大学生创业训练项目中期报告》相关要求完成中期检查表填写工作，明确说明项目的研究进度、完成情况、遇到的困难、阶段成果、后期任务与安排等。中期检查表由指导教师在“大创系统”中签署意见报学生就业创业指导服务中心，由学生就业创业指导服务中心组织专家进行中期验收。

4. 在项目实施期间，如涉及变更项目内容、变更项目成员、项目终止、提前结题或推迟结题等，项目负责人需提交变更申请报告，经指导教师批准后报学生就业创业指导服务中心备案。中期验收后一般不允许再进行任何变更。

5. 在项目完成之后，项目负责人应在“大创系统”中根据《国家级大学生创业训练项目研究总结报告》相关要求完成结题表填写、提交工作，上传补充材料（包括商业计划书、调研报告、可行性分析报告、专利以及相关支撑材料），结题表中各项内容由指导教师签署意见后报学生就业创业指导服务中心，由学生就业创业指导服务中心组织专家进行结题验收。

6. 学生就业创业指导服务中心、校团委向参与项目的学生免费提供用于创业训练项目所需的场地及基础办公设备。

第十三条 经费管理

1. 项目经费专款专用，学生在预算框架下自主申请，由学生就业创业指导服务中心审批使用。

2. 项目经费报销工作应严格遵守学校财务制度，报销流程：项目负责人签名→指导教师审核→学生就业创业指导服务中心→财务处报销。

3. 项目经费主要用于项目的资料费、材料费、打印复印费、论文版面费、专利申请费、培训费（含讲课费）、软件采购费、调研差旅费等。经费使用按合同书中的预算和学校财务管理规定执行。

4. 经过中期检查后，对完成既定计划的项目，将继续予以支持；对进展迅速、成效显著的项目，将酌情适当增加支持力度；对未完成既定计划或没有进展的项目，将依据评审专家意见减少或中止经费支持，并保留追回已拨付款项的权利。

5. 创业训练计划因故不能继续，并经学生就业创业指导服务中心批准中止后，停止剩余经费的使用；未能及时开展工作，或擅自中止计划工作、擅自更改计划内容的，立即终止该项目。

6. 项目一旦终止，项目负责人、成员及指导教师不能申请指导下一学年国家级大学生创业训练计划项目。

第十四条 激励政策

1. 项目通过结题验收后，凭获批的验收报告，指导教师获得相应工作量，每项目按 32 学时 / 年计工作量，工作量由所在学院核定。学生获得相关证书。

2. 将创业教育系列课程作为全校基础通识类选修课程纳入人才培养体系，创业训练项目的参与学生需选修相应课程。课程考核办法采取课内成绩、训练效果及导师考评相结合的方式，通过考核者获得相应学分。

3. 对于评定为优秀的项目，可直接获得创业实践项目的资助，参与的学生在奖学金评定、保送研究生等方面，同等条件下予以优先考虑。

4. 将大学生创业训练项目纳入实践教学体系，并作为学院教学工作考核的指标，对优秀项目的指导教师及学生进行表彰。

5. 根据我校《集中实践教学环节指导性意见》相关规定，涉及项目设计、科研训练、创新创业训练计划和综合、学科竞赛四种创新实践环节，学生完成创新创业训练计划或参与竞赛获得学分可替代项目设计或科研训练，也可设置多个创新实践环节，总学分 1~4 个，具体由各专业自拟。

第五章 创业实践项目管理细则

第十五条 项目申报与评审

1. 凡我校全日制本科生均可申请创业实践项目，原则上以二至三年级学生为主。项目执行时间一般为 1 年。申请者要品学兼优、学有余力，对创业活动有浓厚的兴趣。

2. 项目申请者是本科生，项目团队人数一般为 5~8 人。鼓励学科交叉融合，鼓励跨专业、跨年级、跨院系联合申报。每位学生一般只能同时参与一个项目，不得在不同项目之间交叉申报。

3. 项目选题要求具有创新性和探索性，与市场需求紧密结合。

4. 校内指导教师一般应具备创业指导师（创业咨询师）资格，或具有 KAB 讲师资格，或具有副高以上职称，由学生就业指导中心聘任、考核，也可聘请企业界人士担任联合指导教师。

5. 指导教师负责指导学生进行创业实践的活动，通过提供创业计划辅导、专家咨询、问题诊断、资源整合等手段对创业团队进行指导。定期组织学生讨论交流（至少每月一次），了解项目进度及项目实施情况。项目指导教师一般不超过 2 人，每位指导教师同时指导的项目一般不超过 2 项。

6. 项目原则上每年申报一次，主要从西安交通大学“创业实践大赛”及各类相关赛事的参赛团队中择优选拔，也可由各学院、各书院进行推荐。同时项目申请人必须登录 “大创系统”，认真填写《国家级大学生创业实践项目申请书》中各项内容并提交，由指导老师进行审核确认。

7. 学生就业创业指导服务中心组织专家对申报项目进行书面评审和答辩评审，确定立项名单。经公示无异议后，由学校发文公布并报教育部备案。

第十六条 项目管理

1. 确定项目后，项目负责人、指导教师与学生就业创业指导服务中心三方在“大创系统”中完成《国家级大学生创业实践项目合同书》签订。

2. 合同签订后，项目组成员应立即在指导老师的指导下开展研究工作。项目组成员在“大创系统”中一般每两个月至少撰写一份项目工作进度汇报，每月至少撰写一份科研工作进度记录。

3. 在项目实施中期，项目负责人应在“大创系统”中根据《国家级大学生创业实践项目中期报告》相关要求完成中期检查表填写工作，明确说明项目的研究进度、完成情况、遇到的困难、阶段成果、后期任务与安排等。中期检查表由指导教师在“大创系统”中签署意见报学生就业创业指导服务中心，由学生就业创业指导服务中心组织专家进行中期验收。

4. 在项目实施期间，如涉及变更项目内容、变更项目成员、项目终止、提前结题或推迟结题等，项目负责人需提交变更申请报告，经指导教师批准后报学生就业指导中心备案。中期验收后一般不再允许进行任何变更。

5. 在项目完成之后，项目负责人应在“大创系统”中根据《国家级大学生创业实践项目研究总结报告》相关要求完成结题表填写、提交工作，上传补充材料（包括商业计划书、调研报告、可行性分析报告、专利及相关支撑材料），结题表中各项内容由指导教师签署意见后报学生就业创业指导服务中心，由学生就业创业指导服务中心组织专家进行结题验收。

6. 西安交通大学科技园、学生就业创业指导服务中心、校团委向参与项目的学生免费提供用于创业实践项目所需的场地及基础办公设备。

第十七条 经费管理

1. 项目经费专款专用，学生在预算框架下自主申请，由学生就业创业指导服务中心审批使用。

2. 项目经费报销工作应严格遵守学校财务制度，报销流程：项目负责人签名→指导教师审核→学生就业创业指导服务中心审批→财务处报销。

3. 项目经费主要用于项目的资料费、打印复印费、论文版面费、设备费、软件费、培训费（含讲课费）、咨询费、调研差旅费。经费使用按合同书中的预算和学校财务管理规定执行。

4. 经过中期检查后，对已取得阶段性成果的项目，将继续予以支持；对进展迅速、效益显著的项目，将加大支持力度；对进展缓慢或没有进展的项目，将减少或中止对其经费的支持，并保留追回已拨付款项的权利。

5. 项目计划因故中止，并经学生就业创业指导服务中心同意的，停止剩余经费的使用；未能及时开展相关工作，或擅自中止项目及擅自更改项目内容的，立即终止该项目。

6. 项目一旦终止，项目负责人、成员及指导教师不能申请指导下一学年国家级大学生创业实践计划项目。

第十八条 激励政策

1. 项目通过结题验收后，凭获批的验收报告，指导教师获得相应工作量，每项目按 32 学时 / 年计工作量，工作量由所在学院核定。学生获得相关证书。

2. 对于项目成绩优秀且有突出成果的项目团队，将优先推荐参加国内及国际各类高级别的创业赛事，并推荐进入西安交通大学科技园创业孵化基地。

3. 学校对优秀项目的指导教师及学生进行表彰奖励。

4. 根据我校《集中实践教学环节指导性意见》相关规定，涉及项目设计、科研训练、创新创业训练计划和综合、学科竞赛四种创新实践环节，学生完成创新创业训练计划或参与竞赛获得学分可替代项目设计或科研训练，也可设置多个创新实践环节，总学分 1~4 个，具体由各专业自拟。

第六章 附 则

1. 本办法已经学校教学委员会讨论通过，自印发之日起施行。

2. 本办法由大学生创新创业训练项目领导小组管理办公室负责解释。

（六十）华北电力大学大学生创新性实验计划管理办法（试行）

第一章　总　　则

第一条　大学生创新性实验计划是增强大学生创新实践能力的重要措施。为了更好地贯彻落实《教育部　财政部关于实施“高等学校本科教学质量与教学改革工程”的意见》（教高〔2007〕1号）、《教育部关于进一步深化本科教学改革全面提高教学质量的若干意见》（教高〔2007〕2号）、《教育部办公厅关于申报国家大学生创新性实验计划的通知》（教高厅函〔2007〕20号）和《华北电力大学关于深化本科教学改革进一步提高教学质量的实施意见》（华电校教〔2007〕30号）的文件精神，为了进一步培养大学生的创新精神、创业精神和实践能力，鼓励和支持大学生尽早参与科学研究、技术开发和社会实践等创新活动，为了加强创新性实验计划项目的规范管理和质量监控，特制定本办法。

第二条　我校开展大学生创新性实验计划工作的指导思想是：以培养问题意识和创新能力为目标，以兴趣驱动、突出自主、注重过程为原则，以问题探索和课题研究为载体，以获取科学方法、知识和体验为内容，以学生自主开展研究性实验为形式，以时间有余地、场所有保证、经费多方筹措、政策积极引导、机制彰显自由为条件，开展创新性实验计划，培养高素质创新人才。

第三条　我校开展大学生创新性实验计划的工作思路是：健全组织、搭建平台、营造氛围、规范管理、有效实施。

第四条　我校开展大学生创新性实验计划工作，要从制度、经费、师资、条件等方面入手，将大学生创新性实验计划打造成我校创新人才培养的平台、优秀成果培育的沃土、学生成才的催化剂，构建出具有我校特色的创新人才培养模式，营造出适宜发展创新意识与思维的人文氛围和科技环境，为大学生课外科技活动指明方向。

第五条　创新性实验计划项目按照“自主选题、自主设计、自主实验、自主管理”的要求，通过“自由申请、公开立项、择优资助、规范管理”的程序，由大学生个人或团队在导师指导下，自主进行研究性学习，自主进行实验方法设计和自主开展研究工作。以“研究过程”为主，强化实践能力和个性培养，兼顾“研究成果”。创新性实验计划项目重在让大学生参与和体验科学创造、研究与实验的过程，培养创新思维和创新能力。

第二章　组织与管理

第六条　大学生创新性实验计划实行校级和院（系）级两级管理。实施大学生创新性实验计划的核心就是开展大学生创新性实验计划项目，项目分为国家级、省部级、校级共三级。

第七条 校级管理由学校大学生创新性实验计划领导小组和学校大学生创新性实验计划项目专家组负责。

学校大学生创新性实验计划领导小组由主管校长任组长，成员由教务处、科技处、团委、学生处、资产处、财务处、工程训练中心、部分院系负责人组成。其主要职能是组织协调实验计划项目的开展、制定政策、搭建平台、组织项目申报和评审、举办学术沙龙、争取社会支持等。办公室设在教务处，负责处理日常事务。

学校大学生创新性实验计划项目专家组成员由领导小组聘任，对国家级、省部级、校级的创新性实验项目进行评审、检查和验收，并提供指导意见。

第八条 院系成立大学生创新性实验计划工作组，由教学院长（主任）、3 ~ 5位专家、教学秘书组成。其主要职能是负责搭建创新性实验研究平台，组织项目指导教师，负责本院系大学生创新性实验计划项目的申报、评审、运行、验收，并向学校推荐校级、省部级和国家级项目。

第九条 学校要推动大学生创新性实验计划的顺利实施，必须从转变教育观念的宏观层面、营造创新实验教学环境的中观层面、精心设计实施的微观层面等多个层面开展工作。

第三章 项 目 申 报

第十条 学校将动员本科生（一、二、三年级）依据自身特长和兴趣，以创新实验平台为依托自由申请，研究课题可以由学生自己提出，也可由学生和导师共同拟定，或由导师提出，学生选择。

第十一条 计划项目原则上每年申报一次。申请人为学生个人或团队，项目团队成员一般不超过5人，申请人不得一次同时在不同项目之间交叉申报。每个项目可以选择一名相关学科的教师为指导教师，项目构思、设计和实施以学生为主，指导教师主要负责项目的指导、监督和管理。

第十二条 项目选题要求思路新颖、目标明确、具有创新性和探索性，学生要对研究方案进行可行性分析，并在实施过程中不断调整优化。课题范围包括：结合学校重大研究项目或与行业结合紧密的课题；开放实验室中的综合性、设计性、创新性实验项目；学生自主寻找的项目；从课题学习和学科竞赛中引申出的课题；社会调查及其他有研究或实践价值的项目。

第四章 项 目 评 审

第十三条 项目评审本着公平、公正和公开原则，注重创新性、现实性、可操作性、应用性，项目应有一定理论意义和学术思想、研究内容和目标明确、研究方法和技术路线可行。

第十四条　立项资助对象是学有余力、具备初步的科研和实践动手能力，且在学术科研方面有浓厚兴趣的本科生。

第十五条　院系大学生创新性实验计划工作组负责对本院系项目初审并向学校推荐，由学校大学生创新性实验计划项目专家组对项目进行答辩评审，给通过项目提出评审意见和改进建议，网上公示后形成省部级和国家级大学生创新性实验计划项目最终名单，报上级备案。

第五章　项 目 运 行

第十六条　项目批准立项后，由项目负责人及指导教师签署合同书（原则上为一年半），工作组下拨 50% 课题研究经费，确保在项目实施过程中实事求是、诚实守信、按计划完成各项研究工作。

第十七条　学校有关单位应根据需要为计划项目开放教育部和北京市重点实验室、国家级工程训练中心、省部级实验教学示范中心、创新实践基地及其他实验室，并提供必需的仪器设备和实验材料等。

第十八条　学校有关部门要积极为学生开展创新性实验提供完善的后勤服务保障。要建立专门网站为信息发布、交流讨论、师生互动、成果展示等提供平台。

第十九条　学校教务处对项目实施全程监控，受资助项目应依照计划提交项目执行情况简表，建立研究进展记录机制。

第二十条　对项目实施中弄虚作假、工作无明显进展，需终止或更改项目内容、更换项目成员、提前或推迟项目结题等事项，由项目负责人向学校提出申请，由学校大学生创新性实验计划项目专家组给出处理意见。

第六章　项 目 验 收

第二十一条　项目验收分中期检查验收和项目结题验收。

第二十二条　由院系大学生创新性实验计划工作组负责对每个项目进行中期检查验收，对合格者继续投入余下的 50% 项目研究经费，对不合格者终止经费投入，并将各个项目的验收表和总结上交学校备案。

第二十三条　项目结题验收必须在项目负责人毕业前一个学期末完成，由学校大学生创新性实验计划项目专家组组织。

第二十四条　项目结题验收要提交结题验收报告及有关研究成果，如调查报告、图纸、软件、仪器装置、论文、专利、获奖证书等；项目成员要归还借用房间、仪器设备、工具、资料等；负责人要结清对项目的资助经费。

第二十五条　项目结题验收要注重项目实施过程中学生参加研究活动的态度、学生研究能力和创新精神的发展情况、学生研究成果的质量情况。

第二十六条　由学校公布验收结果，对优秀项目表彰，对不合格者要求其继续完善、延期验收。

第七章 经 费 管 理

第二十七条 学校针对大学生创新性实验计划采取专项扶持政策，设立大学生创新实验计划基金以资助各级项目。可根据项目的不同情况，对校级项目给予500~3000元/项的经费资助，对国家级和省部级项目给予一定的经费支持。

第二十八条 项目资助经费分两次下拨，项目启动时下拨50%，通过中期检查后再下拨另外50%，未通过中期检查的项目中止其继续使用资助经费。项目经费设专门账户，专款专用。项目经费由学生按规定范围自主支配和使用，指导教师代管，负有审批和监督的责任，但教师不得使用。学校年底审核项目运行和经费使用情况。

第二十九条 项目研究经费主要用于实验费、材料费、书籍费、论文版面费、调研差旅费等，不得挪作他用。项目经费的使用和管理严格遵守国家有关财经法规和学校关于专项资金的立项、使用、结余、考评等方面的规定，严格执行规定的开支范围和开支标准。

第八章 奖 励 政 策

第三十条 教师指导创新性实验计划项目，按国家级、省部级、校级的不同，每个学期分别给予20、15、10个教学工作量补贴，并鼓励在项目实施过程中表现优秀的学生继续攻读其项目指导教师的研究生。

第三十一条 对于参加国家级和省部级创新实验计划的学生所获研究成果和项目报告达到各项指标的，经学校大学生创新性实验计划项目专家组确认后可代替课程设计或毕业设计，并获得相应学分。

第三十二条 对于参与创新性实验项目的学生和发表论文、获得专利和获奖的学生，按照《华北电力大学本科学生课外能力素质学分认定办法》记课外能力素质学分。

第三十三条 大学生创新性实验计划项目将作为学校对各院系教学工作和学生工作进行评优考核的重要参考指标。

第九章 成果展示和交流

第三十四条 学校将通过校园网、论文报告会、项目沙龙、成果展览等形式开展大学生创新性实验计划的宣传与经验交流，形成示范辐射作用。

第三十五条 学校定期编印出版大学生优秀科研创新成果集，促进优秀成果的展示与推广应用。

第十章 违 纪 处 理

第三十六条 凡属下列情形之一者，学校将视情节轻重收回部分或全部资助经费，扣除学生已取得的学分，并予以全校通报，情节严重的给予当事人及相关负责人纪律处分。

1. 违反财务政策或经费使用不当；
2. 抄袭他人研究成果、作品或其他弄虚作假行为；
3. 管理不善，造成国家财产巨大损失；
4. 无故或无正当理由不完成项目研究，或随意放弃项目。

第十一章　附　　则

第三十七条　本办法由教务处负责解释。凡与本办法不符的，以本办法为准。

（六十一）北华大学大学生创新创业训练项目管理办法

第一章 总 则

第一条 根据《教育部关于做好“本科教学工程”国家级大学生创新创业训练计划实施工作的通知》（教高函〔2012〕5号）文件和吉林省教育厅《关于启动吉林省高等学校大学生创新创业训练计划的预通知》（吉教高字〔2012〕8号）文件精神，学校研究决定启动北华大学大学生创新创业训练计划，全面推进学校大学生创新创业训练计划项目的实施工作。结合学校具体情况，制定本管理办法。

第二条 大学生创新创业训练计划是以具有创新创业精神和实践能力应用型人才培养为目标，以本科生为主体，以训练项目为载体，进一步转变教育思想观念，改革人才培养模式，完善体制、机制建设，整合校内外资源服务于大学生创新创业教育；以创新创业兴趣培养为重点，以大学生科技创新基地、科技园、创业园和实验教学中心为依托，大力倡导学科带头人和科研团队参与大学生创新创业训练计划，促进科研与教学结合与互动。

第三条 大学生创新创业训练计划内容包括创新训练项目、创业训练项目和创业实践项目三类。

创新训练项目是本科生个人或团队，在导师指导下，自主完成创新性研究项目设计、研究条件准备和项目实施、研究报告撰写、成果（学术）交流等工作。

创业训练项目是本科生团队，在导师指导下，团队中每个学生在项目实施过程中扮演一个或多个具体的角色，通过编制商业计划书、开展可行性研究、模拟企业运行，参加企业实践、撰写创业报告等工作。

创业实践项目是学生团队，在学校导师和企业导师共同指导下，采用前期创新训练项目（或创新性实验）的成果，提出一项具有市场前景的创新性产品或者服务，以此为基础开展创业实践活动。

第四条 通过项目开展，形成以创新训练项目带动创业训练项目，以创业训练项目推动创业实践项目，全面实施大学生创新创业训练计划的新格局，发挥创新创业训练计划的辐射效应，提高学生的基本素质，引导广大学生养成勤于实践、自主学习的良好习惯，带动、引导、激励更多的学生参与不同层次的大学生科技创新创业训练活动，形成以点带面的创新创业训练整体布局，不断完善具有本校特色、与区域经济社会发展相适应的应用型人才创新创业实践能力培养模式，以此推动学校的教育教学改革工作，为培养出一批具有突出创新精神、实践能力和社会责任感的高素质人才服务。

第五条 大学生创新创业训练计划项目，分为三个层次，即省（国家）级项目、校级项目和院级项目。

第二章 组织管理

第六条 学校成立大学生创新创业训练计划领导小组，由主管教学工作的副校长和主管学生工作的副书记任领导小组组长，教务处、就业处、科研处、设备处、人事处、学工部、团委、计财处等部门负责人为成员，下设大学生创新创业训练计划办公室（设在教务处，以下简称“双创”办公室），具体负责项目的组织、协调、管理工作。

第七条 教务处是创新创业训练计划的具体主管部门，负责与创新创业训练相适应的个性化人才培养方案修订工作的组织与审定，以及制定课程建设、学生选课、考试、成果认定、学分认定、灵活学籍管理等各方面的支持政策。

就业处负责创业训练与创业实践指导、创业平台管理、渠道沟通。

设备处负责向参与项目的学生提供实验场地和实验仪器设备及仪器设备的维护与管理。

科研处负责科技指导、知识产权保护与成果推广。

计财处负责配套经费保障及项目经费管理。

学工部（处）和团委负责学生动员、宣传及各类科技活动的组织。

人事处负责指导教师的业绩评价及激励政策的制定。

第八条 学校成立大学生创新创业训练计划专家委员会，负责项目的评审、立项、指导、检查、监督、验收与表彰等工作。

第九条 各学院成立大学生创新创业训练计划指导小组，由主管副院长任组长，负责制定本学院大学生创新创业训练计划实施细则，制定大学生个性化培养方案，组织落实本学院大学生创新创业训练计划项目，将项目管理纳入正常教学。从组织立项、协助学生安排指导教师、资料查询、项目答辩、研究设计、材料撰写、耗材购置、经费使用到结题都有具体要求和管理措施。

第十条 完善培养方案和学分管理，把创新创业教育纳入学校专业教育和文化素质教育教学计划和学分体系，实行创新创业学分与实践教学学分有效融合。增加创新创业训练方法类课程门数，开设与创业训练有关的项目管理、企业管理、风险投资等选修课程。

第三章 申报立项

第十一条 申报条件及要求

（一）凡全日制在校本科学生均可申请，以大二、大三学生为主。申请者以团队为主（团队人数 3~5 人），鼓励以跨学科、跨专业、跨年级联合组成团队等形式的申报，同等条件下予以优先资助。个人也可单独申请，但不可同时在不同项目之间交叉申报。

（二） 申请学生要有创新性研究兴趣，有独立思考问题和解决问题的能力，要学有余力，有考试课程不及格的学生不允许进行项目申报。

（三） 申报项目要求选题思路新颖，目标明确，具有创新性、探索性和实践性，研究方案及技术路线可行，经费预算合理。项目可以由学生自己提出，也可由学生和指导教师共同提出，或由指导教师提出，学生选择。

（四） 创新训练项目和创业训练项目研究时间原则上不得超过 2 年，起始时间从立项之日起计算，项目负责人应在毕业前完成项目。创业实践项目负责人毕业后可根据情况更换负责人，或是在能继续履行项目负责人职责的情况下，以大学生自主创业者的身份继续担任项目负责人。创业实践项目结束时，要按照有关法律法规和政策妥善处理各项事务。

（五） 申报项目必须有指导教师，指导教师由申报该项目的学生在合理的范围内选定。指导教师在项目实施过程中起辅导作用。指导教师一般应具有博士学位或副高（含副高）以上职称，责任心强、学术水平高、学风正派、治学严谨。同一个指导教师指导学生人数一般不超过 5 人，不能同时指导两个（含两个）以上同类项目。学生可根据项目需要聘请校外指导教师，个人项目指导教师为 1 人，集体项目指导教师原则上不超过 2 人。

（六） 已获其他科研基金立项的项目不得重复申报。

第十二条 申报及评审程序

（一） 项目负责人提出申请，填写《吉林省高等学校大学生创新创业训练计划申请书》（以下简称“申请书”）；

（二） 指导教师审阅并签署意见；

（三） 学院指导小组对本院申报课题进行初选，向学校大学生创新创业训练计划办公室提交初选名单；

（四） 经各院初选通过的项目参加校级专家委员会进行答辩；

（五） 项目负责人根据校级专家委员会的意见修改后提交项目“申请书”备案。

（六） 学校根据校级专家委员会的评审结果，最终确定省（国家）级项目、校级项目，学校备案，其中省（国家）级项目报省教育厅（教育部）备案，院级项目由各学院组织立项评审，评审结果报“双创”办公室备案。

第四章 过 程 管 理

第十三条 项目批准立项后，项目负责人应按照项目相关要求启动训练项目，在指导教师指导下，自主设计，自主实施，独立撰写项目过程记录和总结报告。

第十四条 各学院应在项目执行期间组织有关人员采取多种形式营造创新创业教育氛围，搭建交流平台，通过组织学生的创新论坛、成果展示会、参加学术会议、定期召开指导教师之间的经验交流会等，为学生创新创业研究及实践提供交流经验、成果展示、资源共享的平台。对各课题进展情况进行阶段性检查，写好阶段性检查情况总结。

第十五条 “双创”办公室根据各学院阶段性总结情况，对项目进行跟踪管理，定期检查，根据实际进展情况，确定下一步的经费支持额度。项目组需向“双创”办公室提交《北华大学大学生创新创业训练计划项目中期进展报告》。

第十六条 学校及时总结项目实施过程中的经验和教训，定期组织交流活动，解决存在的问题，鼓励学院通过教改立项方式对大学生创新精神、科研能力、创业能力的培养方法、管理模式、激励机制等进行系统研究。积极推进创新创业训练项目与实践教学相结合，鼓励研究小组将创新创业训练项目转化成课程设计、毕业设计内容，将部分创新创业训练项目内容、开发过程直接转化为相关专业的课堂教学内容。

第五章 项 目 变 更

第十七条 项目在执行期内因正当理由涉及减少、变更研究内容，或者提前（或推迟）结题，项目负责人应提前一个月提出书面报告，由项目负责人、指导教师签署意见后报“双创”办公室，经校级专家委员会审查后可适当延期或调整计划项目内容。项目延期不得超过一年。

第十八条 项目组成员及指导教师变更需由项目组提出，项目负责人所在学院填写《北华大学大学生创新创业训练计划项目人员变更申请表》，并提出变更意见，报“双创”办公室审批、备案。

第十九条 凡在项目申报、实施过程中弄虚作假、执行不力、无故延期又无具体改进措施或经费使用不当的计划项目，学校将责令项目负责人停止使用该项目研究经费。如研究项目由于一些不可抗拒因素而终止的，项目负责人需要提交项目终止报告，由指导教师签字，经“双创”办公室批准后执行。

第六章 项 目 结 题

第二十条 项目结题，项目负责人填写《大学生创新创业训练计划结题申请表》，向“双创”办公室提出结题验收申请。“双创”办公室组织校级专家委员会对结题项目进行答辩验收。

验收过程中，要求学生提供全套的支撑材料，包括结题验收申请表（有指导教师评价意见）、研究总结报告、原始数据记录、设计图纸资料、研究论文、经费使用记录等，研究成果总结报告应强调学生在项目实施过程中学生在创新思维和创新实践中的收获。其他佐证材料为获奖证书、专利及相关支撑材料。

项目研究取得的成果，归属北华大学所有，由“双创”办公室组织编写《北华大学大学生创新创业训练计划研究成果汇编》，并进行经验总结和交流。

第七章 经费管理

第二十一条 学校设立北华大学大学生创新创业训练计划项目专项经费。计财处负责管理项目经费。教务处、计财处根据专家评审意见，并经分管校领导批准后划拨项目经费。所划拨项目经费专款专用，由项目负责人使用，指导教师审核，由学院大学生创新创业训练计划项目专项负责人签批，主要用于业务费（资料、研讨、交流、宣传、调研学习等）和材料实验费，并按学校财务管理制度执行，项目负责人应记录每笔使用经费的用途。学院不得以任何方式提取管理费或截留、挪用。对中期检查实施效果良好，具有深层次研究价值的项目，学校可适当追加经费。

第二十二条 学校给予省（国家）级立项项目不低于1:1的配套经费。立项经费必须用于项目研究，实行专款专用，项目经费采取立项管理，滚动下拨方式。立项时拨50%作为启动经费，中期检查通过后下拨剩余经费。

第二十三条 项目组在研究过程中使用的资料、图书结题前优先使用，结题后上交学院资料室。

第二十四条 参与项目的学生要合理使用项目经费，要遵守学校财务管理制度。

第八章 保障与奖励

第二十五条 学校的实验教学中心、各类实验室和重点实验室要向参与项目的学生免费提供实验场地和实验仪器设备。科技园、创业园是我校学生参与科学研究、企业生产实践最直接的平台，为参与大学生创新创业训练计划项目的学生提供技术、场地、政策、管理等支持或孵化服务；为学生创新创业团队免费提供工商注册、税务登记及相关的业务咨询服务，确保项目顺利实施。

第二十六条 学校要创造条件培训指导教师，为教师和科研人员提供了解市场需求和生产实际，促使教学和科研工作更加贴近实际，培育和造就拥有技术背景、擅长管理、熟悉市场经济运作的新型创新人才，使他们在带动学生科技创新创业训练方面拥有用之不竭的动力。同时要鼓励聘请企业导师指导学生创业训练和实践。

第二十七条 对校级和省（国家）级项目，学校根据项目任务量和完成情况对指导教师认定教学工作量，并在职称晋升、教师考核、评优评奖等方面予以优先考虑。设立创新创业训练优秀指导教师奖，对获奖教师给予表彰与奖励。

第二十八条 经学校验收合格的创新创业训练项目中的成员，可获得2～6学分的素质拓展学分。针对参加项目的学生制定个性化培养方案，采取相关配套措施予以支持，对于取得创新学分超过一定学分的学生可以申请免修公共选修课、课程设计等实践环节。对于项目研究成果以论文形式在正式期刊上公开发表或参加科技竞赛获奖的，按照相应级别认定学分，并做适当的奖励。具体按照《北华大学大学生创新创业与素质拓展学分实施细则》执行。

第二十九条 如指导教师或学院有违反上级部门要求的做法，参与项目的学生可以直接向学校“双创”办公室投诉，学院不得阻拦和压制。投诉的问题要确切，投诉者要署真实姓名。“双创”办公室将在调查核实之后予以处理，投诉邮箱为beihua013@126.com

第九章 附 则

第三十条 本办法自公布之日起实行，由教务处负责解释。

（六十二）北华大学大学生创新性实验计划项目管理办法

北华校字〔2008〕170号

第一章 总　　则

第一条 根据《教育部　财政部关于实施“高等学校本科教学质量与教学改革工程”的意见》（教高〔2007〕1号）、《教育部关于进一步深化本科教学改革全面提高教学质量的若干意见》（教高〔2007〕2号）和《高等学校本科教学质量与教学改革工程项目管理暂行办法》（教高〔2007〕14号）精神，为全面推进大学生创新性实验计划项目的实施，结合我校的具体情况，特制定本办法。

第二条 大学生创新性实验计划以培养一批“一线创新性人才”精神为指导，以《国家大学生创新性实验计划指南》为依据，遵循“兴趣驱动、自主实验、突出重点、重在过程”的原则，推动以学生为主体的创新性实验改革，充分调动学生的主动性、积极性和创造性，尊重学生个性发展和兴趣取向。以大学生科技创新基地、实验教学中心为依托，大力倡导学科带头人和科研团队参与大学生创新性实验计划，促进科研与教学结合与互动。

第三条 大学生创新性实验计划项目旨在探索并建立以问题和课题为核心的教学模式，倡导以学生为主体的本科人才培养和研究性学习教学改革，激发学生的创新思维和创新意识，同时在项目实践中逐渐掌握思考问题、解决问题的方法，提高其创新实践能力，培养大批生产、建设、管理、服务一线的创新人才。

第四条 学校大学生创新性实验计划项目，分为三个层次，即国家级项目、校级项目和院级项目。

第二章 组 织 管 理

第五条 学校成立大学生创新性实验计划领导小组，由分管校领导担任组长，成员由教务处、科研处、实验室与设备管理处、学生工作处、团委、计划财务处、人事处等单位人员组成。领导小组负责研究解决计划实施过程中的资源利用、经费支持、项目合作等重大决策性问题。

第六条 领导小组下设大学生创新性实验计划项目办公室（设在教务处），具体负责项目的组织、管理工作。学生工作处、团委负责宣传动员；科研处负责立项指导；计划财务处负责经费保障和管理；教务处、实验室与设备管理处、创新基地、工程训练中心负责协调实验室开放和仪器设备共享；人事处、教务处负责指导教师的业绩津贴核算与发放。

第七条 学校成立大学生创新性实验计划专家委员会，负责项目的评审、立项、指导、监督、验收等工作。

第八条 各学院成立院级领导小组，全面组织和落实本学院的大学生创新性实验计划项目有关工作。

第三章 申报立项

第九条 申报条件及要求

（一）凡全日制在校本科学生均可申请，原则上以二到三年级学生为主。申请者以团队为主（团队人数不超过5人），鼓励以团队跨学科、跨专业、跨年级联合申报，同等条件下予以优先资助。个人也可单独申请，但不可同时在不同项目之间交叉申报。

（二）申请学生要有创新性研究兴趣，有独立思考问题和解决问题的能力，要学有余力，有考试课程不及格的学生不允许进行项目申报。

（三）申报项目要求选题思路新颖，目标明确，具有创新性和探索性，研究方案及技术路线可行，经费预算合理。项目的选择与确定以学生为主导，学生与指导教师共同商定。项目研究时间一般为1~3年，但必须在项目负责人毕业前完成。

（四）申报项目必须有指导教师，指导教师由申报该项目的学生在合理的范围内选定。指导教师对项目实施全程起辅导作用，负责指导以学生为主的科学研究，指导教师一般应具有博士学位或副高（含副高）以上职称，责任心强、学术水平高、学风正派、治学严谨。同一个指导教师指导学生人数一般不超过5人。学生可根据项目需要跨学科聘请指导教师，个人项目指导教师为1人，集体项目指导教师原则上不超过2人。

（五）已获其他科研基金立项的项目不得重复申报。

第十条 申报及评审程序

（一）项目负责人提出申请，填写《北华大学大学生创新性实验计划项目申请表》；

（二）指导教师审阅并签署意见；

（三）学院指导小组对本院申报课题进行初选，向学校大学生创新性实验计划办公室提交初选名单；

（四）经各院初选通过的项目参加校级专家委员会进行答辩；

（五）项目负责人根据校级专家委员会的意见填写和提交项目申请表。

（六）学校根据校级专家委员会的评审结果，最终确定国家级项目和校级项目，以及对项目支持的经费额度，国家级项目报教育部备案，院级项目由各学院组织立项评审，评审结果报大学生创新性实验计划项目办公室备案。

第四章 检查验收

第十一条 项目批准立项后，项目负责人应按照项目相关要求启动计划项目，在指导教师指导下，自主设计，自主组织实施，独立撰写实验过程记录和总结报告。

第十二条 项目结题后，项目负责人填写《大学生创新性实验计划结题申请表》，向大学生创新性实验计划项目办公室提出结题验收申请。大学生创新性实验计划项目办公室组织校级专家委员会对结题项目进行答辩验收。

验收过程中，要求学生提供全套的支撑材料，包括结题验收申请表（有指导教师评价意见）、研究总结报告、原始数据记录、设计图纸资料、研究论文、经费使用记录等，研究成果总结报告应强调学生在项目实施过程中、在创新思维和创新实践中的收获。补充材料为获奖证书、专利及相关支撑材料。

对于取得的成果，由大学生创新性实验计划项目办公室组织汇编《北华大学大学生创新性实验计划研究成果汇编》，并进行经验总结和交流。

第五章 过程管理

第十三条 各学院应在项目执行期间组织有关人员采取多种形式，对各课题进展情况进行阶段性检查，写好阶段性检查情况总结。

第十四条 大学生创新性实验计划项目办公室根据各学院阶段性总结情况，组织校级专家委员会人员抽查。

第十五条 学校对项目进行跟踪管理，实施中期检查，根据实际进展情况，确定下一步的经费支持额度。项目负责人组须向大学生创新性实验计划项目办公室提交《北华大学大学生创新性实验计划项目中期进展报告表》。

第十六条 学校及时总结项目实施过程中的经验和教训，定期组织交流活动，解决存在的问题。

第六章 项目变更

第十七条 项目在执行期内因正当理由涉及减少、变更研究内容，或者提前（或推迟）结题，项目负责人应提前一个月提出书面报告，由项目负责人、指导教师签署意见后报大学生创新性实验计划项目办公室，经审查后可适当延期或调整计划项目内容。项目延期不得超过一年。

第十八条 研究项目由于一些不可抗拒因素而终止，须由项目负责人提交项目终止报告，经校级专家委员会批准后执行。

第十九条 凡在项目申报、实施过程中弄虚作假、执行不力、无故延期又无具体改进措施或经费使用不当的计划项目，学校将责令项目负责人停止使用该项目研究经费。

第七章 经费管理

第二十条 学校设立北华大学大学生创新性实验计划项目专项经费。计划财务处根据校级专家评审确立的项目划拨经费。所划拨项目经费专款专用，由项目负责人使用，指导教师审核，由学院大学生创新性实验计划项目专项负责人签批，主要用于业务费（资料、交流、调研学习、结项等）和材料实验费，并按学校财务管理制度执行，项目负责人应记录每笔使用经费的用途。学院不得以任何方式提取管理费或截留、挪用。

第二十一条 被确定为国家级项目，国家资助1万元，学校配套1万元；按照《国家大学生创新性实验计划指南》，生均项目经费不得低于1万元，如果参与学生数目多于2人，不足部分由学院自筹解决。校级项目学校每项资助0.2万～0.5万元。

第二十二条 项目经费采取立项管理，滚动下拨方式。立项时划拨50%作为启动经费，中期检查通过后下拨剩余经费。

第二十三条 对中期检查实施效果良好、具有深层次研究的项目，可适当追加经费。

第二十四条 项目组在研究过程中使用的资料、图书结项前优先使用，结项后上交学院资料室。

第二十五条 参与项目的学生要合理使用项目经费，要遵守学校财务管理制度。

第八章　学 生 管 理

第二十六条 学生是项目的主体。每个项目都要配备指导教师，但指导教师只是起辅导作用。参与项目的本科学生个人或创新团队，在指导教师指导下，要自主选题设计、自主组织实施、独立撰写总结报告。

第二十七条 学生项目选题要适合。项目选题要求思路新颖、目标明确、具有创新性和探索性，学生要对研究方案及技术路线进行可行性分析，并在实施过程中不断调整优化。

第二十八条 参与项目的学生要处理好学习基础知识和基本技能与创新性实验和创造发明的关系。

第九章　保障与奖励

第二十九条 学校的实验教学中心、各类实验室和重点实验室要向参与项目的学生免费提供实验场地和实验仪器设备，确保项目顺利实施。

第三十条 对校级和国家级项目，学校根据项目任务量和完成情况对指导教师认定教学工作量，并在职称晋升、教师考核、评优评奖等方面予以优先考虑。设立创新性实验优秀指导教师奖，对获奖教师给予表彰与奖励。

第三十一条 经学校验收合格的创新性实验项目的成员，可获得2~6学分的创新与素质拓展学分。对于项目研究成果以论文形式在正式期刊上公开发表或参加科技竞赛获奖的，按照相应级别认定科技创新与素质拓展学分。具体按照《北华大学大学生课外科技创新与素质拓展学分实施细则》执行。

第十章 附　　则

第三十二条 本办法自公布之日起实行，由教务处负责解释。

（六十三）东北林业大学大学生创新创业训练计划管理办法

东林校教〔2012〕9号

根据《教育部　财政部关于“十二五”期间实施“高等学校本科教学质量与教学改革工程”的意见》（教高〔2011〕6号）、《教育部关于做好“本科教学工程”国家级大学生创新创业训练计划实施工作的通知》（教高函〔2012〕5号）精神，特制定本办法。

一、指导思想

全面贯彻党的教育方针，通过实施大学生创新创业训练计划，加快教育思想观念的转变，促进人才培养模式改革，提高实践育人水平，促进学校教育教学质量的全面提升，培养适应建设创新型国家和人力资源强国需要的高水平创新人才。

二、建设目标

以实施大学生创新创业训练计划为切入点，推进实验室开放，完善大学生实践创新支撑平台，巩固提高学生开展创新创业训练的各项条件，进一步加强大学生创新创业训练计划导师队伍建设，促进教师实践育人水平的提高。用强化实践教学、强化创新创业教育的理念引领教学改革，探索激发学生学习兴趣和学习潜能的实践教学模式及多元化考核形式，形成基于问题、基于项目、基于案例的实践教学方法体系，逐步建立起以学生为主体的创新创业训练模式。促进大学生在科学研究中学习、在社会实践中学习，培养他们勇于探索的创新精神、实践能力和创业思维、创业能力，增强他们的社会责任感。

三、建设内容

大学生创新创业训练计划内容包括创新训练项目、创业训练项目和创业实践项目三类。

1. 创新训练项目是大学生个人或团队，在导师指导下，自主完成创新性研究项目设计、研究条件准备和项目实施、研究报告撰写、成果（学术）交流等工作。

2. 创业训练项目是大学生团队，在导师指导下，团队中每个学生在项目实施过程中扮演一个或多个具体的角色，通过编制商业计划书、开展可行性研究、模拟企业运行，参加企业实践、撰写创业报告等工作。

3. 创业实践项目是大学生团队，在学校导师和企业导师共同指导下，采用前期创新训练项目（或创新性实验）的成果，提出一项具有市场前景的创新性产品或者服务，以此为基础开展创业实践活动。

四、项目周期

创新训练项目和创业训练项目实施期限一般为1年，最长不超过2年；创业实践项目一般为2年，最长不超过3年。

五、组织机构

1. 学校成立大学生创新创业训练计划领导小组，由分管教学的校领导任组长，成员由相关部处和学院负责人组成，负责研究、制定有关政策，对各学院立项项目数量和经费予以分配，监督项目执行情况。

领导小组下设办公室，办公地点设在教务处，教务处处长任办公室主任，具体负责大学生创新创业训练计划的组织和管理工作。

2. 各学院成立大学生创新创业训练计划工作小组，由教学院长任组长、成员由3～5位专家组成。其主要职能是制定本学院大学生创新创业训练计划项目具体实施办法，负责本学院大学生创新创业训练计划项目的宣传、申报、评审、运行、中期检查、验收和经费管理等具体事宜。

六、项目申报

1. 申报对象：

（1）凡我校大学生均可申请资助，以二、三年级学生为主。申请者须品学兼优、学有余力。

（2）申请者可以是个人，也可以是项目小组（创新、创业训练项目不超过5人，创业实践项目不超过7人）。申请人不得在同期创新和创业项目之间交叉申报。

（3）学校鼓励跨年级、跨专业、跨学院的学生组队，项目归属项目负责人所在学院。

（4）有项目未结题者不得申报。

2. 指导教师：

（1）学术造诣深、治学严谨的教授、副教授或具有博士学位的讲师担任项目导师，学生与导师之间实行双向选择。每名导师指导项目不得同时超过2项。

（2）大学生创业实践项目实行双导师制，除本校教师外还需企业专家担任导师。

（3）导师负责指导学生对项目的选择，对申请书、中期检查报告、结题报告、研究论文、专利申请书等进行把关；负责研究过程中仪器设备等资源的协调与调配；协调召开项目的工作会议；对研究过程进行全程指导。

（4）项目通过结题验收的导师给予20学时教学工作量奖励。

七、项目评审

1. 项目负责人填写申报项目申请书。

2. 学院专家组对学生申请项目进行答辩和评审，提出评审意见和改进建议。

3. 学院按照学校分配的国家级、省级、校级名额择优立项。

4. 学校领导小组对项目进行立项审批，确定资助项目。印发学校文件，并报教育部备案。

八、项目运行

1. 项目开展。项目经学校批准立项后，拨付 50% 的项目建设经费，项目负责人应按项目申请书计划的时间和内容启动研究工作，确保项目按期完成。

2. 中期检查。学院负责组织中期检查工作，提出改进建议，中期验收不合格者，终止项目资助。

3. 项目变更。项目的人员、计划、内容等需要变更的应由项目负责人填写《东北林业大学大学生创新创业训练计划项目变更申请表》，经全体成员签字，由导师和学院审批后报实践教学科备案。

九、项目验收

1. 项目负责人填写项目结题报告，对项目执行情况进行总结。

2. 学院大学生创新创业训练计划工作小组组织专家对项目进行结题答辩，项目负责人要对研究过程、财务执行情况、团队成员分工和合作情况、导师指导情况、项目取得的主要成果和收获、有哪些问题尚需深入研究、研究工作中的困难和建议、发表论文和获得专利情况等进行答辩。

3. 学院将验收结果报教务处实践教学管理科。

4. 对已结题项目给予创新学分认定，具体详见《东北林业大学关于本科生创新学分的管理办法》，并择优推荐参加全国大学生创新年会。

十、经费管理

1. 学校设立项目专项基金，提供经费资助。凡教育部资助项目，学校给予项目总经费不少于 1:1 的配套经费支持。

2. 项目经费由项目负责人支配，按照申请书中的经费支出计划使用，导师不得挪用。

3. 项目经费的支出须凭正规发票报销，经项目负责人和导师签字后报教学院长审批。

（六十四）东北林业大学大学生科研训练项目管理办法（试行）

东林校教〔2012〕30号

为深入贯彻落实《教育部　财政部关于“十二五”期间实施“高等学校本科教学质量与教学改革工程”的意见》（教高〔2011〕6号）、《教育部等部门关于进一步加强高校实践育人工作的若干意见》（教思政〔2012〕1号）和《教育部关于全面提高高等教育质量的若干意见》（教高〔2012〕4号）精神，进一步加强大学生创新实践能力的培养，拓展学生科研训练途径，扩大学生受益面，学校决定启动教师科研项目支持大学生科研训练项目，特制定本办法。

一、指导思想

进一步加强大学生创新意识与创新能力的培养，丰富和拓展学生科研训练途径，扩大学生受益面，促使学生更早、更多接受科学研究训练，鼓励教师吸纳本科生进入科研团队，使学生了解和体验科学研究整体过程，激发学生对科学研究的兴趣，培养学生科学研究能力，实现科研资源与本科人才培养的有机结合。

二、组织机构

1. 东北林业大学大学生创新创业训练计划项目领导小组负责组织、领导大学生科研训练项目的开展，并研究制定有关政策。

2. 学院大学生创新创业训练计划项目领导小组和学院专家组负责大学生科研训练项目的立项评审、中期检查和结题验收及学生和教师奖励核定等项目管理工作。

三、项目申报原则

1. 大学生科研训练项目以教师科研项目为依托，教师提供项目选题，选题必须充分考虑到本科生的知识能力特点等因素。

2. 实行师生互选，指导教师每年指导该类项目不得超过2项。

3. 申报项目不得与历年已立项的国家级、校级、院校共建大学生创新性实验计划项目或大学生创新创业训练计划项目重复。

4. 项目经费从指导教师科研经费中支出，资助标准不低于5000元/项。

5. 项目研究期限一般为1年，最长不得超过2年。

6. 已立为大学生科研训练项目的，不得再申报大学生创新创业训练计划项目。

7. 项目组必须发表1篇及以上学术论文。

四、项目申报程序

1. 教师依据已有科研项目提出项目选题并提供课题相关证明材料。

2. 学院组织专家组对教师提供的项目选题论证后予以公布。

3. 师生互选后，确定研究团队成员及分工，一般3~5人左右，由项目负责人填报项目申请书，指导教师给予必要的指导。

4. 学院组织专家组立项评审，并将申报材料及评审结果报教务处实践教学管理科。

5. 学校专家组审核通过的项目列入当年大学生科研训练项目，并予以公布。

五、项目管理

1. 学院项目领导小组和学院专家组负责项目的全过程管理，并将立项评审、中期检查和结题验收等工作时间安排表提前报教务处实践教学管理科，教务处将派相关人员参加。

2. 项目组在项目执行期间服从学院管理，如实填写项目执行记录，按照申请书完成研究工作，取得预期研究成果。对不能按期完成研究任务的项目组，学院可给予延期或终止项目处理，处理结果报教务处实践教学管理科备案。

3. 学院每年提交项目工作总结，其中应包含项目立项评审、中期检查和结题验收情况及项目成果汇总表。

六、项目奖励

1. 通过结题验收的项目组学生给予8个创新学分奖励。

2. 通过结题验收的项目指导教师给予20学时教学工作量奖励。

七、附则

本办法自发布之日起施行，解释权归学校教务处。

（六十五）东北林业大学本科生创新创业学分管理办法

东林校教〔2016〕2号

为规范学校本科生创新创业学分管理和认定工作，引导学生积极有序地参加创新创业实践活动，结合学校实际，特制定本办法。

一、创新创业学分范围

创新创业学分是指本科生在校期间通过参加各类科技活动、竞赛、社会实践、发明创造、创新创业训练计划项目及实践，取得成效，经审核认定取得的学分。

创新创业学分的认定范围：

（1）已结题的国家级、省级、校级、院级大学生创新训练计划项目，大学生科研训练项目；

（2）参加经学校认可的各级各类大学生科技竞赛、创新创业竞赛活动；

（3）作为正式代表受邀参加国内外学术交流活动；

（4）正式发表论文；

（5）发明创造获得专利；

（6）参加创业培训或者开展创业实践活动（指学生依托专业知识开展的产品研发、生产、销售等企业运营过程）；

（7）经学校认定的其他创新创业实践活动。

二、创新创业学分用途

经本人申请，学院、教务处审核认定的创新创业学分记入学生成绩单，可用于免修不超过8学分的开放课程学分或代替第二课堂学分。

三、奖励项目

1. 竞赛

凡代表学校参加省级及省级以上各类竞赛学生，国家级各类竞赛获个人一、二、三等奖者，每人分别计4、3、2个创新创业学分/项；获集体一、二、三等奖的参加者，每人分别计3、2、1个创新创业学分/项。省级各类竞赛获个人一、二、三等奖者，每人分别计3、2、1个创新创业学分/项；获集体一、二、三等奖的参加者，每人分别计2、1.5、1个创新创业学分/项。市级、校级竞赛活动中一等奖获得者，每人分别计1个创新创业学分/项。

2. 科技活动

（1）国际性大学生科技活动（含设计、发明创造等）中获奖者或研究成果（发明创造成果）得到实际应用，取得经济和社会效益或取得专利，经学校审批，可获得 2~4 个创新创业学分。

（2）代表学校参加国家级科技活动获个人一、二、三等奖者，每人分别计 4、3、2 个创新创业学分 / 项，获集体一、二、三等奖的参加者，每人分别计 3、2、1 个创新创业学分 / 项；省级科技活动获个人一、二、三等奖者，每人分别计 3、2、1 创新创业学分 / 项，获集体一、二、三等奖的参加者，每人分别计 2、1.5、1 个创新创业学分 / 项；国家级或省级科技活动获优秀奖、鼓励奖者，国家级每人 1 个创新创业学分 / 项，省级每人计 0.5 个创新创业学分 / 项。

（3）参加国家级、省级、校级、院级大学生创新训练计划项目，已结题项目，可分别获得 16、12、8、5 个创新创业学分，分值由指导教师分配。已结题的大学生科研训练项目，可获得 8 个创新创业学分，分值由指导教师分配。

（4）在 SCI、SSCI、A&HCI、EI 期刊上公开发表的论文，第一作者计 6 个创新创业学分 / 篇，第二作者计 4 个创新创业学分 / 篇，第三作者计 2 个创新创业学分 / 篇。在国家中文核心期刊上公开发表研究论文者，第一作者计 4 个创新创业学分 / 篇，第二作者可计 2 个创新创业学分 / 篇。非核心期刊上发表研究论文者，第一作者计 1 个创新创业学分 / 篇，第二作者可计 0.5 个创新创业学分 / 篇。

（5）代表学校参加国际级学术交流活动，每人计 4 个创新创业学分 / 项；参加国家级学术交流活动，每人计 3 个创新创业学分 / 项；参加省级学术交流活动，每人计 2 个创新创业学分 / 项；其他每人计 1 个创新创业学分 / 项。

（6）凡获得各类指定的艺术专业设计比赛获个人一、二、三等奖者，每人分别计 1.5、1、0.5 个创新创业学分 / 项，获集体一、二等奖的参加者，每人分别计 1、0.5 个创新创业学分 / 项。

3. 创业实践

（1）参加政府部门或学校组织的创业培训，有证书或成绩证明者，每人计 0.5 个创新创业学分 / 项。

（2）学生自主创办注册的公司，或入驻大学生创业园的注册公司，学校根据正常运营 6 个月以上的财务台账、报表、企业年营业收入证明、企业纳税证明、就业人员与企业签订的劳动合同或工资台账等有关证明，吸纳大学生就业人数在 3~5 人的公司，给予 4 个创新创业学分，根据股权结构进行分值分配；吸纳大学生就业人数在 6~10 人的公司，给予 8 个创新创业学分，根据股权结构进行分值分配；吸纳大学生就业人数 10 人以上的公司，给予 12 个创新创业学分，根据股权结构进行分值分配；其他入驻大学生创业园的公司，负责人计 1 个创新创业学分，成员计 0.5 个创新创业学分。

（3）参与校级以上创新创业成果展示的项目（相同项目参与不同成果展不重复奖励），每个项目给予 3 个创新创业学分，由负责人进行学分分配。

四、认定程序

1. 每学期期末前，符合申请创新创业学分条件的学生填写《东北林业大学本科生创新创业学分申请表》，经指导教师同意后，报所在学院审核推荐，并由教务处审核认定，经认定符合规定的，记入学生本人成绩单。

2. 同类别的集体奖项与个人奖项，取最高值计创新创业学分，不累加。不同类别的创新创业学分可进行累加。

3. 各学院要加强管理和指导，严格把关，严禁虚报、假报，一经查出，将按有关规定严肃处理。

（六十六）南京理工大学本科生科研训练工作管理规定（2015版）

第一章　总　　则

第一条　科研训练是本科生团队在导师指导下，自主完成研究课题立项、项目设计、项目实施、报告撰写和成果交流等工作的实践创新教学环节，培养学生提出问题、分析和解决问题的能力，进而强化创新思维与创新意识。科研训练对接国家级和省级大学生创新创业训练计划。

第二条　为使学生全面强化科研创新意识、了解科研过程、增强实践创新能力、提高综合素质，学校从2014级起将科研训练纳入本科生专业培养计划。

第三条　学校各实验中心、工程训练中心应积极为学生科研训练工作提供必要的场地开放、仪器设备使用和技术指导等支持。

第四条　为了更好地组织和管理科研训练工作，特制定本规定。

第二章　项　　目

第五条　项目分类

科研训练项目分为国家级、省级、校级重点和校级普通四类项目。

第六条　项目归属

所有科研训练项目的管理及考核等工作，归属于第一指导教师所在单位。

第七条　项目选题

1. 教师的科研课题。指导教师根据本人所开展的科研工作，设计出适合本科生从事的科研训练选题。

2. 学生自拟课题。鼓励学生结合日常生活与社会生产中的实际问题自拟研究课题。

3. 学科竞赛课题。国内外高层次学术科技竞赛的参赛项目亦可作为学生进行科研训练的选题。

4. 合作单位课题。来自政产学研合作单位委托研发项目，实行校内外双导师指导。

第八条　立项原则

1. 申报项目应具有开展研究所需的实验设备、仪器等必要的保障条件。

2. 项目应具有适合本科生的难度和工作量，团队内分工明确，突出对学生科研方法和能力、创新意识的培养，避免进行重复的、非探索性的工作。

3. 在课题研究的各个环节上要有培养学生能力的具体思路和途径，通过项目实施使学生在调查研究、查阅文献、分析论证、制定方案、设计或实验、归纳总结等方面的能力得到有效的训练和提高。

4. 鼓励设立跨学科的交叉性或大型综合项目，鼓励师生间、学生间以项目为纽带，进行跨学院、跨学科合作。

第九条 项目成果

1. 国家级、省级项目的成果，除结题报告外，还应包含下列成果之一：

（1）实现预期功能并可以演示的实物作品（含数字化作品）；

（2）公开发表的学术论文或录用证明；

（3）专利申请证明；

（4）软件著作权登记证明；

（5）评审专家认可的其他研究成果。

相关成果完成单位应为“南京理工大学”，第一作者（完成人）应为项目组学生。发表论文应标注“南京理工大学本科生科研训练立项资助”。

2. 校级重点、校级普通项目的成果要求参照上述要求执行。

3. 项目结题前，成果详细信息须由归属单位录入学校本科教学状态数据库。

第三章 学 生

第十条 参与学生

1. 学生在毕业前必须主持或参与完成一个项目，并且通过结题考核。

2. 每年启动科研训练选题立项时，主要针对二年级本科生；允许一定数量学有余力、目标明确、意愿强烈的一年级学生参与申报，提前进行科研训练。

第十一条 对学生的要求

1. 在教师的指导下自主开展科学研究训练，主动向指导教师汇报研究进展情况，并虚心请教；认真撰写项目进展记录、中期检查和结题总结报告。

2. 主动培养科学研究兴趣、创新意识和团队合作精神。

3. 在教师的指导下，有效管理、合理使用项目经费。

4. 项目所有成员都有责任与义务来认真完成自己承担的研究与工作任务，推动项目正常运行直至结题，努力形成相应成果。

第十二条 项目组

1. 各级别的项目组一般由 3 名学生组成，其中包含项目负责人 1 名。

2. 大型科研训练项目可以组成跨学院、跨专业的项目组，其组成人数原则上不超过 20 名，其中项目负责人的数量不超过 2 名。

第四章 指 导 教 师

第十三条 指导教师的条件

1. 具有一定的科研经历和较高的研究水平，责任心强，能够投入必要的指导精力。

2. 对于校级项目，校内指导教师应具备中级及以上职称。

3. 对于省级项目，校内指导教师应具备博士学位或副高级（含）以上职称。

4. 对于国家级项目，校内指导教师应具备副高级（含）以上职称。

5. 校外指导教师应具备学校企业兼职教师资格和必要的科研指导水平。

第十四条 指导教师的职责

1. 对学生的项目研究、设计制作、测试实验、论文撰写、经费管理等环节进行具体指导。

2. 每月应保证足够的指导时间，适时了解学生的研究进展，指导学生进一步开展科研工作。

3. 向学生传授科学研究的思路、方法和手段，指导学生查找并利用相关信息，注重对学生综合科研能力的培养，避免重使用、轻培养的现象发生。

4. 安排学生参与指导教师课题组的业务学习、学术讨论及其他学术活动。

5. 为学生开展科研工作提供或联系场地、仪器设备等。

6. 对学生工作态度、工作表现、科研能力及取得成果等方面对学生进行综合考核。

7. 指导教师因长期外出不能指导学生时，应委托其他教师代为指导学生；确因工作需要而必须更换指导教师的，应报请项目归属单位为学生另行安排指导教师。

第十五条 指导教师的工作量

学校按相关政策核算指导教师的指导工作量并划拨到学院，学院负责进行二次分配。

第十六条 企业兼职教师参与科研训练指导的相关要求与政策，参照校内指导教师有关规定执行。

第五章 项目运行

第十七条 项目运行周期约为 1.5 年，分为申报立项、训练过程、中期检查、项目结题等环节，围绕项目运行开展的相关工作均在“南京理工大学科研训练‘百千万’计划管理系统”中完成。

第十八条 申报立项

1. 启动申报

学校在项目立项年份前一年的 12 月，启动国家级、省级项目申报工作；在项目立项年份的 5 月，启动校级重点及普通项目申报工作。各教学科研单位应保证申报项目的数量，充分满足学生选择的需要。

2. 填写申报书

所有项目均由指导教师负责填写《项目申报书》。

3. 评审选题

指导教师所在单位组织选题评审，重点从项目选题内容、训练进展的可行性、指导教师情况、具备的研究条件和预期成果等方面进行考察，评出并推荐拟设项目。

4. 师生双选

在学生和指导教师充分沟通的基础上，由学生选择拟设项目；由指导教师确定适合学生并组成项目组，指定 1 名项目负责人，并明确每名成员在项目中的任务分工。

5. 立项答辩（针对国家级、省级项目）

完成双选的学生，须充分利用寒假时间，做好立项答辩各项准备，并由项目负责人提交《立项答辩书》。学校在项目立项年份的3月，组织立项答辩，重点对学生进行考查，确定国家级、省级项目。

6. 立项答辩（针对校级重点、普通项目）

各单位在项目立项年份的6月，组织校级重点、普通项目的立项答辩。前期未获立项的国家级、省级拟设项目，可备选用作校级重点、普通项目。

7. 公布结果

学校在项目立项年份的4月公布国家级、省级项目立项结果；各单位在项目立项年份的6月公布校级重点、普通项目立项结果。

第十九条 项目开题

1. 项目立项后，学生提交《开题报告》（含项目经费预算）。

2. 指导教师在规定的时间内完成《开题报告》审核。

3. 《开题报告》审核不通过，指导教师应及时通知学生修改并重复上述步骤，直到审核通过。

第二十条 中期检查

1. 学校在项目立项年份的11—12月组织中期检查，各单位具体开展中期检查工作。

2. 项目的中期检查工作以自查为主要形式。各项目组应及时发现存在的问题，分析原因，总结经验，提出解决思路，明确下阶段的任务，并提交《中期检查表》。

3. 指导教师应检查项目的实施进度、项目经费使用情况等，并在规定的时间内完成《中期检查表》审核。

4. 《中期检查表》审核不通过，指导教师应及时通知学生修改并重复上述步骤。

5. 若中期检查不通过，项目即终止，相关学生须办理重修手续。

第二十一条 进展记录

1. 项目立项后至结题前，学生按照要求定期提交《进展记录》。

2. 指导教师通过查看《进展记录》了解项目组开展项目研究的情况。

第二十二条 项目结题

1. 学生提交《结题报告》《项目成果》及相关附件材料。

2. 指导教师及时完成审核。如提交材料需要修改，指导教师应及时通知学生修改并重复上述步骤。

3. 项目立项年份次年的9—10月，学校组织国家级、省级项目结题答辩，各单位组织校级重点、普通项目结题答辩。答辩小组由3~5名教师组成，组长应具有高级职称。

第二十三条 成绩评定

1. 根据项目组每个学生完成项目任务的情况，由指导教师录入“教师评定成绩”。

2. “教师评定成绩”不及格的项目组（或学生），不具备结题答辩资格，直接进入重修环节。

3. 根据结题答辩的综合表现情况，由教务处录入国家级、省级项目“结题答辩成绩”，各单位录入校级重点、普通项目“结题答辩成绩”。

4. 每个学生的“项目总成绩”，由“教师评定成绩”和“结题答辩成绩”综合得出。

5. “项目总成绩”载入学生学业档案，分数低于60分的学生须参与重修。

第二十四条 成绩评定参考标准（见下表）

成绩评定参考标准

一级指标及权重	二级指标	指标内涵及主要观测点
态度(10%)	科研态度	1. 对科研工作有较高兴趣，具有较强的主动性和积极性，并能积极与指导教师沟通，认真开展研究工作。 2. 勇于直面研究过程中出现的各种难题，不推诿退缩，独立解决困难能力强。
项目运行过程中能力锻炼(60%)	材料撰写能力	1. 能按时认真完成立项申请书、中期检查表和结题表等各类表格的填写工作，完整记录研究过程，虚心根据指导教师的修改建议不断完善。 2. 了解论文发表、专利申请或著作权申请流程，掌握相关文书的写作方法与技巧。
	文献检索能力	学会利用学校图书馆提供的各类资源平台，掌握文献检索的基本技能
	实验能力	掌握实验仪器与设备使用原理、适用范围、操作规程等，可根据科研训练的过程需要并在保证安全的前提下进行熟练使用
	表达能力	1. 结题答辩时，能在规定时间内完整展现研究成果，陈述清晰，表达准确，思路敏捷。 2. 掌握演示文档制作基本技巧，能够重点突出、简洁明晰地展示出研究进展情况。
	经费使用	1. 在充分利用校内资源的基础上，合理制定预算，规范经费使用。 2. 了解图书资料、耗材等开展科研训练所必需物品的采购流程及经费报销程序，在教师指导下规范有序地完成相关工作。
团队协作情况(20%)	团队组成	团队成员组成合理，分工明确，各司其职，相互促进。鼓励跨学科、跨学院组成学生团队，实现知识、特长互补
	组织协调	1. 项目负责人发挥组织协调作用，根据团队成员特点合理安排分工，明确分工职责，定期组织讨论，督促成员尽职履责。 2. 能够严格要求自己，进行自我管理，带领自己和团队共同进步。
	沟通能力	项目组成员与导师、学长积极沟通，敢于表达想法，清晰阐述问题，具有良好的沟通能力
	诚实和责任心	1. 在经费报销、汇报研究工作和沟通过程中诚实可信。 2. 明确自身职责，认真完成研究任务，责任心强。
成果情况(10%)	研究成果	1. 开题报告、中期检查表、结题报告。 2. 实现预期功能并可以演示的实物作品（含数字化作品）。 3. 公开发表的学术论文或录用证明；专利申请证明；软件著作权登记证明等。

第二十五条 项目结题后，成果突出的项目可由指导教师进一步调整、升级为毕业设计（论文）题目，指导学生继续开展深入研究，培育成为高质量的毕业设计（论文）。

第二十六条　重修

1. 重修范围包括未通过中期检查的、“教师评定成绩”不及格和“项目总成绩”不及格三种情况。

2. 重修学生须在所在学院及时办理重修手续，可以重新选题也可继续完善原课题。国家级、省级项目重修原则上不能换题。

3. 学院需及时组织教师补充重修课题，组织好重修工作。

4. 重修项目的运行流程同正常项目，重修项目的中期检查和结题答辩时间由学校统一安排。

第六章　经　　费

第二十七条　经费支持

1. 学校分层次资助科研训练，鼓励各单位配套支持项目经费，鼓励指导教师用科研经费资助项目。

2. 项目启动后，学校划拨项目启动经费，一般为批准资助总额的一半；中期检查后，划拨剩余经费。

3. 中期检查后，学校检查各级项目经费的使用情况。

第二十八条　经费使用范围

1. 购买项目研究所需的图书资料、元器件、耗材、试剂等。

2. 相关资料打印装订费、信息查询费等。

3. 必要的校外场地租借费和仪器设备使用费。

4. 必要的市内调研交通费和学术交流费，相关票据必须是项目组学生的。

5. 项目组学生排名在第一位的发表论文版面费。

6. 项目经费不得用于支付餐饮、通信、娱乐、旅游及一般办公用品购置等一切非直接研究费用，不得用于支付报酬。

7. 其他用于项目研究的实际花费。

第二十九条　经费报销

1. 国家级、省级项目经费报销审批手续在教务处办理，由所在单位领导签字、教务处领导审核；校级重点、普通项目经费报销审批手续在各单位办理，由各单位领导审核。

2. 所有支出费用发票须由学生（使用人）、指导教师共同签字。

3. 经费报销须严格遵守学校财务制度，具体的程序按学校财务相关规定执行。

第七章　附　　则

第三十条　本规定从 2014 级本科生开始实施。

第三十一条　本规定由教务处解释。

（六十七）郑州大学大学生创新创业训练计划项目管理办法

校政〔2012〕10号

为保证我校大学生创新创业训练计划顺利实施，进一步提高我校学生的创新能力与创业能力，加强我校全国大学生创新创业训练计划的组织与管理，特制定本管理办法。

一、计划内容

国家级大学生创新创业训练计划内容包括创新训练项目、创业训练项目和创业实践项目三类。

1. 创新训练项目是本科生个人或团队，在导师指导下，自主完成创新性研究项目设计、研究条件准备和项目实施、研究报告撰写、成果（学术）交流等工作。

2. 创业训练项目是本科生团队，在导师指导下，团队中每个学生在项目实施过程中扮演一个或多个具体的角色，通过编制商业计划书、开展可行性研究、模拟企业运行，参加企业实践、撰写创业报告等工作。

3. 创业实践项目是学生团队，在学校导师和企业导师共同指导下，采用前期创新训练项目（或创新性实验）的成果，提出一项具有市场前景的创新性产品或者服务，以此为基础开展创业实践活动。

二、管理模式

1. 学校成立郑州大学本科生创新创业训练计划领导小组（以下简称领导小组），负责对创新创业训练计划实施的组织、协调、审批立项、监督检查和成果鉴定等管理工作。领导小组下设办公室，办公室设在教务处。

2. 各院（系）成立大学生创新创业训练计划指导小组，积极做好本院（系）大学生创新创业训练计划项目的申报指导、初审、立项答辩和推荐工作。负责本院（系）计划项目实施的全过程管理，包括开展中期检查，组织学术交流、结题验收等工作。

3. 大学生创新创业训练计划项目实行项目负责人负责制。项目负责人为在校全日制普通本科生。对参与大学生创新创业训练计划的学生实行导师制，每个创新训练项目和创业训练项目由项目负责人所在院（系）配备1~2名具有高级职称或博士学位的指导教师，通过双向选择确定指导教师。对参与创业实践项目的学生，还需聘请企业导师，实行双导师制。指导教师应热心学生创新创业能力培养工作，责任心强、治学严谨、具有较强的科研能力和组织协调能力。

三、职能部门分工

1. 教务处负责大学生创新创业训练计划项目的组织申报、验收及创新创业训练计划全面管理工作；

2. 科研处负责协调各类开放实验室、重点实验室和工程研究中心向参与项目的学生免费提供实验场地、实验仪器设备和技术支持；

3. 国有资产管理处负责大学生创新创业训练计划项目用仪器设备的管理、调配、低值易耗品采购供应等；

4. 财务处负责专项资金的拨付及项目经费的管理；

5. 学生处负责搭建项目学生交流平台，组织项目学生开展学术交流，参加学术团体组织的学术会议，并定期组织项目指导教师之间的交流；

6. 校团委负责组织宣传发动等工作，鼓励学生积极参加项目申报。

四、项目申报

1. 申报资格。凡我校学有余力、成绩优良的在校全日制普通本科生均具有申报资格。每名学生不能同时参加两个以上（含两个）创新创业训练计划项目。

2. 人员组成。（1）创新训练项目面向全校本科学生申报，可以是个人或团队（不超过 5 人）；创业训练项目和创业实践项目面向二、三、四年级学生，仅限团队（不超过 5 人）。鼓励跨年级、跨专业、跨学科组团申报。

3. 项目要求。思路新颖，创新性强，立论根据充分，研究目标明确，技术先进，方法合理，能激发学生的创新思维和意识，提高学生创新实践能力和培养团队协作精神；在指导教师的指导下，由学生自主选题、自主设计、自主完成、自主管理。对面向社会、生产实际的应用技术研究，优先立项。正常实践教学内容不得列为创新创业训练计划项目。创新训练项目和创业训练项目实施期限一般为 1 年，特殊情况可延长至 2 年；创业实践项目实施期限一般为 2~3 年。

4. 申报程序。项目负责人组织填写《郑州大学大学生创新创业训练计划项目申请书》；由项目负责人所在院（系）组织专家进行初评、推荐。由院（系）统一向学校推荐申报。

5. 项目评审。校领导小组办公室负责组织专家对项目立项进行评审。评审工作应严格遵守公平、公开、公正的原则，评审结果向全校公布。在公布的 15 日内，对项目无异议，或虽提出异议但通过复审者，确立为“郑州大学大学生创新创业训练计划项目”。

五、经费管理

1. 经费来源。项目经费包括地方财政资助经费、学校专项经费、院（系）经费、社会及个人等资助或捐赠的经费。学校根据申报项目的具体情况给予合理的经费支持。

2. 经费使用。经费使用严格按项目经费预算执行。主要用于实验耗材、实验用品、样品测试、制作费、资料费、文印费、调研、学术交流、论文发表、专利申报、社会实践活动相关的差旅费等支出。不得用于与大学生创新创业训练计划项目无关的支出。未经批准，不得用于新增仪器设备购置。

3. 经费管理。项目经费实行校院（系）两级监督管理，保证使用科学、合理、高效。（1）大学生创新创业训练计划项目经费应在指导教师监督指导下，由项目负责人经手使用。（2）使用经费时，应遵守学校的财务管理制度。（3）教师不得使用学生的研究经费，院（系）不得提取管理费。（4）经批准的项目经费一般不进行调整。由于技术线路或不可抗力造成较大意外损失者，经领导小组办公室批准后可适当调整。（5）已经完成或撤销的项目，应停止使用经费，并将结余经费返还学校，不得挪作他用。（6）经费由领导小组办公室负责监管，对立项后无故不开展工作，或经费使用不当者，将根据情节轻重分别采取缓拨资助经费，停止经费使用、追回经费等处理措施。对情节严重者，追究有关人员的责任。

六、技术支持

凡经立项的大学生创新创业训练计划项目，优先进入学校的国家级、省部级重点实验室，工程研究中心、学校的各实验中心、院（系）实验室、创新实验基地及各类实践教学基地。上述各类实验室和基地应对大学生创新创业训练计划项目免费开放，并提供技术指导。

七、项目实施

1. 项目批准立项后，项目组应填写《郑州大学大学生创新创业训练计划项目任务书》，项目负责人应于批准立项后30日内组织项目参与人完成项目实施的具体计划方案，对参与者明确分工并开始工作。项目实施过程中不得影响正常教学活动。

2. 项目实施过程中，指导教师应加强对学生的指导，注意加强学生实验技能、科学思维方式、创新能力和创业实践能力的培养和训练，项目选题、方案设计、研究条件准备和项目实施、研究报告撰写、成果（学术）交流、参加企业实践、撰写创业报告、开展创业实践活动等工作，应在指导教师指导下由学生独立完成。

3. 项目负责人一般不得代理或更换，如因特殊情况确需离开计划项目工作，将对项目造成严重影响或重大损失者，应安排代理或更换负责人，并报领导小组批准备案。对不能正常参加或不适宜继续参加项目的学生，项目负责人应劝其退出项目，并书面报告领导小组。

4. 项目实施过程中，鼓励大胆创新研究工作、参加企业实践、开展创业实践活动。涉及改变计划项目目的、内容、时限或终止计划者，应由项目负责人提出书面报告，报领导小组审批。

5. 项目执行过程中，项目负责人应于项目执行一半时提交《郑州大学大学生创新创业训练计划项目进展报告》，报领导小组备案。

6. 领导小组办公室不定期检查项目实施情况，对创新创业训练计划项目实施过程中弄虚作假、执行不力、工作无明显进展，不能达到创新创业训练计划目的的项目，将责令整改或终止其项目运行。并根据创新创业训练计划项目进展情况追回项目经费。

八、成果评定

1. 项目完成后，项目负责人应提交《郑州大学大学生创新创业训练计划项目结题报告》。内容包括：项目综述、项目分工、过程描述、论文、设计、专利等项目成果、研究报告、科学总结、商业计划书、创业报告和经费使用情况等。结题报告应由学生独立撰写。指导教师应对项目完成情况、项目的科学性、创新性、存在问题及建议和对学生创新能力、创业实践能力培养情况等签署意见。

2. 项目结题前应公开发表一篇以上以项目组学生为第一作者的研究论文，论文应注明“郑州大学大学生创新创业训练计划资助项目”。

3. 项目结题后，由领导小组办公室组织专家对项目成果进行鉴定。

4. 项目结题后，完成项目的院（系）应按《郑州大学实验室工作档案管理办法》的有关规定，及时建立学生开放、创新创业训练计划项目档案，内容包括以下材料（含电子版）：郑州大学大学生创新创业训练计划项目申请书、项目进展报告、结题报告及项目实施过程中的研究活动记录、实验记录、经费使用记录、实验报告、论文、设计、专利、研究报告、商业计划书、创业报告和成果鉴定证书、获奖证书等资料。

5. 创新实验项目研究的成果或专利等所有权归学校。

九、激励机制

1. 学校对大学生创新创业训练计划项目获得的成果进行评奖，评选优秀项目，并进行表彰与奖励。

2. 设立优秀指导教师奖，评选优秀指导教师，并进行表彰与奖励。

3. 指导教师按学校有关规定核算教学工作量。

4. 项目通过鉴定后，依据鉴定专家和指导教师的意见确定项目成员应获得创新学分数。项目负责人的学分不超过 4 分，其他参与者不超过 3 分。中途退出项目的学生不记学分。

5. 参加大学生创新创业训练计划项目并取得优异成绩的学生在硕士研究生推免工作中优先考虑。

十、本办法由郑州大学大学生创新创业训练计划领导小组负责解释。

（六十八）昆明理工大学大学生创新创业训练计划项目管理办法（试行）

第一章　总　　则

第一条　根据《教育部　财政部关于"十二五"期间实施"高等学校本科教学质量与教学改革工程"的意见》（教高函〔2011〕6号）和《云南省教育厅转发教育部关于做好"本科教学工程"国家级大学生创新创业训练计划实施工作的通知》（云教函〔2012〕84号）精神，"十二五"期间，教育部实施国家级大学生创新创业训练计划。国家级大学生创新创业训练计划是"十一五"期间实施"高等学校本科教学质量与教学改革工程"中国家大学生创新性实验计划工作的延续与深化。为进一步深入实施我校大学生创新创业训练计划项目（以下简称创新项目），构建创新人才培养体系，加强大学生自主创新兴趣和能力培养，特制定本管理办法。

第二条　国家级大学生创新创业训练计划包括创新训练计划项目、创业训练项目和创业实践项目三类。参与创新训练项目的学生，在导师指导下，自主完成创新性研究项目设计、研究条件的准备和项目的实施、数据处理与分析、报告撰写、成果（学术）交流等工作。参与创业训练项目的学生团队在导师指导下，通过编制商业计划书、开展可行性研究、模拟企业运行，进行一定程度的验证试验，撰写创业报告等工作，团队中的每个学生在项目实施过程中承担一项或多项具体的任务。参与创业实践项目的学生团队在学校导师和企业导师的共同指导下，采取前期创新训练项目（或创新性实验）的结果，提出一项具有市场前景的创新性产品或者服务，以此为基础开展创业实践活动。

第三条　我校实施大学生创新创业训练计划项目遵循的原则是："以学生特长、兴趣为出发点，体现创新、追求实效"。参与创新项目的学生要对科学研究或创造发明有浓厚兴趣。在兴趣驱动下，在导师指导下完成实验的设计、管理等工作。强调项目实施过程中大学生在创新思维和创新实践方面的收获并注重创新成果。

第四条　学校每年立项资助一批国家级、省级大学生创新创业训练计划项目，并遴选出校级创新项目进行培育，同时学院可根据学校立项管理办法，自筹经费自立培育项目，建立长效机制，带动全校学生开展研究型学习和自主性研究，形成良好的校园创新文化氛围，使我校学生的实践能力和创新精神得到持续增强，人才培养质量得到提高。

第二章　组 织 机 构

第五条　为保障创新项目的实施，学校成立以主管教学副校长为组长，教务处、实验室管理处、科技处、财务处、学生处、团委等职能部门负责人为成员的大学生创新创业训练计划项目工作领导小组，负责研究、制定相关政策和文件，监督创新创业计划项目经费的使用。工作领导小组下设办公室，由教务处实践与创新教育科负责大学生创新创业训练计划项目的日常管理工作。

第六条 学院逐步建立大学生创新教育基地，为学生创新性实验项目的开展提供硬件保障。教务处是创新创业项目实施的具体主管部门，负责校级以上创新创业项目的评审、推荐及所有项目的检查、验收指导和表彰工作；建立大学生创新创业训练计划项目交流网站，为学生创新创业研究提供服务平台。各学院（部门）负责宣传动员、项目筛选、业务指导、项目进展追踪检查、答辩验收等工作。

第三章 项目申报

第七条 项目申请者应学有余力，对科学研究或创造发明有浓厚兴趣，原则上以一至三年级全日制本科生为主，项目执行年限为1~3年。

第八条 申请项目团队人数一般为创新团队3~5人、创业团队10人以下。学校鼓励学生跨院系、跨学科（专业）、跨年级联合申报项目。每个学生限主持或参与1个项目，不允许交叉申报，正在承担计划项目的学生不得再申报新项目。

第九条 学生可聘请在相关学科领域内有造诣的教师作为指导教师，也可由学校指定指导教师。指导教师原则上应具有副高以上职称或博士学位，并具备良好的科研经验，每位教师最多只能指导2个项目。

第十条 项目申报范围：开放实验训练项目、实训或实习基地中的综合性、设计性、创新训练项目；发明、创作、设计等项目；专业性研究及创新、创业训练项目；创业实践项目；教师科研项目中的子课题；为参加国家有关竞赛的前期研究项目；社会调研项目；其他有价值的科学研究与实践项目。

第十一条 项目选题要求：思想新颖、目标明确、立论根据充足、研究方案合理、技术路线可行、实施条件具备的创新性和探索性项目。

第十二条 申报程序

1. 申请项目的学生须如实填写《昆明理工大学大学生创新创业训练计划申请表》，经指导教师审阅、签字后交所在学院（部门）；

2. 学院（部门）根据学校要求，对申报项目进行评审排序后汇总上报教务处；

3. 学校聘请有关专家组成评审委员会对上报项目进行评审，确定校级资助项目，推荐省级、国家级项目，批准后的项目将在全校公布；

4. 入选项目上报教育部备案。

第四章 项目管理

第十三条 项目批准立项后，项目负责人与学校签订《“昆明理工大学大学生创新创业训练计划”项目合同书》，由项目负责人主持项目的运行。在导师的指导下，学生根据研究计划开展研究和实验，并及时进行总结与交流。

第十四条 学校、学院（部门）应加强管理，对项目计划执行和研究进展情况、经费开支情况及取得的阶段性成果进行追踪检查。对项目的检查可采取多种形式如书面汇报、现场考察、经验交流、成果展示等。

第十五条 学校有关部门应对项目的实施给予条件保障。大学生创新教育基地、各类实验中心和实验室对参与项目的学生开放，免收实验场地费、实验管理费，并提供必要的指导。

第十六条 项目变更处理

1. 项目负责人变更。项目负责人原则上不能更改，如有特殊原因不能继续主持项目，由个人提出申请，所在学院（部门）提出变更意见，经教务处领导审核同意后方可更换，更改后的项目由各学院做好统计并上报教务处备案，学院同时做好备案；

2. 指导教师变更。指导教师因故短期不能履行指导任务的，应安排临时替代人员完成指导工作；指导教师因故长期不能履行指导任务的，由指导教师提出申请，学院（部门）提出变更意见，经教务处领导审核同意后方可更换，更改后的项目由各学院做好统计并上报教务处备案，学院同时做好备案；

3. 项目组成员变更。项目组学生确因个人原因不能继续进行项目研究的，由项目负责人与指导教师根据项目进展情况决定是否重新增加成员，并将结果报教务处实践与创新教育科备案；

4. 项目内容变更。项目内容原则上不予变更，但对个别按原计划实施确实困难的项目，经指导教师认可、学院（部门）重新评审并报创新计划工作领导小组审批后，可对研究内容作适当调整，更改后的项目由各学院做好统计并上报教务处备案，学院同时做好备案；

5. 项目结题时间变更。批准立项后的项目应按期完成，确因特殊原因需要提前或延期结题的，应由项目负责人提出书面报告，经学院（部门）审核后，创新计划工作领导小组批准。所有立项的项目必须在学生毕业离校前完成。

第十七条 项目每学年有 2 次结题时间（考试周前 1 个月），到期结题或需提前结题的项目组，需提前 1 个月向学院（部门）提出结题申请，并提交相关结题材料，由学院（部门）组织安排结题验收时间后，通知项目组。

第十八条 项目完成后，学院聘请相关学科（专业）专家组成项目鉴定组对项目进行结题验收。专家组成员应具有副高以上专业技术职称，项目指导教师原则上实行回避制。

第十九条 结题验收材料包括：《昆明理工大学大学生创新创业训练计划项目结题表》、项目总结报告、学生研究论文、专利、获奖证书、项目成果实物照片及相应的设计说明书、图纸、软件等一式三份，一份学院存档，二份报教务处。学生提交的文字材料应有指导教师签署的审阅意见。

第二十条 项目验收以答辩形式进行。专家组重点审阅学生对基础理论、基本技能及综合训练的掌握情况，重点考查学生在完成项目过程中的创新思维、创新能力的培养情况，并对项目的完成情况给予总体评价，认定研究成果，评选优秀项目。

第二十一条 无故不参加结题验收或验收不通过的项目，取消项目负责人及成员下一次申报和参与项目的资格，取消相应学分。

第五章 经费管理

第二十二条 学校对入选项目给予经费支持。项目经费由学校纳入“本科教学质量工程”经费统一管理，严格按照教育部和学校财务规定，实行预算管理，专款专用。

第二十三条 项目经费分三期下达：项目立项下达第一期项目经费 50%，通过中期检查后拨付 40%，结题检查通过后拨付余额 10%。

第二十四条 在指导教师监督下，由承担项目学生在预算额度和开支范围内自主使用。经费只限于计划申请中用于购买必要的实验耗材、元器件、图书资料及相关调研、学术交流、论文发表、专利申请等，不得挪作他用。

第二十五条 项目阶段检查和结题时，项目负责人要提供经费使用明细，以确保项目经费的合理使用，任何组织部门不得提取管理费。

第二十六条 对无故延迟或执行不力又无改进措施的项目，学校将视情节轻重停拨或收回经费。

第二十七条 校级培育项目由学校和学院（部门）共同资助。

第六章 奖励政策

第二十八条 大学生创新创业训练计划项目按课外创新教育学分记入学生成绩，参加项目的每位学生，在项目通过验收后，负责人可获 2 个学分，参与人获 1 个学分，可替代部分与专业教学相近的实验或实践课程学分；另外，在同等条件下，评奖评优、推荐免试研究生等工作中优先考虑。

第二十九条 学校组织专家对大学生创新创业训练计划项目进行评奖，表彰在创新精神和能力方面有较大收获和表现优秀的学生，给予师生一定的奖励。鼓励参与创新项目的学生在征得指导教师同意的前提下，以创新内容为题撰写毕业论文（设计），并在同等条件下优先推荐为优秀毕业论文（设计）。

第三十条 教师指导大学生创新创业训练计划项目可纳入个人岗位、业绩考核及职称评定，指导教师的工作量按《昆明理工大学教学、科研及社会服务绩效评价办法（试行）》记入本人业绩考核档案，指导成果可申报教学成果奖；项目指导过程中，考核不合格的教师将收回既得工作量，同时记入业绩考核。

第三十一条 学校将学院组织大学生创新创业训练计划项目的工作，纳入学院本科教学工作状态评价，对优秀指导教师和单位给予表彰与奖励。

第七章 其 他

第三十二条 凡是创新训练计划项目所发表的论文、专利及成果发表时须注明“昆明理工大学大学生创新创业训练计划项目资助项目”，项目结题时应提供成果证明，知识产权归学校所有。

第三十三条 指导教师在项目申报、实施过程中起指导、把关负责的作用，经查实项目有弄虚作假者，将终止项目运行、收回经费并取消今后指导本计划项目的资格，情节严重的按相关规定处理。

第三十四条 本办法自颁布之日起试行，原《昆明理工大学国家大学生创新性实验计划项目管理办法（试行）》（昆理工大校教字〔2008〕35号）作废，由昆明理工大学教务处负责解释。

昆明理工大学
国创十年回顾

（六十九）昆明理工大学科研促进本科教学的若干规定

为贯彻落实《教育部关于进一步深化本科教学改革全面提高教学质量的若干意见》（教高〔2007〕2号），提高我校本科教育教学质量，加强学生创新意识和创新能力的培养，鼓励我校本科生勤奋学习，崇尚科学，勇于创新，加强科学研究对本科教学的促进作用，特规定如下：

一、在全校范围内开设系列科技讲座，邀请校内外知名专家、学者就最新科学重大发明、发现，社会关注科技问题，当代科技、经济、社会发展趋势及交叉学科的最新进展等内容开设专题讲座或学术沙龙。各学院可参照这一原则，积极组织相关学科的讲座和交流。

二、积极实施素质教育，鼓励学生开展各种形式的创新活动，加强校内外科技合作和交流，积极组织学术活动，学生课外科研小组，承办各种与科技相关的学术活动，为广大本科生提供参与科学研究的机会和平台，营造有利于学生创新能力培养的学术氛围。

三、各学院（部）积极配合科技处组织各类项目申报，并在立项时将本科生参与项目研究纳入工作计划，本科生参与项目研究情况将作为项目结题考核的内容。

四、充分利用学校重点实验室、工程实验室、工程中心等科技平台的作用，有选择地为本科生进行开放，提供实验条件和场地，鼓励学生大胆尝试，勇于创新，相关平台应做好服务及相关记录。

五、在本科生中试行科研导师制，鼓励本科生在老师的指导下积极参与科技活动，或自选项目进行研究，研究成果将作为免试推荐研究生及奖学金评审的重要依据。

六、各学院应鼓励承担项目的老师应积极吸收本科生参与项目研究，将研究内容与学生课程、学生兴趣有机地结合起来，有效培养学生科研能力、创新能力。对于吸纳并指导学生参与科研的项目组，各学院可根据各自的情况制定相应的鼓励政策。学校将定期表彰在进行本科生创新教育活动中做出优异成绩的单位和个人。

七、学校教师应将最新的科研成果引入课堂、教材和实验教学，充实更新本科教学内容和教学案例，将教学与科学相结合，更好地把科学研究的方法贯穿到教学实践之中，培养学生的创新思维和创新能力。

八、学校鼓励学生积极撰写科技论文、申请专利、软件著作权等，各学院要加强对本科生撰写科技论文及专利申请等能力的培养与训练，以确保写作的质量和水平。学生撰写的论文符合昆明理工大学高端奖励办法的，学校一律与教师同等对待，给予奖励。

（七十）天津工业大学大学生创新创业训练计划项目管理办法

为贯彻落实《教育部关于做好“本科教学工程”国家级大学生创新创业训练计划实施工作的通知》（教高函〔2012〕5号）、《关于国家级大学生创新创业训练计划有关工作安排的通知》（教高司函〔2012〕85号）和天津市教委《关于我市高校参加国家级大学生创新创业训练计划有关工作的通知》等文件精神，加强我校大学生创新创业训练计划的组织与管理工作，保证该项工作的顺利实施和取得预期成果，特制定本管理办法。

第一章　总　　则

第一条　大学生创新创业训练计划（以下简称“大创计划”）遵循“兴趣驱动、自主实践、重在过程、培养能力”的原则，依托各实验中心、学生创新实验室等，以项目为载体，面向我校所有本科专业，开展创新创业训练活动，培养学生的创新能力和在创新基础之上的创业能力。

第二条　“大创计划”项目每年评审立项一次，并对已立项项目进行检查。项目以大学生个人或团队为主体，在教师指导下，根据个人兴趣，自由选择题目，自行设计方案，自主完成实验或实践活动，强调“重在过程”和“能力培养”，兼顾“研究成果”。

第二章　组 织 机 构

第三条　学校成立“大创计划”领导小组（简称“领导小组”）。“领导小组”由主管该项工作的校领导任组长，成员包括教务处、科技处、财务处、学生处、团委等相关部门的主要负责人。“领导小组”负责研究和制定相关政策，对项目进行统一规划、部署、协调和监督。

第四条　学校成立“大创计划专家组”，对“大创计划”项目进行评审、检查、验收和评优。

第五条　“领导小组”下设办公室，办公室设在教务处，负责项目的组织申报、评审立项、过程监控及经费使用等具体管理工作。

第三章　级 别 类 型

第六条　项目级别分为校级、市级与国家级三种；项目类型分为创新训练项目、创业训练项目和创业实践项目三类。

创新训练项目由本科生个人或团队，在导师指导下，自主完成创新性研究项目的设计、条件准备和项目实施、研究报告撰写、成果（学术）交流等工作。

创业训练项目由本科生团队在导师指导下，团队中每个学生在项目实施过程中扮演一个或多个具体角色，通过编制商业计划书、开展可行性研究、模拟企业运行、参加企业实践、撰写创业报告等开展工作。

创业实践项目由学生团队在学校导师和企业导师共同指导下，采用前期创新训练项目（或创新性实验）成果，提出一项具有市场前景的创新性产品或者服务，以此为基础开展创业实践活动。

第四章 申报评审

第七条 项目申请人条件。我校全日制学生均可申请。鼓励项目组成员学科、专业或年级交叉，团队总人数不超过6人。申请者要求品学兼优、学有余力，具有独立思考精神和创新意识，实践动手能力强，对科学研究、创业训练与实践等具有浓厚的兴趣。

第八条 完成期限。项目完成期限分为1~2年。原则上要求项目负责人在毕业前完成项目。创业实践项目负责人毕业后根据情况可更换负责人，或是在能继续履行项目负责人职责的情况下，以大学生自主创业者的身份继续担任项目负责人。创业实践项目结束时，要按照有关法律法规和政策妥善处理各项事务。

第九条 申报程序。学生填写《天津工业大学大学生创新创业训练计划项目申报书》，由学院组织专家组进行答辩评审，通过的项目原则上立为校级项目。评审结果汇总上报教务处，由教务处组织学校“大创计划专家组”进行校级立项评审，在其中择优推荐参加天津市、国家级大创项目评审。

第十条 导师要求。每个项目设指导教师1~2人。指导教师需责任心强、乐于奉献、治学严谨，能够履行指导职责。每位导师至多可同时指导2个在研项目。学生可根据需要跨学科、专业聘请导师，鼓励外聘行业企业人员担任学生创业训练或创业实践项目的指导教师。

第五章 项目管理

第十一条 项目协议。项目确定后，项目组成员和指导教师、项目负责人所在学院、教务处共同签署《天津工业大学大学生创新创业训练计划项目合同书》，合同书一式三份，各方签字（盖章）后生效。

第十二条 项目开题。项目组在教师指导下，撰写开题报告，由所在学院负责组织开题答辩。开题答辩材料上报教务处备案。

第十三条 中期检查。项目研究过半，项目组填写《中期检查表》，提供阶段性实践活动的原始记录，由学院组织专家进行中期检查。中期检查合格的项目，继续开展研究；不合格的项目，限期整改或停止运行。

第十四条 项目变更。项目进行中涉及研究人员、指导教师及结题时间需要变更的，由项目负责人提出申请，所在学院审议，教务处审核同意后方可变更。项目研究内容原则上不予变更，个别按原计划实施困难的项目，经学院审批并报教务处审核同意后，可作适当微调。每个项目只能申请一次延期，延长期限原则上至多为半年。

第十五条 项目验收。项目组填写《天津工业大学大学生创新创业训练计划项目结题书》，提交项目总结报告、研究论文，成果实物及设计说明书、图纸等。由学院组织专家组进行结题答辩。专家组成员不得少于 3 人，指导教师须回避；对创业训练、创业实践项目的验收，应聘请有行业企业人员作为专家。

项目的文字结题材料分别由教务处和学院建档保存，实物由学院建档保存。

第十六条 项目评优。学校组织项目成果的校级评优工作，并汇编《天津工业大学大学生创新创业训练计划项目优秀成果集》，安排校级优秀成果的交流展示及“全国大学生创新创业年会”优秀项目、论文参评参展等相关活动。

第六章 经费管理

第十七条 学校设立“大创计划”项目专项经费。专项经费由财务处独立设账，归口教务处管理，专款专用。教师不得使用学生的“大创计划”项目专项经费。

第十八条 资助经费分三次拨付。立项后拨付总经费的 50%，中期检查合格后拨付总经费的 30%，结题后拨付其余 20%。

第十九条 经费使用范围包括：与项目研究相关的资料费、印刷费、原材料费（包括耗材）、加工费、测试费、专家评审费等；经指导教师和学院审核，项目组成员确需外出调研的差旅费、会务费等；以学生为第一作者在正式期刊上发表的与项目研究成果相关的论文版面费，或至少以学生为第二作者的专利申请费、审查费等。

第二十条 项目经费以实报实销方式支取，报销单据须有项目负责人、指导教师、学院教学院长签字，教务处批准后报销。

第二十一条 未通过中期检查或结题验收的停止使用经费，或按情节收回部分或全部经费。

第七章 相关政策

第二十二条 全校各实验中心、实验室等要创造条件，向参加项目研究的学生免费开放，提供实验场地与实验设备，并给予必要指导。

第二十三条 按时通过结题验收的项目组全体成员，每人可获得本科生课外实践活动 2 个学分。

第二十四条 指导教师要认真履行职责，加强过程指导。因指导不力使项目无法顺利实施和完成的指导教师，将撤销其指导资格，并予以通报批评，今后不得再指导学生申报“大创计划”项目。

第二十五条 “大创计划”项目成果的知识产权为天津工业大学所有。公开发表的与项目研究成果相关的论文或申请的专利等必须注明“天津工业大学 ××× 级大学生创新创业训练计划资助项目”字样及项目编号，否则产生的费用不得由项目经费中支出。

第八章 附 则

第二十六条 本管理办法自颁布之日起施行。由教务处负责解释。

天津工业大学大学生创新创业训练计划项目实施报告

（七十一）辽宁大学本科学生创新教育基金管理办法（试行）

为培养学生的创新意识、创造精神和创业能力，进一步加强学生科技创新工作，特设立辽宁大学本科学生创新教育基金。

一、设立本科学生创新教育基金的目的

辽宁大学本科学生创新教育基金是学校设立的扶持和激励大学生开展科技创新活动和创新项目的基金，旨在通过资助本科学生参加大学生科技创新竞赛和研究型课程学习，引导学生坚持理论与实践相结合，激发学生知识创新和科技创造热情，逐步形成有利于培养学生创新精神的良好机制与学术氛围。

二、本科学生创新教育基金的组织领导

学校成立“辽宁大学本科学生创新教育基金工作小组”，作为负责学生创新创业行动的领导机构，制定学生创新创业行动计划和相关政策措施，审查经费使用情况。领导小组由主管校长担任组长，教务处、学生处、科研处、财务处、团委等部门负责人为小组成员。领导小组下设办公室，具体负责计划的组织实施和组织对创新教育基金资助项目审批，办公室设在教务处。

三、本科学生创新教育基金的经费来源与使用范围

学校设立“辽宁大学本科学生创新教育基金”（简称创新基金），主要用于资助我校本科学生参加全国性科技文化竞赛的培训、参赛，资助本科学生进行研究型课程的学习。创新基金每年由学校拨付专项经费，教务处负责管理，暂定每年 15 万元，以后视创新教育开展情况和经费使用情况逐年增加投入，并争取社会力量捐助，多渠道筹集资金加强对大学生创新教育的支持力度。

四、本科学生创新教育基金的管理

（一）对本科学生参加全国性大学生科技、文化竞赛的资助办法

1. 范围：“挑战杯”科技或创业竞赛、数学建模竞赛、电子设计竞赛、外语竞赛等全国性大学生科技、文化竞赛。对上述竞赛而进行准备、培训所需的仪器设备、实验材料等进行资助，对参赛所需器材和参赛人员的差旅费进行资助。

2. 资助程序：由学校教务处委托院系进行组织与指导，由承担院系选派领队和指导教师。领队组织指导教师制订培训与参赛计划并做出经费预算，承担院系审批参赛计划、核准经费预算，报学校教务处审批。

3. 承担院系必须以高度负责的精神加强对参赛指导教师和学生的领导，做好参赛人员的思想政治工作，严格按照计划组织参赛学生培训，注重培养学生的创造意识、

创新能力与合作精神，力争取得好成绩。培训与参赛经费要专款专用，不得挪作他用，要严格控制在经费预算内完成赛事。

（二）对研究型课程的资助办法

1. 研究型课程由本科学生自主申报，由学生所在院系推荐，由学校教务处组织审批。

2. 学生申请研究型课程应具备的条件。二年级及二年级以上在籍全日制本科学生，有一定的研究活动经历，对研究型课程有浓厚的兴趣，符合以下条件者，可以申请研究型课程资助：

（1）思想进步、品行端正；

（2）学习努力，完成60学分以上必修课的学习并取得相应的学分，平均学分值>70，或成绩排名在班级的前30%者；

（3）指导教师推荐，有较强的研究能力。

3. 资助额度与工作时间

研究型课程的资助分为两个等级，A级每项800元，B级每项400元。要求A级课程的学习与研究时间不得少于480小时，B级课程的学习与研究时间不得少于400小时。

4. 研究型课程的申请程序与管理见《辽宁大学关于开设研究型课程的暂行规定》。

（七十二）辽宁大学大学生创新创业训练计划管理办法（试行）

第一章　总　　则

第一条　根据《教育部关于做好“本科教学工程”国家级大学生创新创业训练计划实施工作的通知》（教高函〔2012〕5号）和《辽宁省教育厅办公室关于启动大学生创新创业训练计划的通知》（辽教办发〔2012〕178号）的精神，结合学校实际，特制定本办法。

第二条　实施大学生创新创业训练计划，将人才培养与科学研究紧密结合起来，激发学生学习兴趣，培养学生严谨的科学态度、创新意识和团队精神，提高学生自主学习和科学研究的能力。

第三条　大学生创新创业训练计划内容包括创新训练项目、创业训练项目和创业实践项目三类。项目分为国家级、省级、校级和院级共四级。

第四条　项目由本科生个人或团队，在导师的指导下，自主选题，自主管理项目，自主完成项目。在注重项目实施过程的同时，强化实践能力和个性培养，兼顾“研究成果”。

第二章　组织与管理

第五条　大学生创新创业训练计划实行校级和院级两级管理。

第六条　校级管理由“辽宁大学大学生创新创业训练计划组织协调委员会”（简称组织协调委员会）具体负责。组织协调委员会主任由分管教学的副校长担任，成员由教务处、科技处、行政处、人事处、计划财务处、学生处、校团委、就业指导中心及大学科技园等有关负责人组成。组织协调委员会的职责是：

1. 制定大学生创新创业训练计划的实施方案及有关政策，指导大学生创新创业训练计划项目的开展与实施，协调解决相关的重大问题；

2. 负责评选校级项目和审批推荐国家级、省级项目，并确定经费资助额度；

3. 审批和监督项目资助经费的使用情况。

组织协调委员会下设办公室，办公室设在教务处，办公室主任由教务处处长担任。该办公室的主要职责是：

1. 负责大学生创新创业训练计划项目的日常管理工作；

2. 组织专家对校级以上项目进行检查、验收、评价和总结；

3. 定期检查校级以上项目的开展情况和经费使用情况。

第七条　院级管理由院“大学生创新创业训练计划工作委员会”（简称工作委员会）负责。工作委员会主任由分管教学工作的副院长担任，成员由院主管教学、科研、资金、学生工作的负责人和部分骨干指导教师组成。该工作委员会的职责是：

1. 负责本院的大学生创新创业训练计划项目的宣传、发动、申报和评审；

2. 向学校推荐校级以上大学生创新创业训练计划项目候选项目；

3. 检查和监督本院大学生所承担的项目的执行情况；

4. 组织专家评审、检查、监督、验收本院大学生承担的院级项目，并向学校提交评价和总结报告；

5. 向学校推荐优秀学生及指导教师，提出有关政策和建议等。

第三章　项 目 申 报

第八条　研究课题可以由学生自己提出，也可由学生和教师共同拟定，或由导师提出，学生选择。

第九条　项目申请人原则上为学有余力、具备初步科研和动手能力的大学本科二、三年级学生。

第十条　项目中请人必须选择一名相关学科的教师为指导教师，指导教师主要负责项目的指导、监督和管理。

第四章　项 目 评 审

第十一条　每年九月份，确定了研究课题和指导教师的项目申请人须填写《辽宁大学大学生创新创业训练计划项目申报表》，经导师签字同意后送项目申请人所在院。

第十二条　各院工作委员会组织专家对项目进行评审，并向组织协调委员会办公室推荐国家级、省级和校级项目的候选项目。

第十三条　组织协调委员会办公室组织专家对院推荐的候选项目进行评审，评选出推荐国家级、省级、校级项目，评审结果在校内网上公示。

第十四条　项目评审本着公平、公正和公开的原则，注重项目的创新性、现实性、可操作性及应用性。

第五章　项 目 运 行

第十五条　项目批准立项后，由项目负责人及指导教师提交项目执行承诺书，确保在项目实施过程中实事求是、诚实守信、按计划完成各项研究工作。

第十六条　大学生创新创业训练计划项目执行期原则上为一年半。

第十七条　学校有关部门应为项目的顺利进行提供必要的条件保障，所有实验教学示范中心、各类实验室（含重点实验室）、校内外签约的实习基地对参与项目的学生免费开放，免收实验场地费、实验管理费。

第十八条　凡有下列情形之一者，须由项目负责人提交书面申请，经项目负责人所在院同意，报学校审核：

1. 变更项目负责人；

2. 研究内容有重大调整；

3. 申请延期（最多不得超过一年）；

4. 终止项目运行（无法克服的原因）。

第十九条 对不按时递交中期进度报告、项目无明显进展或工作中弄虚作假的，将终止该项目的运行。

第六章 项目验收

第二十条 项目研究工作必须在负责人毕业前一个学期末完成，并由负责人提交结题报告及有关研究成果，如调查报告、图纸、软件、仪器装置、学术论文、专利、获奖证书等。

第二十一条 申请结题的项目必须符合以下条件：

1. 已提交结题报告书及有关研究成果；

2. 已经归还所借用的房间、仪器设备、工具、资料等；

3. 所资助的经费已经结算清楚。

第二十二条 利用资助经费所购置的仪器设备（800 元以上）必须办理国有资产入账，产权归属于项目指导教师所在单位。

第七章 经费管理

第二十三条 大学生创新创业训练计划项目由学校每年划拨专项资金支持，项目经费由组织协调委员会代管，负责资助资金的审批。

第二十四条 国家级和省级项目根据项目的性质，按照不低于上级主管部门要求的配比提供资金支持，校级项目平均每项资助经费原则上不低于 2000 元（人文经管类平均每项不低于 1000 元），院级项目由工作委员会自行确定，每个项目资助经费原则上平均每项不低于 500 元。鼓励指导教师利用科研经费资助大学生开展创新创业训练计划，对有导师经费配套的项目在评审时优先考虑。

第二十五条 项目资助经费分两次下拨，项目启动时下拨 50%，通过中期检查后再下拨另外 50%。未通过中期检查的项目停止其继续使用资助经费。

第二十六条 资助经费主要用于项目的资料费、调研费等必要开支，由承担项目的学生使用，由指导教师监管。

第二十七条 项目经费报销工作应严格遵守学校财务制度，报销的总金额不得超过资助经费总额。

第八章 奖励政策

第二十八条 以学生为第一作者在国内外正式期刊上发表论文的，凭录用通知可以申请版面费。

第二十九条 以学生为第一申请人在国内外申请专利的，凭专利受理书可以申请专利申请费。

第三十条 参加项目的每名学生在项目通过结题验收后可获得 1 门任选课的学分，同时，凡通过结题的项目，项目组负责人和项目组成员分别根据对项目的贡献和成果获奖情况，按照《辽宁大学关于实施创新教育计划的决定》文件规定给予学分奖励。

第三十一条 创新成果突出的学生科研项目，达到毕业设计要求，可作为毕业设计（论文）进行答辩。

第三十二条 符合推荐研究生基本条件者，同等条件下优先考虑推荐免试研究生。

第三十三条 学生可根据项目进展和个人实际情况提出申请，经教务处审批，可优先选学与项目有关的部分课程。

第三十四条 学校每年评选大学生创新创业训练计划校级优秀成果 5~10 项，对优秀的学生和指导教师给予奖励和表彰。根据项目的规模（资助额和持续时间等）和成果（如发表论文、专利等），每年评选出 10 名大学生创新创业训练计划优秀指导教师，予以奖励。

第九章 成果展示和交流

第三十五条 学校通过校园网、论文报告会、项目沙龙、成果展览等形式开展大学生创新创业训练计划的宣传与经验交流，形成辐射作用。

第三十六条 学校定期编印出版大学生优秀科研创新成果集，促进优秀成果的展示与推广应用。

第十章 违纪处理

第三十七条 凡属下列情形之一者，学校将视情节轻重收回部分或全部资助经费，扣除学生已取得的学分，并予以全校通报。情节严重的给予当事人及相关负责人纪律处分。

1. 违反财务政策或经费使用不当；
2. 抄袭他人研究成果、作品或其他弄虚作假行为；
3. 管理不善，造成国家财产巨大损失；
4. 无故或无正当理由不完成项目研究或随意放弃项目。

第十一章 附 则

第三十八条 本办法由“辽宁大学大学生创新创业训练计划组织协调委员会”负责解释。凡与本办法不符的，以本办法为准。

（七十三）沈阳化工大学大学生创新创业训练计划项目管理办法（修订）

（化大发〔2014〕41号）

第一章 总 则

第一条 根据《教育部关于做好“本科教学工程”国家级大学生创新创业训练计划实施工作的通知》（教高函〔2012〕5号）、《普通本科学校创业教育教学基本要求（试行）》（教高厅〔2012〕4号）及辽宁省关于大学生创新创业训练计划项目实施办法的要求，规范创新创业训练计划的管理，推进我校创新创业教育工作的开展，结合学校实际，特制定本管理办法。

第二条 在我校普通本科生中实施创新创业训练计划，旨在探索以问题和课题为核心的创新人才培养模式，激发大学生的创新思维和科学研究兴趣，充分调动大学生自主学习的主动性和创造性，培养大学生的创新意识、实践能力和团队协作精神，形成良好的校园创新文化氛围，使我校学生的实践能力、创新精神和创业意识得到持续增强，人才培养质量得到提高。

第三条 大学生创新创业活动计划项目遵循“兴趣驱动、自主实践、注重过程”的原则，按照“自主选题、自由申报、择优资助、规范管理”的程序，重点资助思路新颖、目标明确、具有创新性和探索性、研究方案可行、实施条件有保障的项目。按“总体设计，分项实施”的原则，实行项目负责制。

第二章 组织管理

第四条 学校成立大学生创新创业训练计划工作领导组，组长由主管教学的副校长担任，领导组成员由教务处、创新实验学院、科研处、人事处、学生处、团委、国有资产管理处、学科发展规划处、财务处及二级院（系）等负责人组成，负责制定规章制度，领导、组织和协调创新创业计划的开展。同时成立沈阳化工大学大学生创新创业训练计划指导专家小组，负责创新创业计划项目的立项审批、结题终审、效果分析评价等工作。领导组、指导专家小组下设办公室，办公室设在教务处（创新实验学院），具体负责计划的日常组织、管理和协调工作，组织立项评审、中期检查、结题评审、项目成果的总结与推广。

第五条 各院（系）成立大学生创新创业训练计划指导小组和院（系）级大学生创新创业训练计划专家组，负责落实本院（系）项目实施的申报初审、立项答辩、中期管理（包括项目的变更，开展中期检查，组织学术交流等）、结题验收等各项具体工作。

第六条 各院（系）安排专人负责大学生创新创业训练计划项目的具体实施和

管理工作，落实项目初审、材料汇总、档案管理、中期检查、后期结题等具体事宜，做好与教务处（创新实验学院）的联络工作。

第七条 教务处、创新实验学院、学生处和各院（系）共同负责项目的宣传、发动工作；教务处和创新实验学院负责创新训练项目的实施管理，共同参与项目的评审和结题；教务处、创新实验学院和学生处共同负责创业训练项目和创业实践项目的实施管理，共同参与项目的评审和结题；教务处和人事处共同负责指导教师工作量的认定；各院（系）、财务处、教务处、国有资产管理办公室共同负责项目的经费管理。

第三章 申报立项

第八条 立项原则：坚持可行性、创新性和实用性原则，注重培养学生的实践能力、创新精神，注重理论联系实际和研究课题实效，充分利用校内外各类实践基地和各级各类竞赛活动开展项目研究。

第九条 项目选题要求：思想新颖、目标明确、立论依据充足、研究方案合理、实施条件具备的创新性和探索性项目。

第十条 项目主要内容包括：创新训练项目、创业训练项目和创业实践项目三类。

创新训练项目是本科生个人或团队，在导师指导下，自主完成创新性研究项目设计、研究条件准备和项目实施、研究报告撰写、成果（学术）交流等工作。可以是创作、设计、项目开发等；应用性、创新性研究项目；社会调研项目；各类竞赛的前期研究项目；教师科研课题中的子项目；其他有价值的研究与实践项目。

创业训练项目是本科生团队，在导师指导下，团队中每个学生在项目实施过程中扮演一个或多个具体的角色，通过编制商业计划书、开展可行性研究、模拟企业运行，参加企业实践、撰写创业报告等工作。

创业实践项目是学生团队，在学校导师和企业导师共同指导下，采用前期创新训练项目（或创新性实验）的成果，提出一项具有市场前景的创新性产品或者服务，以此为基础开展创业实践活动。

第十一条 创新创业训练计划项目按照学生自愿申请、学院遴选推荐、专家论证评审及学校择优资助的程序进行。

1. 学生申请。凡我校成绩优良、学有余力、具有一定专业知识和技能基础的在校全日制普通本科生均可自愿申报，项目负责人须为全日制普通本科二、三年级学生。要求项目负责人在毕业前完成项目。每个项目由3~5名相关专业学生组成项目研究团队，团队的组建提倡学科交叉与联合。每名学生每次只能参加一个创新创业训练计划项目，不得同时参加两个或两个以上创新创业训练计划项目。导师原则上应是我校在职教师，具有讲师以上职称，并具备良好的科研经验，每位老师至多只能指导2个项目；指导教师要认真履行指导职责，负责全过程指导学生进行科学研究，为学生提供项目研究所需要的工作场地和实验设备，定期组织学生讨论和交流。

项目组成员在认真讨论的基础上，按要求填写《沈阳化工大学大学生创新创业训练计划项目申请书》，并在规定时间内提交到项目负责人所在院（系）。

2. 学院推荐。项目负责人所在院（系）要及时组织有关专家，对本学院申报的大学生创新创业训练计划项目进行初审评选，并在规定时间内，择优、限额推荐到教务处。学校于每年 6 月份集中受理创新创业训练计划项目申报工作。

3. 评审立项。学校大学生创新创业训练计划领导组办公室负责组织专家，对学院推荐的创新创业训练计划项目进行评审，评审结果向全校公示一周。公示无异议或虽提出异议但通过复审的项目，确立为“沈阳化工大学生创新创业训练计划项目”。

4. 创新训练项目实施期限一般为 1 年，创业训练项目和创业实践项目一般不超过 2 年。

第十二条 评审标准

评审专家组依照立项原则与范围，主要从如下几个方面对项目进行评审，确定能否立项和资助：

1. 以提高学生创新创业能力为目的，在指导教师指导下，学生个人或团队自主选题，自主设计方案，自主完成项目计划，取得相应成果。

2. 选题的目的、意义和设计思路明确。

3. 研究内容具有创新之处和特色及预期目标实现的现实可行性。

4. 设备、人员及经费等条件能够保证项目完成。

第四章 项 目 管 理

第十三条 大学生创新创业训练计划项目立项后，项目负责人和指导教师应及时组织项目组成员利用业余时间有计划地开展工作。项目进行过程中，任何人（包括指导教师和学生）不得以任何理由影响正常的教学活动。全校各级各类实验中心、工程中心、实践中心及实验室要对参加创新创业训练项目的学生免费开放，提供必要的实验场地与实验设备支持。

第十四条 中期检查与交流。学校、二级学院（系）要采取多种形式对项目进展情况进行中期检查，必要时进行不定期抽查。检查的主要内容有：实验报告记录项目计划执行情况、项目研究进展情况和取得的阶段性成果，经费开支情况，存在的问题等。对确因主观原因造成的项目进展不力的，责令限期改进，必要时暂停使用经费直至终止项目。二级学院（系）组织中期检查，并将检查结果形成书面报告上报大学生创新创业训练计划项目办公室。

学校、二级学院（系）定期组织参加项目的学生开展学术交流，并积极指导学生参加学术团体组织的学术会议，为学生创新创业研究提供交流经验、展示成果、共享资源的机会；定期组织项目指导教师开展经验交流。

第十五条 项目变更。项目进行过程中，原则上不允许变更。确需变更的，涉及变更研究内容、参加人员和结题时间等事项时，项目负责人应提出书面报告，经学院审核，报学校批准。

1. 项目负责人变更。项目负责人因故确实不能或不宜继续主持项目的，由所在二级学院（系）提出变更意见，经项目工作小组审核同意后方可更换。

2. 指导教师变更。指导教师因故短期不能履行指导任务的，应安排临时替代人员完成指导工作；指导教师因故长期不能履行指导任务的，由二级学院（系）提出变更意见，经项目工作小组审核同意后方可更换。

3. 项目组成员变更。项目组学生确因个人原因不能继续进行项目研究的，由项目负责人与指导教师根据项目进展情况决定是否重新增加成员，并将结果报项目工作小组备案。

4. 项目内容变更。项目内容原则上不予变更，但对个别按原计划实施困难的项目，经指导教师认可、二级学院（系）审批并报项目工作小组审核同意后，可对研究内容作适当调整。

5. 项目结题时间变更。批准立项后的项目应按期完成，确因特殊原因需要提前或延期结题的，应由项目负责人提出书面报告，经二级学院（系）审核后，报项目工作小组批准。

6. 所有申报的项目必须在学生毕业离校前完成。

第十六条　成果管理

1. 成果归属。沈阳化工大学大学生创新创业训练计划项目的研究成果，包括论文、专利、获奖、模型、软件、样品、装置、设计图纸、成果应用与转化等，均应注明“沈阳化工大学大学生创新创业训练计划资助”及项目编号，项目研究成果所有权归属沈阳化工大学。

2. 资料存档。大学生创新创业训练计划资料应归档，归档内容包括：所有项目的立项申请书、中期检查报告、经费使用记录、结项验收报告、研究论文、专利授权证书、样品、计算机程序、设计文件等。以上归档材料，学校大学生创新创业训练计划项目办公室保存原件一套，项目所在学院保存副本（或复印件）一套。实物性成果由项目所在学院保存。归档材料保存期限不少于四年。学校适时将研究成果汇编，并在校内组织成果展示与交流。

3. 对在项目申报、实施、结项验收过程中，弄虚作假、管理不善，造成国家财产巨大损失或无正当理由不完成项目者，一经查实，学校将终止项目运行并取消其再次申报实验项目的资格，并按相关规定处理。

第五章　经 费 管 理

第十七条　经费使用与管理

1. 经费发放。对批准立项的“沈阳化工大学大学生创新创业训练计划”项目，根据项目资助级别，给予一定的经费支持。项目经费分三期下达：项目确定后，项目负责人与学校签订《“沈阳化工大学大学生创新创业活动计划项目”合同书》，并下达第一期项目经费 30%，中期检查合格后拨付 30%，结题验收后拨付剩余 40%。

2. 经费使用。项目经费应严格遵守学校的财务管理制度使用，专款专用。经费开支需按项目预算计划执行，主要用于实验消耗、样品测试、必要的制作费、资料费、文本打印费及相关调研等，不得用于劳务费等人员经费和与本项目实验研究无关的支出。指导教师不得使用该项目经费，二级学院（系）不得从中提留管理费。

3. 审核报销。经费报销单由项目负责人经办、指导教师验收，经教务处审核盖章后，持项目经费本到财务处报销。报销总金额不得超过项目资助经费总额。立项后无故不开展工作或经费使用不当者，学校将停拨项目经费。项目经费用于学生发表论文版面费或其他成果时，须注明“沈阳化工大学大学生创新创业训练计划资助”。项目结题时，项目负责人要提供经费使用明细表，以确保项目经费的合理、合法使用，并接受审计部门监督。

第六章 项目结题验收

第十八条 申请与学院（系）验收

1. 验收申请。项目完成后，项目负责人应及时组织项目组成员填写《沈阳化工大学大学生创新创业训练计划项目验收报告》，指导教师签署意见后，与项目研究结题报告、项目成果实物和研究成果（论文、专利、设计、获奖、成果应用与转化等）及相关支撑材料等一并提交项目所在学院（系）验收。

2. 学院（系）验收。项目所在学院（系）组织专家对申请验收的项目进行材料审核和评审。验收未通过的，限期完善后另行申请学院验收；验收通过的，按规定时间报送学校大学生创新创业训练计划办公室参加学校项目鉴定验收。

第十九条 复核与评定

1. 材料复核。教务处、创新实验学院负责对学院（系）验收通过的项目材料进行核实。

2. 答辩鉴定。复核通过的项目，参加学校组织的专家组答辩鉴定。答辩方式由专家组决定。答辩内容主要是项目取得的研究成果，以及在创新思维、创新能力、综合素质培养等方面所取得的收获。专家组考核重点是学生在完成项目过程中的创新思维和创新能力的培养情况，并审查、鉴定项目研究成果的质量与水平。

3. 研究成果鉴定。大学生创新创业训练计划获得省级资助的项目，结题验收时，作为研究成果的公开发表的国内外学术论文至少两篇或者申请专利一项，发表论文情况和申请专利情况作为两个硬性指标，必须具备其一，否则该项目结题验收视为不合格。获得学校资助的项目，结题验收时，作为研究成果的公开发表的国内外学术论文至少一篇或者申请专利一项，两者必须具备其一，否则该项目结题验收视为不合格。

4. 结论评定。综合专家组审阅材料情况、指导教师意见、项目所在学院（系）验收情况、答辩鉴定情况、研究成果鉴定情况及相关支撑材料等，大学生创新创业训练计划项目办公室将聘请大学生创新创业训练计划项目指导专家小组对项目做出验收结论，并按“优秀、通过、不通过”三档评定。

第二十条 项目总结与交流

学院（系）在立项项目结题验收后应及时做好项目总结和研究成果汇集工作，将鉴定结果为“优秀”的项目研究成果的文字结题材料（含电子文档）报教务处［实物成果材料由二级学院（系）建档保存］，学校在此基础上汇编《沈阳化工大学大学生创新创业活动计划项目研究成果简介》，并组织成果展示与交流。

第二十一条 无故不参加结题验收或验收不通过的项目，取消项目负责人下一次申报项目的资格；学生鉴定成绩不及格的学生，取消下一次申请参加项目研究的资格。

第七章 表彰与奖励

第二十二条 完成并通过鉴定验收的创新创业训练项目，学生可获得相应的创新学分，具体办法参照《沈阳化工大学大学生能力与创新学分实施办法》执行。

第二十三条 教师奖励

1. 根据学生参加创新创业训练计划各类竞赛活动所获得的省级及以上奖项情况，参照《沈阳化工大学学科竞赛奖励办法（试行）》进行。

2. 教师指导学生创新创业实践活动，所获得的奖项奖励办法将参照学科竞赛的奖励办法。

3. 同一个竞赛项目（作品）多次获奖的按最高奖级计算。

4. 同一项目（作品）有多名指导教师的，每位教师具体奖励额在总奖励额内根据指导教师指导工作具体情况自行分配。

第二十四条 学校设立大学生创新创业训练计划优秀组织奖、优秀指导教师奖和优秀成果奖。对组织得力、表现突出、效果显著的人员和成果，学校将定期进行评选并予以表彰和奖励。

第八章 附　　则

第二十五条 本办法自颁布之日起施行。

第二十六条 本办法由沈阳化工大学大学生创新创业训练计划项目工作领导组负责解释。

（七十四）辽宁师范大学创新创业训练计划项目管理办法

为贯彻落实教育部关于做好“本科教学工程”国家级大学生创新创业训练计划的精神，培养大学生的创新创业意识和实践能力，学校决定实施大学生创新创业训练计划。为规范项目管理，特制定本办法。

第一章 总　则

第一条 实施本计划的目标是：转变教育观念，激发大学生的学习兴趣和创新创业热情，促进大学生个性化发展和综合素质的提高，增强学生的创新能力和在创新基础上的创业能力，培养适应创新型国家建设需要的高水平创新人才。

第二条 实施本计划应遵循“兴趣驱动、自主实践、注重过程、团队合作、求实创新、培养能力”的原则。参与本计划的学生应对创新创业、科学研究或创造发明有浓厚的兴趣，并在导师指导下自主申请、自主实施。本计划的开展注重项目实施过程的训练，促进大学生创新思维和创新创业实践能力的有效提升。

第三条 学校成立大学生创新创业训练计划领导小组并建立项目专家库。校领导小组办公室设在教务处，具体负责项目的立项审批、中期检查、结题终审等组织与管理工作。

第二章 项目内容

第四条 大学生创新创业训练计划内容包括创新训练项目、创业训练项目和创业实践项目三类。

1. 创新训练项目是本科生个人或团队，在导师指导下，自主完成创新性实验方法的设计、实验条件的准备、实验的实施、数据处理与分析、报告撰写、成果（学术）交流等工作。

2. 创业训练项目是本科生团队，在导师指导下，团队中每个学生在项目实施过程中扮演一个或多个具体的角色，通过编制商业计划书、开展可行性研究、模拟企业运行，参加企业实践、撰写创业报告等工作。

3. 创业实践项目是学生团队，在学校导师和企业导师共同指导下，采用前期创新训练项目（或创新性实验）的成果，提出一项具有市场前景的创新性产品或者服务，以此为基础开展创业实践活动。

第三章 项目的立项

第五条 学校大学生创新创业训练计划项目每年进行一次立项工作。计划项目分为国家级、省级、校级三级资助项目。

第六条 大学生创新创业训练计划原则上面向全校全日制在校二、三年级本科生。参与学生应能够按照培养方案规定完成学习任务，对科学研究与发明或创业有浓厚兴趣，敢于探索与实践，具有创新意识与创新精神，具备良好的学术道德和社会公德。原则上每项目组 3~4 人为宜，项目组最多不超过 5 人。鼓励跨学院、跨学科的合作。每名学生（含申请人与参加人）限同时申报一个项目，在项目未结题时不能申报新的项目。

指导教师原则上应具有副高级（含）以上职称，熟悉该项目涉及的研究领域，且主持过省级及以上课题。如聘请其他高校、科研单位或企业的专家担任指导教师，也应由校内的导师负责日常管理、协助指导工作。

第七条 学生可根据所学专业、兴趣爱好或在教师的指导下自主进行选题。选题要求思路清晰、目标明确、具有创新性和探索性。项目内容难易适度，可行性强。创新训练项目内容包括自主性学习、实验方法的设计、组织设备与材料、实施实验、数据分析处理、撰写总结报告、成员分工等；创业训练与创业实践项目内容包括自主性学习、商业计划书编制、项目可行性研究、模拟企业运行方案、计划参加的企业实践、撰写创业报告（计划）、成员分工等。项目内容由学生个人或创新团队（不超过 5 人）完成，每个项目配备指导教师 1~2 人。

第八条 大学生创新创业训练计划项目原则上要求项目负责人在毕业前完成项目，即完成时间一般为 1~2 年。创业实践项目负责人毕业后可根据情况更换负责人，或是在能继续履行项目负责人职责的情况下，以大学生自主创业者的身份继续担任项目负责人。创业实践项目结束时，要按照有关法律法规和政策妥善处理各项事务。

第九条 学校于每年 3 月开始组织项目申报、项目论证、评审立项等工作。各级各类项目需经学院审核、学校专家组评审与学校“领导小组”审批，国家级或省级项目从获批学校立项项目中遴选，由学校组织评审后上报，由上级部门审批确定。

第四章 项目实施及管理

第十条 项目批准立项后，项目负责人应在一周内与学校签订项目合同书，项目负责人按照申请书规定的时间和研究内容启动研究工作。全体成员应保证时间和精力的投入，自主设计和组织实施，独立进行实验，独立撰写总结报告，同时应做好训练过程记录。项目成员不得抄袭、拷贝、移植他人成果，引用参考资料须在报告中注明出处。

第十一条 每个项目配备 1~2 名指导教师，每个指导教师同时指导的项目不超过 2 个。

指导教师要根据项目的实施计划及时给予指导，保证指导时间和指导质量。在项目实施中，指导教师应在学术思想、研究技术手段与研究方法、研究工作成果分析总结方面给予指导，引导学生自主学习、自主完成研究计划；应注重学生创新思想的激发，培养团队的协作精神；应严格要求学生，注重学生综合素质的培养，包括发展学生对科学研究的兴趣、培养实事求是的科学精神及坚忍不拔的态度。指导教师不得代替学生完成项目内容，也不得将自己的成果转嫁给学生。

如有特殊原因致使指导教师不能完成指导任务，学院“工作组”要及时采取措施或变更指导老师，确保项目顺利进行。

第十二条 有关单位应积极创造条件支持大学生创新创业训练计划，各类实验教学小范中心、开放实验室、各级重点实验室和创业实践基地应向参与项目的学生提供场地和相关仪器设备。学院应指派专人负责大学生创新创业训练计划项目的开展。

第十三条 项目启动后按计划向学校提交项目中期进展报告，内容包括：项目任务完成情况、遇到的困难和问题及下一步工作计划等。学校将组织中期检查，并提出进一步改进的意见。

第十四条 项目执行中取得的任何公开形式的成果都应注明相应级别的大学生创新创业训练计划项目资助，并报送教务处存档，以便作为学校评奖依据。

第十五条 在研究工作中，涉及减少、变更研究内容和研究人员，提前或推迟结题等事项，项目负责人应提出书面报告，经学院审核后，报学校批准。

1. 项目负责人变更。项目负责人因故确实不能或不宜继续主持项目的，由所在学院指导小组提出变更意见，经学校审核同意后方可更换。创业实践项目负责人毕业后可根据情况更换负责人，或是在能继续履行项目负责人职责的情况下，以大学生自主创业者的身份继续担任项目负责人。创业实践项目结束时，要按照有关法律法规和政策妥善处理各项事务。

2. 指导教师变更。指导教师因故短期不能履行指导任务的，应安排临时替代人员完成指导工作；指导教师因故长期不能履行指导任务的，由学院提出变更意见，经审核同意后方可更换。

3. 项目组成员变更。项目组学生确因个人原因不能继续进行项目研究的，由项目负责人与指导教师根据项目进展情况决定是否重新增加成员，并将结果报学校备案。

4. 项目内容变更。项目内容原则上不予变更，但对个别按原计划实施困难的项目，经指导教师认可、学院审批并报学校审核同意后，可对研究内容作适当调整。

5. 项目结题时间变更。批准立项后的项目应按期完成，确因特殊原因需要提前或延期结题的，应由项目负责人提出书面报告，经学院审核后，报学校批准。所有申报的项目必须在学生毕业离校前完成。

第五章 项 目 结 题

第十六条 项目应在规定的时间内结题。结题时，项目组向学院提交结题申请，附加成果报告、发表文章、专利、产品或作品、成果应用情况、经费支出情况、项目实施记录本等资料。

第十七条 学院组织对本学院的项目进行审核，并对每个项目形成书面评审意见。学院对结题项目的总体研究结果进行总结，并将项目评审意见、项目结题申请资料及时报学校“领导小组”审查。

学校“领导小组”组织专家，对申请结题的省级项目以答辩形式评审、对校级项目以审查资料形式评审。通过评审的项目由学校“领导小组”审批后即可结题。未通过学校审查的项目，应当继续进行；对不能继续进行的项目，学院应提供相关说明材料，并提出终止意见。

第十八条 创新创业训练项目应按照立项申请书中的实施方案进行，完成设计工作内容，项目支撑材料充分翔实，项目成果达到或基本达到预期指标，研究报告规范翔实，鼓励项目成果申报专利或有偿转让，鼓励在学术刊物或会议上公开发表。

创业实践项目，团队应遵守国家法律法规，诚信经营。项目支撑材料充分翔实，项目运作达到或基本达到预期指标，鼓励项目做大做强，并以多种方式引入技术、资金、生产和市场等合作者。

第十九条 学校、学院应建立大学生创新创业训练计划项目档案，包括项目申请书、中期检查表、结题报告书、研究论文等成果及原始资料、获奖证书等。

第二十条 结题项目成果受益人为辽宁师范大学。

第六章 经费来源与使用

第二十一条 经费来源。大学生创新创业训练计划项目设立专项经费，对获准立项的项目进行经费资助和管理。校级大学生创新创业训练计划项目经费，每个项目资助经费额度为1000~5000元；国家、省级大学生创新创业训练计划项目经费，依据上级相关规定执行。对各级各类项目的经费资助额度，学校可根据项目的具体情况适当增减。

第二十二条 项目资助经费分两次下拨，项目启动时下拨50%，通过中期检查后再下拨另外50%。未通过中期检查的项目停止继续使用资助经费。

第二十三条 资助经费专款专用。在导师指导下，由项目负责人合理使用。

第二十四条 项目经费报销工作应严格遵守学校财务制度，主要用于项目研究所需的资料费、实验材料费、差旅费（调研）、会议费、论文版面费、项目评审费、成果编印费等必要开支，不得用于支出劳务费等人员经费。报销单必须由指导老师、项目负责人签字，经教务处审核后方可到财务处报销。属于图书、仪器设备等国有资产的要按照学校财务处有关管理制度执行。

第七章 相 关 规 定

第二十五条 参与项目的学生可以根据项目开展状况及个人实际情况向学校申

请个性化培养方案。

第二十六条 通过结题验收的项目，教务处对项目组成员认定创新实践学分。国家项目负责人12学分，成员10学分；省级项目负责人6学分，成员4学分；校级项目负责人3学分，成员2学分。

第二十七条 对取得阶段性成果创新创业训练计划项目，经学生（限项目组负责人）提出申请，征得指导教师同意后，经学院审查，且认定该项目与负责人所学专业相关，学校批准可作为毕业论文（设计）课题继续进行；对于研究成果已经达到毕业论文（设计）要求，可代替本科毕业论文（设计）。

第二十八条 认真履行项目指导工作的教师，建议学院参照指导毕业论文（设计）的标准计算相应的教学工作量。

第二十九条 对完成项目水平高且组织管理工作突出的学院，学校将在下一年度的大学生创新创业训练项目的申报数额分配上予以奖励。

第三十条 凡属下列情形之一者，学校将视情节轻重收回部分或全部资助经费，扣除学生已取得的学分，并予以全校通报。情节严重的给予当事人及相关负责人纪律处分：

1. 违反财务政策或经费使用不当；
2. 抄袭他人研究成果、作品或存在其他弄虚作假行为；
3. 管理不善造成国家财产损失；
4. 泄露机密；
5. 无故或无正当理由不完成项目研究或随意放弃项目。

第八章 附 则

第三十一条 本办法自颁布之日起施行，解释权在辽宁师范大学大学生创新创业训练计划领导小组。

第三十二条 各学院可根据本管理办法制定实施细则。

（七十五）吉林师范大学大学生创新创业训练计划项目管理办法

第一章 总 则

第一条 为建立和完善大学生创新创业教育体系，探索创新型人才培养新模式，充分调动学生学习的积极性、主动性和创造性，激发学生的创新精神和创业意识，提高其创业、就业能力，切实保证我校创新创业训练计划项目的组织实施与规范管理，结合我校实际情况，特制定本管理办法。

第二条 大学生创新创业训练计划项目的实施，旨在探索并建立以问题和课题建立为核心的教学模式，倡导以本科学生为主体的人才培养和研究性学习教育教学改革，强化实践教学、创新创业教育，形成优良的创新创业文化氛围，将创新创业教育融入本科人才培养方案和教学管理体系中，推动教育教学改革，提高人才培养质量。大学生创新创业训练计划内容包括创新训练项目、创业训练项目和创业实践项目三类。

第三条 大学生创新创业训练计划严格遵循以经费拉动、项目（创新训练项目、创业训练项目和创业实践项目）带动和创新驱动的“三动”教学理念，秉持“自主设计、自主完成、自主管理”的原则，通过“自由申请、公开立项、择优资助、规范管理”的程序，以项目为研究载体，在指导老师的指导下，注重学生自主完成和过程训练，使我校学生的实践能力、创新精神和创业精神得到不断增强，人才培养质量得到不断提高。

第二章 组织机构及职责

第四条 学校成立大学生创新创业训练计划工作领导小组。该小组由校长担任组长，主管教学工作的副校长和主管学生工作的副校长担任副组长，成员由教务处、学生处、就业处、科研处、人事处、财务处、团委等相关职能部门构成，负责大学生创新创业训练计划工作的统筹规划、政策制定、经费保障、管理和决策。领导小组下设办公室，挂靠在教务处，负责日常工作的落实。

第五条 各相关职能部门职责

教务处负责办公室相关工作，牵头起草有关创新创业训练计划的规划、规章制度、措施、总结等；组织国家、省、校等各级创新训练项目的申报、评审、运行、验收、经费管理、奖励等具体工作；协同团委开展学校层面的创新训练项目交流活动，负责创新创业课程体系建设、教材建设，提供项目前期指导、培训。

学生处负责加强对参与创业训练项目和创业实践项目学生的管理与引导，为参与创业实践项目的学生选配企业导师；指导学生开展创业训练和实践；做好毕业学生参与创业实践项目的组织协调和日常管理工作。

科研处负责制定并落实由指导教师提供的配套项目经费的相关政策；负责向全校学生发布学术活动信息，组织面向学生的大学生创新创业学术论坛。

人事处负责落实项目指导教师在职称评聘中的鼓励政策；支持创新创业教师参加培训和对外交流。

财务处负责大学生创新创业训练计划的经费保障，报销管理等工作。

团委负责宣传和动员工作，发动学生积极申报项目，并为学生申报跨学院、跨学科、跨年级项目提供支持和帮助；协同教务处、学生处组织项目中期检查报告会，举办相关竞赛活动，开展科技节，创新论坛、创业大赛等活动，建设校园创新创业文化；管理扶持各类创新创业学生社团。

第六条 各学院成立院级大学生创新创业训练计划指导工作小组，由院长担任组长，主管教学工作的副院长和主管学生工作的副书记担任副组长，管理本学院的大学生创新创业训练计划工作的组织实施。如组织项目申报、过程管理及项目检查验收；聘任指导教师并考核指导教师的工作；协调落实大学生研究项目所需条件；解决研究过程中遇到的困难和问题；按照研究进度检查项目执行情况；组织开展科技交流活动。

第七条 成立校、院两级大学生创新创业训练计划专家组，由学术声望高、教学严谨、教学和科研工作经验丰富的专家教授组成。

校级专家组对领导小组负责，开展项目的立项评审工作，对各学院项目的执行情况进行检查、评价、验收及评奖，对学校实施大学生创新创业训练计划的有关政策提出意见和建议。督促和帮助学校开设与创新训练有关的创新思维、创新方法、创业训练、项目管理和企业管理类课程；提出其他咨询性意见和建议。

院级专家组对学院主管本科生教学的副院长和主管学生工作的副书记、副院长负责，协助其开展大学生创新创业训练计划的实施工作，对本单位项目进行审核和监督、实施指导、评价和验收；接受学生关于项目的咨询并予以指导。

第三章 项目申报与评审

第八条 项目的申报要求

1. 项目采取自愿申报、学院遴选、专家评审、择优资助的原则；项目申报每年3月开始组织项目申报工作，3月至5月中旬学生准备选题、项目论证与填写申报书，5月下旬学院组织初评，5月底学校组织立项评审。

2. 吉林师范大学大学生创新创业训练计划项目主要面向本科生一至三年级全日制本科生。申请者必须品学兼优、学有余力、善于独立思考、实践动手能力强，对科学研究、科技活动或创业实践有浓厚的兴趣，具有一定的创新意识和研究探索精神，具备从事科学研究或创业的基本素质和能力。

创新训练项目和创业训练项目实施期限一般为1年，创业实践项目一般为2年。由学生自主申报，申报者可以是个人，也可以是团队（团队一般不超过5人），团队项目主持人限为1人，项目组成员必须有明确的分工。每位学生一般只能同时参与一项大学生创新创业训练计划项目。提倡学科交叉融合，鼓励跨院、跨专业、以团队形式联合申报。由学校办公室发布通知，各学院（系）组织申报，材料报项目负责人所在学院。

3. 大学生创新创业训练计划内容包括创新训练项目、创业训练项目和创业实践项目三类。

（1）创新训练项目。创新训练（创新性实验）项目是本科生个人或团队，在导师指导下，自主完成创新性研究项目设计、研究条件准备和项目实施、研究报告撰写、成果（学术）交流等工作。

（2）创业训练项目。创业训练项目是本科生团队，在导师指导下，团队中每个学生在项目实施过程中扮演一个或多个具体的角色，通过编制商业计划书、开展可行性研究、模拟企业运行、参加企业实践、撰写创业报告等工作。

（3）创业实践项目。创业实践项目是学生团队，在学校导师和企业导师共同指导下，采用前期创新训练项目（或创新性实验、大学生学科竞赛）的成果，提出一项具有市场前景的创新性产品或者服务，以此为基础开展创业实践活动。

4. 学生可根据所学专业、兴趣爱好或在教师的指导下自主进行选题。选题要求思路清晰、目标明确、具有创新性和探索性。项目内容难易适度，可行性强。创新训练项目内容包括自主性学习、实验方法的设计、组织设备与材料、实施实验、数据分析处理、撰写总结报告、成员分工等；创业训练与创业实践项目内容包括自主性学习、商业计划书编制、项目可行性研究、模拟企业运行方案、计划参加的企业实践、撰写创业报告（计划）、成员分工等。项目内容由学生个人或创新团队(不超过5人)完成，每个项目配备指导教师1~2人。

第九条　项目申报程序

1. 申报：学生填写《吉林师范大学大学生创新创业训练计划项目申请书》（申请书分为三类：创新训练项目申请书、创业训练项目申请书、创业实践项目申请书），指导教师审阅并签署意见，提交所在院（系）大学生创新创业训练计划指导工作小组。

2. 评审：院（系）组织专家组对本院（系）学生申请的项目进行评审。评审主要审查项目的科学性、创新性、技术可行性、研究计划、经费计划、申请者的研究能力以及项目实施的条件等。以现场答辩方式进行。由专家委员会决定项目是否立项。同时，对通过评审的项目提出评审意见和改进建议。

3. 审核：学校大学生创新创业训练计划领导小组组织专家对院（系）报送的创新创业训练计划项目进行审核，专家评审通过的项目在学校网上公示，公示无异议的项目报领导小组批准，学校发文公布结果。

4. 项目申请人在接到批准项目立项的通知后，应在15天内与教务处签订《吉林师范大学大学生创新创业训练计划项目管理合同书》，合同书一式三份，项目负责人、项目负责人所在院（系）、教务处三方签字（盖章）后生效。不按时签订合同者按自动放弃处理。

第四章 项目运行与管理

第十条 项目实施要求

1. 学校本着公开、公平、公正的原则对项目进行管理，采取有效措施，推进项目管理工作的规范化和科学化，确保项目顺利开展。

2. 项目在实施过程中，必须以学生为主体。学生在导师的指导下，根据项目实施计划自主进行研究性学习，自主设计实验方案、组织设备和材料、实施并管理实验、分析处理数据、撰写总结报告等工作。应注重学生在创新创业项目的实施过程中，在创新思维和创新实践方面的收获。导师应发挥辅助作用，营造一个教学相长、亲密融合的学术氛围。导师与学生应经常保持联系。

3. 全校各类实践教学基地、实验室等均要向执行项目的学生免费开放，提供必要的实验场地与实验设备支持，并给予热心指导和提供方便，确保项目顺利实施。

4. 项目指导教师应及时指导和跟踪研究活动，每月对研究活动做出评价，并给出书面意见和建议。

5. 为开拓学生视野，引导学生的科学研究兴趣，展示大学生创新、创业成果，学校定期组织项目参与学生开展学术交流，及时总结学生在项目实施过程中取得的成绩，协调解决存在的问题；参加学术团体组织的学术会议，为学生创新研究提供交流经验、展示成果、共享资源的机会。

第十一条 中期检查。项目研究时间过半，项目负责人应提交《大学生创新创业训练计划项目中期检查报告》，内容包括：项目计划执行情况、项目研究进展情况和取得的阶段性成果、存在的问题、项目未来工作安排和展望、项目经费的使用情况及分析等，教务处及学院（系）组织专家审核进度报告书，并提出相关意见。对不按时递交中期进度报告书者或项目无明显进展者，学校将要求其限期整改或停止项目运行。

第十二条 项目变更。项目运行过程中，原则上不允许变更。确需变更的，涉及变更研究内容、参加人员和结题时间等事项时，项目负责人应提出书面报告，经学院审核，报学校批准。

1. 成员变更。项目负责人因故确实不能或不宜继续主持项目的，由所在学院项目领导小组提出变更意见，经学校大学生创新创业训练计划领导组办公室审核同意后方可更换。项目成员确因个人原因不能继续进行项目研究的，由项目负责人与指导教师根据项目进展情况决定是否变更，并将结果报学校大学生创新创业训练计划领导组办公室备案。

2. 指导教师变更。指导教师因故短期不能履行指导任务的，应安排其他教师完成指导工作；指导教师因故长期不能履行指导任务的，由学院提出变更意见，经学校大学生创新创业训练计划领导组办公室审核同意后予以变更。

3. 项目内容变更。项目内容原则上不予变更，但对情况特殊，按原计划实施确有重大困难的项目，经指导教师认可、学院审批并报学校大学生创新创业训练计划领导组办公室审核同意后，可对研究内容作适当调整。

4. 项目结题时间变更。立项项目应按期完成，确因特殊原因需提前或延期结题的，应由项目负责人提出书面报告，经学院审核后，报学校大学生创新创业训练计划领导组办公室批准。原则上每个项目只能申请一次提前或延期，时间不得超过半年。

5. 所有项目均须在项目负责人毕业离校前完成。

第十三条　结题验收

1. 项目完成后，项目负责人填写《吉林师范大学大学生创新创业训练计划项目结题申请表》，提交项目研究总结报告和相关研究成果等材料，包括项目总结报告和有关支撑材料（如调查报告、开发的软件或系统、发表的研究论文、专利、获奖、项目成果实物及相应的设计说明书、图纸等），并参加项目结题答辩。

2. 大学生创新创业训练计划项目所取得的成果公开发表时要注明“吉林师范大学大学生创新创业训练计划”项目资助，项目研究成果所有权归属吉林师范大学。

3. 指导教师根据学生的研究报告和平时的工作态度、工作量和工作表现等填写指导教师评语。

4. 校、院两级共同组织专家审议项目研究报告和相关研究成果等材料，并组织答辩验收，答辩形式可参照毕业论文（设计）进行。验收结果分为优秀、良好、合格、不合格四类。

5. 被验收项目存在下列情况之一者，不予通过：提供的验收文件、资料、数据不真实、不完整，或无故未完成预期成果，或擅自改变《吉林师范大学大学生创新创业训练计划项目管理合同书》规定的研究目标和内容。未通过验收的项目，学校将在一定范围内予以通报，项目组成员自实际结题起两年内不得申请学校“大学生创新创业训练计划”项目，指导教师 2 年内不能再指导“大学生创新创业训练计划”项目。

第十四条　诚信与承诺。在项目实施过程中，要科学严谨，实事求是，项目负责人在填写立项申请表时必须在诚信承诺条款上签名。对项目申报、实施过程中弄虚作假、工作无明显进展的学生要及时终止其项目运行。

第五章　经费管理与使用

第十五条　设立吉林师范大学大学生创新创业训练计划项目专项基金，由上级专项资金、学校专项资金提供经费支持。按照国家级、省级、校级不同项目级别，学校给予相应的配套项目经费。项目经费由学校教务处、财务处和项目所在学院（部）共同管理，由承担项目的学生使用，保证专款专用，教师不得挪作他用。

第六章　指导教师遴选与管理

第十六条　指导教师遴选与管理

1. 学院（系）应遴选责任心强、学术水平高、学风正派、治学严谨且具有中级及以上职称的教学科研人员担任指导教师。

2. 指导教师要加强过程指导，开设学术讲座，定期组织学生讨论和交流，审查实验原始数据和实验报告。指导教师有责任监督指导学生保质保量按时完成项目，取得预期成果。

3. 每名指导教师每年只能指导 1 项大学生创新创业训练计划项目，创业实践项目除本校指导教师外必须聘请校外指导教师，执行“双导师制”。

第七章　奖励与监督

第十七条　对学生的奖励

1. 对通过结题验收的项目负责人及参加者，学校颁发结题证书。研究成果编入《吉林师范大学大学生创新创业训练计划项目研究成果简介》。

2. 经学校验收为优秀的创新创业训练计划项目的负责人，可获得相应的创新性实践学分以代替任选课学分。

3. 学校将择优推荐参加省级及以上各类大学生创新创业竞赛项目，获奖者按吉林师范大学相关奖惩规定进行奖励。

4. 毕业年级的结题项目如产生重要知识产权（发明专利、在重要学术期刊上发表高水平论文等）可等同于毕业论文。经指导老师同意，项目组成员以结题报告内容参加毕业论文（设计）答辩。

第十八条　对指导教师的奖励

1. 学院（系）对于指导教师在年终考核时给予一定工作量补助，具体补助标准由各学院（系）自行制定。

2. 每年评选一次优秀指导教师，对精心指导、认真负责且成绩突出的教师，学校将进行表彰奖励并颁发证书。

第十九条　学校建立公开监督机制，跟踪各类项目实施管理，特别是创新实践项目，及时检查项目运行情况，督促项目实施，防范潜在风险。

第二十条　学生在项目研究过程中，如有抄袭、剽窃他人研究成果、违反项目经费使用规定、恶意套取项目费等行为，按舞弊论处，给予相应的纪律处分。

第二十一条 学院及指导教师在创新创业训练专项经费使用过程中，如违反管理要求，截留、挪用学生项目经费，将受到相应处理。

第八章 附 则

第二十二条 各学院（系）要根据本管理办法制定相应的实施细则。

（七十六）黑龙江八一农垦大学大学生创新创业训练计划项目管理办法（修订）

为推进创新创业人才培养模式改革，强化学生创新创业教育，进一步提升大学生的创新能力和创业能力，不断提高人才培养质量。按照《教育部　财政部关于“十二五”期间实施“高等学校本科教学质量与教学改革工程”的意见》（教高〔2011〕6号）、《教育部关于启动“本科教学工程”大学生创新创业训练计划的通知》和《关于启动实施黑龙江省大学生创新创业训练计划的通知》要求，学校将重点推进大学生创新创业训练计划项目（以下简称“大创项目”）建设，现结合我校教学和人才培养工作实际，制定本管理办法。

第一章　总　　则

第一条　建设目标。学校通过实施国家、省、校三级大学生创新创业训练计划，旨在将创新创业教育融入人才培养全过程，着力打造创新创业人才培养体系，把实践育人工作摆在人才培养的重要位置。建立以启发探索、自主创新和个性发展为核心，即“做中学、学中思、思中创”的研究性教学模式，提高学生学习兴趣，增强教师和学生间的合作交流，在实践过程中培养学生的创新意识、创业精神和创造能力。提高学生的生存和发展能力，引导大学生转变就业观念，适应市场经济社会发展对人才的多样化需求。

第二条　建设内容。包括创新训练项目（A类）、创业训练项目（B类）和创业实践项目（C类）三类：

创新训练项目：是本科生个人或团队，在导师指导下，自主完成创新性研究项目设计、研究条件准备和项目实施、研究报告撰写、成果（学术）交流等工作。

创业训练项目：是本科生团队，在导师指导下，团队中每个学生在项目实施过程中扮演一个或多个具体的角色，通过编制商业计划书、开展可行性研究、模拟企业运行，参加企业实践、撰写创业报告等工作。

创业实践项目：是学生团队，在学校导师和企业导师共同指导下，采用前期创新训练项目（或创新性实验）的成果，提出一项具有市场前景的创新性产品或者服务，以此为基础开展创业实践活动。

第三条　建设级别。项目分为校级项目、省级项目和国家级项目三种级别，每个项目以获评最高项目级别予以立项建设。

1. 校级项目。由学院按照年度项目建设数量进行评审，学校项目管理办公室审核后确定立项结果。

2. 省级项目。由学院按照项目推荐指标在本年度校级项目中推荐优秀项目上报学校项目管理办公室，经学校项目管理办公室审核上报省教育厅，省教育厅对推荐项目进行评审确定为省级项目。省级项目分为省级重点项目、省级一般项目和省级指导项目三种类别。

3. 国家级项目（省级重点）。由省教育厅向教育部推荐获评省级重点项目参评国家级项目，经教育部评审后确定立项为国家级项目。

第二章 组织机构

第四条 学校领导小组。项目实行校院两级管理，项目管理工作由教务处牵头组织，各学院具体落实。学校领导小组由主管教学副校长任组长、教务处处长任副组长，各学院教学副院长任组员，负责研究制定相关政策、制度和计划，指导项目建设。学校领导小组下设办公室，办公室设在教务处，办公室主任由分管副处长担任，负责组织制定项目管理办法，指导学院开展项目的立项建设、中期检查、过程管理、结题验收等管理工作。

第五条 学院领导小组。项目的具体运营和管理由项目所在学院具体负责。学院须成立学院领导小组和专家组，负责组织开展本学院校级项目的立项评审、省级项目推荐、中期检查评审、日常监督、结题验收、成果汇总和宣传等工作，并负责按照学校项目管理办公室工作要求完成相关工作。

第三章 申报条件

第六条 申报条件。我校“大创项目”面向全日制本科生开展，鼓励大一学生参加。

1. 项目主持人条件

（1）热爱科学且善于钻研、有开拓进取精神；

（2）成绩优良且具备较强组织协调能力；

（3）能够在指导教师的指导下自主完成方案设计、实验实施、数据处理、企业规划与实施措施、撰写报告等工作；

（4）在校学习期间仅限申请一个项目，且无违纪处分，并能够保证在毕业前，按照项目研究规划完成项目训练内容并取得预期成果，达到验收标准。

2. 参加人条件

（1）学有余力，有较强的独立思考和创新意识，对科学研究、科技活动或社会实践有浓厚的兴趣和坚强的毅力；

（2）鼓励学生跨年级、跨学院、跨专业组队申报。

（3）项目参加人在参加项目结题前不能作为项目主持人或参加人参与其他项目的研究工作。

3. 选题范围及要求

（1）项目选题要求思路新颖、目标明确，具有创新性和探索性，项目选题应遵循研究和实践内容真实、健康、合法的原则，不限学科专业，要求思路新颖、目标明确，具有创新性和探索性，省级以上项目重点支持与我省重点发展行业产业相结合、与大学生创新创业密切结合的项目，选题范围主要涵盖："互联网+"现代农业、制造业、信息技术服务、文化创意、商务服务、公共服务、公益等领域的创新研究和创业实践项目，主要包含智能硬件、先进制造、工业自动化、生物医药、节能环保、新材料、军工、工具软件、社交网络、媒体门户、企业服务、广播影视、设计服务、文化艺术、旅游休闲、动漫娱乐、体育竞技、电子商务、消费生活、金融、财经法务、房产家居、高效物流、教育培训、医疗健康、交通、人力资源服务和以社会价值为导向的非营利性公益类研究和创业项目。

（2）项目应在选题范围内采取学生自主选题和教师指导选题两种方式。

学生自主选题。鼓励以实验为手段，以创新为目的，以解决本学科及其交叉学科、企业研发及自然界和人类生活中的某一问题为出发点，以知识、技术创新和研究方法创新为主的课题。

教师指导选题。支持学生以指导教师科研、社会服务、技术开发（服务）课题的相关子项目、科研过程中发现的问题为题；以开放实验室、实训或实习基地中正在实施的创新性、设计性、综合性实验与训练项目为题；以校内外创新创业孵化场所正在孵化的大学生创业项目为研究和实践内容为题。

第七条 成员组成与研究期限

1. 创新训练项目。由本科生个人或团队承担，学生人数一般不超过 5 人，配备 1 位指导教师，项目期限 1 年。

2. 创业训练项目。由本科生团队承担，学生人数一般不超过 5 人，配备 1~2 位指导教师，项目期限 1~2 年。

3. 创业实践项目。由本科生团队承担，学生人数一般不超过 5 人，学校和企业各配备 1~2 位指导教师，项目期限 1~2 年。

第八条 指导教师。申报项目必须配备指导教师。指导教师一般应具有讲师以上职称或主持过省部级以上课题，责任心强，学术水平高，学风正派，治学严谨。学生可根据项目需要跨学科邀请指导教师。创业训练和创业实践项目在条件许可的情况下，可聘请具有资历的校外指导教师与校内教师联合指导。原则上指导教师所指导项目未结题前不得指导其他项目。

第四章 项目管理

第九条 项目运行。项目建设以重在过程为基本原则，项目管理采用项目管理平台，注重对项目运行过程的监督和检查，运行过程包括：立项申报、季度总结、中期检查、结题验收、成果展示 5 个环节。

第十条 立项评审。每年 3—4 月份按照省级主管部门的部署，由教务处组织开展项目立项评审工作。校级项目立项评审及省级项目推荐由学院依据限额进行。教务处负责依据学院上一年度项目完成质量，分配立项指标，并对学院立项校级项目和推荐省级项目进行复审。立项评审流程如下：

1. 按照教务处公布立项数额，符合条件的学生个人或团队，在导师指导下填写《黑龙江省大学生创新创业训练计划项目申请书》或《黑龙江八一农垦大学大学生创新创业训练计划项目申请表》。

2. 学院依据《大学生创新创业训练计划项目立项评审指标体系》，组织专家对申报项目采用立项答辩的形式进行评选，确定立项校级项目和推荐省级立项项目，并组织推荐项目组通过管理平台进行项目的填报工作。

3. 教务处组织相关专家，按教育厅规定的限额及要求，依据《大学生创新创业训练计划项目评审指标体系》，组织评审专家组对各院推荐的省级及以上项目进行评审，确定推荐对象。

4. 在学院和教务处的评审结束后，评审结果将报学校大学生创新创业训练计划领导小组批准，经公示后发文。

第十一条 季度总结。项目在研究期间须进行 2 次季度总结，项目组须按照管理平台季度总结要求开展总结工作，由学院对照总结报告进行审查，督促项目组按时完成项目研究内容。

第十二条 中期检查。每年 4 月中旬进行，由学院负责组织开展本学院所属校级和省级及以上项目的中期检查工作，中期检查流程如下：

1. 自检自查。各项目组在指导教师指导下，通过项目管理平台填写《黑龙江八一农垦大学大学生创新创业训练计划项目中期检查表》，并提交相关佐证材料。

2. 学院检查。由学院负责并按照《大学生创新创业训练计划项目中期检查评审指标体系》，组织专家通过学校项目管理平台进行在线评审或现场答辩评审等形式，对项目的执行和进展情况、阶段性成果、经费使用情况等情况进行检查。

3. 结果评定。中期检查评定等级分为：通过（完成或超过项目计划安排）、暂缓通过（未能按时完成项目计划一半或一半以上）、未通过（项目未启动或进展缓慢）三个级别。各学院中期检查结束后须将检查结果报教务处备案。

4. 结果公示。教务处对学院检查结果进行复审，并将中期检查结果进行公示。检查结论为“通过”的项目，在公示后可进行项目后期经费的报销；结论为“暂缓通过”的项目，需整改后进行再次审核，直至通过后方可进行报销；结论为“未通过”的项目，将停止项目的经费支持。

第十三条 结题验收。学校每年 12 月中旬组织开展结题验收工作，项目自立项文件下发之日起，研究时限满 1 年，且完成项目全部研究工作，达到项目结题要求的均可申请结题验收。结题验收流程如下：

1. 结题报告填写。项目组学生须在指导教师指导下，填写《黑龙江省大学生创新创业训练计划项目结题验收书》《黑龙江八一农垦大学大学生创新创业训练计划项目结题验收书》，并提交项目成果佐证材料。

2. 结题答辩。各学院负责组织本学院专家组开展项目的答辩验收工作，结题验收采用PPT汇报的形式进行，对项目开展情况、项目研究过程、项目取得成果、经费使用情况、存在的问题和解决方法、项目收获与体会6个方面进行汇报，评审专家须依据《大学生创新创业训练计划项目结题验收评审指标体系》对项目进行评审打分，项目评审结果由学院统计后报教务处备案。

3. 结果认定。按照评审指标体系，结题评审总评成绩包括：优、良、中、合格、不合格5个等级，其中“优”为按时完成项目，取得多项成果，且具有较好的推广应用价值，结题验收评分在90分以上；“良”为按时完成项目，取得预期成果，结题验收评分在80~89分；“中”为按时完成项目，有一项成果，结题验收评分在70~79分；“合格”为按时完成项目，基本达到结题要求，结题验收评分在60~69分；“不合格”为未按时完成项目，结题验收评分在60分以下。

4. 各学院在完成结题验收工作后，须提交项目总结报告，包括项目开展情况、研究过程、取得成果、经费使用情况、存在的问题和解决方法、项目收获与体会等。

5. 学校复审。教务处将依据学院评审，对申请结题的项目进行复审，复审将通过查看结题验收书、审核项目成果的形式进行。通过复审的项目将进行公示。

6. 学校评审为“优”“良”的项目，可以参加优秀项目评选；“不合格”项目不允许结题，须按专家意见整改，整改时间为3个月，如整改仍未达到结题要求的项目，学校将停止资助。

第十四条 成果展示。项目结题验收结束后，各院部须认真组织结题评审结果为优秀的项目，进行优秀项目成果展示。教务处将遴选部分优秀成果通过信息化管理平台进行优秀成果的展示活动。

第十五条 项目延期。原则上项目须按期完成研究工作，对由于客观原因，如突发事件、自然灾害等影响不能按期结题的，须申请进行项目延期，填写《延期申请单》，延期时间最多为1年。

第十六条 项目变更。项目进行过程中，指导教师不允许进行变更，项目组成员原则上不允许变更，如确实需要变更的，须由项目组提前半年提交项目人员变更申请表，指导教师签字并说明变更原因，报送学校项目管理办公室审批。

第十七条 项目终止。对项目申报、实施过程中弄虚作假、工作无明显进展的项目，学校将予以终止。被终止的项目，项目组成员不得再次申报同类项目，指导教师三年内不得承担指导工作。

第十八条 档案管理。项目立项申请、中期检查、结题验收等环节产生的相关申请书、中期检查表、结题验收书等档案材料由各学院负责管理和收集，并按照学校档案归档要求进行归档。

第五章　成果认定与管理

第十九条　成果内容。项目成果包括研究论文、专利、工商营业执照、参赛获奖、软件著作权等级证书、版权登记证书、实物、调研报告、商业计划书等内容，并符合以下要求。

1. 研究论文须在正式公开发行刊物发表并由项目组学生作为第一作者，指导教师作为通讯作者，论文中需注明由黑龙江八一农垦大学大学生创新创业训练计划项目资助，并注明项目编号。有关中文核心期刊的认定，以论文发表当年适用版本的《中文核心期刊要目总览》为准。在国外学术刊物上发表且未被 SCI、SSCI、EI 等收录的学术论文，或学术会议论文被 SCI、SSCI、EI 等收录的均可计为中文核心期刊。

2. 参赛获奖。须由项目组成员以项目研究内容或成果参加校级或省级以上创新创业类相关竞赛并获奖。获得国家级创新创业类竞赛三等奖以上等同于 1 篇核心期刊论文；获得省级创新创业类竞赛三等奖以上等同于 1 篇省级论文；获得校级创新创业类竞赛三等奖以上等同于参加 1 个省级创新创业类竞赛项目。

3. 专利、软件著作权等级证书、版权登记证书持有人须为项目组成员，专利权人为“黑龙江八一农垦大学”。

4. 工商营业执照中“企业法人”须为项目组学生。

5. 实物、调研报告、商业计划书等成果须与项目研究内容保持一致。

第二十条　成果要求。项目结题验收过程中，项目成果将作为项目结题的重要依据，项目须在结题时按照项目类别和级别的不同，取得以下成果：

1. 创新训练（A）和创业训练（B）项目

结题条件为（1）（2）必备，（3）（4）选其一。

（1）创新训练项目必须完成研究报告 1 份；创业训练项目必须完成商业计划书 1 份。

（2）参加创新创业类竞赛项目（以教务处通知和备案为准）。其中国家级项目至少参加两项厅局级及以上创新创业类竞赛（其中至少一项为省级及以上项目）；省级指导和一般项目至少参加两项校级及以上创新创业类竞赛项目（其中至少一项为省级及以上项目）；校级项目至少参加一项校级及以上创新创业类竞赛项目。

（3）国家级项目在学术期刊公开发表核心期刊论文 1 篇，省级一般、省级指导项目在省级学术期刊公开发表论文 1 篇；校级项目撰写不少于 5000 字的研究报告 1 份。

（4）省级以上项目取得发明专利、实用新型、软件著作权等；校级项目提供与研究内容相关的实物，如制作的仪器、模型、网站等。

2. 创业实践（C）项目

省级以上项目结题条件为（1）（2）（3）（4）必备，（5）（6）选其一。校级项目结题条件为（1）（3）（4）必备，（2）（5）（6）选其一。

（1）参加学校、教育厅组织的创新创业类竞赛（以教务处通知和备案为准），其中国家级项目至少参加两项省级及以上竞赛，省级一般、省级指导项目至少参加两项竞赛（其中至少一项省级及以上竞赛），校级项目至少参加一项省级及以上竞赛。

（2）创业实践项目注册成立公司的相关法律证书包括工商营业执照、税务登记证、机构注册代码等。

（3）提供实践成果。主要考察项目整体实践成果，包括注册资本，盈利能力（必须有营业收入），员工数量，业务范围，企业运营状况等。

（4）提供项目经费使用明细。主要考察审核公司财务报表和审核经费使用的合理性。实践项目结题验收时，由学校组织相关部门专家进行项目资金、资产清查和审计。有学校资助资金购买的资产归学校所有，不得变卖、损毁。

（5）创业实践项目需有固定办公室场所、需正常开展业务（可向学校创业园或创业实践基地提出申请）。其中校级创业实践项目可不注册公司，但必须按照上述要求模拟公司运营，并提交相关的实践证明（相关单位、部门等出具的证明或者相关的影音图像资料）。

（6）项目所获风险投资意向如天使投资等。

第二十一条 成果管理。项目取得的成果所有权归学院和学校所有。各学院负责对本学院结题项目取得的成果进行核对和检查，确保成果符合要求，并在每年结题验收后对成果进行详细统计，形成成果汇编材料，报教务处备案，教务处将对每年的优秀项目成果进行展示。

第六章 经费管理

第二十二条 支持额度。学校设立“大创项目”专项经费，支持额度为：获批国家级和省级一般级别的项目，学校按要求予以匹配（学校根据省拨经费情况调整支持额度）。

第二十三条 预算管理。教务处根据项目年度建设目标，提出经费预算方案，财务处审核批准经费额度，分项目下达年度预算。其中：

1. 项目启动资金为总经费的 50%，中期检查后拨付 30% 的经费，结题验收后拨付剩余 20% 的经费，未通过中期检查及结题验收的项目，在限期整改通过后，方可进行后续经费的报销工作。

2. 专项资金按项目进行建账。项目专项资金按项目一次核定，由财务处设立大学生创新创业训练计划项目专门账户，一经审定，限额使用，单独核算，专款专用，一般不作调整。确有必要调整时，需按程序报教务处、财务处审批。

第二十四条 项目经费使用范围

1. 项目所需的图书费、资料费、论文打印所需耗材、论文版面费、评审鉴定费、测试费用、专利申请费、小型存储设备购置费。图书费、资料费、论文打印所需耗材费用不超过项目经费总额的 20%。

2. 实验所需的原材料（包括药品、化学试剂等耗材）购置费。

3. 差旅费用。经指导教师和学院审核，确需外出调研的项目可报销车票、住宿、出差补助等差旅费用，出差补助标准按照学校差旅补助管理办法执行，包括项目组参加创新创业类竞赛发生的相关差旅费用。

4. 企业运营费用。创业实践类项目可对项目运营过程中所需的办公室租赁、基本办公用品采购、工商注册等相关费用进行报销，报销方式及标准按照学校财务制度执行。

5. 评审费用。项目在结题验收时的评审费用由项目组自行承担，按照项目支持经费总额度的 5% 收取，最高不超过 1500 元。

6. 未列入本使用范围的经费将不予支付。

第二十五条 经费使用权归项目负责人，但需经指导教师审核批准，学院监督经费使用。指导教师不得使用学生研究经费，项目负责人和其他有关人员也不得提取任何酬金。项目负责人要认真做好项目经费的使用记录。

第二十六条 项目经费报销须由学生本人进行，严格遵守《黑龙江八一农垦大学经费支出审批制度》（农垦校发〔2008〕27 号），在经费限额内报销。

1. 启动经费须由项目负责人填写“请款单”，经指导教师、学院教学副院长、财务处分管副处长签字后，到财务报账大厅事业结算科报销。

2. 后续经费的报销在中期检查后进行，按照财务规定持有效发票及购买材料清单，经指导教师、教学副院长、财务处分管副处长审核签字后方可报销。

第二十七条 项目结题六个月后停止经费报销。

第七章 政 策 支 持

第二十八条 各学院须为项目免费提供实验场地、设备、技术指导等方面支持，各类创新创业实验室、实验教学示范中心、重点实验室、研发中心等应面向学生开放。

第二十九条 通过验收的项目，项目负责人及团队成员可申请创新学分；按照国家级、省级、校级的项目级别，项目主持人可分别获得 4 学分、3 学分、2 学分的奖励，项目组其他成员可分别获得 3 学分、2 学分、1 学分的奖励；创新学分可冲抵校选修学分，但不得冲抵其他类型课程学分。

第三十条 表彰奖励。结合项目所取得的成果及学生在创新和创业能力方面的提高程度，学校将组织“大创项目”评奖工作，表彰与奖励优秀项目、优秀指导教师及对项目组织到位、管理科学的学院。其中优秀项目、优秀指导教师的参选对象，限定为在项目结题评审中总评成绩为“优”和“良”的项目，其他项目不作为评选对象。

第八章 附 则

第三十一条 各学院须根据本管理办法制定实施细则。

第三十二条 本办法自颁布之日起原管理办法同时废止。本办法最终解释权归教务处所有。

（七十七）江西中医药大学 SRT 计划实施办法

校教字〔2015〕23 号

大学生研究训练计划简称 SRT 计划（students research training），是加强大学生创新意识和实践能力培养的重要手段，是让学生在本科阶段接受科研训练的重要措施，是教学与科研方法相结合的新探索。为进一步培养我校本科生的创新精神、科研精神和实践能力，提高学生的综合素质，制定本办法。

一、目的意义

遵循高等教育教学基本规律，深化实践教学改革，增强大学生的创新意识、科研精神和实践能力，激发学生学习的主动性和创造性，提高学生的综合素质。

二、组织领导

SRT 计划由高教研究室组织领导，具体工作由各学院组织实施。

三、实施办法

（一）项目管理

1. 项目申报。SRT 计划由各学院组织学生申报，由学生结合自身专业确定研究主题和内容。申报时间为每年下半年。

SRT 计划项目申报对象为我校已经注册的全日制在校专科生、本科生（因项目研究周期为一年，一般不建议毕业年级学生申报）。项目申报以课题组为单位，每个课题组一般由 3~5 人组成，其中有 1 名为项目主持人。每生每学年限报 1 项。

每个项目设指导教师 1 人，每名教师最多指导在研的 SRT 计划项目 2 项。

SRT 计划项目申报时要填写《项目申请书》，各学院组织专家对本单位 SRT 计划申报项目进行论证，并按照学校规定的时间，将初审合格后的 SRT 计划项目报教务处审批。

2. 项目立项。高教研究室对拟申报项目的质量及可行性进行评估，并根据各学院师生数及研究能力等实际情况，对拟申报项目分配比例进行合理调整，最终确定立项项目。

全校每年 SRT 计划立项项目不超过 40 项。

3. 中期检查。高教研究室和各学院定期对 SRT 计划落实和进展情况进行检查，及时发现问题并予以解决。

4. 项目结题。SRT 计划项目结题由高教研究室审核通过。每个 SRT 计划项目完成时限为 1 学年。

项目结题时，学生须上交结题报告、研究报告、研究成果（论文、专利、获奖等）等完整的书面报告，由项目指导教师、学生所在学院主管领导及高教研究室签字（盖章）后，留高教研究室存档备案。

（二）经费管理

经费采取“专款专用、分期拨付、绩效管理”原则，由高教研究室统一管理。

1. 专款专用。每个项目支持经费为不超过10000元，经费由学校统一下拨到各指导老师，由承担项目的学生用于项目研究相关支出，任何单位或个人不得截留、挪用或变更用途。

2. 分期拨付。经费根据各学院（相关部门）承担项目总数分两次拨付。项目立项后拨付经费总额的50%，中期检查合格后再拨付经费总额的50%。

3. 绩效管理。对中期检查不合格的项目，学校将提出警告，并停止拨付剩余经费，直至复查合格，情节严重者取消立项资格，终止其运行；对中期检查优秀，且具有很好研究前景的项目，可视具体情况追加一定的经费支持；对达不到结题要求的项目，收回剩余经费，取消立项资格。

（三）成绩评定

项目结题后，指导教师在《SRT计划项目结题报告书》上签字并上报学校高教研究室。经高教研究室审核。

（四）教师工作量

SRT计划项目教师教学工作量由高教研究室负责审核，课酬按学校教师讲课费一并发放。教师指导学生完成每个SRT计划项目按2学时工作量计算。

SRT计划项目教师课酬不占用该项目专项经费，应按学校关于发放教师正常讲课费的有关规定从学校教学经费中支出。

（五）几点说明

1. 对指导教师的要求。SRT计划项目指导教师应利用业余时间开展此项活动，不占用正常授课时间。

导师要发挥好主导作用，对学生有引导、有要求。开展SRT计划工作要求真、务实，指导学生要耐心、细致。要着重培养学生的创新能力、独立工作能力和团体协作精神。

2. 对学生的要求。参加SRT计划的学生进行课题研究不得占用正常上课时间。

在实施SRT计划过程中，学生要在教师的指导下，充分发挥自身的主动性，积极进行调查研究、查阅文献、分析论证、制定方案、设计或实验、分析总结等方面能力的训练，从而锻炼自己的创新精神、实践能力，不断提高自身综合素质。

3. 需进行实验（实训）的SRT计划项目，要按照学校关于实验室开放管理的相关规定执行。

4. 各学院由主管教学（或科研）的领导负责本单位SRT计划项目的申报、初审、中期检查、结题等工作。

5. 各学院可根据本单位实际情况制定符合本文件的相关制度，完善 SRT 计划管理工作。

四、本办法自发布之日起执行，由高教研究室负责解释。

（七十八）曲阜师范大学国家级大学生创新创业训练计划项目管理办法

校字〔2013〕28号

为贯彻落实《教育部关于做好“本科教学工程”国家级大学生创新创业训练计划实施工作的通知》（教高函〔2012〕5号）精神，按照《曲阜师范大学实施国家级大学生创新创业训练计划工作方案》，制定本办法。

第一章 总　　则

第一条 国家级大学生创新创业训练计划项目（简称“国家级大创计划项目”），包括创新训练项目、创业训练项目和创业实践项目三类。

创新训练项目是本科生个人或团队，在导师指导下，自主完成创新性研究项目设计、研究条件准备和项目实施、研究报告撰写、成果（学术）交流等工作。

创业训练项目是本科生团队，在导师指导下，团队中每个学生在项目实施过程中扮演一个或多个具体的角色，通过编制商业计划书、开展可行性研究、模拟企业运行，参加企业实践、撰写创业报告等工作。

创业实践项目是学生团队，在学校导师和企业导师共同指导下，采用前期创新训练项目（或创新性实验）的成果，提出一项具有市场前景的创新性产品或者服务，以此为基础开展创业实践活动。

第二条 实施“国家级大创计划项目”的目标是：进一步完善我校实践教学体系，强化创新创业能力训练，增强我校学生的创新能力和在创新基础上的创业能力，培养适应创新型国家建设需要的高水平创新人才。

第三条 “国家级大创计划项目”是我校人才培养方案的重要组成部分，各学院要不断完善课程体系，切实加强大学生创新创业训练课程模块建设，积极开设与创新训练有关的创新思维和创新方法课程，以及与创业训练有关的项目管理、企业管理、风险投资等选修课程。学校的示范性实验教学中心、各类开放实验室和重点实验室向参与项目的学生免费提供实验场地和实验仪器设备。

第二章 管 理 机 构

第四条 学校成立“国家级大创计划项目”工作领导小组，由分管教学的副校长任组长，教务处处长、财务处处长任副组长，学生工作部、团委、研究生处、科研处、资产管理处、产业处、实验教学管理中心、校地合作与服务地方办公室等职能部门主要负责人任成员，负责组织领导和协调相关工作，不断完善管理办法。

第五条 学校成立“国家级大创计划项目”专家指导委员会，对项目提供政策建议，负责学生申报项目的评审、立项、结题审核和评优工作。专家指导委员会成员原则上由我校教学工作委员会成员担任。

第六条 各学院成立“国家级大创计划项目”指导小组，负责本单位项目的申报指导、初审、推荐、结题初审及学术交流等工作；各学院安排专人负责“国家级大创计划项目”的具体实施和管理工作。

第七条 教务处具体负责全校“国家级大创计划项目”的组织申报、评审、立项、中期检查、结题验收、成果推广及经验交流和培训等工作，实践教学科负责项目的日常管理工作。

第三章 项目申报与评审

第八条 申报对象。我校在校本科生均可申报。申报者须品学兼优、学有余力。考虑到项目周期及学生的知识结构，申报人以二、三年级学生为主，鼓励一年级学生参与。

创新训练项目可以个人申报，也可以团队申报，创业训练项目与创业实践项目只能团队申报。创新、创业训练项目团队申报一般不超过 5 人，创业实践项目一般不超过 7 人，鼓励不同年级、不同专业的学生组团申报。申报人不得在创新和创业项目之间交叉申报。

第九条 项目周期。创新训练项目和创业训练项目实施期限一般为 1 年，最长不超过 2 年；创业实践项目一般为 2 年，最长不超过 3 年。

第十条 项目申报与评审程序。学校每年开展一次“国家级大创计划项目”的申报与评审工作。具体程序为：（1）个人（团队）申请，填写申报书；（2）教师（具有高级专业技术职称）推荐；（3）学院组织专家对项目进行初评筛选，并按学校下达的限项申报数排序上报；（4）教务处组织专家进行项目评审、答辩，确定拟立项项目并将其申报资料在校园网上公示；（5）学校审批立项；（6）经省教育厅上报教育部备案。

第十一条 项目评审原则与标准。坚持公平、公开、公正原则，择优立项。主要从以下方面对项目进行审核和评价，确定能否立项：（1）选题的目的和意义是否明确，研究方案和技术路线是否合理可行；（2）研究内容是否具有创新之处和特色以及预期目标实现的可能性；（3）是否已有相同和类似项目并完成；（4）设备、人员等条件能否保证项目完成需要。

第十二条 项目资助。“国家级大创计划项目”由上级教育行政主管部门与学校共同资助，学校按项目所获上级经费的 1:1 匹配资助经费。根据项目情况，确保学校匹配的资助经费创新训练项目和创业训练项目平均不低于 10000 元 / 项、创业实践项目平均不低于 20000 元 / 项。

第十三条 指导教师。“国家级大创计划项目”实行导师制，每个项目至少配备一名指导教师。每项创业实践项目除配备本校指导教师外，必须聘请一名校外企事业单位的高水平指导教师。

指导教师由学院选聘，应具有中级及以上专业技术职称，且责任心强、学术水平高、治学严谨。每名指导教师指导项目不得超过1项。

指导教师必须对项目实施的全过程进行精心指导，指导内容包括资料查询、研究设计、实验操作、项目研究和结题报告撰写等。

第四章 项目管理

第十四条 档案管理。教务处为每个项目建立项目档案，档案内容包括项目申报书、合同书、中期检查表、项目变更事项书、结题报告、项目成果等。

第十五条 合同管理。项目负责人接到审批立项通知后，应在10个工作日内与教务处签订项目合同书，由教务处和财务处分阶段核拨项目资助经费。不按时签订合同者，按自动放弃处理。

第十六条 中期检查。各项目实施时间过半时需开展中期检查一次，教务处统一组织，学院负责实施。中期检查主要是对项目的工作进度、各项工作完成情况、中期成果等给出评价。如发现项目无明显进展，应提出及时终止项目运行的建议。

第十七条 项目变更。项目变更应由项目负责人向学院指导小组提出书面申请，阐明具体原因，对更改项目内容、更换项目成员、提前或推迟项目进度等做出详细说明。学院指导小组应进行审核，给出意见，提交校领导小组认定并通知执行。

第十八条 结题验收。项目完成后，项目负责人提出结题申请，提交结题报告书，由学院指导小组对项目进行结题初审。项目验收的必须材料为总结报告，补充材料为论文、设计、专利、实物及其他相关支撑材料。教务处组织专家查验相关结题材料，听取项目组成员的汇报和答辩，在全面评价项目完成情况和成果水平的基础上，对项目做出成绩评定，并在校园网上公开项目结题材料。

第十九条 经费管理。学校设立大学生创新创业训练计划专项资金。专项资金由上级部门按项目拨付经费、学校配套经费、各类企业和社会团体提供或赞助的经费、指导教师从其主持的科研项目中提供的经费等部分组成，学校配套经费列入学校财务预算。

项目经费用于与项目研究相关的各项支出，如文献资料的收集、查询、打印或复印，实验材料和试剂药品的采集和购置，调查、走访等必需的交通费等。项目经费由承担项目的学生使用，教师不得使用。

经费报销应先由学院分管领导审核并签署意见，教务处负责人签字后方可报销。

第五章 奖励与罚则

第二十条 学校对认真负责、进展顺利、按时结题、成绩突出的项目负责人、项目组成员、指导教师给予表彰。

第二十一条 对按时完成并通过验收的项目负责人给予6个学分的奖励，对项目组成员给予4个学分的奖励，奖励学分可以替代选修课学分；在评优、奖学金发放、研究生推免中优先考虑项目负责人及项目组成员。对已完成项目的指导教师分别给予30/30/60个课时量补贴，在职称评聘中优先考虑。

第二十二条 对于不认真履行项目合同或弄虚作假的，一经查实即取消立项资格，终止项目资助，追回已拨付经费，给予相应纪律处分，并在校园网上公告。

第二十三条 指导教师指导的项目如果未通过结题验收，不得再聘为新立项目的指导教师。

第六章 附 则

第二十四条 本办法自公布之日起实行，由教务处负责解释。

（七十九）河南大学大学生创新性实验计划项目管理办法

校发〔2009〕290号

第一章 总　则

第一条 根据《教育部 财政部关于实施“高等学校本科教学质量与教学改革工程”的意见》（教高〔2007〕1号）、《教育部关于进一步深化本科教学改革全面提高教学质量的若干意见》（教高〔2007〕2号）等精神，为更好贯彻落实教育部关于国家大学生创新性实验计划的有关要求，结合我校实际，特制定本办法。

第二条 在全校普通本科生中实施创新性实验计划，旨在探索以问题和课题为核心的创新人才培养模式，激发大学生的创新思维和科学研究兴趣，充分调动大学生自主学习的主动性和创造性，强化大学生的创新意识、实践能力和团队协作精神，形成良好的校园创新文化氛围，全面提高大学生的综合素质。

第二章 组 织 管 理

第三条 学校成立大学生创新性实验计划工作领导组，组长由主管教学的副校长担任，领导组成员由教务处、学生处、团委、科研处、实验室与设备管理处、财务处等单位负责人组成。领导组下设办公室，办公室设在教务处，具体负责创新性实验计划的组织协调、审批立项、监督检查和成果鉴定等日常工作。

各学院成立大学生创新性实验计划工作领导小组，成员由教学副院长、党委副书记和部分教学指导委员会成员组成。领导小组负责研究审定本单位大学生创新性实验计划的工作规划、条件提供、导师配备、遴选申报等。

第四条 按照“统一组织、鼓励创新、强化过程、注重实效”的原则，大学生创新性实验计划每年以项目形式立项实施，实行项目负责人负责制。项目负责人为在校全日制普通本科生。项目所在学院为每个创新性实验计划项目配备2~3名教师组成的指导组。指导组成员中应至少有一名具有高级专业技术职称人员或博士学位获得者。

指导教师职责为：围绕项目技术理论、实验方案设计、工作路线和安全教育等方面对学生进行指导，并定期组织学生交流研讨。指导教师应热心大学生创新性实验工作，并且责任心强、作风正派、治学严谨，具有较强的科研和组织协调能力。参与创新性实验计划项目的学生要对科学研究和创造发明有浓厚兴趣，在教师指导下自主设计和完成实验。

第三章 申 报 立 项

第五条 大学生创新性实验计划项目范围包括理论与技术研究、发明创造、制作与创作设计，以及其他具有研究与实践价值的项目。申报的项目应以解决科学、技术、生产、生活和社会领域的具体问题为出发点，以知识、技术和方法创新为主要目的，以实验为主要手段，目标明确、思想新颖、技术先进、创新性强、方法合理。正常的实验实践教学内容和教师的科研项目（或子课题）不得作为大学生创新性实验计划项目申报立项。每个实验项目实施期限最长不得超过两年。

第六条　创新性实验计划项目按照学生自愿申请、学院遴选推荐、专家论证评审及学校择优资助的程序进行。

1. 学生申请。凡我校成绩优良、学有余力、具有一定专业知识和技能基础的在校全日制普通本科生均可自愿申报，项目负责人须为全日制普通本科二年级学生。每个项目由3~5名相关专业学生组成项目研究团队，团队的组建提倡学科交叉与联合。每名学生每次只能参加一个创新性实验计划项目，不得同时参加两个或两个以上创新性实验计划项目。项目组成员在认真讨论的基础上，按要求填写《河南大学大学生创新性实验计划项目申请书》，并在规定时间内提交到项目负责人所在学院。

2. 学院推荐。项目负责人所在学院要及时组织有关专家，对本学院申报的大学生创新性实验计划项目进行初审评选，并在规定时间内，择优、限额推荐到教务处。学校于每年6月份集中受理创新性实验计划项目申报工作。

3. 评审立项。学校大学生创新性实验计划领导组办公室负责组织专家，对学院推荐的创新性实验计划项目进行评审，评审结果向全校公示一周。公示无异议或虽提出异议但通过复审的项目，确立为“河南大学大学生创新性实验计划项目”。

第四章　项 目 管 理

第七条　大学生创新性实验计划项目立项后，项目负责人和指导教师应及时组织项目组成员利用业余时间有计划地开展工作。项目进行过程中，任何人（包括指导教师和学生）不得以任何理由影响正常的教学活动。全校各级各类实验中心、工程中心、实验室要对参加创新性实验项目的学生免费开放，提供必要的实验场地与实验设备支持。

第八条　中期检查。学校和学院要采取多种形式对项目进展情况进行阶段性检查。检查内容主要包括：实验报告记录、项目计划执行情况、经费开支情况、取得的阶段性成果和存在问题等。对工作不力、因主观原因造成项目停滞不前或进展缓慢的，责令限期改进，否则学校将暂停其使用项目经费，直至终止项目。

第九条　项目变更。项目进行过程中，原则上不允许变更。确需变更的，涉及变更研究内容、参加人员和结题时间等事项时，项目负责人应提出书面报告，经学院审核，报学校批准。

1. 成员变更。项目负责人因故确实不能或不宜继续主持项目的，由所在学院项目领导小组提出变更意见，经学校大学生创新性实验计划领导组办公室审核同意后方可更换。项目成员确因个人原因不能继续进行项目研究的，由项目负责人与指导教师根据项目进展情况决定是否变更，并将结果报学校大学生创新性实验计划领导组办公室备案。

2. 指导教师变更。指导教师因故短期不能履行指导任务的，应安排其他教师完成指导工作；指导教师因故长期不能履行指导任务的，由学院提出变更意见，经学校大学生创新性实验计划领导组办公室审核同意后予以变更。

3. 项目内容变更。项目内容原则上不予变更，但对情况特殊，按原计划实施确有重大困难的项目，经指导教师认可、学院审批并报学校大学生创新性实验计划领导组办公室审核同意后，可对研究内容作适当调整。

4. 项目结题时间变更。立项项目应按期完成，确因特殊原因需提前或延期结题的，应由项目负责人提出书面报告，经学院审核后，报学校大学生创新性实验计划领导组办公室批准。

5. 所有项目均须在项目负责人毕业离校前完成。

第十条 成果管理

1. 成果归属。河南大学创新实验计划项目的研究成果，包括论文、专利、获奖、模型、软件、样品、装置、设计图纸、成果应用与转化等，均应注明“河南大学大学生创新性实验计划资助”及项目编号，项目研究成果所有权归属河南大学。

2. 资料存档。大学生创新性实验计划资料应归档，归档内容包括：所有项目的立项申请书、中期检查报告、经费使用记录、结项验收报告、研究论文、专利授权证书、样品、计算机程序、设计文件等。以上归档材料学校大学生创新性实验计划领导组办公室保存原件一套，项目所在学院保存副本（或复印件）一套。实物性成果由项目所在学院保存。归档材料保存期限不少于四年。学校适时将研究成果汇编，并在校内组织成果展示与交流。

3. 对在项目申报、实施、结项验收过程中，弄虚作假、管理不善，造成国家财产巨大损失或无正当理由不完成项目者，一经查实，学校将终止项目运行并取消其再次申报实验项目的资格，并按相关规定处理。

第五章 经 费 管 理

第十一条 经费使用与管理

1. 经费发放。对批准立项的“河南大学大学生创新性实验计划”项目，根据项目研究内容、难易程度及项目类型，学校将发放“河南大学大学生创新性实验经费卡”，给予一定的经费支持。经费卡由项目负责人保管。经费一次核定，分两次拨付。立项后拨付经费总额的50%，中期检查合格后拨付另外50%。

2. 经费使用。项目经费应严格遵守学校的财务管理制度使用，专款专用。经费开支需按项目预算计划执行，主要用于实验消耗、样品测试、必要的制作费、资料费、文本打印费及相关调研等，不得用于劳务费等人员经费和与本项目实验研究无关的支出。指导教师不得使用该项目经费，学校和学院不得从中提留管理费。

3. 审核报销。经费报销单由项目负责人经办、指导教师验收，经教务处审核盖章后到财务处报销。报销总金额不得超过项目资助经费总额。立项后无故不开展工作或经费使用不当者，学校将停拨项目经费。项目经费用于学生发表论文版面费或其他成果时，须注明“河南大学大学生创新性实验计划资助”。项目结题时，项目负责人要提供经费使用明细表，以确保项目经费的合理、合法使用，并接受审计部门监督。

第六章　结 项 验 收

第十二条　申请与学院验收

1. 验收申请。项目完成后，项目负责人应及时组织项目组成员填写《河南大学大学生创新性实验计划项目验收报告》，指导教师签署意见后，与项目成果实物及其他相关材料一并提交项目所在学院验收。

2. 学院验收。项目所在学院组织专家对申请验收的项目进行材料审核和评审。验收未通过的，限期完善后另行申请学院验收；验收通过的，按规定时间报送学校大学生创新性实验计划领导组办公室参加学校项目鉴定验收。

3. 项目存在下列情况之一的，学院验收不予通过：

（1）结项验收资料、数据提供不真实、不完整的；

（2）未完成预期成果的；

（3）擅自改变原定研究目标和内容的。

第十三条　复核与评定

1. 材料复核。教务处负责对学院验收通过的项目材料进行核实。

2. 答辩鉴定。复核通过的项目，参加学校组织的专家组答辩鉴定。答辩方式由专家组决定。答辩内容主要是项目取得的研究成果，以及在创新思维、创新能力、综合素质培养等方面所取得的收获。专家组考核重点是学生在完成项目过程中的创新思维和创新能力的培养情况，并审查、鉴定项目研究成果的质量与水平。

3. 结论评定。综合专家组审阅材料情况、指导教师意见、项目所在学院验收情况和答辩鉴定情况等，学校大学生创新性实验计划项目工作领导组对项目做出验收结论，并按“优秀、通过、不通过”三档评定。

第七章　表彰与奖励

第十四条　完成并通过鉴定验收的创新性实验项目，学生可取得创新专项学分，项目负责人按 3 学分计，其他参与者各按 2 学分计，中途退出项目的学生不记学分。完成创新性实验计划项目并做出优异成绩的学生，同等条件下在硕士研究生推荐时优先考虑。

第十五条 项目验收获得“优秀”“通过”等级的，项目所在学院当年为指导教师组分别计算 60、40 学时的教学工作量。

第十六条 学校设立大学生创新性实验计划优秀组织奖、优秀指导教师奖和优秀成果奖。对组织得力、表现突出、效果显著的人员和成果，学校将定期进行评选并予以表彰和奖励。

第八章 附 则

第十七条 各学院根据本办法制定相应的实施计划。

第十八条 本办法自发布之日起执行，由教务处负责解释。

（八十）西南民族大学国家级大学生创新创业训练计划项目管理办法

第一章　总　则

第一条　为促进教育部国家级大学生创新创业训练计划（以下简称“大创计划”）项目管理科学化、制度化、规范化，保证项目顺利实施，根据教育部相关文件精神，特制定本办法。

第二条　本项目所称“大创计划”是指“十二五”期间，教育部在国家层面实施的、直接面向本科生立项的创新创业训练项目，是一项旨在带动广大学生在本科阶段就有机会进行科学研究、发明创造、创业模拟，创业实践，从而提高大学生的创新意识和实践能力的活动。

第三条　西南民族大学“大创计划”项目分为创新训练、创业训练、创业实践三类。

第四条　“大创计划”遵循“兴趣引导、项目驱动、自主参与、重在过程”的原则，按照“自主选题、自由申报、择优资助、规范管理”的程序由学校统一组织实施，重点资助思路新颖、目标明确、具有创新性和探索性、研究方案及技术路线可行、实施条件可靠的项目。

第二章　机构设置

第五条　学校成立由主管副校长任组长的西南民族大学“大创计划”工作领导小组。成员单位包括：教务处、招生就业处、科技处、组织人事部、后勤管理与设备供应处、计划财务处、学生工作部（处）、校团委、纪检监察审计办；领导小组办公室设在教务处（校学生创新中心），负责研究、制定有关政策，组织专家组评审、验收并指导项目实施的相关工作；负责监督项目的经费使用情况；负责将“大创计划”项目开展情况定期上报教育部。

第六条　学校各创新分中心成立“大创计划”工作小组，组长由院长担任，分管学生创新工作的副院长和相关教师参加。具体职责是：配合学生创新中心工作，负责规划本单位“大创计划”活动，组织立项申报工作，审查本单位申报项目的可行性，为项目研究提供必要的软硬件条件，并对有关政策提出意见和建议等。

第七条　学校成立评审专家组，制定项目评审标准，进行立项评审、各类检查、结题验收，评价项目实施效果，提出项目实施建议。

第三章　项目申报

第八条　项目采取自愿申报、专家评审、择优资助的原则，申报项目每年受理一次。

第九条 “大创计划”项目申报范围及条件：原则上以二至三年级全日制本科生为主；项目成员不限年级；申请者要求遵纪守法、品学兼优、学有余力，有较强的独立思考能力和创新意识，对科学研究、科技活动或创业实践有浓厚的兴趣。

第十条 项目运行时间为1~3年。

第十一条 创业训练、创业实践项目的申请者必须是本科生团队；创新训练项目申请者可以是个人，也可以是团队。

第十二条 “大创计划”实行项目负责人制，项目团队由负责人、核心成员和预备成员组成，预备成员由低年级学生担任，项目团队成员原则上不超过5人。

第十三条 项目申报程序参照《西南民族大学“大创计划”项目申报通知》执行。

第四章 项目评审与立项

第十四条 “大创计划”项目立项实行专家评审制，采取书面评审与答辩评审相结合的方式。

第十五条 各创新分中心对“大创计划”申报项目进行初审评选后，按要求确定参加学校评审的项目，报送学生创新中心。

第十六条 学校聘请校内外有关专家组成评审组，对上报项目进行书面评审和答辩评审，综合书面和答辩两轮评审结果确定立项项目，并报西南民族大学学生创新创业活动领导小组审议通过，经公示无异议后，由学校发文公布。

第十七条 校学生创新中心将列入“大创计划”的项目报教育部备案。

第五章 项 目 管 理

第十八条 各创新分中心负责项目的具体组织与实施；校学生创新中心进行宏观管理。

第十九条 “大创计划”项目由各项目团队自主运行，指导教师宏观指导。

第二十条 凡有下列情况之一者，须由项目负责人在中期评审检查前提出申请并填写项目信息变更申请表，经各创新分中心签署意见后，报学生创新中心备案：

1. 变更项目负责人或主要成员；
2. 改变项目研究内容或主要成果形式；
3. 由于特殊原因申请延期结题或中止项目研究。

第二十一条 凡有下列情况之一者，学校将撤销项目立项，中止项目研究，并视具体情况减少项目所属创新分中心下一年度申报项目的数额。

1. 剽窃他人成果，弄虚作假；
2. 未经申请批准，擅自做出重大变更或无故中止的项目；
3. 获准延期，但到期仍不能完成；

4. 阶段检查不合格、整改后仍然不合格；

5. 违反财务管理制度；

6. 违纪严重且不改者；

7. 独立完成项目的学生，由我校转出，或者修学、停学。

第二十二条 学校每年组织专家评审组对“大创计划”进行一次整体自评工作，每年配合教育部实施一次年度检查。

第二十三条 安全措施与安全教育

1. 按照“谁主管、谁负责”的原则，学校、创新分中心和指导教师加强对学生的安全教育，学生进入实验室等科研场所应遵守各项安全制度和操作规范。

2. 学生应严格遵守外出安全制度。因研究需要离校 24 小时以上者，应征得指导教师和学院相关部门负责人同意，外出调研时注意人身安全。

第六章 经费管理

第二十四条 “大创计划”由中央财政、学校共同支持。中央财政资助项均1万元，学校按照不低于1:1的比例，自筹经费配套。

第二十五条 “大创计划”各类项目经费专款专用，严格按照教育部文件规定执行，主要用于购买必要的实验耗材、药品、图书资料等，以及保障相关调研开支。

第二十六条 学校对项目经费实行四级（指导教师、创新分中心、创新中心、计划财务处）监督管理，保证使用科学、合理、高效。具体措施参见《西南民族大学“大创计划”项目经费管理办法》。

第二十七条 “大创计划”项目结束后进行决算，接受审计部门监督。

第七章 项目结题验收

第二十八条 已完成的项目于每年的3月份提出结题验收申请，学校统一组织专家评审组进行验收。项目结题验收时间以教育部通知为准。

第二十九条 结题验收需要提交的材料

1. 创新训练项目：各类记录本及数据统计、调查问卷、教师指导方案；

2. 创业训练项目：商业计划书、各类记录本及数据统计、调查问卷、教师指导方案；

3. 创业实践项目：商业计划书、各类记录本及数据统计、调查问卷、教师指导方案、企业管理章程、财务报表、机构代码证、营业执照等相关支撑材料。

各类别项目均需提交《项目结题申请表》一式一份，项目研究报告和《“大创计划”项目申请表》一份，项目成果原件一份（包括成果被采用、转载及获奖等情况的证明或其他可以说明研究成果的有关材料，如论文、著作、软件、成型系统、专利证书、获奖证书等）。结题验收材料的提交和报送根据有关通知的具体要求。

第三十条 对项目提交的各类成果材料的要求

1. 研究报告：要求3000字以上。内容包括：项目研究的目的及意义，国内外研究现状，项目研究的主要内容，研究方法与具体措施，研究成果，取得的成效及推广应用价值。若研究报告为项目唯一成果形式，则要求在5000字以上；

2. 论文：公开发表的论文需围绕研究内容；

3. 软件：须说明其先进性、实用性、创新性和实效性；

4. 著作：要突出理论与实践的结合，突出成果的社会效益和推广应用价值。

第三十一条 申请结题验收的项目负责人按照学校的要求，将结题材料报所属学生创新分中心，各创新分中心初评汇总后报校学生创新中心。

第三十二条 学校组织评审专家组进行项目结题验收工作，通过书面审查、答辩验收两个环节对“大创计划”项目进行检查，并根据项目过程实施的情况，进行客观评价。

第三十三条 申请结题验收的项目存在下列情况之一者，不予通过验收：

1. 未经批准擅自变更研究内容或研究计划；
2. 未按计划完成研究内容；
3. 必要的支撑材料不完整或数据虚假；
4. 研究成果质量低劣，无实用价值；
5. 剽窃他人成果或有其他侵权嫌疑；
6. 违反国家现行法律、法规、条例或有不良政治倾向。

第三十四条 项目结题验收中发现下列情况，将视具体情况给予限制或取消项目负责人申报立项资格、减少项目所在创新分中心下一轮次申报立项数额等处分。

1. 剽窃他人成果、弄虚作假；
2. 研究内容有较大政治问题或不良影响；
3. 未经批准，无故放弃项目研究；
4. 违反财务管理制度；
5. 项目所在创新分中心把关不严，管理松懈。

第三十五条 校学生创新中心牵头建立项目再评估制度，评价项目实施效果，提出下一步实施建议。

第三十六条 “大创计划”项目总结报告、相关材料报教育部。

第三十七条 到期不能完成项目研究的，须提出延长研究时间申请。一年期项目申请延长时间不超过三个月，两年期项目申请延长时间不超过六个月，三年期项目申请延长时间不超过一年。

第三十八条 初次结题验收不合格的项目可暂缓结题，项目负责人须提出延期结题（最多不超过1年）的书面申请，待项目组根据专家组的结题评审意见完善相应材料后，再次申请结题验收。

第八章　附　　则

第三十九条　本管理办法自公布之日起执行，由校学生创新中心负责解释。

（八十一）西南民族大学学生创新创业活动管理办法

第一章 总 则

第一条 为进一步贯彻落实《教育部 财政部关于“十二五”期间实施“高等学校本科教学质量与教学改革工程”的意见》（教高〔2011〕6号）精神，促进国家级大学生创新创业训练计划项目顺利实施并取得预期效果，同时加强我校学生创新创业活动的组织与管理，特制定本办法。

第二条 西南民族大学学生创新创业活动由学科竞赛和大学生创新创业训练计划（以下简称“大创计划”）组成。学科竞赛分为素质拓展竞赛和作品竞赛两类，“大创计划”分为创新训练、创业训练、创业实践三类。

第三条 西南民族大学学生创新创业活动本着“突出重点、谨慎引新、学科均衡、与时俱进”的指导思想，遵循“兴趣引导、项目驱动、自主参与、重在过程”的原则，按照“自主选题、自由申报、择优资助、规范管理”的程序，由学生创新中心统一组织实施，重点资助在相关学科领域影响力大、我校具有传统优势的学科竞赛和思路新颖、目标明确、具有创新性和探索性、研究方案及技术路线可行、实施条件可靠的“大创计划”研究项目。

第四条 《西南民族大学学生创新创业活动管理办法》适用于我校全日制本科、预科学生、作为成员参与项目的研究生及全校教师。

第二章 机 构 设 置

第五条 西南民族大学学生创新创业活动领导小组由主管副校长任组长，成员包括：组织人事部、纪检监察审计办、学生工作部（处）、招生就业处、科技处、教务处、计划财务处、国有资产管理处、后勤管理与设备供应处、校团委负责人。领导小组办公室设在教务处。

第六条 学校成立学生创新中心，各教学单位成立学生创新分中心。

第七条 西南民族大学学生创新创业活动领导小组负责对全校学生创新创业工作的领导和指导，研究、制定学生创新创业活动有关政策，结合学校实际审定学生创新创业工作的年度（学期）工作重点和内容，负责研究和解决学生创新创业工作中的重大问题。

第八条 学生创新中心负责全校学生创新创业活动的具体组织实施，组织专家组评审、验收并具体指导项目实施的相关工作；负责将“大创计划”国家级项目开展情况定期上报教育部。

第三章　项 目 申 报

第九条　项目申报原则：学科竞赛及“大创计划”项目采取自主选题、自愿申报的原则。

第十条　项目申报范围及条件

1. 以各学生创新分中心为单位统一申报；申请者要求遵纪守法、品学兼优、学有余力，有较强的独立思考能力和创新意识，对学科竞赛、科学研究、科技活动或创业实践有浓厚的兴趣。

2. 学科竞赛项目应依托各学生创新分中心申报，参赛学生不限年级。

3. “大创计划”项目申报条件：

（1）项目团队由项目负责人、核心成员和预备成员组成，项目负责人原则上应为二至三年级全日制本科生，核心成员不限年级，预备成员由低年级学生担任，项目团队成员原则上不超过 5 人。

（2）创新训练项目申请者可以是本科生个人，也可以是团队；创业训练、创业实践项目的申请者必须是本科生团队。

（3）项目团队组成应兼顾梯队建设和专业搭配。

第十一条　项目实施时间：学科竞赛项目实施时间根据赛制确定，“大创计划”项目运行时间为 1~3 年。

第十二条　项目负责人制度：学生创新创业活动实行项目负责人制。学科竞赛项目负责人由教师担任，“大创计划”项目负责人由一名项目团队成员担任。项目负责人负责项目整体安排及实施。

第四章　项目评审与立项

第十三条　学生创新创业活动项目立项原则：创新、实用和可行。由专家评审、择优资助。项目应能培养学生的创新意识、实践能力，注重理论联系实际和研究时效，并能充分利用实验教学示范中心、开放实验室、重点实验室和创业实践基地开展学科竞赛赛前培训和项目研究、实践。

第十四条　评审步骤

1. 各学生创新分中心对申报项目进行初审评选后，上报学生创新中心。

2. 学生创新中心组织专家评审组对上报项目进行评审，确定校级项目立项名单和国家级、省部级项目推荐名单。

第十五条　立项及项目推荐：校级立项项目及国家级、省部级项目推荐名单报西南民族大学学生创新创业活动领导小组审议通过，经公示无异议后，公布校级立项名单，国家级、省部级推荐立项项目报上级部门。

第五章　项目过程管理

第十六条　各创新分中心在学生创新中心的指导下，负责项目培训、参赛、项目研究、经费使用等过程管理。学科竞赛项目由各创新分中心负责组织开展，“大创计划”项目在老师指导下由各项目团队自主运行。

第十七条 学校每年组织对各创新分中心开展学生创新创业活动情况进行检查，并按照教育部要求进行年度检查。

第十八条 安全措施与安全教育

1. 按照“谁主管、谁负责”的原则，学生创新中心、各创新分中心和指导教师应加强对学生的安全教育，学生进入实验室等科研场所应遵守各项安全制度和操作规范，并进行必要的培训，合格后方可开展相关工作。

2. 学生应严格遵守外出安全制度。因参赛或研究需要离校 24 小时以上者，应征得指导教师和教学单位相关负责人书面同意，参赛应有指导老师随队，外出调研时注意人身安全，必要时购买人身保险。

3. 学生外出参赛或调研，项目所属教学单位应做好安全应急预案，学生签订安全责任书。

第十九条 凡有下列情况之一者，原则上应由项目负责人在中期评审检查前提出申请并填写项目信息变更申请表，经各创新分中心签署意见后，报学生创新中心备案：

1. 变更项目负责人或主要成员；

2. 改变项目研究内容或主要成果形式；

3. 由于特殊原因申请延期结题或中止项目研究。

第二十条 凡有下列情况之一者，学校将减少学科竞赛资助经费直至不资助，或撤销项目立项、中止项目实施和研究，并视具体情况减少项目所属创新分中心下一年度“大创计划”申报项目的数额。

1. 剽窃他人成果，弄虚作假；

2. 未经申请批准，擅自做出重大变更或无故中止的项目；

3. 获准延期，但到期仍不能完成；

4. 阶段检查不合格、整改后仍然不合格；

5. 违反财务管理制度；

6. 严重违反校纪校规且不改者；

7. 获准独立完成项目的学生，未完成研究即由我校转出，或者休学、停学。

第六章 项目经费管理

第二十一条 学生创新创业活动项目经费由中央财政拨款，主要用于本科生个人或团队，参与各级各类学科竞赛或自主完成创新性研究项目设计，模拟企业运行、参与企业实践或采用前期成果开展创业实践活动。学生创新创业活动奖励经费不从项目经费中支出，由校内专项经费拨付。

第二十二条 项目经费的使用原则：项目经费应按照国家财经法规和教育部对

“大创计划”国家级项目的相关文件规定使用，充分利用现有工作条件和协作条件，讲求资金的使用效益。经费使用应接受上级财政、审计部门的监督、检查。

第二十三条 项目经费使用范围：学科竞赛项目经费主要用于赛前培训、指导以及比赛产生的差旅费；“大创计划”创新训练、创业训练项目经费主要用于调研差旅费、实验费、资料费、耗材费、设备费、邮寄费、论文版面费、成果鉴定费、专利申请费、文献检索费等必要开支；创业实践项目经费还可开支创业启动费等。

1. 调研差旅费：指为项目研究、开发而进行调研所发生的费用和与项目研究有关的专题技术、学术会议的费用。

2. 实验费：指研究、开发项目带料外加工或因本单位不具备条件而委托外单位协作进行试验、加工、测试、计算、分析等发生的费用。

3. 资料费：指进行项目研究、开发所发生的书刊、资料、计算机软件购置费及复印、印刷、邮寄、文献资料检索的费用，以及科技论文发表的版面费等。

4. 耗材费：指进行项目研究、开发、实验所需的动（植）物的购置、种植、养殖费；标本、样品的采集加工费；水、电、原材料、辅助材料、低值易耗品（如试剂、药品、纸张、软盘、色带等）、零配件的购置费用，以及为此发生的运杂包装费用。

5. 设备费：指研究、开发项目所必需的专用仪器、设备购置和维修费用，研究项目的样品、样机购置费用，以及为此发生的运输、包装、装卸和零星土建的费用。其中从国外引进的仪器、设备、样品、样机的购置费包括海关关税和运输保险费用。

6. 成果鉴定费：指在项目成果鉴定、验收时所发生的技术咨询、资料审查等费用。

7. 专利申请费：向国家专利机关申请专利权产生的申请费、审查费等相关费用。

8. 创业启动费：办理营业执照等相关费用、按公司正式报表发放员工薪酬。

9. 其他费用：与项目研究、开发直接有关的其他支出。

第二十四条 经费报销及其他要求：经费报销按照计划财务处的相关规定办理，相关程序参照“大创计划”经费报销程序及要求（附件3）执行。

第二十五条 项目经费使用监督检查，原则上在项目年度总结和中期检查时进行。项目经费检查和评估的结果，作为调整项目预算、项目结题的重要依据。

第二十六条 项目完成后，向学校主管部门提交项目结题报告时应提供项目财务决算报告，接受审计部门监督。

第二十七条 中止、撤销的项目经费按学校有关规定处理。

第七章 项目结题验收

第二十八条 学科竞赛每年结题一次。已完成的“大创计划”项目提出结题验收申请，由学校统一组织专家评审组进行验收。“大创计划”国家级项目结题验收时间以教育部通知为准。

第二十九条 项目结题验收应提交的支撑材料

1. 学科竞赛结题支撑材料：

（1）学科竞赛项目结题报告一份；

（2）获奖证书原件及复印件一份。

2. “大创计划”结题支撑材料：

（1）创新训练项目：“大创计划”项目申请表、“大创计划”项目结题申请表、项目总结报告、项目研究报告、项目成果原件及复印件一份（包括成果被采用、转载及获奖等情况的证明或其他可以说明研究成果的有关材料，如论文、著作、软件、成型系统、专利证书、获奖证书等）、各类记录本及数据统计、调查问卷、调研报告、教师指导方案。

（2）创业训练项目：“大创计划”项目申请表、“大创计划”项目结题申请表、项目总结报告、项目研究报告、商业计划书、各类记录本及数据统计、调查问卷、调研报告、企业管理章程、财务报表、教师指导方案。

（3）创业实践项目：“大创计划”项目申请表、“大创计划”项目结题申请表、项目总结报告、项目研究报告、商业计划书、各类记录本及数据统计、调查问卷、调研报告、教师指导方案、企业管理章程、财务报表、机构代码证、营业执照等相关支撑材料。

第三十条 申请结题项目成果材料的要求

1. 总结报告：要求1500字以上，内容涵盖研究计划的制订情况，研究方向的调整情况，研究过程中财务执行情况，团队成员分工和合作情况，资料整理、项目记录情况，撰写调研报告、论文的情况等。

2. 研究报告：要求3000字以上。内容包括：项目研究的目的及意义，国内外研究现状，项目研究的主要内容，研究方法与具体措施，研究成果，取得的成果及推广应用价值。若研究报告为项目唯一成果形式，则要求在5000字以上；

3. 商业计划书：要求7000字以上。内容包括：产品与服务、市场分析、商业模式、战略规划与管理、运作、财务与风险等部分。

4. 论文：公开发表的论文，须以项目研究内容为主题并进行标注。

5. 软件：须为项目研究直接成果，并说明其先进性、实用性、创新性和实效性。

6. 著作：要突出理论与实践的结合，突出项目成果的社会效益和推广应用价值。

第三十一条 申请结题验收的项目存在下列情况之一者，不予通过验收

1. 未经批准擅自变更竞赛内容、研究内容或研究计划；

2. 未按计划参加学科竞赛或完成研究内容；

3. 必要的支撑材料不完整或数据虚假；

4. 研究成果质量低劣；

5. 剽窃他人成果或有其他侵权行为；

6. 违反国家现行法律、法规、条例或有不良政治倾向。

第三十二条 项目结题验收中发现下列情况，将减少学科竞赛资助经费直至不资助，或撤销项目立项，中止项目实施和研究，并视具体情况限制或取消项目负责人申报立项资格、减少项目所属创新分中心下一年度“大创计划”申报项目的数额。

1. 剽窃他人成果、弄虚作假；
2. 研究内容有较大政治问题或不良影响；
3. 未经批准，无故放弃项目实施或研究；
4. 违反财务管理制度；
5. 项目所在创新分中心组织不力，管理松懈。

第三十三条 建立项目再评估制度，评价项目实施效果；建立学科竞赛项目升级和退出制度。

第三十四条 “大创计划”项目到期不能完成项目研究的，须提出延长研究时间申请。一年期项目申请延长时间不超过三个月，两年期项目申请延长时间不超过六个月，三年期项目申请延长时间不超过一年。

第三十五条 “大创计划”项目初次结题验收不合格的项目可暂缓结题，项目负责人应提出延期结题（不超过三个月）的书面申请；项目组根据专家评审意见完善相应材料后，再次申请结题验收。

第八章 成果奖励

第三十六条 学生创新创业活动奖励对象及范围：我校在读的本、专、预科学生及教师，参加各级各类学科竞赛获得省部级以上奖项，或获得“大创计划”项目奖励、取得各类科研成果和发明专利。

第三十七条 学科竞赛奖励原则：同一项目（团队 / 作品等）在同一系列学科竞赛中获不同级别奖项时，按最高级别奖励；在同一系列学科竞赛中获相同级别奖项时，则只奖励其中一个奖项；某一级别的优秀奖，参照低一级别的三等奖进行奖励；组织奖按照同级别集体奖的标准进行奖励。

第三十八条 参加学科竞赛的学生及指导教师获得省部级以上的奖项，按照附件 1 的标准进行奖励；发放程序按照现行财务制度执行。

第三十九条 “大创计划”奖励标准

1. 入选全国大学生创新年会 90 篇学术论文 / 全国大学生创新年会 120 个项目名单奖励 5000 元；入选全国大学生创新年会 10 篇优秀论文 / 全国大学生创新年会“我最喜爱的 10 个项目”名单奖励 20000 元。

2. 获评西南民族大学“大创计划”“我最喜爱的国家级项目”（优秀项目数不超过当年国家级项目总数的 15%），项目团队奖励 800 元，指导教师奖励 800 元。

3. 获评西南民族大学“大创计划”优秀校级项目，优先推荐申报国家级项目，并颁发优秀项目证书。

第四十条 学生以第一作者署名公开出版的学术专著、编著（含译著、工具书、古籍整理等），奖励标准如下：

1. A类出版社：专著类2000元/部，编著类1500元/部，科普类800元/部；

2. B类出版社：专著类1500元/部，编著类1000元/部，科普类600元/部。

第四十一条 学生以第一作者署名在各类期刊（正刊）上发表的学术论文奖励标准：

《西南民族大学科研工作量化管理办法》附件3所列期刊及论文：

① A类期刊：125000元/篇；

② B类期刊：3600元/篇；

③ C类期刊：3200元/篇；

④ D类期刊：1920元/篇；

⑤ E类期刊：480元/篇；

⑥ F类期刊：240元/篇；

⑦ G类期刊：200元/篇；

⑧ H类论文：320元/篇；

⑨ I类论文：160元/篇；

⑩ J类论文：100元/篇；

⑪ K类论文：100元/篇。

《西南民族大学科研工作量化管理办法》附件4所列期刊：

① A类期刊：1760元/篇；

② B类期刊：1680元/篇；

③ C类期刊：640元/篇；

④ D类期刊：320元/篇。

用于申请硕士及以上学位的学术成果不在此奖励范围；专著及刊物具体类别划分参照《西南民族大学科研工作量化管理暂行办法》。

第四十二条 专利权人为西南民族大学，我校学生为第一发明者的发明专利奖励标准：

国外发明专利：3000元；

国内发明专利：2500元；

国内实用新型专利：500元；

国内外观设计专利：250元。

第四十三条 申请奖励者需填报《西南民族大学学生创新创业项目获奖申请表》（附件2），按照申请类别提供证明材料，如编著、论文、获奖证书、专利证书原件及复印件等。

第四十四条 申请材料由申请者所属学生创新分中心审核、校学生创新中心复核，报校学生创新活动领导小组、校长办公会审定，公示无异议后进行奖励。

第九章　推 免 加 分

第四十五条　推荐优秀应届本科毕业生免试攻读硕士学位研究生，综合成绩由学业成绩、创新创业活动成绩和社会活动成绩组成，总分为 100 分。其中，学业成绩 85 分，创新创业活动成绩 10 分，社会活动成绩 5 分。

第四十六条　创新创业活动成绩包括学科竞赛成绩和科研成果（含项目得分）计算方法是：创新创业活动成绩 = 学科竞赛得分 + 科研成果得分。创新创业活动成绩总分超过 10 分时按 10 分计。

第四十七条　学科竞赛成绩按照“同一项目就高不就低，不同项目可以累加”的原则计算，并应提供证书原件等相关证明材料。

第四十八条　学科竞赛得分计算标准见下表。

学科竞赛得分计算标准

国际	一等奖	二等奖	三等奖
A	10	9	8
B	9	8	7
C	8	7	6
D	5	4	3
国际区域	一等奖	二等奖	三等奖
A	9	8	7
B	8	7	6
C	7	6	5
D	4	3	2
国家	一等奖	二等奖	三等奖
A	8	7	6
B	7	6	5
C	6	5	4
D	3	2	1
国内区域	一等奖	二等奖	三等奖
A	7	6	5
B	6	5	4
C	5	4	3
D	2	1	0.5

省级	一等奖	二等奖	三等奖
A	6	5	4
B	5	4	3
C	4	3	2
D	1	0.5	0.25

第四十九条 国家级及省（部）级学科竞赛 A、B、C、D 类的划分，由学校创新创业活动领导小组根据《西南民族大学学生创新创业活动管理办法（试行）》相关规定（附件 4）确定。

第五十条 科研成果得分

1. 项目得分计算标准

（1）大学生创新创业训练计划校级项目立项分：0.25 分；

（2）入选西南民族大学校级优秀项目：1 分；

（3）“大创计划”国家级项目立项分：1 分；

（4）“大创计划”项目入选全国大学生创新年会 90 篇学术论文 / 全国大学生创新年会 120 个项目名单：5 分；

（5）“大创计划”项目入选全国大学生创新年会 10 篇优秀论文 /10 个优秀项目 / 全国大学生创新年会我最喜爱的 10 个项目名单：10 分。

2. 论文、专著、专利等成果对应《西南民族大学科研工作量化管理暂行办法》得出分值，乘以系数 0.25 后作为得分。“大创计划”项目成果需提供相关证明材料。

第十章 指导教师酬金计算与发放办法

第五十一条 承担我校学生创新创业活动指导任务的教师酬金计算公式为：指导教师酬金 = 单位课时酬金 × 指导课时数。单位课时标准参照组织人事部相关规定执行。

第五十二条 指导教师薪酬计算办法与标准

1. 学科竞赛指导教师根据实际承担的培训、指导任务计算课时数，指导教师酬金原则上不超过该项目总经费的 30%。由项目负责人根据该教师在项目开展过程中承担的任务进行核算，报学生创新中心批准后，从项目经费中支出。

2. “大创计划”项目指导教师以项目为单位计算课时数，指导课时数分别按照国家级 30 学时 / 项、省级 20 学时 / 项、校级 15 学时 / 项标准计算。“大创计划”项目指导教师酬金由各学生创新分中心按计算标准核算，学生创新中心复核后，报组织人事部，由学校统一发放酬金。指导教师酬金不能在“大创计划”项目经费中开支。

第五十三条 企业导师薪酬参照校内指导教师的标准，根据实际情况调整执行。

第五十四条 西南民族大学学生创新创业活动指导教师课时数可作为年度考核

教学工作量数计算，不另发课时费。

第十一章　附　　则

第五十五条　本管理办法自公布之日起执行，由校学生创新中心负责解释。

（八十二）烟台大学大学生创新创业训练计划项目实施方案

为了贯彻落实《教育部　财政部关于“十二五”期间实施“高等学校本科教学质量与教学改革工程”的意见》(教高〔2011〕6号)和《教育部关于批准实施“十二五”期间“高等学校本科教学质量与教学改革工程”2012年建设项目的通知》（教高函〔2012〕2号）精神，结合我校实际，特制定烟台大学“大学生创新创业训练计划”项目实施方案。

一、指导思想

按照“兴趣驱动、自主实践、重在过程”的原则，鼓励学生开展创新、创业训练与实践，实施团队合作、产学研合作项目。通过参加一系列的创新创业项目，提升大学生的创新精神、创业意识和创新创业能力。

二、组织领导

1. 成立烟台大学大学生创新创业训练计划工作领导小组。领导小组由分管教学工作的校领导任组长，成员由教务处、社科处、财务处、学工处、团委、后勤处、各学院等单位的负责人共同组成。领导小组负责大学生创新创业训练计划工作的统筹规划、政策制定、经费保障、管理和决策。领导小组下设办公室，挂靠教务处，负责日常工作的落实。

2. 成立烟台大学大学生创新创业训练计划工作指导委员会。指导委员会由有关校领导和各类学科专家组成。指导委员会的主要职责是：对大学生创新创业训练计划项目及实施方案提出论证意见；参与项目的中期检查与结题验收；督促和帮助学校开设与创新训练有关的创新思维、创新方法、创业训练、项目管理和企业管理类课程；提出其他咨询性意见和建议。

3. 各学院建立大学生创新创业训练计划工作领导小组，具体负责本学院大学生创新创业训练计划工作的组织实施。

三、实施步骤

（一）项目类型

大学生创新创业训练计划内容包括创新训练项目、创业训练项目和创业实践项目三类。

1. 创新训练项目是本科生个人或团队在导师指导下，自主完成创新性研究项目设计、研究条件准备和项目实施、研究报告撰写、成果（学术）交流等工作。

2. 创业训练项目是本科生团队在导师指导下，团队中每个学生在项目实施过程中扮演一个或多个具体的角色，通过编制商业计划书、开展可行性研究、模拟企业运行，参加企业实践、撰写创业报告等工作。

3. 创业实践项目是学生团队，在学校导师和企业导师共同指导下，采用前期创新训练项目（或创新性实验）的成果，提出一项具有市场前景的创新性产品或者服务，以此为基础开展创业实践活动。

（二）项目申报

1. 大学生创新创业训练计划面向在校全日制本科学生，原则上以二、三年级学生为主。鼓励低年级学生申请，鼓励学生团队申请。申请者必须品学兼优、学有余力、有较强的独立思考能力、创新意识和研究探索精神，对科学研究、科技活动或社会实践有浓厚的兴趣，具备从事创新创业的基本素质，有强烈的求知欲和严谨的工作作风，有良好的职业道德和团结协作精神。

2. 申请者可以是个人，也可以是团队，每个团队一般由 3 名以上学生组成。鼓励学科交叉融合，鼓励跨院、跨专业，以团队形式联合申报。

3. 申报项目学生需认真填写《烟台大学创新创业训练计划项目申报书》，项目选题要求思路新颖、目标明确、具有创新性和探索性，学生要对研究方案及技术路线进行可行性分析，并在实施过程中不断调整优化，原则上要求项目负责人在毕业前完成项目。

4. 各类项目负责人仅限 1 人，负责人不得同时申报两个及两个以上的项目。申报项目需配备指导教师 1~2 名，指导教师需具备中级及以上职称，积极鼓励各项目聘请优秀企业家或行业专家担任导师。

（三）项目评审

各学院大学生创新创业训练计划工作领导小组对本学院项目进行评审，视情况组织答辩，并填写评审意见，确定学院申报项目；大学生创新创业训练计划工作指导委员会对全校项目进行评审，形成评审意见；评审论证后报大学生创新创业训练计划工作领导小组审批同意后立项，由大学生创新创业训练计划办公室负责登记备案，并对项目实行跟踪管理。

（四）项目实施

项目实行主持人负责制，项目审批立项通知发布后，项目主持人需认真拟定《烟台大学创新创业训练计划项目实施方案》，经学院审查后报送教务处。依托校内各实验中心、研究所、创业园区等平台条件，积极开展有效工作，保证项目的顺利完成。

（五）中期检查

项目研究时间过半，项目负责人应提交《烟台大学大学生创新创业训练计划项目中期检查报告》，内容包括：任务完成情况、困难和问题、下一步工作计划等，学校和学院将组织中期检查，并提出改进建议。

（六）结题验收

项目完成后，项目负责人应撰写《烟台大学大学生创新创业训练计划结题验收报告》，并附上研究记录等相关材料和研究成果、实物等，由大学生创新创业训练计划工作指导委员会对研究项目进行结题验收，并报大学生创新创业训练计划工作领导小组审批。

（七）项目变更

在研究过程中，涉及变更研究内容、项目成员、调整结题时间等事项，项目负责人应提出书面报告，阐明具体原因，对更改项目内容、更换项目成员、提前或推迟项目进度等做出详细描述并报请大学生创新创业训练计划工作领导小组批准。

（八）项目完成期限

项目完成期限控制在1~2年。原则上项目负责人在毕业前须完成结题验收手续。

四、学校评审项目数量

每年在全校范围内评选出校级大学生创新训练项目、校级创业训练项目、校级创业实践项目，参加省级推荐教育部项目评审。

五、经费管理

1. 大学生创新创业训练计划经费来源：地方财政专项资金、学校专项资金或者社会、个人等资助或捐赠的经费。

2. 项目资助经费由学校教务处、财务处、项目所在学院共同管理，由承担项目的学生使用，保证专款专用。

3. 经费主要用于项目研究所需的资料费、实验材料费、调研费、会议费等必要开支，不得用于支出劳务费等人员经费。报销单必须由项目负责人、指导老师签字，所在学院领导审核，经教务处审批后方可到财务处报销。

4. 创新创业训练计划项目资助学生为第一作者发表的论文及学生以项目为基础申请的专利应标注“烟台大学大学生创新创业训练计划项目资助”，所需费用由项目支付，专利知识产权归学校所有。

5. 经核查，对下列情况，学校有权责令项目负责人停止使用项目研究经费，视情节轻重冻结未用经费或追缴已拨经费，对主要责任人予以处罚：（1）因申请人执行不力，无故延期又无具体改进措施致使项目无法按预期完成的；（2）申请人将经费挪作他用的。

六、政策保障

1. 学校各相关职能部门及各院系要积极为参与项目的学生团队及个人免费做好提供实验场地、设备及技术等服务工作。学校各部门要利用多种渠道做好创新创业训练项目的宣传报道和学习交流、互动促进等工作，为参与项目的学生提供合作和交流的机会。

2. 对指导创新创业计划项目的教师，学校可以根据其指导项目的时间、项目内容计算其工作量。

3. 对取得阶段性成果的创新创业计划项目，经学生（限项目负责人）提出申请，征得指导教师同意后，经审查通过后，可作为毕业论文（设计）课题继续进行；对于研究成果已经达到毕业论文（设计）要求，经审核鉴定后可代替本科毕业论文（设计）。

（八十三）大连大学大学生创新创业训练计划项目实施方案

大连大学发〔2012〕87号

根据《教育部关于做好“本科教学工程”国家级大学生创新创业训练计划实施工作的通知》（教高函〔2012〕5号）精神和辽宁省关于启动大学生创新创业训练计划项目的要求，经学校研究决定，实施大连大学大学生创新创业训练计划项目（以下简称“大创计划”）。

一、“大创计划”实施目的

通过实施大学生创新创业训练计划，促进学校转变教育思想观念，改革人才培养模式，强化我校学生创新创业能力的训练，进一步增强学生的创新能力和在创新基础上的创业能力，培养适应地方建设需要的创新人才。

二、“大创计划”实施内容

我校大学生创新创业训练计划内容包括创新训练项目、创业训练项目和创业实践项目三类。

创新训练项目是本科生个人或团队，在导师指导下，自主完成创新性研究项目设计、研究条件准备和项目实施、研究报告撰写、成果（学术）交流等工作。创新训练项目继续以“本科生创新教育基金项目”的名称与形式实施。

创业训练项目是本科生团队，在导师指导下，团队中每个学生在项目实施过程中扮演一个或多个具体的角色，通过编制商业计划书、开展可行性研究、模拟企业运行，参加企业实践、撰写创业报告等工作。创业训练项目将从2013年起实施。

创业实践项目是学生团队，在学校导师和企业导师共同指导下，采用前期创新训练项目（或创新性实验）的成果，提出一项具有市场前景的创新性产品或者服务，以此为基础开展创业实践活动。创业实践项目将在条件具备时实施。

三、“大创计划”组织机构

我校“大创计划”的校级组织协调结构为：主管教学工作的苑迅副校长牵头负责，教务处、国家大学生素质教育基地、招生就业指导处牵头组织，科技处、社科处、人事处、国资处、财务处、学生处、团委等职能部门参与协调。教务处主要负责“大创计划”纳入教学体系的相关工作，国家大学生素质教育基地负责“大创计划”中创新与创业项目的组织实施工作，招生就业指导处负责“大创计划”中创业实践项目的具体实施。各牵头部门将出台切实可行的管理办法和配套政策，促进“大创计划”的有效实施。

四、“大创计划”项目组成与经费支持

1. 学校每年开展“创新训练与创业训练”项目总计 250 项，其中校级项目 150 项（创新项目约 120 项、创业项目 30 项）、院级项目 100 项。学校从校级项目中申请省级项目 40 项，申请国家级项目 5 项，形成我校国家、省、校、院级的“大创计划”系列项目。学校计划每年投入 40 万元实施“大创计划”，并积极争取更多的资金，逐步提高资助开展“大创计划”的资金额度。学校对列入国家级的项目按平均每项 10000 元予以配套、对列入省级的项目平均按 1:2 的资金要求配套，对校级项目提供 300~3000 元的资金支持。

2. 学校适时设立创业实践项目，并酌情提供必要的资金支持。

3. 学校每年组织一次关于“大创计划”项目实施的经验与成果交流会，面向参与学生和指导教师提供至少一次参加校外学术会议与学习交流的机会，促进“大创计划”项目水平的不断提升。

五、“大创计划”实施要求

1. 各教学单位应高度重视实施“大创计划”对推动我校人才培养模式改革的重要意义，明确院级“大创计划”的分管领导和工作秘书，积极组织师生参与“大创计划”，形成丰富的有学科或专业特点的院级“大创计划”项目，达到惠及更多学生的目的。

2. 各教学单位和科研机构的各级各类重点实验室、示范性实验教学中心等对参与“大创计划”的学生需免费开放，并提供技术、场地、设备、政策、管理等方面的支持与服务，其他教学、科研实验室实现 30% 的开放率。

3. “大创计划”项目的组织与实施参照“本科生创新教育基金项目”实施办法执行。

4. 由学校“大创计划”组织机构牵头，重点研究和开展以下主要工作，保障“大创计划”工作任务的落实。

（1）组织教学单位实施“大创计划”进入教学计划、“大创计划”常规管理纳入教学日常管理的相关工作；在学生选课、考试、学分认定、灵活学籍管理等方面给予政策支持；开展与“大创计划”相关的课程建设工作。

（2）采用请进来、走出去等灵活方式，建立校企、校校与校研之间的合作，聘请来自企业、其他高校、研究单位的专家学者作为学生的导师，并逐步提高外聘导师在导师队伍中的比例。

（3）开展“大创计划”指导教师队伍的建设工作，着重研究与制定激励措施，对指导教师在工作量认定、业绩认定、职称评定等方面给予政策支持，吸引青年教师、年轻博士等参与“大创计划”指导工作，逐步形成结构合理、骨干稳定、可持续发展的指导教师队伍。

（4）有计划地进行“大创计划”实施场所的环境、条件与设备的优先改善与建

设工作，制定相关管理办法和鼓励措施，促进对学校资源的管理、调控与共享。加强对实验技术人员、仪器管理人员的培训与考核，发挥他们在保障“大创计划”实施中的重要作用。

（八十四）中国地质大学（北京）大学生创新创业训练计划项目管理办法

为贯彻落实《国务院办公厅关于深化高等学校创新创业教育改革的实施意见》（国办发〔2015〕36号），推动我校创新创业教育的开展，规范我校大学生创新创业训练计划项目管理，特制定本办法。

第一章 总 则

第一条 大学生创新创业训练计划是高校深化创新创业教育改革的重要内容，计划实施的主要目的是促进高校转变教育思想观念，改革人才培养模式，强化创新创业能力训练，着力增强学生创新精神、创业意识和创新创业能力，培养适应创新型国家和行业发展战略需要的高素质创新创业人才。

第二条 大学生创新创业训练计划项目分为国家级、北京市级、校级三个层次，内容包括创新训练项目、创业训练项目和创业实践项目三类。

1. 创新训练项目：本科生个人或团队在导师指导下，自主完成创新性研究项目设计、研究条件准备和项目实施、研究报告撰写、成果（学术）交流等工作。我校创新训练项目分为两类：大学生创新性实验计划项目（A类）、教学实验室开放基金项目（B类），其中教学实验室开放基金项目需依托校内实验室完成。

2. 创业训练项目（C类）：本科生团队在导师指导下，团队中每个学生在项目实施过程中扮演一个或多个具体的角色，通过编制商业计划书、开展可行性研究、模拟企业运行，参加企业实践、撰写创业报告等工作。

3. 创业实践项目（D类）：学生团队在学校导师和企业导师共同指导下，采用前期创新项目的成果，提出一项具有市场前景的创新性产品或者服务，以此为基础开展创业实践活动。

第二章 组织机构

第三条 为保证大学生创新创业训练计划的顺利开展，学校成立大学生创新创业训练计划领导小组，主管本科教学和学生工作的校领导任组长、副组长，教务处、国有资产与实验室管理处、学生工作部（处）、团委、人事处、科技处、财经处、科学研究院等相关单位的主要负责人任成员；领导小组办公室设在教务处，成员由教务处、国有资产与实验室管理处、团委组成。

第四条 各学院成立大学生创新创业训练计划工作小组，负责本学院大学生创新创业训练计划项目的开展。

第五条 我校大学生创新创业训练计划项目实行统一申报、分类管理，其中A类项目由教务处管理、B类项目由国有资产与实验室管理处管理、C类和D类项目由团委管理。

第三章 项 目 申 报

第六条 申报要求

1. 大学生创新创业训练计划项目面向全校在籍的全日制本科生，创新训练项目申报人可以是个人或团队，团队人数原则上不超过5名；创业训练、创业实践项目申报人必须是团队，原则上团队人数不超过7名；同一年度每个学生只能参与一个项目，鼓励跨学科、跨专业、跨年级联合申报。

2. 原则上创新训练、创业训练项目负责人以大二、大三学生为主，在负责人本科毕业前能完成结题答辩；创业实践项目负责人以大三、大四学生为主，创业实践项目负责人毕业后可根据情况更换负责人，或是在能继续履行项目负责人职责的情况下，以大学生自主创业者的身份继续担任项目负责人。

3. 每个项目必须配备一名相关学科的指导教师，指导教师应具备中级（含）以上职称，有较好的科研基础、实验室工作经验或者创业知识，能为学生提供项目研究需要的场地和设备；创业实践项目除配备1名校内指导教师外，还必须配备1名企业指导教师；同一年度每位教师指导同一类型项目原则上不能超过两项。

4. 项目选题要求思路新颖、目标明确，内容具有创新性和探索性，适合本科生利用课余时间完成；研究课题可以由学生自己提出，也可以由我校教师或合作企业提出供学生选择，同一研究内容不允许重复申报。

第七条 申报及评审程序

1. 大学生创新创业训练计划项目每年立项一次，学校在每年秋季学期统一发布立项通知，并在全校范围内进行宣传动员。

2. 学生个人或者团队根据自身兴趣，主动聘请指导教师、进行前期调研、撰写项目申请书，在规定的时间内将申请书交至所在学院。

3. 各学院本着公开、公平、公正的原则，组织专家对申报项目进行评审，在申报材料上给出评审意见，按照规定将申报材料分别上报归口管理部门。

4. 学校根据学院上交的推荐材料组织专家分组评审，并对拟资助的项目名单进行网上公示，经主管校长批准后，正式发文公布。

第四章 过 程 管 理

第八条 学校和各单位应积极创造条件支持大学生创新创业活动，各级各类教学实验室、科研实验室等优质实验资源应面向参与项目的学生开放共享。

第九条 项目批准立项后，学生在导师指导下按照申请书规定的时间和研究内容启动研究工作，学生是项目的主体，要自主设计、自主完成、自主管理，项目成员要分工明确、团结协作，确保项目按期完成。

第十条 凡执行不力、无故延期又无具体改进措施或经费使用不当的项目，学校将责令项目负责人停止使用课题研究经费，并视情节轻重收回部分或全部资助资金。

第十一条 项目变更

1. 如遇特殊情况，需要更改项目内容、更换项目成员，项目负责人必须填写项目变更申请表，经指导教师、学院签字同意，学校审核通过后，方可变更。

2. 指导教师因故短期不能履行指导任务的，应安排临时替代人员完成指导工作，因故长期不能履行指导任务的，由项目组提出变更申请，经所在学院同意，学校审核通过后进行更换。

第十二条 中期检查

1. 项目组在规定的时间内提交中期检查报告书，主要内容包括研究进展、阶段性成果、下阶段工作计划、经费使用及预期成果等，并按时参加中期检查答辩，凡未按规定提交中期检查报告书或未参加答辩者按不合格处理。

2. 学院组织专家根据中期检查报告书及答辩情况，对项目进行评审并对合格项目排序，在规定的时间内分别上交归口管理部门。

3. 学校组织专家对学院提交的材料进行复审，确定国家级、北京市级及校级项目名单，经网上公示、主管校长批准后，正式发文公布，其中国家级、北京市级项目分别上报教育部、北京市教委备案。

4. 中期检查不合格的项目，学校停止经费资助。

第十三条 结题验收

1. 项目组在规定的时间内参加学校统一组织的结题验收，结题验收采用提交结题材料和结题答辩的方式进行，结题材料包括结题报告书和研究成果附件，其中研究成果附件包括研究报告以及依托项目发表的论文、专利、软件著作权、产品、各类获奖证书等。

2. 学院统一组织结题答辩，并根据结题材料和答辩情况确定验收结论，验收结论分为“优秀”“合格”“不合格”，学院在规定的时间内将本院结题材料分别上交归口管理部门。

3. 学校对各学院提交的结题材料进行审核，并对推优项目进行答辩复审，确定最终获奖项目、合格项目、不合格项目名单。

4. 学校对获奖项目团队和指导教师进行表彰和奖励。

5. 原则上不允许项目延期，如因特殊情况不能按期结题，可向学校提出延期申请，经批准后可推迟结题，但延期最多不超过六个月并在负责人毕业前完成结题。

第十四条 成果展示与交流

1. 学校通过举办大学生创新创业训练计划项目成果展、本科生学术报告会、教师创新创业教育经验交流会、名家讲座、成果汇编等活动，以多种形式搭建交流平台，交流经验、展示成果、共享资源，营造浓厚的校园创新创业文化氛围。

2. 学校积极组织项目团队学生参加全国、北京市各类创新创业大赛、成果展及大型学术会议，促进优秀创新创业成果的展示与推广应用。

第十五条 学校及学院建立大学生创新创业训练计划项目档案，包括项目申请书、中期检查报告书、结题报告书及取得的成果等资料。

第五章 经费管理

第十六条 经费来源

1. 全国大学生创新创业训练计划中央财政专项基金；

2. 北京市大学生科学研究与创业行动计划专项基金；

3. 学校大学生创新创业训练计划专项基金；

4. 各学院、指导教师、社会团体和企事业单位资助的经费。

第十七条 资助额度

1. 学校对通过立项的项目按照自然科学类 3000 元 / 项、人文社科类 2000 元 / 项资助启动经费。

2. 中期检查后，资助额度（含启动经费）按照国家级项目：10000 元 / 项；北京市项目：5000~10000 元 / 项；校级项目：A 类项目 3000~5000 元 / 项，B 类重点项目 5000 元 / 项，B 类一般项目 3000 元 / 项，C 类项目 2500 元 / 项，D 类项目 1000 元 / 项。

第十八条 学校根据国家、北京市及我校财务有关规定，严格管理专项资金，专款专用，学校任何单位、指导教师不得使用学生项目经费，不得截留和挪用，不得提取管理费。

第十九条 项目经费实行项目负责人制，由指导教师批准执行，按照项目预算支出，合理使用项目经费。经费主要用于项目研究所需的资料费、材料购置费、测试加工费、差旅费、论文发表、专利申请等必要开支，不得用于支出劳务费等人员经费。经费报销要求和程序由项目归口管理部门会同财经处另行公布。

第二十条 学生以第一作者在国内外正式期刊发表论文以及申请专利的，应标注“中国地质大学（北京）大学生创新创业训练计划项目”资助，所需费用由项目经费支付。

第六章 激励机制

第二十一条 对学生的激励

1. 已获得学校批准项目的学生可根据项目实施的需要跨学院、年级选课，学校可为其制定比较灵活的学籍管理和个性化培养模式。

2. 根据我校创新创业实践学分认定管理办法，项目结题验收合格后，项目负责人和实际承担一定工作量的项目成员可获得相应学分。

3. 对于项目研究成果以论文形式在高级别学术刊物上公开发表、申请发明专利及其他在项目实施过程中表现特别优秀的学生，学校增加配套经费或给予额外奖励。

4. 根据学校和学院相关规定，对参加大学生创新创业训练计划项目的学生，可在评优和免试推荐研究生时得到相应加分。

第二十二条 对教师的激励

1. 指导大学生创新创业训练计划项目纳入教师岗位基本职责。

2. 项目结题验收合格，学校按照 2000 元 / 项给指导教师发放津贴。

3. 定期评选大学生创新创业训练计划项目优秀指导教师，学校给予表彰和奖励。

第七章 附 则

第二十三条 本办法自公布之日起执行。

第二十四条 本办法由教务处、国有资产与实验室管理处、团委负责解释。

（八十五）黄河科技学院大学生创新创业训练计划实施方案

依据《教育部关于做好“本科教学工程”国家级大学生创新创业训练计划实施工作的通知》(教高函〔2012〕5号)和《河南省教育厅转发教育部高等教育司关于报送国家级大学生创新创业训练计划立项项目的通知》（教办高〔2016〕240号）精神，积极引导和鼓励大学生参与创新创业训练计划，进一步提高我校大学生的创新创业能力，加强我校大学生创新创业训练计划项目的组织与管理，特制定本方案。

一、指导思想

以培养学生创新精神、创业意识和实践能力为重点，以应用性研究为主，突出服务地方经济社会发展，着力优化专业结构，深化人才培养模式改革，优化人才培养方案，创新人才培养过程，构建创新创业教育体系，融大学生创新创业教育于人才培养的全过程，培养具有创新精神与实践能力的高素质应用型人才。

二、总体目标

围绕河南建设中原经济区、郑州航空港经济综合实验区和国家粮食生产核心区发展规划，学校坚持立德树人基本导向，明确创新创业教育目标要求，完善创新创业教育课程体系，建立课堂教学、创新创业训练、创新创业竞赛、创业实践、指导帮扶、文化引领融为一体的高校创新创业教育体系，实现人才培养、学科建设与地方经济社会的有效对接，持续深化创新创业教育改革，不断探索适用于培养高素质应用型人才和创新创业人才的模式和路径，加快培养大众创业、万众创新的生力军。立足地方，辐射全省，力争把我校建设成为地方乃至全国创新创业人才培养基地。

三、计划内容

大学生创新创业训练计划内容包括创新训练项目、创业训练项目和创业实践项目三类。

创新训练项目是本科生个人或团队，在导师指导下，自主完成创新性研究项目设计、研究条件准备和项目实施、研究报告撰写、成果（学术）交流等工作。

创业训练项目是本科生团队，在导师指导下，团队中每个学生在项目实施过程中扮演一个或多个具体的角色，通过编制商业计划书、开展可行性研究、模拟企业运行，参加企业实践、撰写创业报告等工作。

创业实践项目是学生团队，在学校导师和企业导师共同指导下，采用前期创新训练项目（或创新性实验）的成果，提出一项具有市场前景的创新性产品或者服务，以此为基础开展创业实践活动。

四、组织机构及分工

学校成立由主管校长任组长，教务科研处、校产管理处、财务处、学生处、团委等职能部门人员为成员组成的黄河科技学院大学生创新创业训练计划领导小组，负责对大学生创新创业训练计划工作的组织、协调、审批立项、监督检查和成果鉴定等管理工作。领导小组下设办公室，办公室设在教务科研处。各院（系）成立大学生创新创业训练计划指导小组，积极做好本院（系）大学生创新创业训练计划项目的申报指导和推荐工作。

学校各相关职能部门的具体分工：

1. 教务科研处负责大学生创新创业训练计划项目的组织申报、验收及创新创业训练计划项目的全面管理工作；负责协调各类开放实验室、重点实验室和工程研究中心向参与项目的学生免费提供实验场地、实验仪器设备和技术支持；

2. 校产管理处负责大学生创新创业训练计划项目用仪器设备管理、调配、低值易耗品采购供应等；

3. 财务处负责配套资金的拨付及项目经费的管理；

4. 学生处、校团委负责组织宣传发动等工作，鼓励学生参加项目；负责搭建项目学生交流平台，组织项目学生开展学术交流，参加学术团体组织的学术会议，并定期组织项目指导教师之间的交流。

五、项目管理

（一）项目申请

1. 大学生创新创业训练计划纳入黄河科技学院本科专业人才培养方案，申报时应填写《黄河科技学院大学生创新创业训练计划项目申请书》，二级学院对本院学生的申请课题进行初选后，向校领导小组办公室提交初选名单和申请材料。

2. 凡我校全日制本科学生均可申请，原则上以二至三年级学生为主，鼓励低年级学生申请。申请者可以是个人，也可以是创新团队（一般不超过 5 人）。

3. 大学生创新创业训练计划项目实行项目负责人负责制。项目负责人为在校全日制普通本科生。对参与大学生创新创业训练计划的学生实行导师制，每个项目由项目负责人所在院（系）配备 1~2 名具有高级职称或博士学位的指导教师，通过双向选择确定指导教师。对参与创业实践项目的学生，还需聘请企业导师，实行双导师制。

4. 校领导小组办公室负责组织专家对项目立项进行评审，评审工作应严格遵守公平、公开、公正的原则，评审结果向全校公示。在公示的 15 日内，对项目无异议，或虽提出异议但通过复审者，确立为“黄河科技学院大学生创新创业训练计划项目”。

（二）项目运行

1. 项目负责人和指导教师在项目实施过程中要严格执行学校大学生创新创业训

练计划项目管理的有关规定。

2. 项目负责人和项目组成员要在指导教师的指导下严格按照《黄河科技学院大学生创新创业训练计划项目申请书》中所写任务，对项目的实施按要求做出详细的进度计划。

3. 学校和各学院应积极创造条件支持大学生创新创业训练计划活动。学校的示范性实验中心、各类开放实验室和重点实验室应向参与项目的学生提供实验场地和实验仪器设备。学院应指派专人负责大学生创新创业训练计划项目的开展，并建立研究进展记录机制。

4. 学生是项目的主体，导师只起辅导作用，参与项目的创新团队或学生个人应在导师指导下自主选题设计、自主组织实施、独立撰写实验过程记录和总结报告。

（三）中期检查

1. 项目执行过程中，项目组应按要求提交《黄河科技学院大学生创新创业训练计划项目进展报告》；学校采取不定期抽查、中期检查的方式对项目实施情况进行检查。适时召开学生和指导教师座谈会、研讨会进行经验交流或成果展示。

2. 中期检查是按照项目申请书所列的工作进度进行检查，学院指导小组应根据项目组提交的原始记录材料进行实事求是的审核，并给出恰当的评价、改进意见和建议。如发现项目申报或实施过程中有弄虚作假或工作无明显进展的现象，院指导小组要及时提出终止项目运行的建议，上报学校领导小组办公室认定并通知执行。

（四）结题与验收

1. 项目应在规定的时间内结题，结题时除提交《黄河科技学院大学生创新创业训练计划项目结题报告》外，还应提交项目实施过程中的相关原始材料（调查问卷、研究日志、实验记录及数据等）；形成实验成果的，应提交论文、设计、专利、成果实物、软件等各项成果支撑材料和相关的电子文档。

2. 学校领导小组办公室组织专家组对各项目进行结题终审，专家组以项目申请书为主要依据，在全面评价项目完成情况和成果水平的基础上，对项目做出明确的终审意见。结题终审时，项目组成员应全体到场，共同汇报和答辩，回答专家组的提问、听取专家组的评审意见。

3. 学校领导小组办公室组织成果展示，并按年度将验收结果报上级领导部门。

（五）项目变更

项目在立项后原则上不准许变更。但在研究工作中，因特殊情况如减少或变更研究内容、项目组成员变动、提前或推迟结题等情况，项目负责人应提出书面报告说明变更的内容及原因。指导教师和学院指导小组须对变更报告给出同意与否的结论，指导小组组长签字后报送到学校领导小组办公室，经学校领导小组批准后方准许变更。

六、经费管理

项目经费包括地方财政资助经费和学校自筹配套经费两部分，学校制定本校相应的专项资金管理办法，保证自筹配套项目经费足额及时到位，专款专用。经费主要用于实验耗材、实验用品、样品测试、制作费、资料费、文印费及相关调研、学术交流、论文发表、专利申请等支出。不得用于与大学生创新创业训练计划项目无关的支出。未经批准，不得用于新增仪器设备购置。教师不得使用项目经费，学校不提取管理费，项目经费由学校设立专门账户，由项目组按计划支出。

七、政策保障

1. 学校为结题的大学生创新创业训练项目的指导教师一次性计算教学工作量。国家级项目计 100 个标准学时，省级资助项目计 50 个标准学时，校级资助项目计 20 个标准学时。如同一项目获得不同级别立项，就高一项计算。

2. 设立学生创新奖励学分。对于申获国家级大学生创新创业训练计划项目并按期结题的项目主持人，可计一定学分，并替代专业任意选修课的学分。所替代课程由学生向所在学院提出申请，学院报教务科研处审核认定。

3. 学校建立公开监督机制，跟踪各类项目实施管理，特别是创新实践项目，及时检查项目运行情况，督促项目实施，防范潜在风险。

4. 学院及指导教师在创新创业训练专项经费使用过程中，如违反管理要求，截留、挪用学生项目经费，将受到相应处理。

（八十六）大连东软信息学院大学生创新创业训练计划项目管理办法

一、目的

为进一步落实《教育部关于做好“本科教学工程”国家级大学生创新创业训练计划实施工作的通知》（教高函〔2012〕5 号）和《辽宁省教育厅　辽宁省财政厅关于印发“十二五”期间辽宁省普通高等学校本科教学改革与质量提高工程的实施意见的通知》（辽教发〔2011〕105 号）要求，深入推进学校 TOPCARES-CDIO 教育教学改革，积极开展大学生创新创业教育，强化大学生创新创业能力训练，增强大学生创新能力和创业能力，特制定本办法。

二、适用范围

全校全日制在校本科学生及全校专职教师。

三、术语

大学生创新创业训练计划包括创新训练项目、创业训练项目和创业实践项目三类项目，项目分为国家级、省级、校级和系级共四级。

1. 创新训练项目：本科生个人或团队在项目导师指导下，自主完成创新性实验或研究项目的设计、设备和材料的准备、项目实施、数据处理与分析、总结报告撰写、成果交流与分享等工作。

2. 创业训练项目：本科生团队在项目导师指导下，团队中每名学生在项目实施过程中承担一个或多个具体的角色，通过编制商业计划书、开展可行性研究、模拟企业运行，参加企业实践、撰写创业报告等工作。

3. 创业实践项目：学生团队在学校项目导师和企业导师共同指导下，采用前期创新创业训练项目（或创新性实验）的成果，提出一项具有市场前景的创新性产品或者服务，以此为基础开展创业实践活动。

四、职责

教务部、大学生创业中心（SOVO）负责本办法的制定、实施管理及解释和修订工作。

五、内容

1. 组织领导

（1）成立学校大学生创新创业训练计划项目领导小组。大学生创新创业训练计划项目领导小组（简称领导小组） 负责组织、领导和协调校级大学生创新创业训练计划项目的开展，有关规章制度的制定，省级、国家级项目的申报推荐等。领导小组组长由主管教学校领导担任，成员由教务部、大学生创业中心（SOVO）、学生工作部、科研部、校团委、财务资产部等职能部门主要负责人组成。

领导小组下设办公室，办公室设在教务部，由教务部和大学生创业中心（SOVO）共同负责大学生创新创业训练计划项目具体管理工作。

组 长：主管教学校领导

副组长：教务部部长、大学生创业中心（SOVO）主任

成员：学生工作部部长、科研部部长、校团委书记、财务资产部部长等

办公室成员：具体负责大学生创新创业训练计划的人员若干名

（2）成立学校大学生创新创业训练计划项目专家组，对校级大学生创新创业训练计划项目进行评审、检查和验收，专家组成员由领导小组聘任。

（3）各系成立系级的大学生创新创业训练计划项目领导小组和专家组，负责系内大学生创新创业训练计划项目的申报、评审、运行、验收、总结，向学校推荐校级及以上大学生创新创业训练计划项目，并协助做好有关组织管理工作。

2. 项目申报

（1）大学生创新创业训练计划面向全校全日制在校本科生。凡学有余力，对科学研究、发明创造或创业实践兴趣浓厚，具备从事科学研究和创业实践基本素质的学生均可参与。同等条件下，优先考虑团队合作项目，团队的人数原则上为3~6人。

（2）鼓励学生依托所学专业开展创新创业训练、鼓励教师结合产学研项目指导学生开展项目申报、鼓励已在系部和大学生创业中心（SOVO）有研究实践基础的项目进行申报。

（3）申报者需在教师指导下自主选题设计、自主组织实施、独立撰写项目过程记录和总结报告。项目选题要求思路新颖、目标明确、具有创新性和探索性。

（4）项目负责人必须是具有我校正式学籍的全日制在校本科生，每个项目的负责人仅限1人，且负责人仅限申报1个项目。

（5）申报项目可以由学生自主选择校内专职老师作为指导教师，也可由系部(中心)向学生推荐指导教师。创新训练项目和创业训练项目配备指导教师各1名；创业实践项目配备指导教师2名，原则上实行学校导师和企业导师的双导师制。每位指导教师指导项目数原则上不超过两项。

（6）创新训练项目实施期限一般为1年，创业训练项目一般不超过2年，创业实践项目一般不超过3年。

（7）创新训练项目、创业训练项目原则上要求项目负责人在毕业前完成。创业实践项目负责人毕业后可根据情况更换负责人，或在能继续履行项目负责人职责的情况下，以大学生自主创业者的身份继续担任项目负责人。

3. 项目评审

（1）系级评审。项目申请人或团队在导师指导下认真填写《大连东软信息学院大学生创新创业训练计划项目申报表》和《大连东软信息学院大学生创新创业训练计划项目申报汇总表》，报送学生所在系审核。

各系组织专家组对系内申报项目进行评审，对申请项目内容的真实性、研究方案的可行性及经费核算、能否为项目实施提供一定的条件和时间等提出针对性的意见。各系申报项目确定后，以系为单位，将申报表和申报汇总表纸质版、电子版各一式一份，报送给大学生创业中心（SOVO）。

（2）校级初审。由教务部和大学生创业中心（SOVO），对校级大学生创新创业训练计划申报项目进行初审，并将初审结果报学校大学生创新创业训练计划专家组进行终审。

（3）校级终审。学校组成大学生创新创业训练计划专家组，对通过初审的项目进行终审，评审结果经学校领导审核，全校公示无异议后，予以公布。

4. 项目实施与管理

（1）项目运行。项目立项后，学生个人或团队在导师指导下，应按申报书中的计划，积极开展研究和训练，认真完成各项工作，并建立研究进展记录机制，定期开展项目研讨会，形成良好的创新创业训练运行机制。

（2）项目变更。项目运行过程中如发生项目指导教师、负责人或成员的变更，研究内容的重大调整，申请延期（不得超过半年），终止项目运行等情况。项目成员须提交书面申请，经项目负责人所在系部（中心）同意，报学校审批。

（3）中期检查。原则上，学校每年定期开展项目中期检查工作。项目负责人提交《大连东软信息学院大学生创新创业训练计划项目中期检查报告》，内容包括：项目实施进度及执行情况、已取得的阶段性成果、经费支出情况、困难和解决措施、下一步工作实施计划等。专家组对中期成果给予适当的评价，并提出项目实施的改进意见与建议。

5. 项目结题验收

项目完成后，项目负责人提出结题申请，填写《大连东软信息学院大学生创新创业训练计划项目结题申报书》，由系级专家组和学校专家组共同开展结题验收。项目验收材料包括：项目的总结报告（硬件项目须有实物），以及论文、设计、专利、获奖证明等相关支撑材料等。

对通过结题及验收的项目负责人及参与者，学校颁发结题证书。

6. 成果展示与交流

（1）各系（中心）定期组织参加项目的学生开展学术交流，积极鼓励学生参加学术团体组织的学术会议，为学生创新创业训练提供交流经验、展示成果、共享资源的机会；定期组织项目指导教师开展经验交流。

（2）项目结题验收后应及时做好项目的总结和成果汇集工作，成果和结题材料

（电子版）提交领导小组办公室，办公室在此基础上汇编《大连东软信息学院大学生创新创业训练计划优秀成果集》，并组织成果展示。

7. 保障机制

（1）学校择优推荐优秀项目参加省级及国家级大学生创新创业训练计划。

（2）对参加该项目取得显著成果的学生，将依据大学生创新创业实践学分相关管理办法给予创新创业实践学分；其研究成果编入《大连东软信息学院大学生创新创业训练计划项目研究成果汇编》，并在大学生优秀创新创业项目成果展上予以展示。

（3）对有市场价值的创业训练和创业实践项目，学校支持其转化为产品，进行项目孵化。

（4）对指导大学生创新创业计划项目的教师，其指导业绩将与学校教师任职资格评聘挂钩。

（5）学校将定期评选大学生创新创业计划项目优秀指导教师，对精心指导、认真负责且成绩突出的教师，学校将进行表彰奖励并颁发证书。

（6）学校每年划拨专项资金，对校级、省级、国家级大学生创新创业训练计划项目予以经费资助。

六、附则

本办法由学校教务部、大学生创业中心（SOVO）负责解释，并自发布之日起执行。

（八十七）湖南交通工程学院关于深化创新创业改革的实施方案

各二级学院（部）：

培养创新创业人才是“国创计划”做出的重要战略部署，是推进高等教育教学改革，促进大学毕业生高质量就业创业的重要举措。为进一步深化学院教育教学改革，将大学生创新创业教育改革提到重要的议事日程，充分调动广大师生参与创新创业活动的积极性和主动性，全面推动创新与创业教育的开展，特制定本实施方案。

一、指导思想

认真贯彻《国务院办公厅关于深化高等学校创新创业教育改革的实施意见》（国办发〔2015〕36号），落实立德树人根本任务，坚持创新引领创业，创业带动就业，主动适应经济发展新常态，以推进应用型大学建设、走产学研结合的道路为主题，以提高人才培养质量为核心，以推进素质教育为本位，以创新人才培养机制为重点，以完善条件和政策保障为支撑，保障教育教学、实验实习、创新创业、社会服务紧密结合，加快培养富有创新精神、勇于投身实践的创新创业人才队伍，有利于创新创业改革向纵深发展，不断提高学院对地方经济社会发展的贡献度，为建设创新型国家、实现湖南教育强省提供强大的人才智力支撑。

二、总体目标

今年下学期起全面深化学校创新创业教育改革，通过深化创新创业教育改革，创造有利于人才成长的教学与实践条件，促进创新创业成果的涌现和人才的快速成长，使学生具备从事创新创业实践所必需的知识、能力及心理品质，实现学生职业行为和职业能力的提升，成为高素质创新创业型人才。到2020年建立健全课堂教学、自主学习、结合实践、指导帮扶、文化引领融为一体的高校创新创业教育体系，人才培养质量显著提升，学生的创新精神、创业意识和能力明显增强，投身创业实践的学生显著增加。

三、主要任务

（一）完善人才培养质量标准

创新创业教育是人才培养质量的根本性变革，是培养应用型人才的重要途径。创新创业教育必须面向全体学生，有明确的培养目标、系统的课程学习、参加各种社会实践活动。

1. 完成创新创业人才培养模式标准、专业设置标准、校企合作标准、双师型教师标准、国际化办学标准的制定，确保学生创新创业的知识能力、素质达到预期要求。

2. 将创新创业教育纳入人才培养方案进行整体规划设计，使创新精神、创业意识和创新创业能力成为人才培养质量的重要指标。

（二）构建创新创业教育课程体系

1. 树立创新创业课程改革的新理念，以市场为导向、以素质为本位、以学生为主体、以实践为主要课程形式、以终身学习为主要导向的课程改革新理念。

2. 以企业（行业）生产实际和特点，建立以素质为基础、以能力为中心，理论教学体系与实践教学体系相互融合的人才培养模式。

3. 面向全体学生开设创新创业教育的研究方法、学科前沿、创业基础、就业创业指导等方面的必修课和选修课，纳入学分管理。通过创新创业类课程学习，使学生初步了解创新创业的基本知识、途径和一般规律，培养学生创新创业的意识，促进专业教育与创新创业教育有机融合。

4. 加快创新创业教育优质课程信息化建设，推出一批资源共享的慕课、视频公开课等在线开放课程。建立在线开放课程学习认证和学分认定制度。

5. 组织学科带头人、行业企业优秀人才，联合编写具有科学性、先进性、适用性的创新创业教育重点教材。

（三）改革教学方法和考核方式

1. 要广泛开展启发式、讨论式、参与式教学，扩大小班化教学覆盖面，推动教师把国际前沿学术发展、最新研究成果和实践经验融入课堂教学。

2. 根据专业性质的不同，可以采取不同的创新创业教育方法，如在工科类专业可以强化创新教育，培育创新成果，促进成果转化，推动以专业创新成果为基础的创业实践；在经管类专业中鼓励学生以创新的理念和现代化的管理方法创办企业，并为学生创办企业创造有利条件。

3. 鼓励开展跨学科、跨专业的创新创业活动，注重培养学生的批判性和创造性思维，激发创新创业灵感。运用大数据技术，掌握不同学生学习需求和规律，为学生自主学习提供更加丰富多样的教育资源。

4. 改革考试考核内容和方式，注重考查学生运用知识分析、解决问题的能力，探索非标准答案考试考核，破除“高分低能”积弊。

（四）构建创新创业教育实践平台

1. 要加强校内十二大实验实训中心建设，促进实验实践教学平台共享。学院的实验实训资源、科技创新资源原则上向全体在校学生开放，开放情况纳入各实验实训中心评估标准。

2. 学院要抓紧大学生科技创新创业园、创业孵化基地和小微企业创业基地建设。

3. 建设好一批大学生校外实践教学基地、科技创业实习基地和实训基地，做实做强大学生创业一条街和手机、电脑、微型变压器、小电子产业四条生产线，深入实施大学生创新创业训练计划，扩大覆盖面，促进项目落地转化。

4. 积极参与全国、全省大学生创新创业大赛和全国、全省职业院校技能大赛，学院每年要举办各类科技创新、创意设计、创业计划等专题竞赛。组织学生成立创新创业协会、创业俱乐部等社团，举办创新创业讲座论坛，开展创新创业实践。

（五）改革教学和学籍管理制度

1. 学院要设置合理的创新创业学分，建立创新创业学分积累与转换制度，探索将学生开展创新实验、发表论文、获得专利和自主创业等情况折算为学分，将学生参与课题研究、项目实验等活动认定为课堂学习。

2. 为有意愿、有潜质的学生制订创新创业能力培养计划，建立创新创业档案和成绩单，客观记录并量化评价学生开展创新创业活动情况，优先支持参与创新创业的学生转入相关专业学习。

3. 实施弹性学制，放宽学生修业年限，允许调整学业进程、保留学籍、休学创新创业。

（六）强化教师创新创业教育教学能力建设

1. 为推动开展创新创业教学研究与教学建设，学校成立创新创业教育研究所，各二级学院成立创新创业教育教研室，并配备专职教师，开展创新创业的研究、咨询、指导和服务。

2. 创新创业教育教研室负责全校创新创业教育系列课程的开发、讲授与实践指导，充分发挥现有教师队伍的作用，通过培养、引进，逐步建立一支与创新创业教育相适应的专兼职结合的高素质教师队伍。

3. 注重选配或聘用富有创新创业经验的教师、管理人员、企业家、成功人士和相关专业人员及政府相关部门人员担任创新创业实践指导教师。同时要明确全体教师的创新创业教育责任，将学院教师创新创业教育的意识和能力作为专业技术职务评聘和绩效考核标准之一。

4. 加强教师岗前培训、课程轮训，建立相关专业教师、创新创业教育专职教师到行业、企业挂职锻炼制度，支持教师以对外转让、合作转化、作价入股、自主创业等形式将科技成果产业化，并鼓励带领学生创新创业。

（七）搞好学生创业指导服务

1. 学院要建立健全学生创业指导服务专门机构，做到“机构、人员、场地、经费”四到位，对自主创业学生实行持续帮扶、全程指导、一站式服务。

2. 健全持续化信息服务制度，完善学院大学生创新创业信息服务平台，为学生实时提供国家政策、市场动向等信息，并做好创业项目对接、知识产权交易等服务。

3. 学院要编制专项培训计划，或与有条件的教育培训机构、行业协会、群团组织、企业联合开发创业培训项目。

四、保障措施

（一）组织保障

1. 成立学院创新创业教育工作领导小组，统筹协调学校的创新创业教育，由院长章怀云教授任学院创新创业工作领导小组组长，常务副院长彭文武研究员任副组长，教务处、科研处、督导室、学生处、团委、招生就业处、校企办、实训中心、财务处、各二级学院等主要负责人为领导小组成员。

2. 创新创业领导小组下设办公室，教务处处长任办公室主任，负责具体的日常工作，形成以教务部门牵头，学生处、团委等部门齐抓共管的创新创业教育工作机制。通过加强组织领导、统筹规划、精心组织、指导实施，把开展创新创业活动的各项工作落到实处。

3. 加强二级学院对创新创业教育工作的组织领导，各二级学院要提高对创新创业教育改革工作重要性的认识，成立二级学院大学生创新创业教育改革活动领导小组，由党总支书记、系主任、团总支及教研室部分老师组成，同时可聘请创业成功的校友、企业管理者、有关专家担任学生的创新创业导师，为学生的创新创业活动提供强有力的支持。

（二）资金保障

不断加大对创新创业教育的投入，将创新创业教育所需经费纳入学校年度预算，为创新创业教育稳步、持续开展提供物质上的保障。同时通过学校投入、社会捐助、个人支持等渠道，建立大学生创新创业教育基金和创新创业奖学金，用于支持学生创新创业实践、扶持重点项目和表彰优秀创新创业大学生。

（三）督导落实

学院要把创新创业教育改革质量作为考核二级学院、部门工作的重要指标，纳入学院教育教学评估指标体系和学科评估指标体系，督导室每学期要对创新创业教育活动专题督导二次以上，并提出整改意见，落实奖罚措施。